U0691315

中国近代
思想家文库

◎

宋恩荣 编

晏阳初卷

中国人民大学出版社

·北京·

晏阳初（1890—1990）

連声之雷不震，食鼠之貓不威！（左）

非势之不能善其任，非善任不能谓之善人。

非开诚心布公道，不能任人之心，以用人之长。

其短不能尽人之力，以用人之力，以奖其长。覆？不能尽人之才。

凡将之领，须先正其心，不以权势相压。当统帅不惧

无权势，患之不能下人，而必欲强人以就我，昔人

云，位居于万人之上，心须居于万人之下。（左）

有不败之将，无不败之兵；有勝不而败之将，

如此必勝，心不勝之兵。（左）

乱天下者，不在盗賊，而在无人才。人才不出，以居用人上几，

不找求耳。（左）求而不出奈何！ 卅九、廿三

晏阳初手迹

总　序

对于近代的理解，虽不见得所有人都是一致的，但总的说来，对于近代这个词所涵的基本意义，人们还是有共识的。一个国家、一个民族走入近代，就意味着以工业化为主导的经济取代了以地主经济、领主经济或自然经济为主导的中世纪的经济形态，也还意味着，它不再是孤立的或是封闭与半封闭的，而是以某种形式加入到世界总的发展进程。尤其重要的是，它以某种形式的民主制度取代君主专制或其他不同形式的专制制度。中国是个幅员广大、人口众多、历史悠久的多民族国家，由于长期历史发展是自成一体的，与外界的交往比较有限，其生产方式的代谢迟缓了一些。如果说，世界的近代是从 17 世纪开始的，那么中国的近代则是从 19 世纪中期才开始的。现在国内学界比较一致的认识，是把 1840 年到 1949 年视为中国的近代。

中国的近代起始的标志是 1840 年的鸦片战争。原来相对封闭的国门被拥有近代种种优势的英帝国以军舰、大炮再加上种种卑鄙的欺诈打开了。从此，中国不情愿地加入到世界秩序中，沦为半殖民地。原来独立的大一统的中央集权的君主专制国家，其独立已经极大地被限制，大一统也逐渐残缺不全，中央集权因列强的侵夺也不完全名实相符了。后来因太平天国运动，地方军政势力崛起，形成内轻外重的形势，也使中央集权被弱化。经历第二次鸦片战争、中法战争、甲午战争、八国联军入侵的战争以及辛亥革命后的多次内外战争，直至日本全面侵略中国的战争，致使中国的经济、政治、教育、文化，都无法顺利走上近代发展的轨道。古今之间，新旧之间，中外之间，混杂、矛盾、冲突。总之，鸦片战争后的中国，既未能成为近代国家，更不能维持原有的统治秩序。而外患内忧咄咄逼人，人们都有某种程度"国将不国"的忧虑。

"天下兴亡，匹夫有责"，读书明理的士大夫，或今所谓知识分子，尤为敏感，在空前的危机与挑战面前，皆思有所献替。于是发生种种救亡图存的思想与主张。有的从所能见及的西方国家发展的经验中借鉴某些东西，形成自己的改革方案；有的从历史回忆中拾取某些智慧，形成某种民族复兴的设想；有的则力图把西方的和中国所固有的一些东西加以调和或结合，形成某种救亡图强的主张。这些方案、设想、主张，从世界上"最先进的"，到"最落后的"，几乎样样都有。就提出这些方案、设想、主张者的初衷而言，绝大多数都含着几分救国的意愿。其先进与落后，是否可行，能否成功，尽可充分讨论，但可不必过为诛心之论。显而易见，既然救国的问题最为紧迫，人们所心营目注者自然是种种与救国的方案直接相关的思想学说，而作为产生这些学说的更基础性的理论，及其他各种知识、思想，则关注者少。

围绕着救国、强国的大议题，知识精英们参考世界上种种思想学说，加以研究、选择，认为其中比较适用的思想学说，拿来向国人宣传，并赢得一部分人的认可。于是互相推引，互相激励，更加发挥，演而成潮。在近代中国，曾经得到比较广泛的传播的思想学说，或者够得上思潮的，主要有以下几种：

（一）进化论。近代西方思想较早被引介到中国，而又发生绝大影响的，要属进化论。中国人逐渐相信，进化是宇宙之铁则，不进化就必遭淘汰。以此思想警醒国人，颇曾有助于振作民族精神。但随后不久，社会达尔文主义伴随而来，不免发生一些负面的影响。人们对进化的了解，也存在某些片面性，有时把进化理解为一条简单的直线。辩证法思想帮助人们形成内容更丰富和更加符合实际的发展观念，减少或避免片面性的进化观念的某些负面影响。

（二）民族主义。中国古代的民族主义思想，其核心是"非我族类，其心必异"，所以最重"华夷之辨"。鸦片战争前后一段时期，中国人的民族思想，大体仍是如此。后来渐渐认识到"今之夷狄，非古之夷狄"，"西人治国有法度，不得以古旧之夷狄视之"。但当时中国正遭受西方列强的侵略和掠夺，追求民族独立是民族主义之第一义。20世纪初，中国知识精英开始有了"中华民族"的概念。于是，渐渐形成以建立近代民族国家为核心的近代民族主义。结束清朝君主专制，创立中华民国，是这一思想的初步实现。第一次世界大战爆发，中国加入"协约国"，第一次以主动的姿态参与世界事务，接着俄国十月革命爆发，这两件事对近代中国的发展历程造成绝大影响。同时也将中国人的民族主义提升到一个新的层次，即与国际主义（或世界主义）发生紧密联系。也可以说，中国人更加自觉地用世界的眼光来观察中国的问题。新生的中国共产党和改组后的国民党都是如此。民族主义成为中国的知识精英用来应对近代中国所面临的种种危机和种种挑战的一个重要的思想武器。

（三）社会主义。社会主义作为一种模糊的理想是早在古代就有的，而且不论东方和西方都曾有过。但作为近代思潮，它是于19世纪在批判近代资本主义的基础上产生的。起初仍带有空想的性质，直到马克思和恩格斯才创立起科学社会主义。20世纪初期，社会主义开始传入中国。当时的传播者不太了解科学社会主义与以往的社会主义学说的本质区别。有一部分人，明显地受到无政府主义的强烈影响，更远离科学社会主义。直到五四新文化运动兴起之后，中国人始较严格地引介、宣传科学社会主义。但有一段时间，无政府主义仍是一股很大的思想潮流。中国共产党的成立，从思想上说，是战胜无政府主义的结果。中国共产党把在中国实现社会主义乃至共产主义作为自己的奋斗目标。此后，社会主义者，多次同各种非科学社会主义思想的信仰者进行论争并不断克服种种非科学社会主义思想的影响。

（四）自由主义。自由主义也是从清末就被介绍到中国来，只是信从者一直寥寥。直到五四新文化运动兴起，具有欧美教育背景的知识精英的数量渐渐多起来，自由主义始渐渐形成一股思想潮流。自由主义强调个性解放、意志自由和自己承担责任，在政治上反对一切专制主义。在中国的社会条件下，自由主义缺乏社会基础。在政治激烈动荡的时候，自由主义者很难凝聚成一股有组织的力量；在稍稍平和的时候，他们往往更多沉浸在自己的专业中。所以，在中国近代史上，自由主义不曾有，也不可能有大的作为。

（五）激进主义与保守主义。处于转型期的社会，旧的东西尚未完全退出舞台，新的东西也还未能巩固地树立起来，新旧冲突往往要持续很长的时间，有时甚至达到很激烈的程度。凡助推新东西成长的，人们便视为进步的；凡帮助旧东西排斥新东西的，人们便视为保守的。其实，与保守主义对应的，应是进步主义；与顽固主义相对的则应是激进主义。不过在通常话语环境中人们不太严格加以区分。中国历史悠久，特别是君主专制制度持续两千余年，旧东西积累异常丰富，社会转型极其不易。而世界的发展却进步甚速。中国的一部分精英分子往往特别急切地想改造中国社会，总想找出最厉害的手段，选一条最捷近的路，以最快的速度实现全盘改造。这类思想、主张及其采取的行动，皆属激进主义。在中共党史上，它表现为"左"倾或极左的机会主义。从极端的激进主义到极端的顽固主义，中间有着各种程度的进步与保守的流派。社会的稳定，或社会和平改革的成功，都依赖有一个实力雄厚的中间力量。但因种种原因，中国社会的中间力量一直未能成长到足够的程度。进步主义与保守主义，以及激进主义与顽固主义，不断进行斗争，而实际所获进步不大。

（六）革命与和平改革。中国近代史上，革命运动与和平改革运动交替进行，有时又是平行发展。两者的宗旨都是为改变原有的君主专制制度而代之以某种形式的近代民主制度。有很长一个时期，有两种错误的观念，一是把革命理解为仅仅是指以暴力取得政权的行动，二是与此相关联，把暴力革命与和平改革对立起来，认为革命是推动历史进步的，而改革是维护旧有统治秩序的。这两种论调既无理论根据，也不合历史实际。凡是有助于改变君主专制制度的探索，无论暴力的或和平的改革都是应予肯定的。

中国近代揭幕之时，西方列强正在疯狂地侵略与掠夺殖民地和半殖民地，中国是他们互相争夺的最后一块、也是最大的资源地。而这时的中国，沿袭了两千年的君主专制制度已到了奄奄一息的末日，统治当局腐朽无能，对外不足以御侮，对内不足以言治，其统治的合法性和统治的能力均招致怀疑。革命运动与改革的呼声，以及自发的民变接连不断。国家、民族的命运真的到了千钧一发之际，危机极端紧迫。先觉分子救国之心切，每遇稍具新意义的思想学说便急不可待地学习引介。于是西方思想学说纷纷涌进中国，各阶层、各领域，凡能读书读报者，受其影响，各依其家庭、职业、教育之不同背景而选择自以为不错的一种，接受之，信仰之，传播之。于是西方几百年里相继风行的思想学说，在短时期内纷纷涌进中国。在清末最后的十几年里是这样，五四时期在较高的水准上重复出现这种情况。

这种情况直接造成两个重要的历史现象：一个是中国社会的实际代谢过程（亦即社会转型过程）相对迟缓，而思想的代谢过程却来得格外神速。另一个是在西方原是差不多三百年的历史中渐次出现的各种思想学说，集中在几年或十几年的时间里狂泻而来，人们不及深入研究、审慎抉择，便匆忙引介、传播，引介者、传播者、听闻者，都难免有些消化不良。其实，这种情况在清末，在五四时期，都已有人觉察。我们现在指出这些问题并非苛求前人，而是要引为教训。

同时我们也看到，中国近代思想无比的多样性与复杂性呈现出绚丽多彩的姿态，各种思想持续不断地展开论争，这又构成中国近代思想史的一个突出特点。有些论争为我们留下了非常丰富的思想资料。如兴洋务与反洋务之争，变法与反变法之争，革命与改良之争，共和与立宪之争，东西文化之争，文言与白话之争，新旧伦理之争，科学与人生观之争，中国社会性质的论争，社会史的论争，人权与约法之争，全盘西化与本位文化之争，民主与独裁之争，等等。这些争论都不同程度地关联着一直影响甚至困扰着中国人的几个核心问题，即所谓中西问题、古今问题与心物关系问题。

中国近代思想的光谱虽比较齐全，但各种思想的存在状态及其影响力是很不平衡的。有些思想信从者多，言论著作亦多，且略成系统；有些可能只有很少的人做过介绍或略加研究；有的还可能因种种原因，只存在私人载记中，当时未及面世。然这些思想，其中有很多并不因时间久远而失去其价值。因为就总的情况说，我们还没有完成社会的近代转型，所以先贤们对某些问题的思考，在今天对我们仍有参考借鉴的价值。我们编辑这套《中国近代思想家文库》，希望尽可能全面地、系统地整理出近代中国思想家的思想成果，一则借以保存这份珍贵遗产，再则为研究思想史提供方便，三则为有心于中国思想文化建设者提供参考借鉴的便利。

考虑到中国近代思想的上述诸特点，我们编辑本《文库》时，对于思想家不取太严格的界定，凡在某一学科、某一领域，有其独立思考、提出特别见解和主张者，都尽量收入。虽然其中有些主张与表述有时代和个人的局限，但为反映近代思想发展的轨迹，以供今人参考，我们亦保留其原貌。所以本《文库》实为"中国近代思想集成"。

本《文库》入选的思想家，主要是活跃在 1840 年至 1949 年之间的思想人物。但中共领袖人物，因有较为丰富的研究著述，本《文库》则未收入。

编辑如此规模的《文库》，对象范围的确定，材料的搜集，版本的比勘，体例的斟酌，在在皆非易事。限于我们的水平，容有瑕隙，敬请方家指正。

《中国近代思想家文库》编纂委员会

目　　录

晏阳初农村改造的思想①

——代导言

韦政通

自从 1981 年我读完吴相湘教授撰《晏阳初传》，写了一篇《乡村改造的实践者——晏阳初》后，就一直想再写一篇关于晏阳初思想的文章。在酝酿的过程中，我注意到 1945 年旧金山市参事会决议尊敬晏为该市荣誉公民，尊敬状上说"晏阳初是经东西方各权威人士公认的真正哲学家与人道主义者"。此外，1972 年 6 月 18 日，被菲律宾人尊之为"民众之人"的曼努埃尔（Manuel P. Manahan）于《马尼拉时报》发表《晏阳初：为平民的十字军人》一文，也称晏为"人类伟大的思想家"。他们称晏为"哲学家"或"伟大的思想家"，主要是因他在乡村改造运动中表现了一套极具创意的思想。

现在我就要探讨，这一套极具创意的思想，它的内容是什么？据我的了解，大抵由下列四个成分所组成：（1）儒家的民本思想；（2）基督教的《圣经》；（3）科学的方法；（4）民主的思想。儒家"民为邦本，本固邦宁"的民本思想为乡村改造运动提供了最高的领导原则，《圣经》所启示的基督精神，则是这个运动主要动力的来源，科学方法乃解决农村问题的有效手段，民主则代表这个运动在近代中国所要达成的现实目标。

一、使儒家民本理想落实于现实努力

"民为邦本"之说，是中国传统民本思想的源头，就这个理念发展出来的民本思想有下面几个要点：（1）当政者应注重民意；（2）民贵君轻；（3）政府应以爱民利民为主要工作；（4）人民的好恶足以左右国运。这几个要点在孟子以前已全部发展出来，但历经两千多年，始终仍

① 本文原载作者所著《儒家与现代中国》（中国哲学/沧海丛刊），东大图书公司印行，1984 年 7 月。此次收入本书，作者略有修改。——编者

停在理论思想的层次。试问要求当政者重视民意，希望政府能做到爱民利民，可是当统治者的所作所为不符合要求，甚至与所希望的完全相背时，又该怎么办？中国几千年来的知识分子，在长期违背民本理想的事实之前，能说几句悲愤抗议的话，已很难得，但仅止于悲愤抗议，对残酷的事实并不能有多大改变。到了清末民初，知识分子在西方文化冲击下，受了民权意识及社会主义的影响，似乎有了一些进步，但也只能在报纸上发表意见，再三强调"改进平民生活"、"免除平民压迫"、"实行八小时工作制"、"保障农民利益"等。这些在晏阳初看来，仍不脱传统士大夫的高谈阔论，对这些问题却提不出具体可行的解决方法，事实上也没有认清问题的核心。

中国问题的核心，是在 4 万万国民（晏氏发表此见解在 20 世纪 30 年代中期）绝大多数未受教育，因此产业不兴，生活艰难，甚至穷民饥莩，遍地皆是，根本谈不上生产力。另一方面，国人又勇于私斗，而怯于公战，轻视公义，而重视私情，根本缺乏团结力与公共心。晏氏感慨地说："以如是的国民，来建设 20 世纪的共和国家，无论采用何种主义，施行何种政策，一若植树木于波涛之上，如何可以安定得根！"

晏阳初于 20 世纪 20 年代开始在中国境内推展的平教运动，就是基于以上的认识。他担心偌大一个民族，如不能让他们接受最低的教育，将无法生存于知识竞争的世界，因而可能影响及于全世界的祸乱；他对有五千年历史，自尊为神明贵胄的黄帝子孙，于 20 世纪文化却无所贡献感到惭愧。因此，"四顾茫茫，终夜徘徊，觉舍抱定'除文盲，作新民'的宗旨，从事于平民教育外，无根本的事业，无最伟大的使命，无最有价值的生活"。有了这种觉悟并确立了目标之后，遂决心"发宏愿，奋勇气，本愚公移山的精神，尽心竭力，努力于平民教育，为培养国家的元气，改进国民的生活，巩固国家的基础"。所以晏当年领导的平教运动，实是使中国"民为邦本，本固邦宁"的古老理念，首次落实于现实的努力当中，并使它有了全新的意义。其间根本不同之点，是传统的民本思想寄望于统治者的德政和恩惠，是由上而下的方式；而平教运动要努力使人民本身能自立自新，通过文艺、生计、卫生、公民的四大教育，不仅要解决中国人生活上愚、穷、弱、私的病根，而且要增进他们的知识力、生产力、强健力与团结力，这样才真正有希望培养出新中国的新民，这是由下而上的方式。这个方式不仅当年在国内定县等地的实验成效显著，近三十年来经因时因地制宜的修正，实施于泰国、菲律宾以及非洲和中南美洲若干国家，也一样获得成效，证明它是解决乡村或农民问题的具体可行的方案。

"作新民"这个观念在传统儒家，着重道德效果的意义。清末梁启超作《新民说》，是针对中国过去缺乏公德、权利、自由等观念而提倡的一种新道德。不论是旧道德还是新道德，所谓"新民"之"民"只适用于少数读过书的人。可是在晏阳初领导的平教运动中，"作新民"之"民"所指的却是自古以来被忽视，在数量上又占绝对多数的农民，这在人类社会史上真是哥白尼式的革命性观念。以往读书人虽同情农民的"苦"，却没有发现农民的"力"。晏阳初于1918年因往法国为华工服务，与华工相处一年的经验，使他认识到中国农民的智慧与能力，只可惜缺乏读书求知的机会。这个经验使他决心在有生之年献身为最贫苦的文盲同胞效力。从此60年间，"强国必先强身"、"建乡必先建民"以及"解除苦力（农民）的苦，开发苦力的力"，这成为他在世界各地领导乡村改造运动奋斗的基本目标。

二、以基督的精神献身于农村改造

当1929年晏阳初率领一批高级知识分子（其中有8位博士），带着多年研究而成的乡村改造方案，到定县实验场实验，实是揭开历史新页的空前壮举。他们面临的挑战是史无前例的，而且晏强调，科学实验可以千百次，但社会实验第一次就必须成功，决不能失败。中国知识分子虽多半来自农村，但并不关心农村，更不了解农民，这些高级知识分子所受的又都是西式的教育，现在进入穷乡僻壤，要与农民朝夕相处，该是多么的艰难！要了解此壮举背后的动力，应知晏阳初夫妇都是虔诚的基督徒，《马太福音》："没有任何事情是你们不能做的。"又说："有信心的人，什么事都是可能的。"但是，信心只能强化人奉献的意愿，在实际的工作中究竟如何去了解问题解决问题，还是要靠人能做正确的思考并运用人的智慧。依据耶稣基督深入民间的启示，可以使知识分子以农民的仆人自处。可是这仆人又如何能发挥改造农村的功效？这就不能仅靠信仰。在这里，晏表现出他的思考力。他认为知识分子要去教育农民，必须彻底清除一向自满自大的虚骄心理与傲慢态度，并虚心诚意深入民间向农民学习，先做农民的学生，接受"再教育"，然后才可以与农民亦友亦师，向农民灌输新知识，教育新技术。这个过程晏称之为"自我革命"。也就是说，当你以"为中国作新民"做努力目标时，你自己也要同时改造成适合这一运动需要的新人。

　　由于晏阳初自幼就受《圣经》熏陶，他不但常以"科学布道人"、"自由十字军"的精神自勉勉人，甚至在解释这一运动的意义及从事运动者的条件时，随时都不忘这种精神的重要。例如他说明定县实验的六点意见时，其中第五点就说这是"布道"的运动。又如他以为立志做一个改造乡村工作的"十字军人"，必须具备的四个条件，除了能力、创造力、品行之外，还有奉献。因改造农村工作是长期性的事业，你必须长期居住于粗野的乡间与农民共同生活。如果没有坚强的奉献决心，可能开始有热心，却不能支持长久，甚或知难而退。历史上的各大宗教，都会为人类带来不同的灾难，尤其当宗教与政治权力结合时，给人类的灾难诚不可胜言，但至少有一点决不可抹煞，即能激起人类牺牲奉献巨大动力的，多半要靠坚定的宗教信仰。晏氏为乡村改造奋斗 60 余年，为人类塑造了一个前所未有的新典范，他始终努力不懈的动力，无疑是来自其虔诚信仰。由于他坚定的信仰，往往现身说法，无不动人感人。他是一虔诚基督徒，但他从不藉平教运动传教，他主张宗教上或党派上的信徒，应任国民的自由意志去选择。他不传教，但把宗教信仰产生的动力引向一个比传教更重要更合理的方向上去。他一心为平民，但不忍用宗教去麻醉他们，更不愿用教会的财力去救济他们，他有句名言："不要救济，让他发扬"。因救济顶多只能救济于一时，并不能解决问题，让他们发扬是要开发他们的潜力，让他们自立自强，凭自己的能力去解决切身的问题。

　　晏阳初领导的乡村改造运动，从中国平教总会起到菲律宾的国际学院，为了能自由研究、自由实验，始终保持为民间的独立团体，因此缺乏固定基金和常年预算，仅赖各方捐款，这当然增加运动推行的困难，但晏认为"宁愿穷苦而自由"，也"比较作为某一机构的工具而富有意义"。尤其是在中国推展的 20 多年中，更是内战频繁，烽火连天，即使在 8 年浴血抗战中，平教运动始终如火如荼般在进行，其可能遭遇的困难必百倍于平时，如果没有耶稣基督般的献身精神，是很难想象的。《约翰福音》："我所给你们的，跟世人所给的不同，你们的心不要愁闷，也不要恐惧"。晏也喜用同样的话勉励同仁。有一次菲律宾乡村会会长告晏："没有存款了，怎么办？"因当时正要支付薪金，晏安慰他："不要发愁，事情会解决。"翌日，果然 4 张支票寄到。晏回想平教总会时代，穷苦得如教堂里的老鼠，时常因无款支用而仰屋叹息的境况，一重重的难关还是度过了。到菲律宾时期，晏氏根据以往在中国工作的经验，不时勉励同仁："金钱不足忧，只要坚定信心，努力为村民服务，有具体工作表现，各方捐款自动会送来的"。晏真是亲自体证了《哥林多后书》"因为我们活着是凭信心的"的话。

晏阳初的朋友会形容他有擅长讲话的口、精巧撰文的手、勤于旅行访问的腿。靠着擅长讲话的口，到处说明平教运动的成效，以及乡村改造对中国复兴的重要，使捐款源源不断，并于 1948 年说服美国当局成立了"中国农村复兴联合委员会"。勤于旅行访问的腿，使他踏遍第三世界的农村。在他用"精巧撰文的手"所写的许多文字中，最令人感动的大概是 1948 年 8 月 14 日于上海《大公报》发表的《开发民力　建设乡村》一文，此文充分表现出一个人道主义者为民请命的精神，在当时中国浑浊的局势中，他的声音简直像耶稣在旷野里的呼声。文章说："目前的世界还是个唯力是视的世界"。"我们中国虽经过 8 年英勇的抗战，到今天还是一个无力的弱国，仍然为有力者所支配"。"其实，我们并不是根本无力，而是我们的'力'被湮灭了，被压抑了，被摧残而扼绝了"。"究竟中国的'力'在什么地方呢"？它潜藏在广大的占有全世界人口五分之一的老百姓当中。数千年来他们就这样勤苦地、天真地、浑朴地，流出他们的血汗。他们应该有权利要求合理的生活，也应该有能力安排他们的生活。但不幸，他们受了封建传统的压迫，以及外来强权的欺凌，以致他们一天甚于一天的过着牛马的生活，到今日，他们实在已经奄奄一息了。我们在今天，已只有"民"而无"力"，这是中华民族极大的悲剧、极大的危机。"中国的农民向来负担最重，生活却最苦：流汗生产的是农民，流血抗战的是农民，缴租纳粮的还是农民，有什么'征'有什么'派'也都加诸农民，一切的一切都由农民负担！但是他们的汗有流完的一天，他们的血有流尽的一日。到了有一天他们负担不了而倒下来的时候，试问，还有什么国家？还有什么民族？所以，今天更迫切的需要是培养民力充实民力的乡村建设工作"。我每次读到这些透人肺腑的文字，总只有一个感觉，那就是："光从黑暗中照出来。"

三、把科学的泉源引到农村

晏阳初的乡村改造在国内外所以行之有效，除了正确的目标、献身的精神之外，第三个要点，是晏阳初一开始就充分了解如何将西方自然科学研究实验的方法，应用于乡村改造工作的重要性。晏阳初领导的团体，不仅当年在国内的工作有成效，近 30 年且推广到第三世界许多国家，其能利用科学方法与现代技术，应是一大关键。直到 1980 年，晏于国际乡村工作领袖讲习会的结业式上宣读的讲词中,他说明乡村改造工作三要素,仍将"怎样认识科学与技术"视为第一要素。因为多少世纪以来,科学、技术和全球约三分之二的农民之间,存在着极大的鸿沟,如何沟通并拉近这一距离,是对 20 世纪世界上优秀科学家的一大挑战。晏回顾 50 年前在定县的实验,当时就进行试验,研讨如何简单化最关重要的科学,如农业、保健等,使在一尺深的泥淖和水牛一同耕作的农民,能够了解并应用。一个科学上的专家,要怎样才能符合此一要求?晏认为专家也和其他工作人员一样,都必须经过一段时期参与田野实际工作的"再教育",让他们在这一过程中去发展一新的社会认识,并思考如何有效地提供其专长于四育连环的计划中。

使专家们的"怎样了解"成为农民们实用的"怎样做",此一科学应用的创举,从定县实验场就开始实验,并尝试把实验过程建立起一套制度。最初平教会的专家注意的要点,是如何能把农业科学的研究结果,于最简单最经济的推广制度下普及民间,使达到既可增加农民收入,又可逐渐培养农民科学头脑的目的。专家们深切了解,要使农业科学化,只可渐进不可突变。因此要教导新法必须了解农民原先生产的土法,先就土法研究改良逐渐达到应用新法的目的,这样在农民旧习惯的改变上才不难适应。这点认识,关系到定县实验的成败很大。他们不只是在农业科学化方面注意农民原有的习惯,在社会建设方面亦复如此,他们是在尊重农民传统的前提下创造新社会,认识农民的优良品性,才能取得对方的尊敬与合作。所以信任平民的卓越品质,遂成为平教运动的基本教导方针。

在定县的实验中,终于发展出从研究、训练、表证到推广的顺序而进的四个阶段,为科学进入农村、专家与农民结合奠定了制度化的基础。平教研究部先研究了定县农民实际上究竟需要哪些农业科学知识,并做实验,这样才能使各项工作切合当地的现实,给予有效协助。其次是训练执行计划的人才,在各地平民学校,将实验所得做现场表证,表证就是以表演作教授,使农民用动作来学习。最后一步是把以上的经验推广到定县全境。这个制度到菲律宾时期,又有"农民学人"的训练计划,使传布农业技术给农民的制度更能有效地推广。

科学在农村的实验,终于结晶为"农民科学化,科学简单化"的简易目标。"农民科学化"是培养农民科学头脑,使他们在切己的问题上能运用科学知识和方法去解决,已增进其生产及健康等的力量。"科学简单化"是经过实验再实验，为沟通并拉近科学技术与农村居民之间距离的有效方法。"简单化"之外还要讲究"实用"与"经济"，"简单"是顾及农民所能接受的程度，"实用"才能提高农民学习的兴趣并满足其需要；又因农民贫苦，时间金钱都很有限，所以要他们学习新知识新方法，必须严守"经济"的原则。

历史学者蒋廷黻对定县做的"科学与农村联合"的实验，有很生动而客观的评论，他说："科学——自然科学及社会科学——好比一个泉源，平教会开了沟渠，接上管子，把泉源的水引到民间去了。换句话说：平教会的试验找到了改造中国农村的技术和方案。"

如前所述，我们已了解自然科学方法在农村实验和应用的大概情形。至于社会科学方法在农村的应用，又是定县实验的一大创举。晏阳初说："改造农村所切要者，在于用科学方法，取我国乡村生活，加以翔实精密之调查与研究，俾全部乡村生活情况，得以整理。彼此关系牵连之处，皆有头绪可寻，庶是改良事业，有所根据而进行，困难问题有凭藉而解决。此乡村生活调查，所以尤为当务之急。"由此可知，社会科学的应用在整体的乡村建设中，有其基本的重要性。在工作过程中，自然科学方法的实验与社会科学方法的应用是相辅相成、缺一不可的，所以"怎样认识科学与技术"是乡村改造工作的第一要素，"如何认识社会"就成为第二要素。

用社会科学的方法从事定县的社会调查，使晏阳初发展出"中国化的社会科学"的新理念，是他的思想具有创发性的又一明证。晏为《定县社会概况调查》写序，说明这一工作的重要性是在调查事实认识环境，作为乡村改造的依据。同时说明这一工作困难，是从事调查的人，既要了解现代社会调查的科学理论以及方法与技术，又必须能顾到中国的民间生活状况而规划出适合中国情形的方法及技术。即如拟表格，就得特别注意要与农民心理、风俗、习惯、生活相适应；又要顾到所问使他们能回答。他们所能回答的，又是我们所需要的。晏希望平教总会在定县的社会调查对于中国的社会科学之研究能有两点贡献：第一，定县实地调查的学术研究完成以后，中央政府才能有方法上的一种根据，可以作为大规模的全国或全省的调查，才能希望得到社会事实的真相。第二，以中国的社会事实一般学理原则，促进建立"中国化的社会科学"。近年台港两地的有关学者开始提倡"社会及行为科学研究"的中国化，比晏阳初晚了五十年。

四、乡村改造与民主的关系

吴相湘教授说："定县实验目的之一，在寻找适当实用的乡村改造方法和途径，对古老落伍可怜的农民给予新的生活力，并且要自下而上为中国民主政治建立坚实基础。"下面我们就要探讨乡村改造与中国实行民主的关系，以及晏阳初对中国如何实现民主的见解。这一点不仅被我们探讨民主的知识分子所忽略，即连关心乡村改造运动的人士，也没有给予适当的重视。乡村改造运动始于平教运动，平民教育的主要目的，是希望做到孙中山先生所说的"唤起民众"或促使民众的觉醒，一个国家如不能全力培养这个条件，就不可能成为真正的民主国家。

自"五四"新文化运动以来，一般知识分子谈民生，多半是着重在观念与制度，这当然是重要的，但像中国这样一个人口众多，加上长期战乱，绝大部分人民都极端贫穷的情况下，要实行民主显然不只是观念与制度的问题。在这方面，晏阳初最初的看法与众不同。1948 年 4 月间南京正要召开国民大会，选举中华民国立宪后第一任正副总统，许多人都以为中国从此可以实行民主了。晏氏则坚持他一贯的想法，他说："今日中国要求安定要求繁荣，要真正实行民主，都必须从这为人民谋福利的基础上努力"。"尤其实行民主，人民在文化政治经济各方面的基本力量——知识力、生产力、健康力、组织力——未曾发扬出来，如何谈得到真正的民主呢？"在当时，他觉得除了对乡村改造的工作需加倍努力之外，"更渴望各方面共体时艰，捐弃成见，转阴霾为光明，化暴戾为祥和，都站在为人民谋福利的立场上，以工作成绩相竞争，那时，民力才能发扬，民主才能实现"。很不幸民国以来的政治领袖，几皆迷信武力，把国家的命运寄望于战场的竞赛，这样，必然会永久地失去亿万民心。

8 年抗战以后，当时的国民党政府只希望能争取到更多的美援，在战场上取得胜利，晏阳初却认为："有效方法，不是战场，而是乡间"。中国农民的愚鲁和贫困，为内乱提供了发荣滋长的条件，这种条件如不加改变，乱象是很难清除的。晏所领导的乡村改造运动，就是在努力改变这种条件，如引用一位对开发中国家政治社会有研究的亨廷顿的话，晏的工作"是给农民打革命免疫针"。

战后，晏对国民政府并未绝望，但希望能发展国家的根本，他说："挽救现局、创造未来，当务之急，莫过于发展国家的根本，即中国人民"。"目前国民政府所辖地域依然很大，一旦政府能够在其自己地域内证明确为人民致力，帮助他们获得基本生活、普通健康和地方自治，自必有口皆碑，传遍全国。不但它自己地域的民心因而挽回，甚至其他区内人民也会为之向往。只要国民政府服务人民福利事业有成，强大民主之中国自能实现"。就在这个时候，晏阳初正为成立"农复会"在国内外奔走，上述言论见于递交"中美委员会"的一份备忘录里。衡诸当时国内情势，时机上确已晚了一步，所以霍夫曼（经合总署署长）说："如果这一农复会的计划，早几年推行，中国故事就大不相同了。"但是晏阳初发展民力才能建设民主中国的想法是正确的。他的想法以及乡村改造的实践，曾获得美国大法官道格拉斯的热烈赞助，推崇晏的工作是"全世界最重要的一件事"，"因为它的目标不只是经济自由，而且是政治自由"。道格拉斯向杜鲁门总统介绍晏阳初："总统先生，这是一位在全世界民主阵线上工作最多的人"。

根据亨廷顿的研究，还可以从另一方面了解农村改造对中国实行民主的重要性。亨廷顿指出，保守的农民，抗阻改变，对代表变迁的人物如医生、教师、农学家等持猜疑甚至敌对的态度，虽然后者来到乡村只是为改善他们的生活。在所有现代化中的地区，这些现代化经纪人被多疑的和迷信的农民所杀害，时有所闻。晏阳初的工作中，尤其是把学人和农民联合起来的计划，不但有效地消除了农民的猜疑和敌对，同时也打破了几千年来两大阶层的壁垒——少数士大夫高高在上，千百万文盲压在底下。晏认为"这个壁垒存在一天，中国就没有实行真正民主的希望"。

晏阳初从来不受现代中国反传统潮流的影响，他一贯主张，要在旧传统的基础上创造新社会。这个原则不但影响到科学在农村的实验，也使他当国外许多人怀疑中国是否能走向民主时，不断为中国辩护，他深信中国四千年的历史中包含民主的许多要素。当定县实验时，"平教会"的公民教育部，就已着手研究怎样使几千年来的乡村自治，进步成为现代化的中国民主。

晏阳初另外一些对民主以及中国如何实行民主的看法，在今日也许不觉新颖，但在四五十年前，却代表深刻的见解：第一，他指陈民主不只是政治制度的问题，最重要的还是人民的态度、精神、传统、习惯与实用的哲学。盖民主落在日常生活上，它要求一种新的生活方式，因此在人民的态度、精神、习惯等方面如没有相应的转变，民主制度很难有效地推行。

第二，民主须植根于教育。本着这一信念，在抗战期中由晏创办的"乡村建设学院"，就没有建立训导处，但有学生自治会，以及由师生共同选举的顾问会，与学生自己选举产生的"四自会"（自习、自治、自强、自给）协助进行院务。晏阳初说："中国人口讲民主太多，如果这些受高等教育的青年——中国未来民主的主要凭藉——在学校里不给予自治与民主的实习机会，我们国家如何得有真实的民主的希望？这些青年又怎能适当的去引导文盲大众走向民主形式的政府？"

第三，民主意识与科学技术同等重要。晏阳初说："如果我们只想到肚子空的问题，忽视脑子空空如也，这将是极悲惨的。因此，当促进科学与技术以增加生产改善健康时，必须深思熟虑地且壮阔有力推展我们的民主意识。"事实上一个民族必须做到肚也不空脑也不空，使物质建设与精神建设齐头并进，才能把这个民族的心智与精神的力量解放出来，才具备真正的国力。

五、开放心灵与人文理想

晏阳初一向以乡村改造的实践者闻名于世，这篇文章是专探实践背后的思想，以及指导并支持他行动的根据，希望藉此凸显他另一形象，让世人知道他不只是一个关怀平民的乡建工作者，也是一位杰出的思想家。但这些思想必须经由思想的专业者加以提炼与精制，才有机会纳入人类思想的大传统里，引起更多优秀头脑的关怀，甚至激发他们参与的热情。在农村改造方面，晏阳初是一个持续不懈并有成功事例的人，一个运动既有成功的事例，如又能有伟大的思想体系，在历史上才真正具备持续发展的力量。

晏阳初的乡村建设，所以能做得比较成功，除了独立创新的思想之外，还有开放的心灵，他从不拘泥新旧或中西，他以乡村改造的需要为中心，吸收了古今中西文化中最佳的部分：儒家的民本思想，基督的献身精神，现代的科学知识与科学方法。费孝通说过："晏先生的乡建工作是技术性的。"这话孤立起来看颇为不妥，应该说方法上是重视技术，但知识、生产、健康、组织四育并进是含有人文理想的，尤其把乡村改造与民主关联起来看，这种理想性就更为显著。推行这个运动的团体，所以一直保持超然独立的地位，不愿和现实的政治力量相结合，主要就是为了坚持这个理想。

近30年来，晏先生的工作是以第三世界为主要对象，目前第三世界的问题十分严重，所以今后在这些地区推行乡村改造，必然仍是困难重重。重要的是，晏阳初60多年的艰苦奋斗，已为解决农村问题开出一条新路，为全球的农民显露了一道希望的光芒。

1983 年 8 月 20 日稿，2013 年 1 月 25 日修改

恭贺新年　三喜三思①
（1919 年 1 月）

　　各位华工同胞啊，据鄙见看来，各位此次新年，有三件特别的喜事，也有三种特别的思想。今先论三喜，与诸公一听。我们中国数千年以来，固执守旧，不求维新，无铁路轮船，无邮政电线，交通不便，旅行艰难。不说出外洋的万中无有一人，就是在本国游历的也是很少很少的。但各公深负远志，有冒险性质，离家别乡，梯山航海，迢迢四万余里，来到法国作工，不但自己增广见闻，并且可以期满回国，兴家立业，强种强族。各位想一想，这岂不是一件大喜事吗？各位来到法国，虽是言语不通，规矩不熟，有种种碍难，却自己仍是早起晚息，勤劳刻苦的，为我国联邦作工。各位这样的出力，不是劳而无功的。联邦各国的军官兵士，每谈及华工，无不极口称赞，衷心佩服的。同胞啊，你们在外国有这样的好名誉，不特是同你们自己顾脸，也是为我们祖国增光。这岂不又是一件大喜事吗？各位自青岛、威海来，过海之时，有德国潜水艇的危险；登岸之后，又有飞艇炸弹的危险；停战以来，再有瘟疫的危险。不是这样的危险，便是那样的灾难。千千万万的人，阵的阵亡了，轰的轰毙了，病的病死了。各位却承皇天的顾佑，祖宗的大德，得以身安体全，无恙无危。请问各位，这岂不算是喜上之喜吗？

　　三喜的大概，既已听过。现敢与诸同胞讲一讲三思。什么叫三思呢？三思就是思身、思家、思国。请先论思身与诸公一听。欧洲的战事既停，想必在法国的弟兄没有一人不想及时就回中国的。白天谈的是回国，晚间梦的也是回国。有时你心里说：只要英政府让我回国，一个佛朗（法郎）的工价不给也是愿意的。同胞啊，回国归家园是极高兴极快

————————
　　①　原载《华工周报》，第 1、2 期，1919 年 1 月 15 日、19 日。

心的事，但是请问你自己思想过打算过没有，回了中国之后干什么事？从什么职业，做什么买卖？方能使你那年轻生命到法国来所赚的佛朗一个能赚一个。俗话说："家有万贯，不如朝进一文。"不怕你的佛朗怎样的多，如果你回国之后，游手好闲，不理正经，今天两个，明天三个，一月半载，不知不觉地就把你那苦心苦力所赚的血汗钱耗费完了。受饥受寒，恐不可免。同胞啊，小虫蚂蚁，尚知夏天为冬天预备筹划，何以人而不如虫乎。

第二，与各位论思家。各位驻法的弟兄，你们的性情嗜好虽各不同，却你们思家的心，我想没有不一样的。当此新年佳节，谅想你们思家的心必较常更切。在外国吃的虽是洋饭，穿的虽是洋衣，说的虽是洋话，怎能与那家中的粗茶淡饭、土语乡谈、合家团聚的快乐相比。所说"在家千日好"的话是诚然不差的。各位弟兄，你们既这样的贵家爱家，你们就应当求益家兴家的事，所有的一切亡业败家的嗜好，或是从中国带来的，或是到法国来才学的，都应该勉力全行断绝。旧年吸烟卷的，今年应立志不吸；旧年赌博的，今年应誓绝不赌；从正经做安分守己的人，多积存几个富人的佛朗，多学些有益的技艺，期到归乡，可以发家，可以自立。这样你们一番爱家恋家的心，也可以真有实际了。

第三，与各位论思国。离本家而后知贵吾家。到外国而后知爱吾国。各位现在外国，爱国的心也必较前更大。同胞啊，我们中国国家的外交、内政，有许多我们不忍说，不敢说的。但是你我在外国，有关于中国国体的事，那又不能不说。各位兄弟谅必都知道，你们在法国所处的地位与在中国所处的地位不大相同。你们住在法国，就算是中国全国全族的代表。外国人以你们作为的好歹，就定我们中国全族的是非。若在本乡本土做了什么不好的事，是你一个姓李的姓王的一人丢脸，但是若你在外国做了坏事，那外国人既不知道你张王李赵的名字，他只晓得说"兴隆瓦"（法人称中国人）这样，"兴隆瓦"那样。所以各位同胞呀，若一个中国人在法国受了军赏荣牌，那我们中国人都算英雄豪杰了；若一个中国人在工厂码头上偷了罐头牛肉，那我们"兴隆瓦"都是强盗土匪了。由此看来，我们中国国体的荣辱，都全在你们各位作为的好歹。同胞啊同胞：你们在外国作为行事，岂可不慎上加慎吗？

平民教育新运动①
（1922 年 12 月）

　　近数年来，"平民"二字渐为一般人所注意，这也是我国的一种好现象，所以平民程度之高低，关系于国家努力之强弱。先贤所说的："民为邦本，本固邦宁"，就是这个意思。吾国男女人民号称 4 万万，估计起来，至少就有大多数一个大字不识，像这样有眼不会识字的瞎民，怎能算做一健全的国民而监督政府呢？怎会不受一般政客官僚野心家的摧残蹂躏呢？"本"既不固，"邦"又何能宁呢？

　　少数知识阶级的人，往往以"上流"自命，无暇或不屑顾及一般平民。多数的人民，因社会的习惯及知识的缘故，亦不得不甘以"下流"自居，因此就把世上一个文明最古，人民最多，天然物产最富的中华大国，无形无影、不知不觉地弄成一个下流国了！吾人不愿中国上流则已，如愿中国上流，那惟一着手的办法，就是把这许多目不识丁的男女同胞，设法上流起来。如要达到这个目的，非各省教育家一面拼命地提倡，一面下死工夫去研究平民教育不可。我们平民教育新运动之产出，亦不过区区此意耳。兹将同仁海外经验与国内调查，并新运动真相，略述于下，以就正于海内外明达。

　　一、海外经验

　　欧战时我国派了 20 余万工人，到比法战地为联邦作工，有挖战壕的，有造枪炮的，有修铁路的。既不能操外国语，又不谙异国的风俗人情，生活非常困苦。北美青年会有鉴于此，乃筹巨款，创办驻法华工青年会。又在美国各大学校，招募中国留学生赴法，为服务华工的干事。我国学子以美国同学，既多冒险赴欧，牺牲一切，为国家争战，而吾辈

---

　　① 原载《新教育》，第 5 卷，第 5 期，1922 年 12 月。

华人，又怎不能为那些在法受苦吃亏的工界同胞服务呢？于是有各大学同志十余人，于1918年欧战剧烈之时赴法为华工服务，挺身走险，过大西洋在比法各战地同过苦力生活。这些工人百分之九十，即是一字不识的。我们对于教育上，特别地注意，所以每晚皆有演讲，并有汉文班，他们虽是整天地做苦工，而每晚仍然到各营读书听讲，夜夜不断，甚至有不吃饭而赶来上课的。我们看见如此勤学忘食的劳工，真令我们做大学生的惭愧，更使我们痛恨那恶劣不平的社会，不给他们一个受教育的机会。

自忆前赴英美求学之时，脑海中并没有"平民"二字，及至法国，躬亲在工营中，每日同那些社会所谓"下流"的人过生活，相往来，相友爱，那些前大学生对平民的观念和态度，就根本推翻了。社会所谓"下流"者，并非禀赋与那些自命"上流"的有什么不同。所不同的，不过机会耳。那社会所谓"下流"失学的人，如早受同等的机会，他们又怎会不"上流"呢？这种觉悟，虽是近年以为很平常的，然而我们这种平民的觉悟，不是专从书本上看来的，或从某大家学来的，乃是从经验中，生活中，得来的。所以就在法国决志，他日归国，定投身于平民教育。并即在法比各工营青年会，立即实行推广。一面就工人的需要和心理为根据，编辑课本；一面实验方法，随时改良。就把那七八十所工营，当作我们平民教育实验场。后因工人中好学而有成绩的日多，乃邀友人傅若愚君（驻法工营同事，前芝加哥社会学硕士）于1919年在巴黎创办驻法《华工周报》，如是服务者二年余。平民教育新运动实胚胎于此时。

二、国内调查

在法华工教育，所研究的学理，所得来的经验虽好，然非熟悉中国的实体情形，因地制宜地去做，那于我国平民教育断然不能有什么贡献。所以回国后，第一着手，就是游历各省，做调查的工夫。论及平民教育一事，自民国成立而后，凡稍有思想的人，无不知其紧要。更自"五四运动"以来，平民教育或通俗教育的觉悟，一时风行。所有各官立私立学堂，少有不附设义务学校贫民学校的。这种风气，由外表看来，自是难得。但据两年以来，在十余省所调查的实情，内容十居八九很少切实成绩，其失败的原因颇多，兹略举一二以供大家的研究：

（甲）教员

（一）一般热心办义务学校的人，多不注重教员问题，以为随便什么人，只要识字，就可以教别人识字的，这是义务学校失败的一大原因。（二）"五四运动"以来，所有的义务或贫儿学校，强半是各校学生自动倡办的，他们一番爱国服务热忱，实在是大家公认而钦佩的；但不免有许多心有余而力不足的地方：（A）既为青年学生，缺少教学经验，况教育不识字的弟子，比教育大学学生难得多。（B）在校自有功课，因时间的关系，有许多学生三四人同时担任一班的，对于来学的贫家子弟，实难收效。一因教法不相联络，二因口音各殊，今天一个先生这样教，明天一个先生那样教，南腔北调地把那些知识简单的学生，弄得糊里糊涂的了。（C）学生自己功课既多，到他们来教学的时候，多半是精神很疲乏的，教员既没有好多的精神，怎能引起那些未受过教育的子弟的热心呢？这些话不是说来批评各校热心教育的学生，不过是要指出他们当学生求学的时代，难得同时做一个好先生。他们于平民教育的贡献，不在教学，而在他种方法（详论在后）。（三）教育子弟，非一朝一夕所能成功的，事属义务，教职员不负专责，随来随去，教员虽好，往往有半途终止的。

（乙）课本

我国于各学校教科书，近年出版尚多，适用的也有。但于平民通俗教育方面，出版的既少，有的又不切用。因此大多数义务学校所用的课本，不是中学教科书，便是小学读本。虽有一二所谓通俗教育读本，亦多属那些抱着"秀才不出门，能知天下事"态度的先生，据着"想当然耳"的原则来著的，徒在文字上讲究而已，自己对于平民的心理、平民的需要、平民的生活，并未曾研究过。这种主观的、牛头不对马面的课本，怎能适合平民的需要，怎能引起他们上课的兴趣呢？

（丙）组织

甲校在东门附设一个义务学校，乙校在北门办一个贫儿学校，尔为尔，我为我，既无相当的组织来联络各校，振起教育的精神，统一办法，又无学会来交换得失的经验，互相研究学理。这样东碰西碰，散漫无统的独我式的教育，再等百年，我国的教育还是难普及哩！

三、新运动的真相

国内的调查既如此，海外的经验又如彼，我们对于普及教育入手办法，略具端倪，于是有平民教育新运动的产出，这运动的真相，可分以下的两层来说：

（一）工具

语云"工欲善其事，必先利其器"，这句话是很有价值的。平民教育的工具是什么呢？就是课本。无良好适用的课本，虽有善教的先生，好学的学生，总是事倍功半，难以见效的。所以我们入手的第一步，就是制造一个较适用的课本。

（甲）检字。吾国文字很深，实是教育普及的一大阻力。读了四书、五经、古文，而不能写一封通顺的买卖信的，十居八九。及新文化运动做成了"文言一致"的功夫，那就把我们平民教育问题的担子减轻了。在中国讲平民教育，须知平民教育，即是贫民教育，所以对于他们的生计问题，就不当忽略。他们一天到晚为饭碗忙碌，哪有好多闲时来读书，所以我们如要为他们求教育普及，非制造一种特别的工具，使他们于最少的时间，识得最多的文字（Maximum vocabulary, minimum time）不可。所以我们查验一个说国语的人，至少离不了的常用字是什么字，又有多少字，然后再根据学理、经验，来把它编成适用的读本。

我们选出这最通用字的办法，强半是根据以前在法比华工教育中的经验。那 20 万华工之中，有农，有工，有商，有兵，实能代表 3 万万平民的心理、生活及需要。同时，我们又根据归国后由各种平民课本，及他种白话书报的调查比较后，选出常用的字数千。由此数千字中，复选出最通用的 1 000 字，作为"基础字"（foundation characters），这样使所学即是所用，所用即是所学，不致枉费精神时间空学一个无用的字。但这种选法，还怕欠妥，所以我们又博咨旁问，在各方面教育专家前请教。恰有吾友陈鹤琴先生自归国以来，即与同事数人，在东南大学对于此事曾有精深研究。他们几位先生，不辞劳瘁，不嫌麻烦，用了两年余的光阴，将我国的白话文学，如《水浒》、《红楼梦》等书，及各界通用书报，每种分工检查，将各书所有的字，以各字所用次数的多少分类，一共检查了 50 余万字，从中选出通用的字数千（检字的方法陈君于本刊别有详论）。以陈君用科学的方法所选的通用数千字中，最通用的，即分数最高的 1 000 字，与我们由经验及研究所选的 1 000 字比较，竟有 80% 相同。由此足见经验的（empirical）方法与科学的（scientific）方法，实能互相纠正发明的。陈君同事与我们，还要继续地研究下去，希望不久可达到完善的地步。

（乙）编辑。徒有单字，而无一种根据科学的、经验的与最有趣味的编辑，也是难读，难记明白的。所以我们就把这 1 000 字编成 3 册，名《平民千字课读本》，其大意如下：

千字课是特为一般 12 岁至 20 岁目不识丁少年预备的，共计 122

课，字义由浅而深，字数由少而多，每天用一点半钟的工夫，4 月之内可以读完。

首册（A）计 300 字，分 40 课，每课用白话体，将生字参入，撰成通常日用或稍带新意的语句。而联句的字，仅限于前课已认过的字，借此可以一面教学生明白新字的用法，一面可以温习前课的旧字。

（B）凡生字或生字所联成的熟语，都用大号字，以醒眉目。

（C）每 6 课参入一课练习，或填字，或对字，或词句重组，或造句，以便活泼脑力，运用字句。

（D）大字旁附注音字母，是备学生学过注音字母的，更易辨明字音，以期达到国音统一的目的。

（E）根据一册的生字，著"工读"、"互助"、"爱国"三个歌儿，并歌调，附在课末，凑趣凑趣，且略表本书的意旨所在。

第二册、三册有了一册的 300 字作基础，二册、三册的编辑法也就稍不同了，其大意如下：

（A）本册的字数、课数，与第一册同。但每课皆有一定的题目，根据本课的生字，与前课的熟字，来撰成白话数句，或十数句，照题发挥，或用白话信，或用故事，或用寓言，或用中西名人传，或诗歌的各种体裁，借以增进学生认字的兴味，和求学的精神。

（B）可用图画的课，皆附图画，借以点缀。

（C）注音字母和首册一样附着备用，三册除共计 400 字分 42 课外，与二册的编法大概相同。

我们编印这三册的课本，特设课本校正委员会，会同审慎研究，务期妥善；此外，得到东南大学教育科陈鹤琴先生及他的几位同事的帮助甚多，北大胡适之先生指正的地方，也很不少。这课本出版不过数月，而销售之多已达 2 万余册，各界这样地欢迎，实出乎我们意料之外。一册二册已再版、三版了。每再版一次，必经委员会同仁，根据学理及各校实地的经验，逐课研究后，方才付印。随时我们亦将字课分送各处热心教育的专家，征求他们的意见，以期渐达精善适用的地步。

（二）合作

做了研究的工夫，造就了工具，第二件的急务，就是做提倡的功夫来推行这工具，如我们不大加提倡，那不知何年何日，我们才能实现教育普及的大梦！惟做此种群众教育的事，非一个学校、一个机关、一个阶级的人，单独做得到的。此种教育，是大家的，是全社会的。能出钱的出钱，能出力的出力，无分阶级，无分贫富，群策群力地执著教育普及的旗帜，奔走呼号，坚持到底，先城市而后乡村。我们因为有了这种志愿和抱负，乃根据各地实验的结果，拟有提倡的办法，名"全城平民教育运动计划"，附在末后，以供大家参考。

（三）长沙实验

有了工具，又有了办法，但此不过纸上谈兵而已。如无相当的实验，工具与办法，有否实际的价值，是不得而知的。因此我们先选定湖南长沙来做我们一个教育试验场，首由该处青年会发起，联络各界人士，做一个全城平民教育大运动。目的在引起全城人民的热忱，通力合作地来实验一个全城教育运动的方法，以达到全城男女人人识字的最后目的。着手在招集 1 000 目不识丁的人，聘请 100 有经验的教员，看于 4 月内每日一时半（星期休课，4 月共 199 时），能否读完《平民千字课》。兹将运动的大概略述如下：

（甲）组织。（一）总委办共 70 人，由城中各界所公推。当选者皆城中有声望而热心平民教育的人。（二）副委办各 5 人，担任（A）经济，（B）地点，（C）教习，（D）学生，（E）新闻各委办。各负专责，分道进行。

（乙）鼓吹。有了这样分道进行的组织，然对于提醒人民的觉悟，引起人民的注意上，又不能不有种举动，因此，有以下的种种：

（1）全城遍贴画张数千份，如"对症发药"、"举国皆瞎"等等描摹不识字的苦及教育的急要，以醒眉目。

（2）省政府告示几百张，同图画并贴城中，劝告家庭有不识字的子女的，和店铺有不识字的学徒，均来校读书。

（3）本城各中学及中学以上的学生同军乐队，分段发送 2 600 余份劝学传单。

（4）分段召集店主大会，先给他们看看影戏娱乐娱乐，然后对他们演讲"工人教育的急要"，希望得他们的赞同，送学徒来校读书。

（5）召集全城各界大会一次，由省长主席。

（6）各中学及中学以上的学生，到各街道分队演讲，一面演说教育的紧要，一面报告新运动的办法。

（7）全城举行游街大会一次（由各校学生组成），人人手持旗帜或灯笼上面写着"不识字就是瞎子"、"你的学徒是瞎子吗?""忍看同胞都瞎眼吗?""救中国的根本方法,是平民教育"等警语。

(丙)招集。(一)学生,招集学生的办法,是先将长沙全城划为72学段,每段派训练过的学生(中学师范、高等大学各校的代表)劝学队,各一队,手握报名单和别的印刷物,在各段按户劝学。3日后,共得1300余人。(二)教习,是由教习委办,一面个人接洽,一面在各校开招募会,共得教习80人,他们都是师范毕业而有三四年教学经验的,每星期授课6次,每次一点半钟,不受薪水,不过每月收夫马费4元而已。

(丁)班次的组织和监察。全城课室。共80余处,概系借公私学校、工会、商会、教会、庙宇、店铺、住宅、男青年会、女青年会等处的地点,学生共分70余班,至于组织班次,规定课室,分派教习,系归特别委办经理。全城共分四大学区,每区由各教习公推视学一人,复由四区教职员公推主任一人以主理全城学务。各区教习每星期将每日学生数目,及一星期的经过并现状报告本区视学,视学每星期亦必将下属各班的经过与现状报告主任。四区教职员,每月由主任召集开讨论会一次或两次,借以彼此交换教授及管理的经验,以谋教育改进的方法。各区学生每月由视学召集,开游艺会,或演戏剧,借以活泼学生的脑力,并鼓励求学的精神。

(戊)经费。开办经费的由来有以下三种:(1)热心平民教育的个人;(2)演戏或开音乐大会,或游艺大会;(3)各公共机关如商会、教育会、工会等捐助。

(己)运动的成绩。我们是本年阳历3月中旬开班。4月后有1200名学生,读完《平民千字课》,7月15日行毕课试验,竟有967名考试及格。7月20日,全城举行毕课大会,由省长发给文凭。这种成绩,实在使我们为中国平民教育前途,抱无限的希望。

此次所招的1300学生,他们年龄最小的是6岁,最大的是41岁。但是自10岁至16岁的学生,占了全体的72%,这究竟是因什么缘故,我们不能武断。或是因为(1)他们10至16岁求学的心较切,(2)家长要他们求学的心较切,(3)比16岁以上的家庭担负较轻,(4)除此等平民学校外,无与他们程度及年龄相当的学校可入。据学生年龄表看来,10岁以下的人数低降,16岁以上的亦渐减,年岁愈大,人数愈少,固然,此不过一处一次的招集,未敢一概而论;但将来在各省实验较多,我们就可根据各地经验,来规定平民学生年龄的问题。

兹将长沙平民学校全体学生各级年龄数目表列后：

年龄	数目	百分比
6	1	0.1
7	4	0.3
8	25	1.9
9	24	1.8
10	240	18.3
11	196	14.9
12	195	14.9
13	149	11.4
14	82	6.3
15	53	4.1
16	43	3.3
17	22	1.7
18	34	2.5
19	24	1.8
20	34	2.5
21	11	0.9
22	26	2.0
23	10	0.8
24	25	1.9
25	15	1.2
26	9	0.7
27	8	0.6
28	19	1.5
29	6	0.4
30	15	1.2
31	5	0.4
32	10	0.8
33	3	0.3
34	6	0.4
35	2	0.2
36	2	0.2
37	2	0.2
38	5	0.4
39	1	0.1
40	5	0.4
41	1	0.1
总数	1 312	100

学生的职业，以工界为最多，其数共 530 名；其次商界，共 232 名；农界共 53 名；学界 11 名；军警 10 名；医 5 名；乞丐 2 名。所填职业共 59 种，共 463 名，其余 460 名，或属无职业的，或属有职业而未填的。下列的表，以中国职业无常及学生笼统的缘故，于分类上不免有些欠妥的地方，如"劳工"，如"普通生理"等。

兹将长沙平民学校学生本身或家长各种职业一览表列后：

职业	数目	职业	数目
劳工	285	竹工	8
缝工	53	棕匠	7
车夫	33	轿夫	7
木工	22	铁匠	6
皮匠	20	铜匠	5
佣工	19	理发	4
捡粪	11	渔业	4
泥水	10	厨工	4
力夫	10	捡柴	3
漆匠	9	洗衣	2
织工	2	船夫	1
银匠	1	砌工	1
石匠	1	绣花	1
旗夫	1		

以上工业共 530 名。

职业	数目	职业	数目
小贸	80	铁业	2
普通生理	70	眼镜	2
经商学徒	28	针业	1
木业	6	衬业	1
卖小菜	5	布业	1
染业	5	米业	1
车业	5	山货	1
饭店	4	香店	1
炮房	4	伞业	1
屠业	3	洋货	1
瓦货店	3	鸡鸭业	1
猪经理	3	刷业	1
糟房	2		

以上商业共 232 名

职业	数目	职业	数目	职业	数目
作园	43	力田	6	种花	4

以上农业共 53 名。

职业	数目	职业	数目
学界	11	医生	5
军警	10	乞丐	2

以上其他共 28 名。

（庚）运动的善后。（A）毕课之后，要紧的就是这些字要有一种练习，不然，过不多时，就会忘了。许多更要紧的，就是这些字要有种实际的用处，不然，无人愿学的。近来上海、汉口等处劳动界宁肯学英文，而不愿读中文，因为中文经济价值，较英文低的缘故。（B）如只教他们读书，而不为他们预备一种有价值的书去读，那不如目不识丁的好。（C）出校毕课之后，如没有一种机关来给他们一个继续读书的机会，培养他们求学的精神，那他们最好也不过做一个一知半解的国民罢了。因此我们准备根据着三册的千字，来做关于他们经济、道德、知识、社交各方面有补助的书。如现在所做的平民书信、平民算法、平民卫生、平民诗歌、平民常识、平民地理问答、平民历史问答、农人须知、工艺浅说、法制说要、工人道德等书。明春还要出"平民周刊"一报，凡遇有千字外的生字的旁边，皆附有注音字母，以便自习。又凡举行了教育运动的地方，在一城的各处因善后起见，组织平民报社、读书室、图书馆、研究会等，以养成一般毕课的学生读书的习惯，并求学的精神。

结论

这个平民教育新运动，发起未久，而成绩亦稍有可观。谅各热心教育的同志，自当以为欣喜。但是草创伊始，工具和办法，两者都在试验时期，未臻完善。深望各省教育家惠赐教言，匡我不逮。并将计划中有可采取者，力为提倡并推广，那不但是同仁当感激的。现后有请同仁，明春到北京、天津、奉天、吉林、汉口、杭州、成都等处去，照长沙的经验，提倡全城的教育运动。一二年后，在各城的运动，于学理上、办法上，有了实地的经验，或能造出一种全国平民教育的学制。十年之内，我国教育普及的目的，我想是可以达得到的了。

附：全城平民教育运动计划

（甲）目的

提倡一个全城平民教育运动，引起人们的热忱，实验具体办法，以全城人人识字为目的。

（乙）组织

（一）总委办1（若干人），由城中各界有声望而热心平民教育者组成。

（二）副委办5（各若干人），担任①经济、②地点、③教习、④学生、⑤新闻各项。

（三）主任1人，副主任若干人。

（四）视学员若干人（每五区以上1人）。

（五）教员若干人。

（丙）经费

（一）热心平民教育的个人。

（二）演剧或开音乐或游艺大会。

（三）教会、商会、教育会、工厂、店铺，等等机关。

（丁）班次

（一）不宜太大，平均以12人为最合宜。

（二）上课每星期六次，每日一时半或二小时。

（三）书籍当勉励学生自购。

（四）教材除《平民千字课》外，当设游戏及唱歌，以助学生的兴趣。

（戊）课堂

（一）班次以在附近学生工作的地方或住宅开设为最善。

（二）凡公立学校、私立学校、礼拜堂、男青年会、女青年会、商会、工会、店铺、行社、工厂、住宅，等等，都可利用。

（己）教员

（一）官立私立学校的教员，师范学校的高级生，暨

（二）本地在教授方面有经验的人，都可聘请。

（庚）文凭

（一）每一学生，读完千字课程，考试及格，毕课时皆得领受文凭。

（二）凡已受了文凭的学生，如将千字课教授了他人，其文凭上得另加一大红印。

（三）各班学生每月试验后，得照各人识字的多少，领带红黄蓝白黑五色旗的徽章，以示鼓励。

（辛）重要机关

（一）接洽商会、教育会、教会、报馆、行社、工会、工厂各领袖，得他们的赞助。

（二）接洽各学校请代募教员，并供给课堂。

（三）得各报馆的赞助，请代任鼓吹之责。

（四）本省长官及要人赞助，开大会时，可请省长或其他重要人莅会主席。

（五）男女青年会的协助。

（壬）运动种种手续

一、事前的准备

（一）先将全城调查一周，俾知何人为不识字，且有若干。

（二）调查城中课堂地点，根据本城地图支配。

（三）与教育会、商会，及其他重要机关中有势力的人，作个人的接洽。

（四）组成一个总委办，执行一切事务，该委办由城中有势力的人，如著名商人、学校校长、工界领袖等组成。

（五）用通告与画张传单等，做传播的工夫。

（六）用特别新闻的材料，做鼓吹的工夫。

二、平民教育运动大会

借城中最大的集会场，开大会一次，宗旨在引起人民对于平民教育的热忱，并使他们明晓本运动的旨趣与方法。到会的，须有下列诸人在内：教育会领袖、大学校长、商会代表、工界领袖，等等。

三、学生的招集

（一）联合学生和别界的人，在城内举行一个游街大会，以引起人民的注意，并分送印刷等物。

（二）将全城分为若干区，以便分道劝学（根据地图）。

（三）开店主大会一次，以得他们的赞助，准他们的工人或学徒来校读书。

（四）派训练过的男女高级学生若干人，手携报名单和别的印刷物，分区劝学。

（五）开课地点和日期订妥后，当先通知各区学生。

四、教员的聘请和训练

（一）应聘的人，予以聘书，期限以授完所订的学课为止。

（二）招募方法。

（1）个人接洽最为有效。

（2）开教员招募会。

（3）在各处重要学校开会。

（4）应募的人，至少须受训练六次。

五、班次的组织和监察

（一）特别委办一，以主持组织班次、选定课堂和分派教员等事。

（二）班次即在大会时开始举行。

（三）教员在第一次上班前，须先探望学生。

（四）各教员须将一星期中和每日学生的数目，及全班的经过和现状，报告本区视学员。

（五）视学员须每星期将属下班次报告主任。

"平民"的公民教育之我见[①]
(1926 年 4 月)

公民教育这个名词的含义有种种不同。我这里所用的是指以养成好国民为目的的教育全体说的。我以为教育的正当目的，不仅是养成良好的个人，却是养成健全的公民。健全的公民应该有何种知能，公民教育内就得包含着何种相当教育。所以公民教育不应单指普通所谓公民科和公民训练说，就是什么生计教育啦，科学教育啦，卫生教育啦，都应得包括在内。可是现在为大多数民众设施的公民教育和那些为正式学校学生设施的公民教育，办法应有不同，所以把我对于"平民"的公民教育的意见或说"平民教育运动"里的公民教育进行步骤，简略提出来，希望读者不吝指教。

一、"平民"的释义

平等是人人所有天赋的权利。可是大多数民众因为知识能力较低，什么事情都不能和少数知识阶级的人享受同等的幸福。增进大多数民众的知能，除去不平的现象，使同为良好公民，这是从事教育的人的天职。我们将对一般男女已过学龄期限的（就是在 12 岁以上的）不识字的，及已识字而缺乏常识的都称为"平民"。把这些占全国人民大多数的民众称为"平民"的缘故，是表示应靠教育的力量使他们有知识能力做个平等的公民。

二、平民教育的目的

平民教育是对于 12 岁以上不识字的及识字而缺乏常识的全国男女所施的教育，所以它的目的有二：（1）使一般 12 岁以上不识字的男女都能够运用日常生活必需的文字。（2）使一般已识字而缺乏常识的男女

皆领受共和国民应有的基本教育。这两种目的又可以总起来说：平民教育的目的是把目前全国的"平民"都养成为好国民。所以设施平民教育，是以识字教育为起点，而以公民教育为正鹄，有些人以为平民教育不过为《千字课》教育而已，实在是不明了平教运动的目的了。

三、"平民"的公民教育之实施步骤

（一）对不识字的"平民"先施以识字教育

我国人口号称 4 万万，12 岁以上不识字的人占 2 万万有余。我们可以想象对这些不识字的民众施行公民教育，正如没有基础，就要建筑房屋，势不可能，这是显而易见的。我们一说起民众，就不啻说公民，一说起民众教育，就不啻说公民教育。因为在共和国家人人都有做公民的资格，人人都有受公民教育的权利。我们要大多数民众都能施行公民的权利，就得给他们一种公民教育。可是人若不先识字，连名字都不会写，那么关于种种公民活动，如怎样选举，怎样参与政治，是万不可能的。所以我们对今日的"平民"如果真要实施公民教育，必须从根本上着手，必须从识字教育着手。因为识字是求知识的工具，受教育的基础，日常生活上最需要的基本知能。假如我们不照这样做，却想单靠几天演讲的鼓动，几种图画的刺激，几张传单的宣传，就算为公民教育运动，那么，所得效果至多不过引起少数人暂时的兴趣和注意罢了。试看去年上海的五卅惨案，今年国务院门前的"三一八"惨案，这类刺激可谓强烈极啦，应可以引起大多数人民的注意，使他们觉悟自己的地位和责任。可是考之事实，究竟怎样呢？难道不是仅有少数知识阶级的人奔走呼号，大多数的民众都视若无睹，不关痛痒吗？他们所以如此，不能群起追随领袖，做强有力的后盾，岂非由于缺乏知识吗？像这样强烈的刺激，尚且不能引起大多数人的注意和觉悟，那么，想靠数天演讲的鼓动与宣传，就望对于公民教育收什么有价值的成效，是难乎其难的。况且大多数失学的民众事事被动，事事待人鼓动刺激，终非长久之计。要培养他们主动的精神和能力，非从基本教育方面入手不可。所以实施识字教育于我国目不识丁的民众，是推行公民教育的基本方法，并且我们所说的"识字"并非仅指一二千基本汉字，乃是指平民教育初步教材与课外种种读物所发表的教育。

（二）对已识字的人施行"平民继续教育"

"平民继续教育"的目的在于灌输程度较高的公民常识。因此，有两个重要问题，我们必须精思熟虑的：（1）什么是"中国的公民"？

(2) 什么是"中国的公民教育"？这两个问题不能在此做分析和讨论，可是盼望从事公民教育的同志不要忘掉它。务求所施的公民教育为真正中国的公民教育，不是由他国模仿来的公民教育。外国的公民教育未必可直接模仿为中国的公民教育。外国的公民活动亦未必可直接模仿以为中国的公民活动。有外国的历史文化和环境，而后产生出它所特有的公民教育。有我国的历史文化和环境，亦当有我国所特有的公民教育，方能适应我国的需要。要知道什么是中国的公民教育，非有实地的、彻底的研究不可。我国办理教育数十年，成效未著，原因固然复杂，而我国从事教育者奴隶式地抄袭外人，漠视国情，也不能不说是失败的一个大原因。所以我们现在要办公民教育，当以彻底研究为第一要务。对于本国的历史文化环境务必彻底研究，求得公民教育的根据；对于外国方面的，亦可引为参考，以期适合世界的潮流。这是施行公民教育的背景，不可不先有充分的研究的。

讲到"平民"的公民教育本身，尤其当注意：（1）什么是最低限度的公民教育？（2）怎样实施？（3）怎样给"平民"练习与实践的机会？对于第一个问题，似应研究什么是中国"平民"最不可少的公民常识。这类常识有居于理论的，有居于事实的。在教科书里所学的理论之外，应给他们一些事实作为应用的机会。例如所失的重要领土，重要的不平等条约等等。这类事实可编成小册，作为补充读物。第二个问题，就是怎样实施这基本的公民教育。研究这个问题的时候，应注意几件事：（A）受教育的，大都是受经济的压迫；办教育的，亦无充裕的经费，因此教育费用，应减至最低限度。（B）受教育的人既为平民，每汲汲于谋生计，自不能用多少时间来受教育；尽义务的教师，大都是自己有职务的，亦不能有多少时间来做教授的工夫，所以时间亦有减至最低限度之必要。在这种穷而且忙的环境中，施行公民教育，非研究出一种时间与费用最经济的方法不可。所以实施"平民"的公民教育，应研究怎样用：（A）最短的时间；（B）最少的经费；（C）实施最不可少的公民教育。对第三个问题是怎样研究，怎样提倡各种公民活动，如"平民校友会"、家庭改良会、平民法制讨论会，及种种改良中国"节期"的运动，使"平民"有练习实行的机会。近来各省组织"平民校友会"的已不在少数，现单就山东烟台一处说，平民学校毕业生已达 4 000 余人（10 岁至 56 岁）。我们曾经组织了一个"平民校友会"。会内职员行委员制，概由委员选举。每遇地方公众运动，皆往参加。这是直接有益于地方事业，间接有益于公民训练的。这种"平民校友会"的活动，是实行公民训练的一个好例子。总起来说，对于已识字的"平民"，我们应根据研究所得，或用课程式的教法，或用直观教育（visual education）的方法，或用平民种种读物以灌输公民生活的基本常识，并提倡适合中国国情的种种公民活动，以养成公民的实力与精神。不过这两种工作，非有彻底的研究与实地的实验是不能收效的。

四、结论

近年以来，国内提倡公民教育的消息时有所闻，实在是一件可喜的事。我国人素来缺乏国家概念，可是共和国家实以人民为主。今日不识字的与识字而缺乏常识的男女 2 万万有余，如不励行公民教育，他们就永远不会和国家结成一体，所以我们对近日各种公民教育运动的宗旨都非常赞成。不过我以为举行这样关系重大的运动，不可不先有彻底研究。凡事研究愈彻底，愈可减少失败的危险，愈容易持久。这样堂皇宝贵的，足以号召全国的公民教育，吾人应当慎重施用，免致信用扫地，使后来的人难以着手。我对公民教育素来重视，尤其是对于"平民的公民教育"。深愿国内有心于公民教育之士，勿以一星期的运动，就算为了事。更当大家继续努力，彻底研究，群策群力，共求良效，这是我希望于诸位同志的。

平民教育运动术^①

（1926 年 9 月 14 日）

（甲）范围

此次所讲之平民教育运动，乃全城大规模的平民教育运动。范围既定，然后再言运动之术。

（乙）目的

平民教育运动之目的，约言之，有下列三点：

（一）引起全城人士之注意与合作

平民教育，乃中国 200 兆^②民众之教育，非一人一派所得包办，亦非一人一派之力量所能包办；故必先使一地之民众知平民教育为何事，进一步对于平民教育表示同情，给予援助。欲达此目的，惟有举行全城大规模之平民教育运动。

（二）制造民众读书之空气

中国人以读书为专门事业，士、农、工、商，惟士可以读书，即现在居于知识阶级之人，亦常作此想；此种观念不除，平民教育难望进行；破除此种观念，惟有制造读书空气，使人人知有读书之权利与可能，此平民教育运动所由起也。平民教育运动，不特在刺激从未受到过教育者，使其有发愤求学之决心，并欲刺激曾受教育者，改变其旧思想，热心参加平教工作，使全城充满读书空气，此平教运动之第二目的。

（三）达到人人识字与平教普及之最后目的

平民教育以达到人人识字与教育普及为最后目的，故吾人运动之目

---

① 原载《晨报》副刊《社会》第 47 号，1926 年 9 月 14 日。

② 兆：数目。一兆为一百万；古代指一万亿。

的，亦在人人识字与平教普及。

（丙）运动前之预备

（一）接洽。先与本城各界重要人士个人接洽，得其赞同与合作；接洽时，不仅得当地人士之赞助而已，即将来寻觅校舍，筹划经费，聘请教师，招收学生，亦颇有关系。

（二）调查。在平教运动未举行之前，对于其他教育状况当极明了，故必调查（1）失学男女人数，（2）可借作平校之地点，（3）小学教师人数等，则运动成功之后，创设平校，得适宜之分配。

（三）筹备会。经个人接洽及全部调查之后，由本城负有声望者，发起邀集各方领袖人物，开平教会议，组织全城平教运动筹备会。

（四）干事会。全城平教运动筹备会成立，即当组织干事会，执行筹备会议决事项，干事会干事，由本城热心平教精干男女充任。

（丁）运动之性质

平民教育运动，有下列五种特殊的、必要的性质。

（一）超然的。平民教育乃全民众之教育，无宗教、无党派、无主义之色彩。若带有宗教、党派、主义色彩，则运动范围必因之而缩小，不能称为全城平教运动。

（二）义务的。任何机关，若经费充裕，而管理不得其法，必不免内部之冲突，与外界之猜疑，吾人办理3.2亿文盲之教育，无巨款固难举办，倘有巨款，应善为管理与分配，使平民均能获益，故从事平教运动者，不可借此美名，而存牟利之心，须具牺牲服务之精神。

（三）地方自给的。本地之人，出本地之财力，办理本地方之事业，然后可以持久；平民教育关系于地方之文野，地方人士不能辞此责任。

（四）人人有份的。现在难得一种事业，人人皆有参加之机会，平民教育运动不论男女、老幼、贫富、贵贱，皆有参加机会，故平教运动为养成人民合作精神之一种最良方法。

（五）以民为主的。平民教育运动，完全为民众自动的运动，不受任何方面之支配指挥，此种运动，直接使人读书识字，间接即养成民治精神。

（戊）组织

办理全城平教运动事宜，自不能不有一种组织，通常先成立一全城平民教育运动委员会，委员为60人至80人；在总委员会之下，设（一）执行委员会，（二）各股。

（一）执行委员会，由总委员会选出，人数为 9 人或 11 人。

（二）分股：（1）庶务股，（2）经济股，（3）招生股，（4）教育股，（5）宣传股。执行委员同时可兼任股长，每股之内，应有一二精练干事。

（己）平教职员之物色与训练

平民学校不愁无学生，只愁无教员。或以为平校科目简单，程度低浅，能识字者即可充当教师，实则不然。仅仅识字之人，不明教学方法，无教学之经验，不免教者谆谆，听者藐藐之弊。故平校教师最好由小学教师兼任，小学教师负有教育之使命，每日为平民教育多努力一二小时，想亦小学教师所乐为者也。至于物色教师之方法，第一先做个人之接洽，说以利害，动以感情，不难得其允诺。其次可开各校教职员会，由教员股干事到会做恳切演说，以激起服务平教之热忱，可得多数教职员签名担任。最后举行各校教职员联席会议，利用竞争心理，善为刺激，更易收罗多数热心之教员。

至于训练之方法，则用短期的讲习会，演讲平民教师必不可少之几种知识与技能，使其教学能合于平教原理。

（庚）招生队

平民学校招生方法，与普通学校不同，盖平民多不识字，广告效力极低，须用直接劝导法，使不识字者皆知不识字之害，自动求学，因此有组织招生队之必要。本来中等学校以上招生，深具服务社会之精神，故平民学校招生队队员，请中学以上学生充任，最为适宜。

组织招生队之前，须在各校先开一平民教育会。约集全体学生，演讲平教，使学生感觉平教之重要，有非为平教服务不可之势，当场请其签名，加入招生活动。然后再分区组织男女招生队，女生队专负招收不识字之妇女。

招生队既组织矣，而劝导之方法如何？劝导之态度如何？应先准备。倘方法不宜，态度不良，反足以引起民众之误会与反感。故对招生队员应加以相当训练，简言之，方法宜简单、动人，态度宜和平、诚恳。

（辛）平教运动星期

平教运动星期，即选择某一周内，专从事于平教运动之工作，如掷一猛烈炸弹，轰动全城，以制造民众演讲之空气。故平教运动星期内，每日应做各种活动，须在事先准备停当，切勿临渴掘井，致费力多而收效少也。兹将平教星期内应有之工作，按次序述之于下：

（一）全城贴满广告、教育画图、长官通告，以鼓励全城人士注意平民教育。

（二）报纸的宣传。托城中各大报纸，每日开专栏，登载平教重要文件。干事须多负投稿责任，且须预先起草；又可发行平教特刊，敦请教育名家、新闻记者，著作关于平教之论文借资宣传。

（三）举行平民教育会。按区域与性质分别举行。按区者：如东西南北中区平民教育会等，如此干事之时间与力量，方便于支配，赴会者亦不致路途遥远，发生困难。按性质者：如（1）男界领袖会，（2）女界领袖会，（3）店主会，（4）家长会，（5）说书人会，（6）私塾教员会等。因各人性别与职业不同，心理亦异，故鼓励方法与措辞之间，不能不因人而施。又上述各种人物，因其职业与地位不同，其宣传平教之工作亦有不同。如说书人与平民接触机会最多，茶楼酒馆、乡间城市，莫不有彼辈踪迹。吾人即可利用此种特点，请其于平教运动星期内暂不说书，专做平教之演说，彼辈富有言语天才，民众易受感动。又如私塾教员，与平民亦极接近，应与彼辈通力合作。谈相算命者，亦可利用宣传平教，因一班平民，迷信甚深，遇事不决，多就教焉，使此辈能了解平教之重要，乘机劝告平民读书识字，所得之效果，较之学生讲演为大也。举行此等平民教育会之目的：一方面在鼓励各方面人士了解平教之重要，愿为平教服务；一方面即指导利用各项人才，就其能力所及，宣传平民教育。

（四）全城平教大游行。游行时，非为热闹，借此可联络全城一致之精神。又以一城之大，不识字人数之多，广告、报纸及各种集会之宣传，尚恐遗漏。若再举行大游行一次，则不难家喻户晓，游行时各界男女人士均应参加，本地最高级长官，若能加入尤妙，否则亦须派代表与会。前在烟台，游行者有 15 000 人，商店罢市，工厂停工，学校休课，其重视平民教育，可见一斑。

（五）全城平教运动大会。经过前四种之宣传，全城人士已知平民教育之意义与重要矣，于是做进一步之工作，召集全城人士，开一全城平教运动大会，劝告大家出钱出力，创办平民学校，并讨论平教实际推行之方法，此后即派招生队分赴城郊各处，招募学生完毕，即可正式开学授课，平民学校，于焉成立。

（壬）结论

平教运动之目的与方法，已如前述，尚有两点从事平教运动者不可忽视：（1）民众之心理；（2）社会之风化。因一般平民知识浅陋，吾人为彼辈善意的服务，有时不仅不能得彼辈之好感，反遭彼辈之厌恶。不目吾人为教徒，劝其入教，即疑吾人有何作用。此种心理可叹亦复可怜，吾人决不可因此灰心。应当增加怜惜，考其心理，善为指导，一切举动应沿社会之风化，若违反太甚，最易引起平民之反感也。

关于平民教育精神的讲话①
(1926 年 11 月 31 日)

一个人，他是属于哪一界的，大概他对于那一界的情形，多知道一点，而于其他各界的情形，就有一点隔膜，尤其是我们中国人有这个毛病，甚至自己不知自己。所以我们这些自命"上流"的一部分读书人，对于那些所谓"下流"的大部分没有受过教育的平民的情形，知道得就很少了，这并不是像印度一样，阶级分得很严，不过彼此少有往来，积久而上下流的界限遂生了。

就拿我来说吧，"平民"二字，当我在大学里读书的时候，脑子里并无此物，有之自欧战始。当欧战时，英、法青年壮丁，俱赴疆场，国内男工，极感缺乏，我国"苦力"素以勤劳著称，乃来我国直、鲁省招募工人，担任筑路、运粮、挖掘战壕等事，应征前往的，共计 20 万以上。

和这 20 余万旅法华工同作工者，有英、法军官，对华工每多鄙视。华工生活非常痛苦，且华工知识甚低，作奸犯科者，在所有之。又不审欧人习惯礼节，乘坐电车，则将花生壳遗弃满地。途遇法人夫妇并肩偕行，则群相戳指而笑，衣服又破烂不堪，行动复俗丑可憎。法人所未见支那人，今既见之只增其轻蔑之心，以为华人尽属丑怪，即遇华人之较整饬者，亦以为非支那人，而是日本人。

那时我正留学美国耶鲁大学，闻讯意颇不怿，以为决不能让 20 余万华工在那里受苦。后以美国军事青年会之约，遂自告奋勇，由美赴法，时德焰正张，航行至险境，未尝须臾离去。抵法以后，目击华工受苦情形，实在令人心痛。我的朋友们认为只要替华工担任翻译，或做其

① 北洋政府内务部档案（一〇〇一）4813。

他普通的事，即可减少他们的痛苦，不过我却以为要减少他们的痛苦，须根本提高他们的知识与人格。要根本提高他们的知识与人格，非从教育入手不可。

我服务的地点，先是在法国北部白朗地方，我和同仁数人管理5 000华工，他们的年龄已50左右，多系直鲁等省失业的人。然亦有抱冒险精神堪叙述者，即其中尚有大学生数人，秀才2人。询其何以来此，则曰欲观新世界，对这种冒险为奇的精神，是很可佩服。其余都不识字，做不名誉事的亦多属此辈，我于是为他们设汉文班，自编书籍，给他们念，这当然是很麻烦的。

可是，那时有一个很好的机会，就是他们身居异地，生活艰难，回首祖国，则山水茫茫，终年信断，不禁凄然欲绝。反观法人之"下流"阶级，亦能手披报纸，琅琅成诵，口道天下事，又深复艳美。他们既然受了这种刺激，有了这种感想，好学之心，油然而生。我们利用这种机会去教他们，也就比较容易了。他们虽每日苦干在10小时以上，归来即赶赴汉文班，"发愤忘食"传为美谈。我辈知之而不能行，有愧于此辈华工矣！

工人，居然能读能写了，一时这种办法，传播于华工所在各地。后来我又到巴黎，一面极力提倡华工教育，一面办驻法《华工周报》，报价至贱，每份约合华币铜子1枚。各地华工欢迎此报之热心，为向未观。有一个工人曾函余曰："自读贵报以后，我已知天下事，惟贵报定价太低，恐赔本过多，不能维持下去，我有积金50法郎（《九十自述》等文皆为365法郎。——编者注），愿以奉助。"我因此大受感动。人们常说华人缺乏公益心，证以此事，岂可尽信。我以为我们只当反躬自问，所做之事，能不能打动人心，不必问人之肯不肯赞助。"十室之邑，必有忠信"，果有相当成绩，不患没有人帮助。我自从到法国战地过"苦力生活"，与苦力相处，这才知道苦力的情形，知道苦力的"苦"和苦力的"力"，他们的体力固在吾人之上，而智力亦不在吾人之下，所不同者，只在教育机会。

因此，那时我有一个问题常在心坎中起伏，即20余万华工来法受苦，做不名誉的事，我们来帮助他们，施以教育，冀图挽救，反观祖国境内，尚有3万万以上目不识丁的同胞，岂能置而不论，而且既为20余万华工谋教育之普及，独不当不为3万万以上目不识丁的同胞谋教育之普及么？兄弟本来是学政治的，至是始憬然觉悟"民众教育"之急需。自誓回国后，一切高官厚禄，当视之若屣，惟致予毕生之力于平民教育，一息尚存，此志不渝。

回国后，与在法国情形当然迥不相同，旅法华工虽苦，然人数只有20余万，犹得饱食暖衣，生活有规律，国内一般平民则大不然，不识字的人数，依中华教育改进社（民国）十三年统计，占全国人民的80%，人数这样多，势不能用在法国时之办法，非另起炉灶不可。这3万万不识字的当中，尚有未受义务教育的学龄儿童约6 000万，这个大数目，实在是世界各国罕见与无以伦比的。不过6 000万未受过义务教育的学龄儿童，政府在学制上还有一种规定。但对于200余兆失学的青年和成人，连纸上的规定都没有。这些失学的青年与成人，关系何等重大，若不从速设法，则此200兆男女，势将永埋于黑暗地狱，莫得超生。虽然教育经费之困难已达极点，国立省立各校，均在风雨飘摇中，平民教育，人数如是其巨，更何以办起。此就经济上言其困难，苟从学理上言，尤觉不易。盖平教问题，乃中国之特殊教育问题，种种办法，均得创新，仿无可仿，模无可模。东洋西洋，自更无抄袭了。有人认为我们的平民教育与英国的成人补习教育一样，殊不知英国国民，几都受过义务教育，故有补习教育之说。我们中国失学民众，连字都不认得，补什么？习什么？

又有人认为平民教育，和美国的"移民教育"相同，但该项教育乃为那外国不通美国语言风化之移民而设；我们中国人，始终是中国人，并不是从别处移来的，虽然认不得字，中国话总是会说的，哪里扯得上"移民教育"呢。

200兆失学的平民，大都是"穷"而"忙"的，所以办平民教育，欲收相当效果，非根据平民的生活程度，平民的心理需要不可。就各地调查所得，最热心办平民教育者，首推学生。惟学生在求学时代，时间、精力两俱有限，偌大事体，非有根本办法是不行的。所谓根本办法有四个要点。

第一，要根本改变从前办平民教育的旧观念：认清此200兆之民众教育是一种专门教育事业，不是"施衣施粥"式的慈善事业。以前办平民教育者虽不乏人，却少有把他们当作专门的正宗的教育事业去研究，去提倡它。试想200兆以上的人失学问题，是何等重大，岂可作寻常附属事业看待呢？

第二，要有一定的机关：专司其事，一面罗致专门人才，作精密的科学研究，一面为热烈的、有组织的提倡。

第三，要有一定的制度：凡办教育，无论如何，总得要有一定的制度。平民教育应该有平民教育的"学制"。

第四，要大规模地去办：我国失学之男女青年和成人，在 200 兆以上。不仅是中国的最大教育问题，亦是世界上最大教育问题。问题既然如此之大，如果零零碎碎地去办，过 50 年也没有希望。而且对于解决今日民主国家亟待解决的"除文盲，作新民"的问题，是不能有什么贡献的。所谓杯水难救车薪之火，正是此理。

我们对于平民教育的主张，既如上述，则第一步之急应进行者，即为约集同志，组织专门机关，从事提倡与研究。民国十三年，平民教育促进会于北京清华学校举行会议，凡 5 日，最后结果，议决组织中华平民教育促进会，并推定执行董事九人，全国董事 40 人，每省 2 人。各省区闻风响应，相继组织分会，而平民教育运动，遂有了基础了。

至实施平民教育步骤，则分三段：

（一）识字教育：国人之不识字者，既占 80%，根本知识，便无法灌输，故识字教育实为至要。

（二）公民教育：识字以后，当更进一步，以中华民国国民必需关于平民教育精神的讲话之教育，完成其公民资格，平民教育之最后目的，亦即在此。

（三）生计教育：此段生计教育，在城市则注重工业；在农村则注重农业，改良其技术，改善生活，使之生计稳定，生趣盎然。平民至此，可谓教养兼备了。依据前述之估计，2 万万以上不识字的人中，青年、成人各占一半，即各约 100 兆。这两种人的生活情形不同，所以我们教育方法也有两种。对于成人，注重"平民社会教育"，对于青年，则注重"平民学校教育"。这是怎么说呢？成人生活负担之较重，凡终日为衣食奔忙，暇时较少，脑力亦较迟钝，叫这种人受学校教育，不很相宜。像讲演就是一个最好的方法。这里所谓讲演，是"讲"与"演"并重，"讲"与"演"打成一片，例如讲演中国负债累累，则绘一人背巨石，使人一目了然。其他如白话戏剧、展览会，也都是社会教育很好的方法。至于青年则与成人不同，脑力灵活，生活负担较轻，暇时亦较多，大可令之入校读书，将来对于社会国家的贡献，是很大的。我们现在就特别注意者，是失学的青年，且自信如青年教育成功，10 年之后，中国民众势力，必大甚于今日。近来虽各种运动，所在都有，然一般民众，因为不了解其中意义的缘故，加入者寥寥。倘一旦有 100 兆曾受教育之青年，突然兴起，中国的内政外交，仍如今日，我不信的。

现在再将识字教育评论之，因为识字教育是其他教育的根本。但是，讲识字教育有三种难关：

（一）文难：我国文字之难学，为各种文字之冠，而且应该识"多少字"，应该识"什么字"，都是难解决的问题。这是一难。

（二）忙难：平民既然大多数是很贫穷的，因此终日为衣为食奔走，无暇读书，这是二难。

（三）穷难：一般不识字的平民大多数是很贫穷的，故无钱读书，这是三难。

倘不摧陷而廓清之，平民教育要想普及，就永无希望，于是我们首先设法解决"文难"。六七年来，我们搜集古今各种白话文字及应用文件数百种，统计其中各个字用过的次数，然后拣出使用次数最多的字，从事统计者 50 余人，皆大学学生。此种选择法，固然很笨，但苦无其他较好方法，自信由此拣得之字，其必为最常用之字无疑。以之供又穷又忙之平民念读，甚适用。

除采用此种客观方法外，主观选择方法，亦在应用之列。所谓主观，即依我们大多数人认为某字最常用，某字不常用，遂定取舍。统计结果，大约有 3 000 字，为日常最通用者，如全能认得，用这些字编成《千字课》，此 1 000 余字，可以说是平民必须认识的基本字数。当我民国九年由法国回国时，《千字课》只有 2 册，逐渐实验，乃成今之 4 册。共 96 课，每日一课，4 个月即可读完。文难是解决了，而且忙难亦随之解决。因为无论如何忙碌之人，每日总可以抽出一小时来读《千字课》的。至于解决穷难问题，则学费一律免收，惟书费则须自备，盖借此养成自尊心与独立性。倘有十分穷苦者，亦须查其要求甚殷，成绩优良，始可以用奖励之名义赠之。总之，我们用最少的时间，最少的金钱，设施最不可少的教育，实在是最合经济原则的了。

说到此地，我再将办理识字教育的成绩，向大家报告报告，吾则不过纸上谈兵罢了，至于平民教育的全部运动经过，则时间有限，只能略略地说一说。

民国十一年时，兄弟由沪赴长沙，作初步实验，所以不在上海者，以其地不东不西，无东西之长，而有东西之短，不能代表中国城市。长沙为中国一大城市，很是以代表中国大部分地方。第一步即在长沙作大规模全城平民教育运动。态度则取超然，凡同情于民众教育者，俱表欢迎，事前向各方接洽，造成空气，使人人了解平民教育之意义，不致有误会。盖一般不识字之平民，多被雇于人，或受其父母之管束，苟不得其雇主或父母之同意，则必不愿来就学。各方疏解后，乃组织委员会，即教育委员会、招生委员会、宣传委员会、地点委员会与庶务委员会。以商界人任经济委员；视学员任地点委员；各校学生任招生委员。分头进行，先有游行大会，继有各区掌柜老板大会。将全城分作若干区，每区中重要人物，担任讲解。我也趁机出台关于平民教育精神的讲话演说，做宣传工作。既竣事，招生工作以起，各校学生年龄在 15 以上者，始得任招生事，分区进行，仅 3 小时已招有学生 2 000 余人。所经区域，只有原定区域 1/3，嗣以组织未备不敢再招。次日即开学，全城成立平民学校，共 80 余所。教员每人每月只送车马费 4 元。第一个月终，读完第一册《千字课》，举行恳亲大会，女子成绩特好，90% 常到。男子则只有 80% 常到。4 月后，举行全城毕业生游行大会，应试者 1 200 余，考上者 967 人。省长亲颁文凭，以示隆重。游行时，各人手持文凭，至觉得意。平民教育之效，乃轰动一时，从前表示反对者，亦一变其态度，加入襄助了。

翌年我到烟台，试验平民教育，该地工会甚多，全部加入游行，共 15 000 余人，锣鼓喧天，精神较长沙尤为焕发。现烟台先后毕业之男女约 5 000 人。年岁从 11 至 56 岁。随又赴杭州，初次毕业约 1 500 人。继至嘉兴，成绩亦可观。

再说到全部运动的大略状况，便是平教分会，已遍于 22 行省及四特别区，计城市分会 42 处，乡村分会百余处。读过《千字课》的则已有 300 多万人。这是根据《千字课》课本售出的册数推算的。胡适之先生说，读此书者，当有 600 万人。因为我们中国人素来喜欢借读的。

总之，300 万人是毫无疑义的。譬如拿保定乡下一隅来说吧，平民学校学生就已有 3 万余人了。可是，这 300 万人，数目虽然不小，但在 200 兆不识字人中，仍然不过海洋中一滴而已。

以上所述，都可以鼓励我们，使我们高兴。但其中困难问题，尚非常之多。如（1）平民读物问题，（2）民众的公民教育问题，（3）各省平民教育视导问题，（4）平教人才的培养问题，（5）筹备经费问题等，都是亟待解决的，而且非群策群力，人人起而负兹责任不可。千金之裘，非一狐之腋啊！中国之糟到如此地步，民众愚昧到如此地步，我们大家应分其咎。但是一般知识阶级，对于民众，不仅放弃责任，不自感其放弃责任之可耻，反恶民众之无知识。高官厚禄，则恐后争先；民众目不识丁之重大问题，则淡漠视之，怎不痛心。诸君大学学生，各有专长，对于上面说的问题，都要负相当的责任。敝会将组织"平民教育研究会"，需要各种人才，希望诸君加入研究。例如平民教育问题，就是目前急需要研究的问题。因为平民教育之目的，不仅在供平民识字，前已言之，盖识字后而无良好书籍供其阅读，一般平民，势非看海淫海盗之书不止，是不如不会识字之为愈。中国从来无所谓真正平民文学的，不识字的平民亦无此需要。读书只是士流之专业，惟今后情形既变，读物问题，诚大需研究。所编之书，务须适合平民心理与需要，否则有何用处呢？诸君有关于文学的就可以帮忙了。又如现在所谓一般公民教育，大都欧美之公民教育，非中国公民教育，更非民众之公民教育。因为这些人未曾接近过民众，不知民众情形。诸君中不少研究政法的，不妨来共同研究民众的公民教育。此外，还有许多问题，都是诸君能够帮忙的，只看诸君愿不愿是了。这些问题，不仅男同学有责任，就是女同学也有责任，像我乡村教育部的同仁感困难的一件事，就是妇女识字问题，因为乡间风气闭塞，叫来受教育的妇女进民校读书，男教师教，她们不愿来的。则此任务，除女同学外，殆莫属了。去年太平洋国民代表会议在檀香山开会的时候，他们听兄弟报告中国之"平民教育运动"，赴会 9 国代表，大受感动，想不到在战事混乱之中而有这样的建设事业。闭会时，会长韦尔伯博士致词，谓此太平洋会议所发表的问题，虽有几十种，然与太平洋沿岸国家及世界前途最有关系者，首推中国今日之平民教育运动。中国开化最早，物产饶富，幅员之广，大于全欧，人民之多，甲于天下。所可惜者，厥为"脑矿"未开，民智闭塞。倘"脑矿"一开，民智发达，即可称雄于世界。要世界"平"就平，要世界"乱"就乱。故平民教育运动，真空前之大运动。由此可见，中国之平民教育运动，不仅关系本国，而且影响世界。在座男女同学，我深信你们是热心爱国的青年，只要你们能救国，虽"上刀山，下油锅"你们也是不辞的。不过诸君，只知其救国之"当然"而不知其"所以然"，那就是牺牲也是徒然的。若诸君以为提倡民众教育，启发"民智"是今日实际爱国根本工作，同仁等非常愿意与诸君研究，共同努力。

初级平教教学的种类及组织[①]
(1927 年 3 月 10 日)

(甲) 单班教学

往日实施平教，大半靠这种方法，将来想大规模地推行平教，要靠挂图教学、幻灯教学及读书处等方法。

一、人数。20 人至 40 人。

二、组织。(1) 主任教员或正式教员 1 人。(2) 管理员 1 人。

三、教具。(1) 书籍以学生自备为原则。(2) 石板由学校购备。

(乙) 挂图教学

适用这种教学法的有三个条件：

一、教室大。

二、学生多。

三、教员少。

现在要逐次讨论一下：

一、校址。要拣教室宽大的地方。

二、人数。60 人至 100 人。

三、分组。假如一班有 80 人，那么可以分作 4 组，除 1 个正教员以外，每组设一助教，分期指导。正教员的程度，应该比单班教学教员的程度高，因为教的学生多。

四、教具。挂图、石板、石笔等。

(丙) 幻灯教学

一、环境。失学人数很多的地方及工厂里，都适用幻灯教学法。

---

① 原载《世界日报》副刊《平教特刊》，第 5 期，1927 年 3 月 10 日。张哲农记。

二、校址。要拣教室能容 100 人以上的地方。

三、设备。要有电灯或电池，近来想用一种油来替代。

四、人数。可自 100 人至 1 000 人，惟已经试验的，是 100 人至 300 人。在嘉兴试验幻灯教学法的时候，就是用 1 个正教员，教 100 多个学生的。

五、分组。可按照挂图教学法的分组办法。

六、助教及其职务。助教约如什长，他的职务如下：

（一）检查及报告出席缺席的人数。

（二）督促出席。

（三）指导各组的高才生，辅助同学自修。

（四）监督学生的行动，使他们注意听讲；正教员发问的时候，由助教指定一人回答。

七、教具。幻灯 1 具，从前约需洋 70 元，现在只要 40 元。

八、经费。每月约需 14 元，其中教员夫马费 6 元，电费 3 元，茶水费 5 元及他种杂费 3 元。幻灯教学是最有效的、最经济的办法。按照学生的学费说，单班教学每人 1.2 元；挂图教学每人 1 元；幻灯教学每人只要 0.6 元，比单班教学每人要省一半。

九、教师。幻灯教学是最有效的最经济的办法，将来拟推广乡村平民教育，每一村办一幻灯学校，集合全村的人于一地方，如厅堂祠庙之类，实行幻灯教学。只因学生的人数多，所以教员的口才要好，才能维持大家的兴趣。将来应该训练一种能施幻灯教学的人才。每县可以召集精明干练的教员，开幻灯教学的讲习会。

（丁）读书处

一、地点。设有一个地方，有好几个人不能进平民学校，却是邻近有一个识字的人，那么就可以在这地方设个平民读书处，请这识字的人作教师。

二、人数。一个读书处不得过 10 人。

三、组织。一个读书处应该有一个教师，假使有几处没有教员，那么只好用走授和循环教学两种法子。

四、走授与循环教学。走授是一个教员兼教几处的；循环教学是一个人把学的去教别人。

五、视导。这种职务最好由平民促进会里边的干事担任，每人视导 20 处。担任下列诸事：（一）督促；（二）训练教员；（三）记录教员的成绩。

（戊）问字处

为往来无定的人设想，恐怕他们念了书，没有温习的机会，有不识的或忘记的字，没有地方请教，所以设立平民问字处。妇女因习俗上或家务上种种关系，不容易出门念书，所以问字处对于她们也大有帮助。不过这种问字处，非但须有充分的视导，并且要等平教稍有程度以后才易收效。提倡平民教育，总要以单班教学、挂图教学及幻灯教学为基本方法。

平民学校教材问题①
(1927 年 3 月 21 日)

关于平民学校教材问题，可分为两方面来讲：一、关于历史方面，即平校教材编辑经过情形；二、关于计划方面，平校教材搜集进行情形。

前次讲平教进行史时，曾经说明，中国平教运动之萌芽，是从旅法华工之识字教育始。其时因不识字工人居 90% 以上，故最先着手者，厥为识字教育。时在法国难觅适当教材，即欲自行编辑，亦苦无材料可供参考，勉强搜罗，得 600 字课通俗教育读本一书，以之教授工人，颇觉枯燥无味。其编辑方法，系于一课之内，各提 10 个生字，连缀生熟字，作成 10 句。姑不问此种生字有何根据，是否适合平民日常必需之用，但各句独立漠不相关，读者仅明一字之用，不能得全文之意，偏重实质，轻于形式，殊欠适当！兹列该书第 15 课全文如下，以供参考：

全　全才不多见
求　求人不如求己
作　作事不可不信
信　我父今日有信至
安　民安官亦安
政　政美民亦美
美　君子必成人之美
其　作事必求其成
再　春光一去不再来

_____

① 原载《世界日报》副刊《平教特刊》第 7、8 期，1927 年 3 月 21 日。张哲农记。

君　我方见君自山西来

全书后半附录关于卫生、伦理、修身、正俗、爱国、地文、信函等，各类短篇论文，用意颇佳，惜用文言，平民多不了解。

600 字课试验失败后，决定自行编辑，请傅葆琛先生主其事。选择普通浅近之字，分类编成 600 字韵言。如"一二三四五，金木水火土，六七八九十，上下至古今"。虽无意义，因能协韵，读者易于上齿，较诸 600 字课，实觉便于教学。继 600 字韵言之读物，为通俗新知识课本，共 100 课，分天文、地理、历史、实业、尺牍、科学、卫生、修身、爱国及中外名人故事等。每课中除 600 字韵言中已见过之字外，另加入实用简易之字约十数，并标于课文之后，以便学者注意。此种编辑方法及教材极合华工心理与程度，故收效颇著。继由余担任编辑驻法《华工周报》，采择世界新闻、公民常识、道德、卫生等以为材料，专供已受识字教育华工阅读，赓续 3 年，成效亦有可观。回国后，本此经验，仍努力于平教之工作，曾费一年有半时间，亲到各省区调查平教教材，结果毫无所得。盖凡创设平教之省区，多利用现有教材，以供教学，所列课程，更为错杂。有以国民学校课程，全部列入，甚有以英文加于平校者。总之，以前各省平校多由中等以上学校之学生主持，彼等正在求学时代，服务时间有限，且未受专门训练，对于平校，徒具一片热心，至于目标教具、教学方法、教材选择等种种重要问题，均无切实的具体的研究。与吾人理想之平民教育，相去甚远！

余经此次调查之后，觉平校运动工具之刻不容缓，尤以课本为先决问题，乃留上海从事编辑，以主观方法，于字典上选择关于平民日常应用必需之文字千余，编成《千字课》，分上下两册，于民国十一年由上海青年协会出版。其后屡经长沙、南京、武昌、烟台、杭州各处之试验，内容及册数，均随所得之经验逐渐改良。初出版之《千字课》，系选一单字，将日用常需之字义，附注其下。如一"了"字，其下附以"完了"、"了结"、"了解"及"不得了"等。此亦不脱字典窠臼，觉其不当，改为一课之内，限选十余生字，将生熟字，缀成课文，使平民学校教材问题读者知字之用法及全文之意，较诸专授断片字义，已觉进步。又一课之内，仅有文字不能引起初学者之兴味，为引起读者兴趣，及便于介绍课文起见，每课之内加入插画，其顺序为单字、课文、插画；后改为先单字，次插画，后课文；最近又将顺序更改，一插画，二课文，三单字，依此排列。经多次试验，觉其可用，至今沿之。又教授平民识字固为重要，若仅能读而不能写，又属无用，以汉字笔画之繁难，平民学习颇不易，故拟将单字笔画多者，改用通行之简写法。如以"钅"代"钱"、"兴"代"興"、"体"代"體"等等。此法实行后，大遭社会非议，谓简写字近日社会尚未通行，如以"钅"代"钱"，即使平校毕业优等生，亦不识钱辅之所在。此种言论，颇有采取之价值，修改时将正体附于简体之下，但怀疑之者，尚有人在。故又以正体居先，简体居后。此外吾国文字，读音最难，一字一音，未经传授，不能自读。平民卒业平校，充其量不过识千余文字，倘遇千字以外之生字，又不能自读，平教拟用注音字母为读音自教之工具，每生字右旁，加以注音。惟统一国音之运动，尚未普遍，平校教师，多数不能传授注音，中国幅员广大，各地方语音不同，平民学习国音，无生活上应用之需要，及教一生字同时须教简体及注音，对于时间极不经济。学生对于一字，须费三番工夫，大感困难，故最后本会编辑之《平民千字课》内，将简体及注音一概取消。总之，《平民千字课》，经多次修正，以今日论，内容缺点尚多，举其大者，字数是否千字已足平民之应用？所选文字，是否适合于平民日常生活所必需？教材选取，是否相宜？分量支配，是否适度？均未经科学方法加以精密研究，不能断定，若以应暂时之急需，则可谓其已达完善之域，且有待于改良也。

以下论平校教材之进行。关于平校教材之进行，分为四方面研究：

（一）范围。凡12岁以下学龄儿童，由政府负责办理义务教育外，其余12岁以上，25岁以下之青年，及25岁以上，40岁以下之成年，不识字与识字而缺乏公民常识者，均在平民教育范围之内。故教材之范围应规定：（甲）为何种年龄之人而编？12岁以上25岁以下青年？抑为25岁以上40岁以下之成年乎？青年成年中，又有不识字与识字而缺乏常识者之分，教材应如何选择分配？此有待研究者也。（乙）为何项职业之人而编？农工商各项之人，处境不同，经验不同，操业不同，需要亦异，选择教材，标准如何？亦不可不加注意。

（二）目标。平校教材之目标可分为：（甲）授予日常生活必需之文字；（乙）授予公民必具的常识；（丙）授予专门职业的知识，以增进平民生活能力。与欧美各国盛行之成人补习教育，旨趣相同。

（三）教学方法。教授青年与成人方法不同，青年受课时间较长，思想活泼，趣味浓厚，宜多采用课堂式之教学。成人受经济条件制约，受课时间较短，且思想较保守，记忆亦减，宜采多种形式教学。

（四）具体教材问题。关于初步之平民教育，即平民识字教育问题，应注意下列三点：

（甲）所选基本汉字，应如何适合于目标，字数究应多少，选择何种文字最为适用。以上三个问题，本会正在收集各种白话报、白话小说、戏剧或广告招贴等，与平民日常接近之出版物，加以分析、统计，不久便可完事。将来统计次数最多之文字，作为根据，改编课本，则课本问题当可解决矣。

（乙）注音字母问题。平教应否教授注音字母，为一最大疑问，惟图平民读者自教之便利，自以加授为宜。但教授方法，亦大有研究之余地。其方法有三种：一、字与音同时教授；二、先教字音，至将毕业时以一周时间专授注音；三、于每小时内，乘课文之余暇，教授一二单音。以余意见，第三种教法，最为相宜。但未经试验，犹不敢臆断，本会正在筹办试验学校，俟试验得有结果，方敢公布。

（丙）简写字体问题。为养成平民不仅能读而且能写之习惯，自非竭力提倡简写字不可！惟教法亦如注音字母，有顺序之分，如"觀"从"观"，"歡"从"欢"及"勸"从"劝"，是字之从"雚"旁者，均以"又"代之。但"難"从"难"，或"艱"从"艰"，是字旁之从"莫"者，亦以"又"代之。然则"欢"字应作"歡"或为"歠"乎？此其不科学之例也。故须先加系统研究，方可提倡，以示慎重从事。

课本册数，亦更改数次，最初为 2 册，后增为 3 册。经长沙试验之后，定为 4 册，每册 24 课，每日授课一小时，每小时授毕 1 课，每月可毕一册，4 个月即可卒业。此种时间上之分配，与平校发展，关系甚巨，盖当乡村农暇之时，居民无事，每日授课二三小时，与农民生活无碍。若在城市，操业之人终日劳作，每天费去求学时间一小时，已属勉强，倘再延长其授课或卒业时间，有妨生计，市民必不能来，故为城市平民计，依此分配，最得其宜。其次学生于最短一月之内，能修毕一册读本，无形中足以鼓舞其努力求学之兴趣，与心理学原则亦极符合。

《千字课》首先发行者为中华基督教青年会全国协会，其次本会委托陶知行、朱经农两先生重新改编，由商务印书馆出版，全国采用。于是，中华书局、世界书局、上海书局、接踵而起，各省热心平教者，亦多自行编辑，但名称内容略有不同。兹分列于下（见下页列表）。

名称	册数	编辑者	发行者	出版年月	出版次数	每册定价	备考
平民千字课	4	晏阳初 傅若愚 黄沧渔	中华基督教青年会全国协会	十一年 2 月	十三年 7 月 3 版	每册 7 分 100 册 8 折 500 册 7 折	
平民千字课	4	朱经农 陶知行	商务印书馆	十二年 9 月	十三年 3 月 41 版	每册 3 分	附有第一册教学法
千字课本	4	魏水心 董 文 戴渭清 曹芝清	世界书局	十四年 4 月		每册 3 分	附有教学法全
青年平民读本	4	卓恺泽	上海书店	十四年 7 月		每册 3 分	
平民课本	4	黎锦晖 刘传厚 陆费逵 戴克敦	中华书局	十三年 3 月	十三年 11 月 3 版	每册 3 分	附有教授法全
平民课本	4	李六如	长沙广文书局	十一年 10 月	十三年 3 月 4 版	每册 8.4 分	
成人读本	4	曹典琦	长沙文化书局	十年 10 月	十四年 5 月 4 版	每册 4 分	
新千字课	4	（同上）	长沙贡院西街野村印刷局	十三年 6 月	十三年 10 月再版	每册 3.5 分	
平民识字课本	1	张思明 戴联荫 高元泽	奉天教科书编审处	未详	未详	未详	

平民教育概论①
（1927 年 6 月）

平民教育运动在中国虽有了八九年的历史，但社会上能彻底了解平民教育的人，确实不多。这并不是因为平民教育是一个奥妙难明白的东西，实在是因为它是中国特创的教育，社会上一般人，少见少闻，对于它就没有一个整个的观念。兹作此篇以介绍平民教育。

一、平民教育的意义

（一）平民信条

人的人格本来平等，原无上下高低之分；因为社会制度不良，一部分人得有受教育的机会，一部分人没有受教育的机会，于是各人的学问、德行显出不同，而人格的上下高低亦即由是而判别。吾人在社会组织未经改良之前，惟有努力于教育机会的平等，使人人所蕴蓄的无限能力都有发展的机会。这样，人格不平等的原因就可以消除了。

（二）平民界说

现在全国只有最少数的人民得受教育，其余最多数的人民全没有教育。依中华教育改进社的调查统计，不识字的人民占全国总数 80％以上，就是全国 4 万万人中有 3 万万 2 千万不识字的人。其中有一部分是 6 岁至 12 岁的学龄儿童，虽不能得其概数，但依欧美各国的统计，学龄儿童约占人口总数 1/5，所以现在国内至少有 7 000 万的失学儿童。这种学龄儿童应受国家的义务教育；假使政治上了轨道，还有受教育的机会。其余 2 万万以上的青年和成人，政府对于他们不负责任，社会对于他们没法补救，真是不幸极了。所以应受平民教育的平民，从狭义讲，就是指导这一般失学的青年和成人；从广义讲，就是一般粗通文字

---

① 原载《教育杂志》，第 19 卷，第 6 号，上海刊，1927 年 6 月。

没有常识的男女，也应包括在内。

（三）平民教育

平民教育的目的是教人做人。做什么人？做"整个的人"。什么叫做"整个的人"？第一要有知识力，第二要有生产力，第三要有公德心。要造就整个的人，须有三种教育：

1. 文字教育——民智。

就我国人对于读书的观念来说，常有一种根本误谬的观念，以为读书是读书人的专业，其他的人可不必读书。士农工商之中，惟士可以读书；若农，若工商，就不必读书。所以现在除商人需要文字，尚有一部分读书以外，其余农民、工人几乎全数都是不识字的。我们应先将此种观念根本推翻，使人人觉悟读书识字是人类共有的权利，无论什么人都应享受。若是只有一小部分人读书，最大多数愚蠢，必致产生许多痛苦和羞耻的事。

就我国的新文化运动来说，所谓新文化运动，都是少数学者的笔墨运动，和多数平民真是风马牛不相及。其中虽亦有关于改进平民生活，免除平民压迫的问题，然而平民生活只有一天比一天堕落，各种压迫只有一天比一天加重。尽管一些研究社会学的学者在报章上对于工人有什么 8 小时工作制啦，增加工资啦，工人卫生和工人教育啦，对于农民又有什么打倒地主啦，保障农民利益啦，高谈阔论，说得天花乱坠，而城市的工人每天工作仍然在 15 小时以上，所得工资得顾个人的口腹尚虞不足，至于教育、卫生，更是梦想不到；乡村的农民，终年忙碌，所有生产都被政府、地主剥夺净尽，自己则"乐岁终身苦，凶年不免于死亡"。像这样无知识的人，对于自己的生活没有改进的方法，对于外界的压迫没有免除的能力；社会上种种切身关系的运动，也不知道参加，岂不是"一生辛苦有谁怜"！再从人类和牛马的分别来说：牛马供人的驱使，所得不过满腹。现在的农民工人，为吃饭而劳动，为劳动而吃饭，和牛马有什么分别？与其名之为人，不如称为两腿动物。倘人类与牛马仅在两腿与四腿之争，人生还有什么意义？有什么价值？但人类无论如何，决不屑自等于牛马，皆愿享受教育以培植其知识，更愿将所得的知识分给多数的人，以消除其牛马的生活。

最后就人类生存的竞争来说，知识是生存竞争必不可少的东西，无论个人，无论国家，其优胜者，必定是知识超越的！其劣败者，必定是知识低下的。现在国家受异族的压迫，人民受军阀的摧残，其根本原因就在我国人民的平均知识低下。假使我们真有为民族争自由，为民权图发展的决心，则应先努力于提高民智，使我国牛马奴隶生活的民众一变而为有知识有头脑的国民。

文字是传播知识的工具，也是寻求知识的钥匙。欲传播知识，须先传授文字；欲得知识，必须认识文字，所以平民教育第一步必须有文字教育。

2. 生计教育——民生。

文字教育可以消除大多数的文盲。即使文盲除尽，人人能应用日常必需的文字，其与国家社会的前途究竟有什么利益？这是平民教育第一重要问题。并且中国人还有一种最通行的毛病，在没有读书以前，尚肯做工，以谋个人的生活，一到抱了书本以后，便成文人，文人自己可以不必生产，社会应负供养的责任。还有一部分的人，终日埋头窗下，只求书本的知识，至于实际生活，尽可菽麦不分。这种寄生虫似的书呆子，不是平民教育的需求，且应极力设法消除。所以平民教育于实施文字教育以外，即需有生计教育，使人人具备生产的技能，造成能自立的国民。倘全国人民均有生产能力，国民生计必皆富足，社会经济自给活动，就是将来世界的经济也都要受中国的影响了。

3. 公民教育——民德。

平民教育从文字方面以提高民智，从生产方面以裕民生。即使民智提高，民生充裕，对于国家社会的前途究竟有什么利益？这是平民教育第二重要的问题。试看历来的卖国奴，何一非知识超越、经济富足的人呢？盖其人缺乏公德心，一举一动，只知有自己的祸福利害，不顾国家社会的祸福利害；所有知识、经济，只足以供其为恶之资，所作之恶，常比无知识无能力者高出万倍。倘平民教育处处都是养成这种自私自利的亡国奴，岂是国家之福？所以平民教育于实施文字教育和生计教育外，另有公民教育，希望造成热诚奉公的公民。

总之，平民教育是养成有知识、有生产力和公德心的整个人。

二、今昔平民教育的区别

（一）以前有许多人误解平民教育为贫民教育。办理贫民教育的动机，也就是以慈善为怀。平民学校招收的学生，虽十之八九都是贫民，其实平民教育何曾是施米施粥的教育。近来所提倡平民教育，在中国现状之下，比较高等教育、中等教育和义务教育还更重要。凡是中华民国国民，无论男女贫富，只要他是在应受教育期内而未曾受教育的，或受过基本教育而缺乏公民常识的，都应领受平民教育。民主国家里最重要、最正宗的教育事业，莫过于此。

（二）以前的平民教育，多是中等以上的学生于求学之余抽暇来办的。这种关系我国2万万平民的重大问题，岂是学生课余附带办理的方法所能解决。现今所提倡的平民教育，必须有专门的人才，专门的研究和专门的组织去办，才有成功的希望。

（三）以前办理平民教育的人，是东一个西一个，零零碎碎彼此毫无联络。现在办理平民教育的人是很有联络的，因为现今的平民教育是有组织、有系统的。就组织方面说：北京有中华平民教育促进会总会，各省区有省分会、市分会、县分会、村分会，运用灵活，如脑之使臂，臂之使指。就系统方面说：有高初两级平民教育和继续教育等。

（四）以前办理平民教育的，不外授予学生以文字教育，绝没想到生计教育和公民教育的必要，只能养成有知识而无生产力及公德心的片面人。现在我们知道一个人至少必具知识力、生产力及公德心三种要素，才能成为整个的人。因此才有文字教育、生计教育及公民教育。

（五）以前办理平民教育的，多是社会热心人士的提倡。某地有热心的人，某地平民教育即可发达，所以运动的范围都是限于一小区域之内。自民国十二年，全国平民教育代表集合于北京，组织中华平民教育促进会总会以后，这种运动才有普及全国之势。现时各省虽未见都能进行无碍，但平教空气确已遍传于全国，兼及各地的华侨所在地了。

三、平民教育的急需

（一）齐家

中国人对于国家的观念，非常薄弱，但对于家庭的观念，确是根深蒂固，牢不可破。这种观念，有利有害，随各人见解而不同；现在有许多人觉得有害无利，主张打破家庭的组织与制度。但能否打破，尚属疑问，即使能够打破，必另产生新组织新制度的家庭。可以断言，无论旧家庭或新家庭，精神方面纵不讲怎么纲常伦秩，亦必一家人相亲相爱，通力合作。物质方面虽不必高楼大厦，画栋雕梁，亦必窗明几净，室无微尘。倘进其门则秽气冲天，登其堂则粪土满地，入其室则立无容身，家人相语则此诟彼谇，人类的团体生活和男女的共同生活，无论取任何形式的组织，恐怕也不应有这样的现象吧？西洋人对于家庭观念，虽不及中国人，但对于家庭的整理，亦非常注意。可见齐家之事，无论古今中外都是必要的。现在中国仍是以家庭为国家组织的单位，欲治其国，须从齐家起。平民教育为齐家所急需的至少有两点：

1. 平民教育与家长教育。

欧美的教育注重在儿童；中国的教育应注重在家长。为什么呢？因为中国现在做家长的，自己都没受过教育，不知道教育的重要，多不肯送子女弟妹们去上学。倘若他们受过教育，至少可以觉悟教育的重要和不识字的害处，推想到子弟不受教育的害处，自然很愿意送他们去读书。

2. 家庭教育与学校教育。

学校教育固然重要，但是家庭教育和儿童的发展，更是密切。因为学校教育是有限制的，家庭的教育是无限制的。家长的一举一动，影响于子女者甚大；而教师的一言一行，影响于学生者甚小。有人以为家庭不过吃饭与睡觉的处所，对于儿童教育没有关系。其实家庭是造人的工厂，要想制造有学问有道德的好人，须看家长是否有学问有道德的好人。倘家长受过平民教育，便有好习惯以教训灌输于子女。同样，学校教育得到家庭的协助与合作，定可收最大的效果。

（二）治国

儿童是将来国家的主人，这句话谁都不能否认的。欧美各国对于义务教育特别注重，以培养国民的基础，担负将来国家的责任。近常有人说：今日的中国是没有希望了。要建设明日的中国，尽可努力于义务教育，数十年之后，便可收效。不知欧美各国所以能努力于将来，是否因为现在的结果已由前人艰难缔造好了。中国的先民既不肯艰难缔造，致生今日举国文盲的结果。倘今日中国所处的地位，还有数十年从容制造国民的机会，那么，现在的青年和成人，只好任他随时而逝，不容我辈操心。不幸中国所处的地位危险已极，救国的责任，加不到数十年后的人身上，只好借重现在不长进，号称为文盲的青年和成人。

1. 平民教育与平民政治。

中国今日已为共和国家，若能把共和推翻，恢复16年前的专制，则蚩蚩者氓，仍可不识不知，顺帝之则，凡努力于平民教育的人们，都是多事。现在这民主国的金字招牌，是脱不下了的。聪明的人，就得脚踏实地地做共和国家以民为主的工作，从根本上唤醒民众，使他们知道人民都应该参与政治运动，人民都能参与政治，才是真正的民主的政治。不参与政治，让一般军阀、官僚、政客去把持，就是假民主的政治。现在国家弄到这步田地，固然应该痛恨一般军阀、官僚、政客的误国殃民，但是我们也得自怨自艾。为什么不摆起主人翁的架子来管政治？我们不管政治，是因为多数的民众没有政治的知识，不知道国家是什么东西，和自身有什么关系。所以我们觉得现在应从速施行平民教育，提高民众的知识，才有实现真正的民主政治的希望。孙中山先生说：外国人建屋重在奠基，中国人建屋重在加梁，我们建设民主政治的华夏，请从奠基始。

2. 平民教育与建国人才。

中国现在最危险的现象，就是无论在政治界或教育界的舞台上，都是这一般老角色在台上轮流演唱，我们做顾曲的民众，实在已经听倦了，不爱听了，喊他一声倒好。知趣点的就下台，不知趣的简直是恋栈不去，始终看不到一个新名角出台，这不是国内人才将破产了吗？其实不然。试以美国为例，其人口约 1 亿，自立国至今不过 200 年，人才辈出，且所谓人才，大多数都是平民。数年前某报发起选举历来国内伟人50 名，投票者共 200 万人，选出的伟人 50 名中，有 32 人是平民政治家，远之如华盛顿、林肯，其出身寒微，固已人人皆知；近之如哈丁、顾理治，亦均出自平民。科学家如福兰克林、爱迪生，大商人如福特等，无一不是从平民出身。中国前此何独不然，所谓"将相本无种"，"茅庐出公卿"，就是这个意思。中国人口 4 倍于美国，按理美国若于10 年之内能产生一个拔萃的人才，中国于同样 10 年之内应出 4 个，才合比例的数目。但为什么竟没有一人呢？其原因就在美国人民都受了基本的教育，凡是天才都有自行发展的机会。中国虽号称 4 亿，其得受教育的机会的，不过 8 000 万人，其不能多产人才，也是理之当然。中国现在不是没有人才，是民众的"脑矿"未开，有许多"豪杰"、"智士"、"哲人"和其他有用的人，都埋没在不识字的人脑海中了。平民教育是"开脑矿"最简单最适用的工具，使大多数人民均有受教育的机会，然后从多数人中产生人才。有了真正的人才，从民众中产生，然后才有多数人去负担国家各种的责任。所以欲谋国家发扬光大，惟有推行平民教育之一法。

（三）平天下

1. 平民教育与国际关系。

民国十二年在美加利福尼亚举行世界教育会议时，各国代表报告本国文盲的人数。在英国每 100 人中只有 3 人，在法国只有 4 人，在美国只有 6 人，在日本也只有 4 人；我国代表报告每 100 人中有 80 人时，各国无不惊讶。即此一端，在国际上已无地位之可言。该会并议决 12 年以内，除尽全世界的文盲。倘此时若不努力，以后要在中国举行世界教育会议时，不知我国有担任的勇气没有？

2. 平民教育与世界和平。

太平洋沿岸各国国民，得欧战的教训，不愿人类再演战争的惨剧，于民国十四年，特召集国民代表会议，实行国民真正的公开外交，打破政府秘密的外交。赴会的共 9 国，代表 100 余人。阳初为中国国民代表之一，曾提出平民教育案。闭会时，会长韦尔伯博士当众宣言，此次通过议案 60 余件中，依我个人的意见及各专门家的观察，最有关系于太平洋沿岸各国的太平的，莫如现在中国的平民教育运动。在各国或含有夸扬之意，在我国实敢受之而不愧。我国地大物博，人口占世界 1/4，前此所以无大发展者，即在民众知识的低下，生产力的薄弱，和公德心的缺乏。设若平民教育运动成功，把民众都养成社会整个的人，那就不难建设健全的国家。以全国人民之多，一举一动，真有影响世界之力。

吾民族素有大同思想，正可尽量发挥，以保持世界永久的和平。

四、平民教育的原则

（一）全民的。即凡一般已过学龄时期，而不识字或已识字而缺乏常识的青年和成人，不分男女、老少、富贵、贫贱，都有领受平民教育的必要。

（二）以平民需要为标准的。平民是因为缺乏某种常识，或需要某种技能，才来上学。是故所学当为所用，所用即为所学而后可。倘平民学校不能满足其需求，平民教育就算失败了。

（三）适合平民生活状况的。平民大多数都很穷苦，每天工作的时间很长，要使他们筹出一点钱，在百忙之中来受教育，非用最少的经济、最短的时间，万办不到。所以平民教育第一要图金钱和时间的经济。课程及教材，也应力求简单，读书的时间过长，易使平民生厌倦之心，势必半途而废，所以教育的期间不能过 4 个月。

（四）根据本国国情和人民心理的。平民教育是我国特有的教育问题，非抄袭东西洋而来；要想抄袭，亦无从抄袭。只有根据本国国情、人民心理而定教育的目标、方法与进行的步骤。

（五）地方自动负责的。平民教育应普及于全国。事业远大，不是一个机关可以包办的。不说财力不足，人才缺乏，没有包办的本领，就是财力、人才都很充足，在原则上讲，也不应由少数人来包办。因为由本地方的人，出本地方的钱，办本地方的事，不特可以持久，更可养成本地责任观念和自立精神。

（六）人人有参加的可能。现在社会上很难得有一件事人人都有参加的可能，只有平民教育，无论什么人都可以参加。受过教育的人，可以来教人，未受过教育的人，可以来受教。所以人民对于平民教育运动，不必问能否参加，但问愿不愿参加而已。

五、平民教育实施的方法

（一）学校式的。学校式的教育，对于青年较为适宜。因为青年脑筋灵敏，思想活泼，用形象的、有系统的训练，收效甚易。在学校式的教育中，因教具和教法的不同，可分为三种：

1. 单班学校普通的单班教学，用不着特别的教具。

2. 挂图学校所用教具是挂图、挂课、挂字等。

3. 幻灯学校应用幻灯，可以教授多数的学生。

（二）社会式的。成人年龄已长，事务较多，脑筋纷杂，记忆薄弱，只能施以社会式的教育。如讲演、戏剧、展览、电影、音乐等，都是教育成人最好的方法。

（三）表证式的。凡事徒空谈理论而没有实验证明，往往不易使人信服。尤其是平民厌听空话，爱看实验。所以在生计教育方面，多采这种方法，使平民易于相信，并能仿效。

六、平民教育的现状

（一）国内

可分为城市和乡村两部分来说：

1. 城市。全国各省已经成立平民教育促进分会的，有19处，特别区分会3处，市分会20余处。

2. 乡村。全国乡村平民教育促进会，有150余处，都是自动组织的。由总会直接办理的直隶保定道属的20县。并以定县为推广平民教育的试验区，进行不及数月，成绩很好。

全国平民学校及已受平民教育的男女共有若干，本会未得完全的报告，无从统计。但据上海各大书局报告售出《平民千字课》的总数，截至去年9月底止，共360万部。准此以推，全国平民学校毕业生，至少已达300万名以上。

（二）国外

亦可分两层来说：

1. 华侨教育的发展。前述太平洋国民会议在檀香山举行时，因阳初有关于平民教育的提案，得多人的赞扬，该地华侨大受感动，组织檀香山华侨平民教育促进会，推行平民教育。已毕业学生 120 人；其继续开办的，不久亦将毕业。此外菲律宾、澳大利亚、日本及其他各国各地华侨，亦闻风继起，常来信探询推行平民教育的情形。

华侨旅居异国，受外国的教育，易被异族同化，对于祖国的文化，每怀轻视之心，真是国家前途最不幸事！海外同胞，富于冒险，善于居积，所以都能独立奋斗，造成巨富。孙中山先生前此提倡革命，得他们的助力不少。可见华侨尚未忘情祖国，应急推行教育，使他们能欣赏祖国的文化，生爱国之心，并愿协助国内文化事业的发展。

2. 国际教育的联络。自太平洋国民会议以后，平民教育影响不但及于华侨，其他国也受了相当的影响。现在菲律宾已进行最大规模的平民运动，计划在五年之内，普及平民教育。印度、朝鲜有志之士，也都觉得平民教育的重要，正在设法推行，彼此声气互通。我们倘能由国际教育的联络，进而为东亚民族的联络，由东亚民族的联络，进而为谋东亚民族的自由解放而联络，力量之巨大，真可撼山岳，泣鬼神。我希望努力平民教育的人都有这种抱负。

七、平民教育总机关的组织

中华平民教育促进会总会的组织，包含有三种制度：

（一）行政制度。本会于总干事之下，设有总务、城市、乡村、华侨四部，每部直辖若干股，分担一切行政事宜。

（二）研究制度。本会设有调查统计、平民文学、视导训练、公民教育、生计教育、直观教育、妇女教育、健康教育 8 科，每科直辖若干门，分担一切研究事宜。

（三）训练制度。本会设立平民教育师范院、育才院、研究院，以培养全国平教事业需要的人才。

八、平民教育运动的使命

平民教育运动的使命，在于"作新民"。分析其内容，有下列三项：

（一）养成有知识，有生产力，有公共心的整个人。

（二）养成社会健全的分子，发展社会的事业。

（三）养成建设国家的国民，增高国际的地位。

九、平民教育推行的政策

平民教育促进会总会是平教的学术机关；至于推行平民教育，是各地平民教育促进会的责任。要希望平民教育达到普及的目的，非全国各地方一致努力进行不可。根据各处推行平教的经验并希望各地推行平教顺利，我们采取了鼎足而三的平教推行政策。这"三足"是：一、地方人士；二、平教专家；三、地方政府。三足分工合作的责任大致如下：

（一）地方上各界领袖，自动结合各社团、各机关和一般热心人士共同提倡平教，并分任各委员会的委员，协助专家实施平教。

（二）培养或聘请平教专门人才，专任实施平教事宜，并请托平教总会选派专家指导一切。

（三）呈请地方政府补助经费，维持秩序，并规定褒奖和惩戒办法，使平民教育在地方上易于普及。

平民教育的真义[①]
——"平民教育"的真义与其他教育的关系
(1927 年)

一、引言

自"平民教育运动"开始以来，为时虽仅数年，然影响所及，已遍全国，大而通都大邑，小而穷乡僻壤，都有平民学校的踪迹，先后受平民教育的，已达 300 余万人（系根据售出之《千字课》推算）。至于组织平民教育促进分会，专事提倡平民教育的，则已有 20 行省及 4 特别区。"平民教育"一名词，差不多是家喻户晓了。可是"平民教育"的真义究竟怎样？"平民教育"和其他教育的关系究竟如何？非但一般人一知半解，有许多误会的地方，就是现在从事"平民教育"事业的人，也少有能十分彻底了解的。我们创办"平民教育"的人，实负有解释之责，爰成斯篇，一详述之。

二、我国的"平民教育"就是欧美的"成人补习教育"吗？

开宗明义，我要郑重声明"平民教育"不是欧美的"成人补习教育"，因为这种误解，几乎普通人都是有的。所谓欧美的"成人补习教育"，是为已经受过国家"义务教育"而未受过较高的专门教育的成人而设，目的在使受教者得到职业上和公民上的知识，并能运用此等知识以改善其生活。若我们中国现时一般的人，目不识丁，本来就未受过教育，补什么、习什么呢？还有，"平民教育"也不是美国的"移民教育"。美国的"移民教育"是为不通当地语言文字习惯的外来移民而设，目的就在使受教者通晓运用当地语言文字和习惯，成为美国的国民。若我们中国一般的人，虽然一字不识，虽然没有受过教育，但他们始终是中国人，不是移来的外国人，哪里扯得上什么"移民教育"呢？

---

① 1927 年在北京以单行本刊行。

三、"平民教育"是"义务教育"的仇敌呢？朋友呢？

有许多人以为"平民教育"是代替"义务教育"的，还有许多人以为"平民教育"是与"义务教育"冲突的。其实"平民教育"既不能代替"义务教育"，也不与"义务教育"有什么冲突。

就受教者的年龄来说，全国 6 岁以上，14 岁以下的学龄儿童，是应受义务教育的，其最小限度亦需 4 年，6 岁到 10 岁。其余 14 岁或 10 岁以上未受教育的人，估计总数约在 200 兆以上，是应受"平民教育"的。不过在城市中，"义务教育"已有相当的设施，所以城市平民学校所收的学生应在 14 岁以上。但在乡村中，6 岁至 10 岁之最小限度的"义务教育"都未实行，故乡村平民学校中，不能不暂时兼收 10 岁至 14 岁的学龄儿童。再就教材来说，"平民教育"的教材，多关于青年与成人在社会上的种种活动，注重适合青年及成人的心理，采取混合编制法。"义务教育"则不然，教材多关于儿童的种种活动，注重适合儿童的心理，采取分科制度。其他如教育年限等等亦各不相同。总而言之，"平民教育"和"义务教育"，各有特殊的目标和方法，不相雷同，亦不能偏废，更不能说谁代替谁。

至于说到冲突，这简直是笑话，"平民教育"不仅和"义务教育"不相冲突，还能补助"义务教育"呢！为什么？有道理：

第一，父兄们自己没有受过教育，就很难知道教育的重要，也更不注意他们子弟去受教育。倘若他们受过"平民教育"，固然不能得到很多的知识，但至少能叫他们觉悟教育的重要，和不识字的吃亏；更进而推想子弟们不受教育的痛苦，自然而然肯踊跃叫他们去读书了。抑或没有义务教育可进，他们也要自动地想法子了。可是，现在呢，一般做父母兄长的，多未受过教育，就是有了义务学校，恐怕他们也不肯送子女弟妹们去上学，宁肯留在家里看小孩子或放牛呢。由此说来，要想"义务教育"发达，先要提倡"平民教育"。"平民教育"实是"义务教育"的先锋。

第二，学校固然是教育儿童最重要的地方，但是家庭里的生活，关系儿童的发展更形密切。故家庭教育，更觉重要。家长的一举一动，对于儿童的影响，既深且大，所以没有受过教育的父母兄长，很难同学校合作。譬如在学校里，先生讲授卫生，说"随地吐痰"如何危险，如何不合卫生，应该怎样养成不随地吐的习惯，学生都完全明白了，但是一回到家，看见父亲随地乱吐，母亲也随地乱吐，自己也不知不觉跟父亲母亲乱吐起来了。又如学校里讲公民教育，有一项是"不要骂人"，说得学生明白这实是一种恶习惯，要努力克服改正；孰知一跑回家，不是听见父亲骂母亲，就是母亲骂他们自己，或者母亲和邻居相骂，骂忘了形也把他们夹在里面骂起来了。在学校里听得的一点好教训，就无形中在家里打消了。在这种情形之下，纵使"义务教育"实行全国，若无"平民教育"来先教义务学校里学生的父母兄长，"义务教育"的效率一定是事倍功半的。

第三，除上述两项而外，"平民教育"又是促进"义务教育"实现的，因为在一个地方，从事"平民教育"运动，一定要联络当地教育界和其他各界人士，与之合作，做大规模地游行宣传，大规模地招生，大规模地训练教师，大规模地办几十处或几百处平民学校，这样一来，这个地方上教育的空气一定要很浓厚了。教育的空气既浓厚，其他教育也一定要连带受影响，受刺激的。何况"义务教育"原与"平民教育"有互相的关系，更不能不受"平民教育"的影响了。据我们这几年办理"平民教育"的经过看来，因受了"平民教育"的影响，而振兴"义务教育"及其他教育的，比比皆是。

四、"平民教育"就是《千字课》而已吗？

"平民教育"的工作大概可以分为两步：第一步是"识字教育"，第二步是"继续教育"。有些人说"平民教育"就是《千字课》，或《千字课》就是"平民教育"，这实在是大误会而特误会。

先说第一步"识字教育"。要想设施一种教育，识字是必需的基本工具。但我国字繁而且难，故不能不选出最常用的字，去教一般已过学龄期限失学的人，以求速效。现在用的《千字课》，就是"初步平民教育"的一种工具，它的目标有三种：（1）认识1 000余个基本汉字，（2）输入这1 000余汉字所能代表的常识，（3）引起读书的兴趣。这第三个目标"引起读书的兴趣"尤其重要。读完《千字课》，决不能就算毕了业，平民教育的事功，也决不是教完《千字课》就算全部完成了。况且《千字课》既不是万应灵丹，也不是百科全书，这是更要大家明白的。

现在人们对于《千字课》的批评分两派：一是瞧得起《千字课》的，把《千字课》看得太高了，不是说《千字课》里没有科学常识，就是说《千字课》中缺少公民教材；一派是瞧不起《千字课》的，把《千字课》看得太低了，说：教《千字课》，谈不上教育两个字。其实这都是不明了《千字课》的目标，或误解《千字课》为百科全书的结果。

"识字教育"的工作完成之后，就要谈到"继续教育"了。"继续教育"的目标也有三种：

（一）养成自读、自习、自教的能力。

（二）灌输公民常识，培养中华国民应有的精神和态度。

（三）实施生计教育，辅助、指导、改善平民的生活。在城市中如关于工业、工艺等，在乡村里如关于农业、农艺等是。

那么，怎样才能达到上面说的三种目标呢？这就有下面的三种方法：

（甲）关于普通方面的

（一）平民补充读物。我国妇女以及农工商贾等，除大街小巷卖的唱本小说外，均无可读之书。著作家及出版者也决不为他们特别编辑、印刷可读之书。在这些人中，不识字的固不能读书，已识字的又苦无书可读，所以编辑一些有价值的、浅显的、平民能够欣赏的补充读物，实为当务之急。这种补充读物，可以印成小丛书、戏剧、小说、诗歌等，或编为定期刊物（如中华平民教育促进会总会出版之《新民》《农民》，南京平民教育促进会出版之《平民旬报》等是）。内容应无所不包：如关于文化的，关于生计的，以及其他种种学科等是。这些补充读物，有可以在平民学校里抽出几分的工夫来讲授的，有可以让他们自己去读的。

（二）平民阅报室。平民阅报室是各地平民教育促进会与当地人士为平校毕业生设立的。一般平民，大都受经济的压迫，实无余钱买多量的书报来参考，若有了公开的平民阅报室，则可以随时尽量阅读了。

（三）平民读书团。读书团是由平民教育促进会干事去辅助指导的，它的功用在互相质疑，互相研究，而且互相交换阅读各人所有的书，这又是很经济的。

（四）平民校友会。现在各地平民学校的毕业生，已自动地组织了许多平民校友会，其目的有三：（1）继续研究学问，（2）彼此联络感情，（3）共同做有组织的社会活动及公益事业。如举行国耻纪念，拒毒运动，卫生运动等是。各地校友会的人数，多则数千，少亦有数百人的。

（乙）关于学校方面的

（一）高级平民学校。在初级平民学校毕业后，倘若有志继续研究，就可入高级平民学校，高级平民学校与初级平民学校的组织大略相同，惟特别注重"公民教育"及做人应有的常识。

（二）平民奖学金。高级平民学校毕业生中，如有成绩优异而有志升学的青年，就设法送他们到正式学校里去继续读书，对于贫寒有志的学生，则助以奖学金，这种"奖学金"的办法，有由学校免学膳宿费的，有由平民教育促进会另行筹款津贴的。现在由平民学校转入正式学校的学生，城市、乡村都很不少。盖如此，则有天才的人，不致湮没；且可鼓励后来的人努力。

（丙）关于生计方面的

（一）在乡村里，如办：（1）农家改进社，（2）农事表证场等，以改进农民的生活及改良我们中国固有的农艺。

（二）在城市中，如办：（1）平民银行，（2）平民工厂，以改进我们中国固有的工艺。

总之，在我们中国今日情形之下，最注重的是根据我国一般平民生活程度，经济能力的大小，去一面研究，一面试验，来改进我国固有的农艺工艺，方适应今日平民的需要，方有改进平民生计的可能。若徒高谈外国的法门，照样画葫芦的去办，一定是有弊无利的。

五、"平民教育"是否"社会教育"的别号？

复次，"平民教育"不是"社会教育"，我们可以指出两种不同的地方：

所谓"社会教育"，是一种辅助正式学校的教育。譬如图书馆，本身就不在正式的学制系统内，但它对于教育事业却有间接的影响。学生到图书馆里阅读书籍，一方能帮助校内的正课，一方能引起他们研究的兴趣。成人到书馆里阅读书籍，能补充或继续增长他们在实际生活上所需用的知识，能在图书馆里得到高尚的娱乐，以免浪费时间金钱于无益的消遣。这就是一种"社会教育"，一种间接的或附带的教育事业。其他如博物院、音乐厅、陈列所、展览会、阅报室、纪念日、教育电影、通俗讲演、文明新戏、动植物公园等也是"社会教育"。它们的事业虽然不同，却有两种通性：（1）假定受教者已经受过基本教育；（2）和学制系统内的教育事业只有间接的关系。"平民教育"则不然。受初级平民教育者都未曾受过基本教育，目的就在给予他们这种基本教育。照平民教育的学制说，这种基本教育和义务教育相仿佛，"继续教育"里有和"社会教育"相仿佛的。我们只能说"社会教育"是"平民教育"的一部分事业，却不能说"平民教育"就是"社会教育"。

六、"平民教育"就是"贫民教育"吗？

还有一种很普通的误会，就是把"平民教育"当作"贫民教育"，或如从前一般人办的平民教育，或如现在各学校附设的平民学校一类的教育。其实，"平民教育"之受教者，是不分贫富贵贱的，决不限于贫民。至于从前一般人办的平民教育或如现在各学校附设的平民学校一类的教育，也大都是"贫民教育"，不是"平民教育"，兹将其分别之点，分三项述之：

（一）"贫民教育"是附带的。办这种教育的多属学校学生，于读书之余，抽暇从事于此的。若"平民教育"则关系我国 200 兆平民的大问题，实如美国教育家所说，中国的平民教育是自有人类以来最大的教育运动，而且我国"平民教育"是世界上的特殊教育问题，是东洋、西洋所没有的，要想抄袭，决不可能。所以像这样重大问题，非专门研究、专门去办不可，不过研究出来的东西，亦非有各界人士与提倡"平民教育"的人去合作实施不可。

（二）"贫民教育"是慈善性质的。贫民学校所收的学生，贫家子弟十居八九。而且办这种教育的动机，也就是以慈善为怀的。至于"平民教育"却是正宗的教育事业，和高等教育、普通教育是一样重要的。但在今日的中国，"平民教育"实较其他任何教育还来得重要。凡是中华民国国民，无论男女贫富，只要他是在应受教育期限内而未受教育的，或受过基本教育而缺乏公民常识的，都在"平民教育"范围之内。受"平民教育"的固有一大部分贫民，但"平民教育"却不单限于贫民。总之"平民教育"是以教育程度来定范围的，不是以经济能力来区分的。

（三）"贫民教育"是零碎的。"贫民教育"既是附带的，又是慈善性质的，所以办这种教育的是东一个西一个，彼此毫无联络，更无制度、无系统。"平民教育"则不然，是有组织、有系统的，北京有中华平民教育促进会总会，各省区有省分会、市分会、县分会、村分会。北京总会的组织分总务、城市、乡村、华侨四部，又复分科研究，如平民文学科、研究调查科、视导训练科、公民教育科、生计教育科、妇女教育科、健康教育科等是。再关于"平民教育"的学制方面，目前正在研究与试验期间，大约分为第一级平民学校、第二级平民学校以及继续教育等等。

或者有人要说像这种重大的事业，不应该由人民来办，应由政府去办，这话倒也不错。不过现在 7 000 万失学的学龄儿童，政府都还没有地方给他们读书，怎能谈到 200 兆失学的青年与成人的身上呢？因此，我们的能力虽然薄弱，却不能不努力的。

七、"平民教育"是否一种"阶级教育"？

还有一部分人因了"平民教育"的"平民"二字，就误认"平民教育"是与"贵族教育"成对峙的名词的。其实所谓"平民教育"是说同是圆颅方趾，同是平等的人，都应当享同等的权利，受人所应受的教育。故"平民教育"可以说是"全民教育"或"民众教育"。若拿东洋或西洋"平民"名词的观念来看我国的"平民教育"，那便成了阶级教育了，岂非笑话！

"平民教育"决非"阶级教育"，已如上述。而且我国人对于阶级的观念，自来就很薄弱，远不及英国、日本、印度等那样严厉。考之历史，在中国有许多立大功、成大业的，大都是平民出身，并未曾受过什么贵族压迫而不得发展。如果说中国也有阶级，那便是"知识"阶级，或说是"士"的阶级。所谓"士农工商"把"士"列在首位，"士"的阶级和其他各界，显然分个贵贱高下。"平民教育"就在铲除这种"士"的阶级，使所有的人都受教育，以达到士农、士工、士商、士兵的目的，实行"均学"主义。所以说"平民教育"是打破阶级的教育则可，如说"平民教育"是制造阶级的则不可。现在我国人才缺乏，主要的原因，就在大多数的人不但未曾受过初等教育，就连受低级限度的基本教育的机会都没有，故无形中不知道埋没了多少英雄好汉。试看美国几个世界闻名的人物，例如大发明家爱迪生，政治家林肯，实业家福特，虽然高等教育是没有受过的，然而最低限度的基本教育，却是受过的。他们便凭了这一点基本教育，自己寻出大的发展了。由此看来，倘若我们借"平民教育"来开发世界最大最富的"脑矿"，使我国 200 兆失学的男女，都受点基本教育，使他们天赋的才能，有发展的机会，难道说在这 200 兆人民当中，不会产生些出类拔萃的人才吗？我们相信，凡是一个"人"，对于社会国家都有贡献的可能。欲使这"可能"成为事实，无论如何，最低限度的基本教育，是决不可少的。

八、结论

最后，再总起来说一说，所谓"平民教育"的"平民"是指一般已过学龄时期而不识字的男女，或一般已识字而缺乏常识的男女。所谓

"平民教育"的"教育"共分三步：第一步是"识字教育"，第二步是"公民教育"，第三步是"生计教育"。"平民教育"的最后目的，是在使200兆失学男女皆具共和国民应有的精神和态度。

不过要达到这个目的，是一件很不容易的事。现在亟待解决的"平民教育"问题很多很多。例如关于教材的研究，补充读物的编制，干事人才的培养，学制的规定，师资的训练，视导的计划等事，都非一方面专门去做调查、研究、实验、编辑、训练、提倡工夫，一方面与全国人士通力合作不为功。因为这种教育，不仅是我们中国的创举，亦是世界上的创举，所以我们竭诚地希望全中国、全世界的人士，多多注意这个问题，并多多地赐予帮助。

平民教育的宗旨目的和最后的使命①
（1927 年）

　　我中华统 4 万万众多的人民，领 427 万英方里广大的土地，承 5 000 余年文化丰富的历史，处今日交通便利关系密接的世界，凡我国家的举措设施，社会的风习好尚，人民的行为思想，一举一动，莫不影响世界全局的安危。故今日关于我中华的问题，不仅是亚洲局部民族的问题，而且是世界人类利害相关、安危与共的问题，凡具世界眼光的人，并曾对此加过一番深彻的考究的，当能十分地觉察。我国自从经过了辛亥革命，数千年来所有政治上、社会上、家庭里安定的生活秩序，都从根本上发生了疑问。又当着欧战的结果，世界各国人的宇宙观、人生观、社会观，及一切生活上的法则，皆起了剧变，吾国人不能避免世界思潮的激荡，当然更要发生种种问题。以故内政上外交上，在他国早已解决的事情，在吾国尤为新兴的问题。以致社会上原来不成问题的风俗习惯等，在今日也都成了新提的议案。问题丛生，关系复杂，终日烦扰吾人的头脑，究不知从何处得把快刀斩此乱麻！

　　今日我国的问题，这样地复杂，非从根本上求一个解决方法，只顾头痛医头，脚痛医脚，终究是治丝益棼，剪不断理还乱的状态。所谓根本的解决法，在将欲从各种问题的事上去求的时节，先从发生问题的"人"上去求，因为社会的各种问题，不自发生，自"人"而生，发生问题的是"人"，解决问题的也是"人"，故遇着有问题不能解决的时候，其障碍不在问题的自身，而在惹出此问题的人。所以我中华 4 万万民众共有的各种问题，欲根本上求解决的方法，还非从 4 万万民众身上去求不可。在从前君国时代，国家所有的问题，虽然是靠着圣君贤相来

———————————

① 1927 年在北京以单行本刊行。

解决，但也知道"民为邦本"，重大的事情，还得要"谋及庶人"。现在既已入了民国时代，国家的主人翁，明明就是人民；假若人民全体，或多数，具有解决问题的知识和能力，那就不怕问题之多且难；倒是愈多愈难，愈发表现解决问题的智能，国家社会愈呈新兴活泼隆盛的气象。从反面说，名义上虽然号为民主国家，事实上不论人民全体或多数，甚至连少数，都没有解决问题的智能；遇着问题发生的时节，只是淡漠旁观，惊骇躲避，或是抑郁烦闷，暴躁妄为，相率而出于轨道外的行动，形成一种恶势力，这岂特为我中华自召的不幸，亦将延为全世界的浩劫！

我们内受国家固有文化的陶育，外受世界共通新潮的教训，自觉欲尽修齐治平的责任，舍抱定"除文盲、作新民"的宗旨，从事于平民教育的工作而外，别无根本良谋。《诗经》上说："周虽旧邦，其命维新"，外人虽称我中华为东方的老大帝国，若我4万万同胞，勃然兴起，普受教育，人人自振，个个自新，正当中西今日以前的旧文化两皆衰落，而今日开始萌芽的新文化，犹未结蕊的时期，安见我4万万同胞的肝胆心血，不为中西新旧文化的调和，灌溉滋润，而贡献光华灿烂琳琅珍玮的花果！

我国人在今日的世界当中，其关系与责任如此，然而考诸实际，我全体同胞所受的教育程度为如何？其目不识丁而为文盲的人民多至3万万以上，其侥幸读书识字的，不过是最少的最少数。试看欧美教育普及的国家，人人有读书看报之能力，两相比较，其智愚的相差，不啻天渊。孟子说："不耻不若人，何若人有？"我同胞弄到3万万以上的文盲，名为20世纪共和国家的主人翁，实为中世纪专制国家老愚民；纵不计较人间有羞耻事，当知今日的世界为民族知识的战场，以目不识丁的民族，和饱受教育的民族相竞争，瞎子斗不过明眼人，这是何等显明的事理！同仁等为除羞耻计，为图生存计，为解决国家种种问题计，为维持世界的和平计，为贡献人类的文化计，我4万万同胞当中，今日要以"除文盲、作新民"为最重要的事业。平民教育的运动，即应此要求而生。

吾辈羞视3万万以上的同胞，在20世纪的文明世界流而为文盲；吾辈恐惧4万万的大民族，不能生存于知识竞争的世界；吾辈愧为民主共和制度下的人民，不能自立自新而影响及于全世界的祸乱，更羞见有5000余年的历史，自尊为神明贵胄黄帝的子孙，对于20世纪的文化无所贡献。四顾茫茫，终夜徘徊，觉舍抱定"除文盲、作新民"的宗旨，从事于平民教育外，无最根本的事业，无最伟大的使命，无最有价值的生活，这是同仁的自觉心，责任心，奋斗心。

吾辈发宏愿，奋勇气，对于全国失学的青年成人，其就学的年龄已过，其谋生的时间很忙，加以处今日经济压迫，政治纠纷的局势之下，希望平民教育能普及。愿虽宏，气虽勇，奈何事情的范围太广，责任太大，以吾辈如此微弱的力量，对于这样大的事业，不啻涓滴之于沧海，如何能济于事！

虽然，吾辈自省天职之所在，本愚公移山的精神，只顾尽心竭力，不问于事有济无济，而且海内外不乏热心志士，知识高于吾辈的，能力大于吾辈的，不知其几何！人人奋勇，个个努力，合全国人的力量，来谋 3 万万失学同胞的教育，个人能力虽微，众人的能力绝大，安有无济于事之理？

吾辈希望全国对兹事体，形成鼎足的力量来撑持：一是专门家精密的研究；二是社会上自动的尽力；三是政府的奖励与保护。研究一层，正为同仁主要的职责。七年以来，同仁根据科学的方法，本国的国情，作彻底的研究，实地的试验，其间虽然经过许多困苦艰难，然已获得相当的成效，深获社会的同情，越发鼓舞同仁的勇气。研究门类应乎今日我国民必不可少的要素，分为四大类：（一）文艺教育，以培养知识力；（二）生计教育，以增进生产力；（三）公民教育，以训练团结力；（四）卫生教育，以发育强健力。此四者不可缺一，缺一则非健全的国民，缺四则尽失其国民的意义。国家不建设在国民的基础上，固然是很危险；建设在缺乏知识力、生产力、团结力、强健力的国民的基础上，更是危乎其危。

吾国民数虽号称 4 万万，但未受教育的，竟多至 3 万万以上，其"知识力"如何不待言。产业不兴，生活艰窘，穷民饿莩，遍地皆是，其"生产力"如何不待言。举国之人，勇于私争，而怯于公战，轻视公义，而重视私情，其"团结力"公共心如何不待言。国民身体脆弱，疫疠繁兴，其"强健力"如何更不待言。以如是的国民，来建设 20 世纪的共和国家，无论采用何种主义，施行何种政策，一若植树木于波涛之上，如何可以安定得根！

吾辈所以努力于平民教育的目的，正为培养国民的元气，改进国民的生活，巩固国家的基础；无主义的主奴，无党派的左右，无宗教的成见，无地方的畛域，无个人的背景，无新旧的界限；但期望 3 万万以上失学的同胞，普遍地得到做 20 世纪的人最低限度必不可少的基础教育。虽以爱国为精神，而不偏于狭隘的国家主义；虽以爱世界为理想，而不偏于广漠的世界主义；至于宗教上或党派上的信徒，尤其任国民的自由意志去选择，决不挟入平民教育内来宣传，这亦是同仁良心上的主张，人格上的自信。

或谓共和国家的人民，对于政治不能无思想，无主张，有思想有主张，自然不同于甲，即同于乙。平民教育中既有"公民教育"一项，怎样能逃避党派的信徒？不能逃避而强逃避，是无异于以怯懦教人，决非共和国民应有的正大光明的态度。

吾辈对此疑问，虽认为亦有相当的理由，但吾辈今日所做的基本工作，与发生此种问题的距离尚远。因为平民的公民教育，其最大最要的目的有二：（一）在一切社会的基础上，培养民众的团结力、公共心，期望受过平民教育的人，无论处任何团体，皆能努力为一个忠实而有效率的分子；（二）在人类普遍固有的良心上，发达民众的判断力、正义心，期望受过平民教育的人，无论对何种事体，皆能有自决自信、公是公非的主张。这是必要的根本的精神，为人人所共同应该受的教育。对于国家分子的训练，也专在共和国民人人共同应有的根本知识上注重，决不挟入其他任何主义，这是吾辈正大光明的态度。

吾辈个人，也是中华民国的一分子，当然对于政治有一分子的责任。各人良心上所有的思想意见，自己认得确定时，也当努力贡献于国家，犯白刃，蹈汤火而不避。但政治是政治，教育是教育，吾辈不应借教育来宣传政党的政见，犹之乎宗教家不应借教育来宣传教派的信仰。若吾辈立足在政治方面，自有发表政见的自由；亦犹宗教家立足在宗教方面，有尽力宣传宗教的自由。明乎此，对于平民教育的宗旨和目的，可以彻底地了解了。

由此，可以进论平民教育最后的使命。人类文化的进步，无论属于任何民族的文化，都有同一的进程：即它的关系，由狭而广，渐渐地扩充到全世界；人的关系，由少而多，渐渐地普及到全人类。20 世纪的新文化的趋势，正向着全世界全人类的大门进展。故各国文化的进步，在国家范围内，必为民众化；在世界范围内，必须全人化。一切政治经济教育及其他种种方面的文化，若仅乎这种趋势，无论其为旧有的，或新创的，皆将减少存在的价值。中西旧文化的中心关系，大都限于少数人的阶级的贵族的范围。即19世纪以来，欧美政治上流行的民众主义，也不过只有程度的差别。以20世纪新趋势的文化眼光去从［重］新估价，无论中西文化，其价值都要发生变动，大起兴革，故当今日全世界新旧文化过渡的时期，我中华4万万众多的人民，承5 000余年文化丰富的历史，正当努力发挥新光彩，以贡献于全世界。吾辈所以从事于民众教育的事业，就先从根本上垫高我民族的程度，然后本吾辈毕生的经验，全副的心血，合4万万同胞的聪明才力，对于20世纪的新文化，尽我民族占全人类1/4的责任。这是平民教育最后的使命，即我同仁共矢不渝的精神。

平民教育原理①
(1927 年 2 月)

一、平民教育的意义

平民教育，是给予一般不识字与识字而缺乏常识的男女，以享受教育的机会。

二、平民教育的目的

1. 使一般已过学龄时期而不识字的男女，皆能应用日常必需的文字。

2. 使一般已识字而缺乏常识的男女，皆能受共和国民应有的基本教育。

3. 授予谋生的技能，改进平民的生活。

三、平民教育的特点

1. 平民教育是民众的教育。我国不识字人数，占全国人数 80%，他们目盲耳聋，愚顽穷困，极为可怜。而所谓国民教育，只教育儿童，坐看 200 余兆青年及成人都陷于黑漆的幽谷之中。平民教育应运而生，特地将这般民众开明其心眼，优裕其生活，使他们都成焕然一新的公民。惟其为民众的教育，所以应该民众来办理，民众来就学的。

2. 平民教育是地方的教育。因为平民教育，是教育各地方的人民，改良各地方的生活。对于地方的利益不小，应当归地方办理。所以平民教育应当由地方人民共同募捐，自告奋勇去办才是，不要等官厅催办才办。

3. 平民教育是经济的教育。因为中国的人民，贫苦的占多数，如

---

① 原载《世界日报》副刊《平教特刊》第 3 期（1927 年 2 月 14 日）和第 4 期（1927 年 2 月 23 日）。

劝他们来读书，他们开口就说没有钱。地方富足的也很少，动辄就说没有钱办教育。所以平民教育极力节俭办学校。如设备都利用现成的房屋和器具，教职员也是尽义务的，有点车马费也不多。根据各地平民学校费用的报告，平均起来，学校对于一个学生的费用，至多不过五角。学生自己负担不过一角二分钱。如学生实在贫苦，书、笔、纸、墨，还可津贴，这用度何等的经济！不但用度经济，人力和时间也经济得了不得。一般不识字的人，你如果问他们怎样不念书，他们一定会说没有工夫，一天做活做不完，哪里有时间来念书。就算他们愿来念书，但是，去找教师也是很麻烦的事，他们也一定说我们一天教书忙得很，没有工夫来尽义务。为着这个缘故，平民教育所以力求时间经济，规定每天至多只上两点钟课，而且在下午或晚间，当大家没有事情做的时候。4个月就毕业，读书的和教书的人，都花费不多的时间，而能得最大的效果，这时间何等的经济！

除用度和时间经济外，人力也很经济。中国文字很多，文章古老，真不易懂，当时有读了几年，连"之、乎、也、者"还弄不清楚！用力太多，效果太小，太不经济，所以平民教育教科书都用白话，浅显明了，又用最经济的教学法，教者、学者，都不费力，而就可以懂了，这人力是何等的经济！

4. 平民教育是简单的教育。初级平民学校的课程，只有《千字课》一种，游戏、唱歌、珠算等，都是附带的东西，如没有时间，简直可以省了。又平民学校的设备也很简单，房屋桌椅凳子，都利用现成的，只需买点《千字课》教授书、石板、石笔、粉笔就够了，真是简便极了！

5. 平民教育是实用的教育。平民教育不是装饰门面的教育，乃是很经济、很简单，而又很实用的教育。所认的生字，所读的课文，所授的其他的种种教育都是经过选择研究，非共和国民人生必需基本教育，概不采入，所以平民教育，是很实用的。

6. 平民教育是最有弹性的教育。平民教育以满足学生的需要为目的，对于各人——男女、老幼、贫富、贵贱、智愚和各种职业等等——时常变换其时间地点、课程、教法、管理，甚至于制度，以求其能适合他们的需要。

7. 平民教育是进步的教育。平民教育是中国特殊的教育，不能抄写外国的教育。所以平民各项问题都要专门的人才去研究，用科学的方法去试验，愈研究愈试验，当然愈有进步。

8. 平民教育是有组织的教育。平民教育本来很富于弹性，很可伸缩自如，但是，平民教育的自身却是很有系统的组织，北京有中华平（民）教（育）促进总会，各省区有省分会，地方有城市或乡村分会等。平民学校也有系统，初级教育以上，又有继续教育，都是有条不乱的。

四、平民教育与他种教育的分别及关系

1. 平民教育不是贫民教育。有许多不明了平教真义的人，以为平民教育，就是苦力的教育，孤儿院的教育。外国人就说我们的平民教育是苦力教育，其实贫民学校、半日学校等，和平民学校的性质完全不同。因为他们没有系统组织，又无一定之办法，只可说是一种慈善事业。平民教育并不以贫富为标准，完全以知识为标准。无论贫富、贵贱、老幼、男女，只要是已过学龄而不识字的人们，都在平民教育范围之内。足见平民学校一班里面，可以有各色人等；而贫民学校，只好请贫民加入。所以我们可以说平民教育，是教育事业之教育，贫民教育是慈善事业的教育。

2. 平民教育不是社会教育。社会教育是辅助正式学校的，其中有两种普通的性质：（1）假定受教的人，已经受过基本教育的；（2）和学制系统内的教育事业只有间接的关系。平民教育则不然，受初级平民教育的，都是没有受过基本教育，目的就在给与他们这种基本教育。进一步说，初级平民教育里有一部分和义务教育相仿佛；继续平民教育里有一部分和社会教育相仿佛。我们只能说社会教育是平民教育的一部分，却不能说平民教育就是社会教育。

3. 平民教育不是成人补习教育。欧美有许多人都说中国的平民教育是成人教育（adult education），世界成人教育联合会也以成人教育看中国的平民教育，这是一个很大的错误！他们完全不了解中国平民教育的内容。成人教育在英美两国是很发达的。欧美的义务教育早已普及，不过，有一般成人虽然受了义务教育，仅有一点基本的知识，缺乏专门知识，若想再入学校，又受年龄和经济的限制，生活终没有增进的机会。成人教育就是用来补救这个缺点，使受教的得到职业上和公民上的知识，并能运用此等知识，以改善其生活。现在英国好些大人物，都受过这种教育。

美国的移民教育（american immigration education）是施与那一般从外国移来的人民，使他们成为美国化，这是美国成人教育的目的。中国的平民教育性质，和英美的成人教育完全不同。中国人民都是黄帝子孙，没有异种民族，无须如美国所施的美化的教育。而大多数成人一点基本的义务教育也不曾受过，何用补习呢？中国平民教育初步的目的，是使人人读书识字，同时灌输些公民的知识。初步教育施行之后，才可以说到补习教育，所以说英国的成人教育与中国的初步平民教育绝对不同。若说英国的成人教育略与中国继续平民教育相仿佛，还没有大错。

4. 平民教育不是阶级教育。平民是和贵族相对待的名词，中国本来就没有显明的贵族阶级，我们何必办一种平民阶级的教育，以造成平民的阶级呢？中国的教育固为少数而办的，但决不是为某一种阶级办的。我们现在所要办的平民教育就是提倡全国民众的教育。

做共和国家的人民，最重要的元素就是平等。现在我们中国有 3.2 亿目不识丁的苦同胞，怎么能说到平等二字！要讲平等，非先求知识上平等不可。中国的女子，未尝无杰出的人才，无如数千年来都不讲求女子教育，男女因此不平等了，假如男女都有同等求学的机会，男女自然就会平等。

平民教育不是均产主义的教育，是均智主义的教育。印度有百余种阶级，各阶级的界限非常的严明。中国若说他有阶级，只有知识阶级与非知识阶级的分别。平民教育的使命就是打破这种阶级，使全国人人皆可以为"士"。可见平民教育，是打破阶级，不是制造阶级的。

5. 平民教育与义务之关系。平民教育与义务教育根本不同之点有三：

（甲）年龄。小学校学生的年龄都在 6 岁以上，12 岁以下，平民学校学生的年龄，自 14 岁至 60 岁都有。

（乙）毕业期限。义务教育的年限是由 4 年到 6 年，平民学校不过 4 月。

（丙）课程不同。义务教育的课程为分科制，平民学校采用混合制。因需要和范围不同，所以课程也就不同了。

由上面三点看来，平民教育乃是适应现代需要而产生的民众教育，可是大多数不了解平民教育的人，都以为侵占义务教育的权限，因此不能不特别声明一番。

平民教育是为失学的青年与成人办的，义务教育是为一般学龄儿童办的，这两种教育界限非常分明。但是，成人与青年即是儿童的父母兄妹，倘父母兄妹没有受过教育便没有良好的家庭。虽有良好的学校也不能胜过潜移默化的势力，何况现在小学，距良好的程度还差得远呢！所以家庭与学校要时时合作，学校教育才不算白费。平民教育的使命在使一般青年或成人得到知识，将来能与小学校合作，那么义务教育的发展，就更容易了。

现在的一般青年和成人多不了解教育的重要，不肯送子弟到学校里去读书，所以失学的儿童非常之多，此与国家前途关系极大。我们现在只有先教育一般青年和成人，使他们知道教育的重要，得了一种新觉悟，送他们的子弟入学读书，然后义务教育才有普及的希望。

中国人口 4 万万中，学龄儿童约有 7 000 万。全国现在所有的小学校不过 16 706 所，学生数不过 66 601 802（人），失学的学龄儿童尚有 63 398 198（人）之多。推其原因：（1）父兄对于学校没有信仰，（2）期限太长，（3）花钱太多。所以，平民学校开办以后，许多学龄儿童报名入学。平民学校本来不收学龄儿童的，但是，在此情形之下，不能不稍变通办理。由这一点看来，平民教育很可以帮助义务教育的不及，使失学的学龄儿童多得受教育的机会。不但没有冲突，而且可以补助义务教育之不及，使义务教育有早日普及的可能。

6. 现在的平民教育不是昔日的平民教育。现在的平民教育是专门的，从前的平民教育都是学生们附带办理的。他们自己的功课很忙，精力有限，经验也不充足，所以办理几年，都没有成效。现在是有一般热心平民教育的人放弃一切优美的职业，专门来研究，推行结果，和以前大不相同。

从前的平民教育是无系统无组织的。东鳞西爪，彼此毫无联络，成败得失，漠不相关。现在的平民教育，全国有中华平民教育促进总会，各省区有省区分会，市分会，县分会，村分会，系统组织严密。

现在的平民教育是大规模的。因为教育的范围是 3.2 亿失学的平民，所以不能不用大规模来办理。

由此看来，昔日的平民教育与今日的平民教育大异其趣。昔日的平民教育是小规模的、无系统的、无组织的、非专门的；今日的平民教育是专门的、有系统的、有组织的，并且是大规模的。

关于檀香山平民教育运动情况的报告[①]
(1928 年)

  1925 年夏，太平洋国民会议开会于檀香山。中国太平洋国民会议筹备会，请阳初及敝会董事长熊夫人代表本国前往列席。同时又有檀香山中国大学学生会（Chinese University Students Club）会长黄福民先生由余日章博士及林国芳先生介绍，特来公函邀约阳初赴檀讲演平民教育，并备往返旅费。阳初事务繁冗，本难分身。惟以此去，一则可于国际会议中陈述我国民众最近之奋发精神；一则可将国内平教运动情形报告于侨胞。而檀香山中国大学学生会之雅意相招，尤碍难辞谢，以是种种缘由，乃毅然成行。

  列席太平洋国民会议者凡 9 国，即中、美、日、加拿大、菲律宾、夏威夷、高丽、纽西兰、澳大利亚等。讨论问题不下 60 余种，皆关于政治、社会、宗教、文化、教育、移民、通商、不平等条约等项者。主要目的即在各国互通声气，互相了解，共同努力以维持太平洋沿岸国家之"太平"。当时各国代表对于中国各项问题无不极其重视。迨以中国目前虽觉贫弱，而地大、物博、人众，其于太平洋沿岸国家，及世界各国之将来，均有莫大之影响。

  会议凡两周。结束之际，会长韦尔伯博士（Dr. Ray Lyman Wilbur）致辞，略谓"此次太平洋会议所讨论各种问题，与太平洋沿岸各国及世界前途最有关系者，当首推中国今日之平民教育运动"。中国开化最早，物产饶富，幅员广大，越于全欧。人民众多，甲于世界。所可惜者，厥惟"脑矿"未开，民智闭塞。倘"脑矿"一开，民智发达，即

---

  ① 中华平民教育促进会档案（二三六）58。

可雁视于全球。故中国今日之平教运动实开"脑矿"之惟一利器，亦世界空前之大教育运动也。辞毕，与会代表全体称是。其重视平教可谓已达极点。当地报界亦特为发电传布于各国。檀香山侨胞更兴高采烈，引为快事，注意平教之忱因之益加热烈。

赴美讲演平民教育的经过①
(1929 年)

　　主席，各位男女同志：

　　平常我有话，就可以顺口说出来，今天好像是有话说不出来似的。所以这样的缘故，恐怕是因为我今天感觉得无限的快活，又有深厚的情感的冲动，于是把我所要说的话都压伏住了。我去年未出国之前，曾与董事长商议过，同时同志们也都认为我这次有出去的必要，所以在这次国外推广平民教育的成功，只可说是熊太太的精神与人格，和各位同志努力工作的成绩而已。

　　我最初是到西亚图，这个地方事先已经知道我要来了，所以就有 6 个机关派人来欢迎我，第二天又赴欢迎会，讲演一次。

　　其次，到耶鲁大学领受学位。所谓学位，并不是给我个人的，是给中华平民教育促进总会的，我当时不过是总会的一个代表。以前外国人士只知道平民教育，有一种《千字课》的工具，现在经过我把平教的真精神与实在的工作，如文艺、生计、公民等教育，原原本本通盘说出来，美国人才知道平民教育的真相。与我同受学位的，有一个是意大利的公使，有一个是英国的大诗人。这次学位的授予，是一件很荣誉的事，所以平民教育便在学术上，位置增高起来了。

　　再次到美国全国教育会去讲演。我们在这个地方，就可以知道美国教育真是发达，当时各大学校长，各州教育厅长以及中学校长到会听讲的，有 12 000 多人。正好我这天嗓音非常好，说话很响亮，也就没用他们平常所用的发（扩）音机，他们都听得非常明白，我讲完了以后，他们都极受感动。并且有几个大学校长要我给他们 2 小时的谈话。

---

　　① 原载《市民》，第 2 卷，第 1 期，1929 年。

又次到旧金山工党去讲演。这个工党，很有势力，美国的移民律，就是他们主张通过的。我们知道平常美国人讲演的，只限一刻钟的工夫，至多也不过 20 分钟，因为他们说："时间便是金钱。"所以他们对于时间上是很讲求经济的，不过我却是讲了一个多钟头。据他们说："我们从来没有听过这样有价值的讲演。"如果我们没有这活泼泼的平教的精神与工作，我的讲演也是不能得到这样一种结果的。

以上这样的讲演，一年之中我不知道总共讲演了几百次，每天都在车上跑来跑去的过日子。美国人请我讲演，多半在吃饭的时候，午饭晚饭都可以，因为吃饭总要费时间，在这个时间讲演，总算最经济了。我每次吃饭的时候，都要答复他们的问讯，饭后又要讲演，所以饭总吃不好。还有几次讲演，值得报告的。有两次是为美国全国人民讲演，他们都是用无线电话传出去，说某时有某人讲演。无线电话在美国是一件很普通的东西，每一家都安置一个。所以我这两次讲演，差不多已把平教传扬到全美了。

有一次，是为旧金山全省人民讲演。这个地方的人，向来很讨厌东方人，尤其是藐视中国人，这次也请我去讲演，但只限于 20 分钟。我把新中国的真精神，尽力地发表出来。这次总算给了中国在国际上帮忙，我觉得这次帮中国的忙，比帮平教的忙还多。以前政府所派去的人，因为是个国家代表的资格，说话时有许多的关碍，我只以国民的资格，可以任便地说了。

有一次是纽约城的大商家开欢迎会，所欢迎的主要是孙科，我只是被请的一个。这次讲演，只有半点多钟的工夫，孙先生讲演后，已把全部时间占去，主席没法，便向大众发言，说："是否愿意听晏先生的讲演?"大家却已首肯，于是我登台说话。这次先帮孙先生说话，因为孙先生专为接洽借款而来的，帮孙先生忙，也就是帮中国的忙。至于我讲平教的时间只有 10 分钟的工夫，但这 10 分钟的讲演，已很受听众的欢迎。

以上所说的，是我在美洲各地的讲演的情形，美国重要的城市，差不多每处都去讲演过了。我到各处讲演的时候很想有一个秘书能帮助接洽一切。但是在美国找一秘书，至少要用 600 个美金，从我们办理平教的本身设想，是不能用这些钱请一位秘书的。后来有一位青年叫费尔德（Field）听到我的讲演以后，他便找到主席那里说，很愿意有一些机会能帮我的忙。这位青年，是哈佛大学毕业的，曾到英国留过学，又要到奥斯马加研究历史。他用全（部）时间来帮助我，纯尽义务，打电话，招呼栈房，全是他作，一切费用，都是他自己预备。我们这里各处奔走已整整 6 个月了，这位青年，看我非常的辛苦，于是引我到他的家里休息一两天，他家是在一带山的地方。我待他的父母，就如同我的父母一样，在这儿居住也有多少日子，很受他们的优待。

我的讲演所以能够打动他们，使他们自己表示若不帮助中国平民教育发展，仿佛有点抱歉。这是什么缘故呢？第一由于本会董事长熊夫人的牺牲精神；第二由于各位同志工作的表现。在美国的人，都是说中国女子没有出息，在他们的眼光里，只是看到大多数的缠足女子。所以我无论是有 20 分钟，或是 10 分钟的工夫讲演，必要把中国的一位女英雄说出来，就是说我们全国平教事业的董事长不是男子却是女子，他们都鼓起掌来。再有就是同志的心血，辛辛苦苦，做到这个状况，这是很不容易的事情。熊夫人及诸位同志，有这种精神，有这种成绩，我便能说得出来。

总而言之，这次在外国讲演的结果，虽是我们团体的光荣，我们的精神虽是有的，至于说到成绩如何，现在还差得远啊！今天大家都在这里，我只希望我们比从前还要虚心，因为这件事，是非常重要，我们应当把旧家风旧精神，以身作则继续下去。百年大计，非在这几年努力奠下基础不可。在平教做事，无论做哪项工作，总先要有人格，有高尚的人格，能够躬行实践的人格，才算真同志。

方才我只说了各位同志的努力，还没有说到各位同志的太太们，我们平教之有今日，各位太太的功劳，亦不可磨灭哟。因为我们的家庭里没有太太，我们男子，又要对内，又要对外，一定是做不好的。夫妇如果不能合作，那是人生最大的痛苦。我们平教的成功，都是各位太太与她们的丈夫合作之力。

我这次回来，有说不出来的幸福。有这么多的好同志，把对内对外的一切办法，作得齐齐整整，使我多大的欣幸。我自旧金山上船，经过日本、奉天，以至达到正阳门时，看见诸位同志高高兴兴，还是耳朵长在耳朵上，鼻子长在鼻子上，我的快乐，还要在陈先生之上。今天讲话非常匆促，又因为我昨晚做一噩梦，精神很不好，这个梦是忽然喊起来，以致惊醒，这是我从来没遇到的事。

最后只有几句话，开饭馆的离不了两件事，一是人才，一是本钱。要叫馆开得好，除有相当本钱以外，总还要几个好厨师，好伙计。何况我们这么大的事业，现在定县与北平两处共有七八十人，虽不算多，但都是经过战事，有经验的。好，我们只有谢天谢地谢三光。现在钱也没有多少问题了，在最近 5 年之内，我敢大胆说，经费绝对不成问题，只要我们努力去做就是了。我很相信，我们大家都愿意牺牲的，都愿意奋勇去工作。当我在美的时候，只和人说我们的精神很好，工作不过方才开始，假使我们几年后，还只是精神很好，那便没办法了，因为精神应当有实现的时候，老是空空的只有精神，那有什么用啊！5 年之内，我们应努力作出具体成绩来，使我们的精神在事业上表现出来。此刻所认为急需的，就是人才。我们希望平教在世界学术上占重要的地位，还须个人有专长的工作，将来我们一定设法使个人都能专精一门成为专门人才。

我自己从事于平民教育，已占 10 年了。自信还可以拿二三十年的精力，来办平民教育，兴致勃勃地办平民教育。以前经济困难时，我都努力干去，上刀山，下油锅，我都要去，何况现在最低限度，赴美讲演平民教育的经过还有饭吃么。平民教育促进会，已经成立 5 年了。以前5 年的成绩，就是现在的状况。今后 5 年的计划，我还要同董事长及各位同志商量干下去。我们准备再牺牲 10 年。

在定县全城识字运动会上的讲演①
(1931 年)

今天开会的目的，刚才吴主席已经说得很明白了。中国教育不发达，100 个人中有 85 个是不识字的。古人说："人不学，不如物。"像这样不如物的人民有这么多，以言外交，外交安得不失败；以言内政，内政安得不紊乱。现在全国大多数人民都在求生不得、求死不能的当中那是当然的。我们可说是个有国家而无国民的国了。现在为我们教育坠落的危险与可耻，请诸位看一看这台上红黑布 5 个国家识字教育比较的标本。红布表示一国的识字的人数，黑布表示一国的不识字的人数。德国人民 99％是识字的，所以红布长，黑布很短等于没有。英国 95％是识字的，所以红布长，黑布也很短。美国 90％是识字的，所以红布长，黑布短不及一寸。我们中国人民呢？识字的只有寥寥 15％，所以红布短，黑布就有几丈长。诸位父老兄弟姐妹啊！天下的大耻奇辱还有比这个更利害么？我国的国耻很多，我看都没有比这个更利害的，言之真是痛心啊！中山先生遗嘱里说："予致力于国民革命凡 40 年，其目的在求中国之自由平等，积 40 年之经验，深知欲达到此目的，必须唤起民众……"刚才大家循声诵读了。中山先生惨淡经营革命 40 年，深知道要我民族在世界上得创自由平等，不是靠军阀，也不是靠政客，乃是靠着我成千成万的民众。无如这成千成万的民众还在梦中，没曾醒觉，我们怎样能够唤起他们呢？贴标语吗？他们不识字。呐喊么？他们听不见。知其当然而不知其所以然，是毫不发生效果的。据我看来，这些"不识不知，顺帝之则"的民众，非给他们以普及教育，是不足以唤醒的。教育二字包括得很多很泛，一部二十四史，从何做起呢？提纲挈领

---

① 原载《农民》旬刊，第 6 卷，第 21 期，1931 年。

说来，我以为识字教育是最基本的，是唤起民众初步的工作。识字教育若普及了，一切都容易有办法。自由平等必须要建筑在人民的教育程度上。目前我国民众的教育，并不是程度高低的问题，简直是有无的问题。漫说国际上不以自由平等待我们，即使国际上以平等自由待我们，我们的处境就能够保证比今天更富强么？因为成千成万的民众，还不曾受过最基本的识字教育，所以不自由平等的缘故，是在我而不在他人。到了成千成万的民众有了知识能力之后，我们要自由便自由，要平等便平等，谁敢再以不自由待我？谁敢再以不平等待我？所谓"夫人必自侮，而后人侮之。国必自伐，而后人伐之"，也就是这个道理。此次识字运动，诸位都知道先从全城做起，既有学术各机关提倡和县政府赞助，尤要人民为彻底的觉悟。时乎时乎不再来，没教育，不识字，是一国国民的奇耻大辱。我们必须为自己为国家争此体面，雪此耻辱。据我们调查，全城不识字的青年男女在 12 岁以上 25 岁以下的，共有 1 500 人。我们必先普及此 1 500 人的识字教育，然后再谈到全县，然后再谈到全国，也就都有办法了。

在定县学校卫生同乐会上的演说①
（1931 年）

 今天在这里开会，赴会的大多数都是青年男女学生及师长。我每次看见青年男女，就有无限的感慨。看到中国这样的穷、弱、愚，在外交上受国际不平等的待遇，现在社会上的人是没有希望的。照这样下去，非亡国不可！好在有一般青年男女，中国前途的希望就靠着他们了。所以不靠年长的缘故，因为年长的受了老大帝国传下来的恶习，希望他们去改良，是很不容易做得到的。我们的国家从帝国变成民国，现在虽是民国，实与帝国没有什么区别。所不同之点不过在皇帝时代，人民是穷的，是弱的，是苦的！现在是更穷、更弱、更苦了！因为现在虽然号称民国，一般人的思想，还是受了封建的毒，所以希望他们在 20 年短期改良，根本是不可能的。因此，中国前途一线的曙光，只有靠着将来的国民了。这就是 10 岁以上、30 岁以下的青年男女和儿童，儿童就是今天到会的小同学。说话容易做事难。看到现在中国社会的现状，所有的青年及儿童是处在什么环境之下呢？现在的环境，是很恶劣的。青年们处在这种环境之下，容易沾染恶习，那么，将来就没有希望了。因为大多数的国民，都是受环境的支配，只有很少数的几个人，能够超越环境的，所以俗语说："近朱者赤，近墨者黑。"青年儿童在这种恶环境之下，根本上很难希望养成好国民。以现在没有希望的中国，将来的希望，既然都靠青年儿童，而青年儿童，又受这样恶环境的支配，那是更没有希望了。所以环境不改良，就没有办法可以希望青年儿童养成好国民。我今天看见小同学们，使我心里十分难过，你们是很可爱的，务必

---

 ① 原载《农民》旬刊，第 6 卷，第 30 期，1931 年。

使你们能够处在好环境之下，将来才有希望养成好国民，这都要靠我们年长的去改良环境。若是将来不好，这些罪恶，应该归我们担当的，因为你们年少不懂事，所以这个责任，应该由我们年长人去负担。造了好环境，好社会，好家庭，好学校，使你们有好习惯，在 20 年后，可以做好国民。如若不然，你们在 20 年后，就可以诅我们，骂我们。小同学们呀！我知道我有责任，你们的父母，你们的师长，也都有责任的。

从前的教育，只管读书，就算好人。小孩子会读书，就算好孩子。像从前那样光管读书，是不妥当的。因为读书不过是做国民的一端，一天到晚尽读书，不讲卫生，所以身体不好。像这里本来是考棚，是为考试读书人用的。就说有好的读书人，考试入学了，可是身体不好，或是病，或是死了，这人就算白读了书。俗语说："文弱"，就是对这样读书人说的。我们所说的卫生，是要养成强壮的身体，圆满的精神，伟大的思想，不单在很胖很大的。遇着困难的事体，能够解决它。所以从前的教育，光读书，不讲卫生，现在要读书还讲卫生，必须二者兼备，才算好国民。学校注意卫生，就在这里。现在的学校，并不讲实在的卫生，从小学至中学大学，所提倡的卫生，专在书本上。若要人人有卫生的好习惯，靠书本是不行的。必须先有好环境，而后才有卫生的好习惯。学生时代，不光是在学校，还要在家庭，所以在学校方面要有卫生的环境，在家庭方面也要有卫生的环境，专靠学校是无用的。还有社会的卫生环境，也很要紧。要家庭、社会和学校连锁起来，而后学生处在各种卫生环境之下，不知不觉地才养成卫生的知识、技能、习惯。不然，光读卫生的课本，是无用的。教育就是生活。要家庭、学校、社会合成，才有用处。所以要改变学生的环境，不能专靠学校，必须联合家庭、社会，才能做成。如要养成好青年的教育，不是简单的狭窄的，因为教育是整个的生活。

本会同仁到定县来，要研究的是农业、教育、公民、卫生四项，一方面学习，一方面研究。希望少有所得，帮助定县和全国的同胞。

为什么不在北平、上海呢？因为大多数的青年、儿童，都住在成千成万的乡村里头，要为中国 4 万万人打算，非注意大多数农村的青年儿童不可。教育是整个的，不是窄狭的。今天说卫生，不过是初步，也不是开个会就完了，要脚踏实地去做。今天不过做了第一步，还要一步一步地做下去，希望大家注意。要中国有希望，必须靠着青年、儿童，还要做了好环境给他们，否则将来一定亡国。若是 30 年前亡国，是我们的责任；30 年以后亡国，就是小孩们的责任了。现在我一方面爱你们，一方面我勉励自己，希望有好环境给你们。

《定县社会概况调查》序①
（1932 年 2 月）

　　定县实验的目标是要在农民生活里去探索问题，运用文艺教育、生计教育与公民教育的工作，以完成农民所需要的教育与农村的基本建设。而一切的教育工作与社会建设必须有事实的根据，才能根据事实规划实际方案。

　　因此本会对于定县的实验最先注意的就是社会调查。要以系统的科学方法，实地调查定县一切社会情况，使我们对于农民生活、农村社会的一般的与特殊的事实与问题有充分的了解与明了的认识，然后各方面的工作才能为有事实根据的设施。

　　定县实验区的工作近年颇引起社会人士的深切注意，来定县参观的人实在不少。到定县来的都愿意先知道定县社会的事实。社会调查的工作，亦很得到大家的注意，希望从速整理发表，现在所发表的只是本会中社会调查工作的一部分，是"定县社会概况调查"。其余比较细密的调查工作，比较属于专门研究的整理工作，此后自当陆续编辑发表，供实际从事农村建设的同志们与关心农民生活的朋友们参考研究。

　　定县实验的社会调查有其特殊的注重之点，这是从整个的平民教育运动立场下应该说明的。关于这几点的说明可以说是我的义务。

　　说到社会调查，有人以为这是政府的责任。政府以法令行之，可以有种种的方便。但社会调查的目的在得到事实的真相，而如何才能了解事实真相，至少根据定县社会调查的经验，也有一套方法，必须切实研究，实地经验。在完成这套实地调查的学术研究之后，政府才能有办法

---

　　① 选自李景汉编：《定县社会概况调查》（重印本），北京，中国人民大学出版社，1986。原书 1933 年由中华平民教育促进会出版。

上的一种根据，可以作大规模的全国或全省的调查才能希望得到社会事实的真相。

农村社会的调查工作，由社会学术机关去作，也有它的困难。第一点，从事农村调查的工作人员必须有到民间去的认识与决心。在与农民共同生活之下，才能了解农民生活的真相，才能得到正确数字，才能亲切地了解数字背后的所含有的意义，才能作规划实际建设的方案。第二，调查既是为谋整个农村社会建设之入手的工作，单独地进行，是不会顺利的。必须通盘筹划由多方面施以互相为用的工作，然后才能造成可以深入的环境，调查方为可能。定县实验在各方面的工作，增加了若干调查上的便利。第三，调查的目的，既是为了了解事实，但事实的了解不是工作的终了，而是工作的开始。所以调查工作不是为调查而调查，必须要着眼于社会的实际的改造。要根据建设的需要，调查事实。第四，从事调查的人必须了解现代社会调查的科学理论以及方法与技术，必须要顾到中国的民间生活状况而规定出适合中国情形的方法及技术来。即如拟一表格，就得特别注意与农民心理、风俗、习惯、生活相应合，而又要顾到（一）所问须使他们能回答，（二）他们所能回答的，又是我们所需要的。

换言之，社会学术机关所进行的社会调查在它的进行中，便须以整个社会改造为目标，从多方努力，随时研究如何先建设起来中国的社会调查之整套的学术。而调查人才所应具的修养、训练与经验，更是调查成功的重要条件。

本会的社会调查工作，是根据对于上述困难之了解而呈现，同时又以下述二种意义为其特具的立场：

一为教育的意义。本会社会调查，非为调查而调查，为的是要知道农村生活的究竟，寻出生活上的问题，进而解决此项问题。即整个工作要以社会调查为指南针，求先知道生活的依归，然后再事规定教育的实施方案。如此乃可以谈得上"教育和生活打成一片"。

二为社会科学的意义。社会科学和自然科学不同，不能依样画葫芦般地抄袭应用。必须先知道中国社会是什么样，然后始能着手于科学的系统之建设。因此，我们希望本会的社会调查对于中国的社会科学之研究有其贡献，以中国的社会事实一般的学理原则，促立中国化的社会科学。必如此中国化的政治、中国化的教育等之建设，乃有可能性。

本会于民国十五年秋选定定县为"华北实验区"，以翟城村为中心，从事各种工作，社会调查便开始进行。当时由冯梯霞先生主持，进行一年多，各事粗具规模。冯先生曾著有《乡村社会调查大纲》一书，胪列当时所拟各项表格。至民国十七年，即由李景汉先生偕同多人继续进行，直至现在。虽然此项工作已有五六年的历史，但在开始时，是有特别困难的，最主要的就是农民对于从事工作者的不信仰，工作不易进行。后来战胜这种困难，便是从教育方面着手。因教育的实施而联络其感情，而获得其信仰，调查工作始得逐渐顺利进行。

说到教育工作的设施，这实在引我们得到一种深彻的认识，即调查者的技术，固须训练；被调查者也同样地须受技术的训练。譬如我们为调查农民家庭岁入和岁出的情形，而要他们记账，便须先训练他们能写、能算，就是说，他们信仰你，而愿意帮助你，但是帮助你的能力，还须你先替他们培养起来。这是一切中国建设事业中的共同问题，一切从事中国建设事业的人都应体会。——我们正在要建盖房子，本来招工、购料就可开始，但是我们现在的中国啊，正是工料全无。我们须得先栽树、烧砖、训练工人，在这种意义下，就本会的全体工作来说，还是附产品了。"实验区"之设置，从第二次内政会议后，俨成风行一时之势，可见政治建设、社会建设工作之需要科学的研究与实验，已为一般所认识。调查工作之重要更为从事建设人所了解。希望这本书能坚定从事"实验区"工作者调查的兴趣，或且能增添他们一点勇气，希望多有这一类的工作实现，使我们更能走上科学化的建设之途。自翟城村起始工作到现在，经过三次战争，还有地方水灾、瘟疫，以及农村经济之凋敝，工作上受过不少的阻碍，而我们能获得如许的结果，虽然自己也不能满足，但也很矜视这点收获。

即此成绩，已由许多人的努力始抵完成。甘博（Gamble）先生是社会调查的专家，在中国曾编著《北京社会调查》（*Peking：A Social-Survey*），对于本会社会调查，非但在工作上给予指导，在经济上也有援助。冯梯霞先生从事艰苦的开辟工作，李景汉先生及其许多得力的助手，积年的继续努力，会中其他部分，也都是踊跃地通力合作。这都是我愿意表明，而且引为欣幸的。还有许多本国和国外的专家，对于本会的调查工作，有种种的鼓励与指导，这是我们更应该感谢的。

中华平民教育促进会定县工作大概^①
（1933 年 7 月）

一、平教运动的发端

这次"乡村建设协进会"开会的价值，非常重大。昨天听见梁漱溟先生关于接近民间工作的报告，及江恒源先生关于徐公桥工作的详述，以及李石曾先生富于科学的研究精神，都是我们从事农村工作的借镜和参考。

近年来最使我兴奋的一件事，就是现在国内各界，大家都能亲身埋首去从事农村工作，不论他们工作范围的大小，只要大家一边做一边学，将来都是复兴民族的功臣，也就是建立国家基础的绝大贡献。但是农村工作，需要时间，彼此务须切磋砥砺，各把经验得失，互相研讨，这是此次开会的最大意义。

平教运动的发端，是在欧战时候，当时各国招募华工，到欧洲工作，兄弟从美国到法国，办理华工教育，目睹华工不识字之痛苦。从那时，得了一些经验，同时联想到国内一般不识字文盲关系国家民族前途的重大，所以回国以后，就从事提倡识字运动。但是在工作经验中相信中国大部分的文盲，不在都市而在农村。中国是以农立国，中国大多数的人民是农民，农村是中国 85％以上人民的着落地，要想普及中国平民教育，应当到农村里去。所以同仁才决定到定县去工作。

在定县乡村办平民教育，我们觉得仅教农民认识文字取得求知识工具而不能使他们有用这套工具的机会，对于农民是没有直接效用的。所以从那时候起，我们更进一步觉悟，在乡村办教育若不去干建设工作，

---

① 选自《乡村建设实验》第一集，中华书局，1934 年 4 月版。本文是作者于 1933 年 7 月在山东邹平召开的第一次乡村工作讨论会上的报告。

是没有用的。换句话说，在农村办教育，固然是重要的，可是破产的农村，非同时谋整个的建设不可。不谋建设的教育，是会落空的，是无补于目前中国农村社会的。

我们在定县的工作，可分为两个段落。一个是准备时期，一个是集中实验时期。从民国十五年冬到十九年秋，算是准备时期。在这时期里，我们的工作，可分为农业教育、农民教育研究和农村调查三方面，教育方面偏重普及农业科学的工作，社会调查分普通调查、农业调查及农业经济调查，尤注重在一般的考察。前两年的工作，同仁的饮食起居，定县人民不能充分了解，颇感困难。但这正是准备时期应有的情形，及工作上必经的阶段。后来因同仁的工作精神，感动农民，才逐渐地取得人民的信仰，同时地方政府与士绅也都了解到平校的重要，所以准备时期的工作，才能比较顺利地进行。

经过这四年准备时期，我们决定大家都到定县去，对着全县去工作。我们觉得中国的一个县份，实在是一个社会生活的单位，不仅是行政区域的单位。中国的国家，是由 1 900 多个县份构成的。一县就是一个广义的共同生活区域，为若干隶属的共同生活区所构成，是我们从事乡村工作实行县单位实验的最好单位区域。我们今以定县为一个大的活的研究室，是要每种问题，实际参加人民生活，并不是用政治力量，来建设所谓模范县；也不是如慈善机关来定县施舍教育，是来在人民生活上研究实验，将以研究的得失经验，得出一个方案，贡献于国家社会。

二、农村建设四大问题

在定县，我们研究的结果，认为农村问题是千头万绪。从这些问题中，我们又认定了四种问题，是比较基本的。这四大基本问题，可以用四个字来代表它，所谓"愚"、"贫"、"弱"、"私"。

所谓"愚"，我们知道中国最大多数的人民，不但缺乏知识，简直他们目不识丁，所谓中国人民有 80% 是文盲。所谓"穷"，我们知道中国最大多数人民的生活，简直是在生与死的夹缝里挣扎着，并谈不到什么叫生活程度、生活水平线。所谓"弱"，我们知道中国最大多数人民是无庸讳辩的病夫。人民生命的存亡，简直付之天命，所谓科学治疗、公共卫生，根本谈不到。所谓"私"，我们知道中国最大多数人民是不能团结、不能合作、缺乏道德陶冶以及公民训练的。在这几个缺点之下，任何建设事业，是谈不到的。要根本解决这四个基本问题，我们便要从事四种教育工作，这四种教育是：（一）文艺教育；（二）生计教育；（三）卫生教育；（四）公民教育。同时这四大教育，也就是我们从十九年秋季起，决定集中我们人力财力在定县作一个彻底的、集中的、整个的县单位实验的内容。

三、四大教育与三大方式

关于文艺教育的工作，是要谋解决愚的问题的。从文字及艺术教育着手，使人民认识基本文字，得到求知识的工具，以为接受一切建设事务的准备。凡关于文字研究、开办学校、教材的编制、教具教学方法的研究，以及于乡村教育制度的确立，都是属于这部分工作范围以内的。我们工作的原则是只从事研究与实验，设立实验学校、表演学校，将研究结果，贡献给地方当局，让他们去推广。同时我们还要注意到这种研究出来的文艺教育，是要普遍适用于全国其他各县的，必须合乎农村经济财力的，因为在穷中国办穷教育，必须要用穷的办法。

这方面的工作，我们自信已有相当成功，我们打算在今年以内，能够做到把全县的青年文盲除尽，目的是在发现并造成除文盲整套的应用学术。

农民有了基本文字知识，我们把他们组织起来，就是平民学校毕业学生所组织的各村同学会，也属于我们社会式教育工作之一。这些同学会，是由农村优秀青年组成的，他们是农村建设的中心分子，他们有了知识，有了组织，去做建设工作，是容易推动的。

关于生计教育工作，是要谋解决穷的问题的。我们从农业生产、农村经济、农村工业各方面着手。在农业生产方面：注意到选种、园艺、畜牧各部分工作。应用农业科学，提高生产，使农民在农事方面，能接收最低限度的农业科学。在农村经济方面：利用合作方式教育农民，组织合作社、自助社等。使农民在破产的农村经济状况下，能得到相当的补救办法。在农村工艺方面：除改良农民手工业外，并提倡其他副业，以充裕其经济生产能力。

关于卫生教育工作，是要谋解决弱的问题的。我们注重大众卫生与健康，及科学医药之设施。使农民在他们的经济状况之下，有得到科学治疗的机会，能保持他们最低限度的健康。确立一个乡村保健制度，由村而区而县成一个有系统的、整个的县单位保健组织。全村有一个保健员。保健员就是平民学校毕业生同学会会员，受过短期训练的。他们带着保健箱子，到村里各家去施诊，使各村农民，都有受得科学医药治疗的机会。

关于公民教育的工作，是要谋解决私的问题的。我们激起人民的道德观念，施以良好的公民训练，使他们有公共心、团结力，有最低限度的公民常识、政治道德，以立地方自治的基础。我们办教育，固然要注意文艺、生计、卫生，但是我们不要忘记了根本的根本，就是人与人的问题，大家要都是自私自利，国家就根本不能有办法，绝没有复兴的希望。所以我们办公民教育，用家庭方式的教育，在家庭每个分子里，施以公民道德的训练，使每一个分子，了解一个人与社会的关系，以发扬他们公共心的观念。其次我们在这困难严重的局面下，还要注意唤醒人民民族意识，把历史伟大人物，可歌可泣的故事，用通俗的文字写出来，用图画画出来，激励农民的民族意识。

今天兄弟说话说得很多，可是兄弟并不能说是在演讲，因为是在一家人面前说话，诸位都有同样的抱负，我们都是自家兄弟，应当彼此切磋琢磨，我相信今天在会的诸君都是新文化的同志。

定县的乡村建设实验①
（1934 年 7 月）

前言

由于近来许多西方友人，对于定县的实验日益感到兴趣，他们不断函索最近用英语写成的论文。这本小册子，就是对他们请求的反应。这是首次试图呈献给他们的全面阐述定县实验报告。但本文仅作简要的说明，特别是关于三大教育方式，这项留待以后再作较为详尽的论述。

在准备本文时，得到平教运动英文秘书奥金克洛斯（Auchincloss，中文名字金淑英）女士的帮助与合作。奥女士从 1929 年以后，就同定县的实验工作取得密切合作了。在此谨致谢意。

一、导言

在当前中国令人感叹的局势下，却有一种鼓舞人心的因素，这就是尚未为国家建设开发出来的 4 亿人民的伟大资源。这一事实而今才开始引起国内社会学者和政界有识之士的注意。他们认识到 85％的人口生活在乡村的重要意义，并认为如果不进行乡村建设，中国实质性的进步是不可能的。

平民教育运动的目的　创建于 1923 年的中华平民教育促进会，鉴于广大而被忽视的人口所产生的问题，该会的宗旨是探索民众的各种潜力，发现教育民众的方式，这不只是为了乡村人民的生活而是改造他们的生活。

识字运动的开端　中国 85％的人口，既不能读又不会写。因为认识到文盲可望有所进步，平教运动就在最初几年致力于解决这一问题。

---

① 本文是以英语写成的，1934 年由中华平民教育促进会印行。1985 年由菲律宾国际乡村改造学院重印，以小册子形式发行。

我们科学地选择了 1 000 个字，是从白话文的资料选出来的，即是说从人民口头语言而不是从学者的古典语言选出的。我们用选出来的 1 000 个常用字，编写了"千字课本"。普通文盲，每天学 1 小时的"千字课本"，4 个月就能完全掌握。此外，我们还创制了一套完整的文字教育制度，如平民学校的组织、师资培训和监督管理等。

平教运动制订的平民学校教育制度，推行起来既省时又省钱，简而易行。这种制度具有吸引力，它完全是中国式的。它在今日之中国获得成功，具有三个重要特点：它已为政府机关和私人团体证明是可行的；根据经验，在一些细节上可以随时改进，它已超越了实验阶段；特别对于具有战略意义的 14 至 25 岁年龄组的青少年来说，由政府大规模地推行这种制度，是完全能够扫除他们中间的文盲的。

重点的转移 当运动开始进行文字教育时，它并未到此为止，因为它除了扫盲以外，还帮助乡村劳动人民应付现代生活问题。1929 年运动的重点就开始从广泛的识字教育转移到乡村生活的深刻研究方面。

二、乡村生活的研究

人民 中国农民，不像帝俄时代的农奴和印度的被压迫的阶级，他们是自由的人。正因为缺少强大的中央政府，才培养出农民的自力更生，独立的精神。尽管贫穷，他们仍是勤劳俭朴的。尽管没有文化，他们却是有聪明才智的。在精耕细作方面，他们是"能手"，是"专家"。

作为有文化的人，我们对于乡村民众知之甚少，而且还有轻视他们的倾向。通过识字工作和他们接触，我们学会了认识生活的现实，而且我们见到他们富有极大的潜力。我们确信帮助农民充分发展其各种能力是极有价值的。这是为了他们，特别是为了他们可作建设国家的基础。正是由于中国农民生活条件如此简单，才可能改造中国的乡村生活并对世界其他国家的乡村生活问题的改进做出积极的贡献。

县单位的实验室 因为我们对于乡村问题一无所知，我们采用了研究生式的研究方法。为了进行研究，我们需要建立一所实验室，于是我们选定了定县。它是一个典型的华北地区的县，它有 40 万人口，代表中国人口的 1‰。中国是一个大国，是由 1 900 个左右的县组成的。当采取了以县为单位的实验方式时，我们则把问题限于可以控制的一小部分。还因为中国人民具有统一的文化、生活方式和组织，而且同是炎黄子孙，在此一地区认为可行的积极的建设计划，对于全国来说，一般也是可以适用的。

定县的实验　我们的研究人员来到生气勃勃的定县，为了搜集材料，进行了社会调查。我们在进行识字教育时，同农民建立了亲密的友谊，并为制订进一步提高农民文化水平的计划铺平了道路。我们开始进行了农业实验，改进生产，进而在农民捐出的土地上建立了一所小型的实验站。这样，我们就逐渐熟悉了乡村生活的实际问题。

四大方面的建设计划　经验使我们确认中国人民的四大病害就是愚、贫、弱、私，而四者又是相互影响人民生活的。如果任何一种病害需要克服，四种病害则须相互联系起来一并解决。通过研究和实验，一项以整治四大病害为目的的，又须从文化、经济、卫生和政治四个方面的整体救治的、可行的建设计划制订出来了。

平民教育的三大方式　当认识到根据实际情况制订出来的乡建计划不可以过分强调其重要意义时，我们认为平民教育是不应忽视的。一项改革计划，如果强加于人民，而没有他们的参与，注定是短命的。只要人民创生了新的思想意识，乡村建设计划才能实现，而新习惯、新技能，只有通过四个方面的教育计划渗入他们生活之中，才能获得。为达到此目的，通过给予人民三大渠道即学校、家庭和社会，"平民教育的三大方式"就已研制出来。

研究区　在实行以县为单位的乡建计划的同时，我们认为这种计划对于进行深入研究来说似嫌过于庞大。1931 年我们划出了一个研究定县的乡村建设实验区，这个区约有 44 000 人，61 个村。过去 3 年期间，平教运动在该区范围内，对四大教育三大方式的内容和技术等进行了深入研究。

三、平民教育的三大方式

1. 学校式

（1）平民学校。

通过培养青少年的平民学校，我们完成了对于改进其他方面看来最根本的三件事：在准备引进科学方法和启发"建设思想"的过程中，开辟了发展人民智力的道路；社区最优秀的分子在非营利的事业的合作中出现了，这就为在社区服务的、觉悟的、进步的青年组织奠定了基础。

（A）推广平民教育运动。制订的识字教育制度，要求学生在教室学习 4 个月或 96 小时，学费仅仅是 40 美分，包括教室、设备、灯光、薪炭、课本、资料、教学、管理等费用。定县地方政府负有促进识字教育的责任。

(B) 初级平民学校的实验。为增强读、写、说话的流畅通顺，我们改进了课本和教学方法：简体字的书法教学并将常用字体系统化；采用由两个以上的字组成的"合成词"的教学，而非孤立的一个字、一个字的教学，并将合成词一齐印刷出来。这样，一个没有经验的读者，一望而知这些词是联结在一起的。从头1个月起，就教注音拼字，这有助于识字。识字教学的改进就使初级课程规定的时间由4个月减到3个月，而所认识的字数却由1 300字增至1 700字。

这项实验的另一目的是，通过班级活动，使学员为组织和管理毕业同学会作好准备。

(C) 高级平校的实验。实验的目的是为了培养执行建设计划的村长，特别是同学会会长。课程计分四种：社会、政治（讲中国政体）、经济学（合作社）、农学和卫生学。

对妇女，特别着重培养她们从事初级平校的教学和管理工作，因为在乡村难于找到正规教师。另外，还设有家庭缝纫课（包括裁剪）。

(D) 教育心理学研究。与清华大学心理学系合作进行了28 060个课题测验的系统的研究和分析。1934年，定县平民学校又提供了1万个控制性课题的测验，测验的目的是建立一个标准识字表。

关于这些测验，正在做年龄与学习能力相关性的研究。结果表明，学习曲线从14岁逐渐上升到22岁达到高峰，此后逐渐下降。平教运动从事这项测验研究的重要意义，就在于使我们精确地决定平校教育应该着重的年龄组和适合他们能力的教材。

(2) "统一的村学"的实验。

当我们重视平校对年青一代的教育时，初小年龄阶段的儿童教育对下一代来说，也应视为极其重要的。但今日的乡村小学普通类型都是因袭西方国家的，而且是为城市小学设计的，不能适合乡村儿童的需要。"统一的村学"实验包括初级小学，面临的一些问题是：为大量学龄儿童提供教育；乡村的贫困；师资的缺乏；设置适应乡村需要的课程；上过学的青少年与未上过学的长者之间，以及学校教育与家庭教育之间的矛盾冲突等。

实验是根据全村就是学校的原则进行的。乡村生活体现在学校课程和教材中，按照年龄、性别、社会的、职业的兴趣进行课堂教学和各年龄组的活动。初高级平民学校，作为它的青少年部；设置托儿部，以解脱哥哥姐姐照顾幼小弟妹之累。初级小学是这种统一的村学实验的中心，因为这个年龄阶段的儿童是最需受到管教的。

小学是按照"小队"的形式编组的。一位教师把教学和管理的大部分责任委托给"小队长"①，这样，他就管教 200 个左右的儿童。小学课程尽可能按照文化、经济、卫生和政治四方面的建设计划来设置。这样，一旦儿童离校，即和毕业于平民学校的兄姊们同样具有"乡村建设的思想和技能"。

实验含有这样的思想萌芽：当它发展起来，就可使小学到大学的整个教育过程革命化和生气勃勃。通过这种研究工作，我们希望能开发出为改造中国乡村生活的教育。

2. 家庭式

家庭式的教育有双重目的：帮助解决家庭与学校之间的矛盾，为了扩大家庭责任感，要使"家庭社会化"。在接触家庭年长的妇女时，帮助她们减少对青年妇女和儿童教育的阻挠或反对，使她们的教育更有效益。

在协调"统一的村学"过程中，又在进行着一项实验，目的之一就是发现一种方式，如何把学校课程某一部分，例如培养卫生习惯的部分，交由家庭来承担并使家庭关心社区的利益，乐于承担社会责任。实验的另一目的是研究家庭最迫切的问题。例如儿童教育、家庭管理等。这项研究应为一种适合中国国情的新"家政学"提供基础，而这种新家政学应对中学和女子高等教育以及统一的村学发生影响。

3. 社会式

社会式是以平校毕业生的各项活动为中心，但它的意图是使社区所有成员按照四个方面计划的路线继续受教育。

青年农民完成平校学程之后，他们就加入具有文化和社会目标的"毕业同学会"（或校友会）。鼓励会员利用"流动图书馆"，阅读农民周刊（与平民文学部合作发行）并向该报投稿，组织戏剧和辩论俱乐部，为全村办无线电广播，在"新闻墙"上用粉笔写出当天的新闻，调解本村或邻村的诉讼案件。

校友会的其他活动有：植树、修路、农业展览、拒毒（反对吸毒品）、拒赌运动等等。当选的会员参加农民学会并任农业表证员，协助

---

① 即导生，教师先教小队长，然后由小队长再教他（她）的队员，这种教学制度，亦称导生制。——译者注

成立合作社，推行种痘运动，每村培养一位保健员。总之，校友会会员要为共同利益学会共同工作。这是极其重要的，因为开明而有组织的青年必须是向整个社区推行乡村建设计划的核心。

四、四个方面的建设计划

1. 文化方面

在文化部门工作的中国学者和艺术家正力图使各种文化媒体有效地适应建设计划。文学、戏剧、绘画、中国历史中的伟大历史人物故事以及现代媒体无线电收音机等都应调配起来，作为人民智力和精神的滋养品并为人民娱乐服务。这些媒体应在人民中间激发乡村建设的思想感情，最终应重新发现"民族魂"并使之在现代世界中重现活力。

（1）平民文学。

对于人民没有能力阅读的推论应理解为缺乏人民能够阅读的文学作品。中国丰富而卷帙浩繁的文学作品是用"文理"即古典语言写成的并供贵族学者阅读的。这样的文学作品，远远超过人民大众的阅读能力。对于他们可以说，实际上是没有文学作品的。创造人民文学的含义，一方面是为教人民阅读准备语言工具，另一方面是培养学者为人民写作的技巧、思想感情和主题。

词汇的研究是基本工作，它包括单字和合成词（短语）的选择和系统化，以此作为编写"千字课本"的基础语汇。文学组和学校式教育组协作研究国语注音字母（拼音符号），以此作为识字的辅助工具；注音符号标在生词的旁边，表明生词的读音。我们对注音符号作了一些改进，国语统一委员会采纳了我们研究的结果。除了基础字以外，我们还编辑了一本含有 2 000 至 3 000 字的人民袖珍字典，供平校毕业生在自我教育中使用。

为了装备并锻炼自己创造一种有生气的"人民文学"，人民文学组的成员到乡下生活和写作，借以沟通旧文人与民众之间的隔阂。他们编写了约 350 本小册子，内容相当广泛：历史、科学、传记、情报资料、戏剧、故事、歌曲等。所有这些，都是按照平教运动的四个方面建设的意图和理想编写而成的。关于技术课题，本运动的各方面的专家都给予了协助和指导。这些小册子，不过是人民图书馆的开端，不久就会增至 1 000 个课题。定县设有 6 个图书馆在乡村流动，通过文档记录和文学组成员个人的调查，流动图书馆可能估计到课题和表现方式的有效性和吸引力，可能估计到平校毕业生的阅读能力以及他们从所阅读资料中学会一些生字的难易程度。我们所编的小册子，每本 2.5~5 分钱。

另一类型的研究是民间文学。定县是以秧歌闻名的，约在 800 年以前为大诗人苏东坡①所首创。平民文学组和社会调查组搜集了不少秧歌并出版了约 50 万字的秧歌集（二卷集）。秧歌虽不是劳动人民自己写下来的，但它是"活的"人民文学，是值得当作他们的文化遗产保存下来的。此项研究不只是语言学的研究，而且有助于作家们更好地理解我们自己的文化并为创造性的作品提供丰富的资料。

（2）平民戏剧。

中国戏台几乎每个村镇都有，识字的和文盲都爱好戏剧。它比任何其他一种文化，对广大民众的思想和生活的影响都强大。中国的旧剧，在灌输忠、孝、节、义"四德"思想上出了不少功力，但在宣传迷信和对自然现象与日常生活问题的科学态度的发展，也起了不少的有害作用。如果戏剧要成为新时代教育民众的力量，它的内容必须改编，使之适合新生活的需要。

同平民文学组成员一样，戏剧家为了捕捉"农民的心灵"，也应该在乡村生活和创作，因为只有了解人民的生活，他们才会创造出足以改造生活的有生气的戏剧来。在他们的创作中，最受农民欢迎的有《龚大爷》（地主老财）和《锄头健儿》。前者是揭露高利贷和地主把持诉讼的问题，这两个问题在乡村又是相互关联的。剧作表明文盲和散漫而无组织的农民，如何任凭乡村的那些贪得无厌和敲诈勒索的放债人的支配。另一剧目说明乡下人如何受封建迷信的恐吓与作践，但由于农民信赖自己和勇敢精神，他们是能够克服压迫他们的势力的。

最初一些戏剧是在平教总会的礼堂上演的，后来临时又改为人民剧院，更后又在村里露天剧场上演。几乎所有青年农民，特别是平校校友会的会员开始组织戏剧俱乐部，在春节和其他节日，他们自己登台演出。人民戏剧实验工作的下一步就是发展露天的"社区剧院"。

与旧剧不同，新剧是从人民生活中诞生的，因而能够以新的理想和新的忠诚，鼓舞他们跟上时代的需要。

（3）绘画。

为发展大多数尚为文盲的农民的智力和精神，除了彩色的和具有想象的绘画，没有比它更为有效的表现思想感情的媒体了。多少世纪以

---

① 相传苏东坡（四川眉山人）作过定县县令。——译者注

来，文学、绘画主要是贵族和士绅们的消遣品，对于农民生活很少发生影响。然而，绘画却有其民族的文化根源，因而就应当使它对于文化建设目标产生效果。

直到现在，艺术和视听教育组，以其大部分时间致力于图解式的工作，并为平教运动的各种活动绘制了1 000多幅图画、招贴画和漫画。同时，他们正在做各种测验以发现最有效的技术，不仅表现农民的实际的想法，而且还要唤醒他们的艺术感。关于发展真正的"人民艺术"，正在研究地区的民间艺术：寺庙的壁画、家庭和公共建筑的设计详图、雕塑、瓷器以及节日用的象征性艺术品。

（4）历史人物。

此项设计，可以说是整体研究我国文化的核心或中心。一个国家的历史是她所掌握的最有价值的塑造未来的资料。为了塑造伟大的现代人民，缔造中国历史的著名而有影响人物，是应当进行探索和研究的。应当做的不是抄录他们的道德箴言，而是呈现他们赖以生活的民族理想。此项研究应该发现最崇高生活中所表现的民族灵魂。

此项研究，平教运动进行了多年。到目前为止，涉及的历史年代是从古代到宋朝，选出许多作为民族英雄的伟大人物。这些人物体现着定县的乡村建设实验为延续种族的具有生命力的品质。我们编写的教材、传记、文学作品、戏剧、绘画、演讲和歌曲等等，均以这些人物为中心课题。我们认为，通过上述各种途径，按照现代的需要，对伟大人物不朽的品质，作出新的解释，综合成为一体，使之变成中华儿女的血和肉。

（5）人民的无线电广播。

无线电广播是平民教育一种具有潜力、效率很高的媒介，我们已在进行广播实验，决定充分利用它作为乡村建设的文化工具。村校友会像在四大教育领域参加的活动一样，负责全村广播实验。校友会会员照管并使用收音机，记录参加收听的人数以及听众对于广播节目的反应。他们还给听众解说广播词，因为尚未经过教育打开他们的心灵之门，他们感到很难掌握从奇异的广播机器听到的东西。

业已证明很有效益的广播包括五个项目：

（A）教育。传播建设的知识。讲稿由各部门技术人员草拟，修订后由会说本地方言的人播出。

（B）计划。向民众传递县府的计划和正在进行的建设的消息。

　　（C）活动。作关于各村和个人在乡村建设中所取得的成绩的报告。

　　（D）新闻。使民众听到国际国内或当地的时事，除了日军的消息之外，群众最感兴趣的是市场消息。

　　（E）娱乐。广播群众歌曲、京剧唱片、笑话、谜语等娱乐节目。

　　为了使广播经济、实用，让全村都容易听到，我们特别进行了研究。在我们车间曾做过这样的实验：制造一台四管收音机，配上一个高音喇叭，用26元就可办到。一套广播接收机每月使用费一元，广播站则为36元。如果政府主办，对于乡村地区来说，经济上是可能付出这笔费用的。

　　为了推动平民教育和乡村建设，用定县开发出来的材料和方法，在全县设置遍及各乡村的广播系统，应当说是可能办到的。

　　2. 经济方面①

　　经济部门主要职责是探索并帮助改进农民生活的水准和方法。这涉及农业研究和乡村工业的研究。为了改进农业生产，应成立根据乡村需要而又适应现代要求的、一种新型的农村经济组织，训练农民懂得科学种田和乡村经济学。

　　（1）农业。

　　我国华北大多数农业专科院校，只强调教学，很少注意实际应用的问题。为了工作的成效，研究和实用必须从农民的立场出发，而其结果一定要适应农民自己的水平。由于平教运动对农民多途径的、全面的教育和引导他们进行各种社会活动计划中重要的问题揭示出来了，而研究的结果可以检验它们对乡村生活条件的适应能力。

　　因为人才和基金的缺乏，我们的农业的研究，仅限于两个主要方面，即农艺学和家畜饲养与管理。

　　农艺学重点放在棉花改良。这项研究作为农作物出口和主要的乡村工业的基础，都是很重要的。我们已经选出本地的优良品种并收集了最适应华北地区种植的130个美棉品种供研究之用。初步实验表明，有几个品种产生了异常优良的结果，其产量比作为标准的"南京T种"多40%。在棉花品种研究中，特别考虑发展抗病的品种，因为它比施用控制病害的化学品更切合实际。除研究棉花品种外，我们还在小米、高粱、小麦、玉米等方面进行实验。这些项目，我们正与金陵大学合作研

---

　　① 是由中华教育文化基金董事会部分资助的。

究。在这里值得提一提的是平教运动同南开大学（经济研究所）和金城银行合作的情况。我们在河北省共同成立了棉花管理机构。南开承担总计划和经济调查的部分，金城承担信贷和运输与销售管理的部分，平教运动则负责棉花改良、训练农民并组织农民成立产销合作社。

家畜饲养和管理方面，几乎每户饲养 1 头猪，估计全县每家平均饲养 1.2 头，农民花费很少或不花钱即能养猪，因为农民是很会以废物养猪的专家，而养猪业的价值，对于农村家庭来说是比较高的。

为了获得供研究之用的最佳种系，我们从华北各地，引进了 7 个最优良的品种并对这些品种正在进行比较研究。此外，我们还在进行着结合本地与外国品种的育种和饲养实验。实验结果证明第一代杂交种非常成功，特别是波支猪①。定县与邻县各地很需要这种杂交猪。地方政府要求定县在 5 个行政区配置种猪以与当地母猪交配并由合作社经办。

（2）村镇工业。

中国是以农业立国的国家，但农民广泛地从事满足生活必需品的各种小型工业。通过农业，他们生产原料，通过家庭工业，他们制造食品、服装、工具、器皿，供家用或外销。我们的实验目的是改进并组织这些工业，因为这些工业在满足消费物品的需要和增加农民的现金收入两方面是非常重要的。通过乡村工业有效的发展，农民在非生产的季节中就可以从事乡村工业的生产。这样一旦农业歉收，他就有所依靠。由于财政、购买和销售等方面集中管理，乡村工业的成批生产，将会增加更大收益，同时还可保持小生产单位的社会和经济上有利的优点。

平教运动工业方面的主要研究，一方面与农业研究相互联系起来，另一方面也同占定县最重要的经济位置的工业活动联系起来。在定县的 68 000 个家庭中，约计 4 万人从事棉纺，几近 3 万人，从事织布工业。

我们已经建立一座实验车间，通过它，正在引进能够降低生产成本增加收入的技术和设备。改良的机器用手操作，本地产的棉花用来制成纱（一小部分用羊毛纺纱）和棉布。（从村校友会选来的）学徒在车间培训，又回到各自的农村，建立与当地合作社有联系的车间。

---

① The Poland-China，波兰猪与中国猪杂交种。

平教运动的主要贡献并不在于加工或设备的发明，而是在于寻找一种通过组织和训练，解决农民充分利用改进了的技术问题的办法。此外，还在于建立一种制度，依靠它使乡村工业能够经济而有效地进行下去而不使工人脱离农业。农业经济仍然是未来中国经济的支柱。

（3）经济组织。

在乡村地区生产应予改进是重要的，但经济制度对于人民的生活甚至是更根本的事，因而必须在更有效的基础上进行重组。

自助社是对农民的一种资金救济的临时组织，直到能够制订出一种新的有用的经济制度时为止。中国银行和金城银行两大银行正在与平教会合作建立信贷与仓库组合的项目（实际上，这是政治、社会建设研究院的一项推广计划，而且已经通过地方政府在本运动的农业实验站的指导和监督下实施了）。

乡村地区流行的利率，月息是 2.5%，但通常比此月息高得多。同一期间，城市的资本呆滞。中国银行为解决这个问题，在定县 3 个地区建立了 3 个仓库（货栈），金城银行增设了 2 个，这样，县的战略中心实际都被覆盖了。农民组成的自助社（以毕业同学会为核心）就可以从银行以每月 0.85% 的利率得到贷款，把产品贮存在仓库里作为抵押。这样，就解除了农民在收割庄稼之后立即将其产品卖掉的经济上的紧迫感。

银行直接同合作社打交道，并协助农民在市场价格相宜时出售其产品。除了少数人在市场上搞投机生意外，定县的自助社社员，通过这种办法，在出售 1933 年的小麦时，获得了 25% 的利润。

比自助社进一步的组织，就是综合的合作社。综合的合作社的建立是以服务全村主要经济活动为目的的。它向社员提供在购买、生产和销售等方面所需要的信贷，而且是可以同时办理上述三方面业务的机构。

通过综合的合作社，为了全村全年的生产用途，就把村里的流动资金的来源集中在这一个组织之内。这一点很重要，第一，因为流动资金不多；第二，因为中国农业的多种经营，产品种类多数量又相当少。这种类型的组织也适于节约管理人员，因为在大约 600 个农业人口中，很难找到足够的管理人员来管理各种专业型的合作社，像西方的合作社那样。

实际上，已见到下列各种情况：

（A）所有的社员都从事于合作购买。

（B）每当足够的社员有足以销售的剩余产品时，即进行有利可图的合作销售。12 个村合作社已经建立了为邻村服务的并与银行建立的总仓库相联系的分库。

（C）合作生产到目前为止，主要在养猪、织布方面进行，合作种棉实验仅在一个村里试行。

综合的合作社的重要特点是社员们的品质。首先，只有积极生产者、真正自己动手耕种的小农，才能作合法的社员。第二，识字是一个条件。结果，平民学校的毕业生像在其他乡村建设事业中一样，成为合作社的核心。第三，所有预备社员都要受到关于合作原理及其意义的深入细致的训练以及综合合作社业务方面的训练；以后又挑选部分社员受专业技术训练（簿记和管理等），使其准备作管理干部。

在定县发展的县合作系统是由村合作社组成联社；两个以上的联社组成一个县联合总社。联社监督它的团体社员并协助做好销售和采购等方面的安排。县联总社主办农民合作银行，加强个别合作社的信贷地位；联合总社要组织一个"贸易委员会"作为一个县单位的经济计划委员会，来接触广泛的市场情况以及定县当地的情况。

定县有两个截然不同的经济区域：由铁路运输供应的北部地区和由河运供应的南部地区。北部地区已经组织了一个拥有 47 个合作社的合作联社。由于自助社成了经常发挥作用的综合合作社，南部地区将成立另一个联社。这两个联社将合并成为一个县联合总社。

通过以互相协作为基础的乡村经济系统，我们希望在农民当中创造出一种新习惯和新思想，使他们能够实行他们生活和环境的改造。

（4）农民的训练所。

其目的是培养推行简易而切合实际的乡村经济建设计划的农民领袖。训练所是以帮助解决农民当前问题的方式组织起来的，它的时间表和课程是按农历制订的，是以旧历为基础并配有阳历制订而成的。农历注明某日耕作、播种、收割庄稼等农活，此外还注明预料到的控制植物病虫害的适当时间。

农民训练所已在定县的 5 个村中心举办起来，一年之中，为 32 个村和 300 名以上的学生服务。工作人员，计有一位受过技术训练的教师和一位协助教师技术工作的、前年已经完成训练课程的本地表证员。教师从一个村中心到另一个村中心进行课堂教学，表证员全管田间指导，演示如何实际上掌握操作技术。

训练所教学时间可从农忙季节的前几天到冬季的两周或三周，这是进行综合合作社的组织和管理训练的时候。

训练所主要是由平民学校毕业生组成的，但在其他学校读过书的农民也可作训练所的学员。完成一年学程的可作"表证农民"。他们应能在自己的农田上实行 10 项农作项目并将这些项目教给他们村里的普通农业推广人员。表证农民接受农业站技术人员的监督指导，又给农业推广人员以监督和指导。

训练所是平民教育制度的整体的组成部分，其目的是培养具有正确的观念和理想并由现代技术和技能装备起来的能够改进他们生活的新一代农民。

3. 卫生方面①

1930 年，社会调查组与公共卫生组共同做了定县的医疗卫生情况的调查研究，以此作为开展卫生健康实验工作。按照所得的数据，定县死亡人数的 30% 是没有任何医药治疗的。在 472 个村中，220 个村没有任何医疗设备，其他 252 个村中，可以夸口地说，是有一个自封的旧式中医（幸而不是文盲），他所开的处方必须到他的药铺去抓药。定县地区，每人每年用于这种不可靠医疗费用，为 3 角左右。

今日中国农村健康方面最迫切的问题，就是急需建立一种医疗制度。在现有的条件下，这也是可行的，使广大民众得到基本医疗和健康保护。正在定县发展的医疗制度，是按照其行政三级的单位（村、镇、县）建立的，它提供三个类别的医疗服务：村卫生保健员、乡镇保健站和县保健中心。

（1）村保健员。

中等村（人口 700，医疗保健预算不超过 150 元）不大可能供养任何类型的、正规医护人员的生活。但在当前条件下，乡村社区的保健制度必须建立在村上。

村保健员是一位平民学校校友会的会员，由村长推荐，他在乡镇保健站受过 10 天的卫生保健训练，要求他承担下列任务：

（A）登记村子的出生和死亡人数；

（B）预防天花，为全村种牛痘；

（C）作为示范，按照图纸，重建水井，以防污染；

---

① 这方面的实验得以进行，是由于纽约市米尔班克纪念基金会的资助，特此声明。

（D）用保健急救箱内 10 种重要和安全的药物，从事简单治疗；

（E）介绍不在他治疗范围内的病人到乡镇保健站治疗；

（F）作为"卫生保健推广人员"，尽力协助高级医护人员接触乡民并传播卫生保健知识。

这样，就为村内的生命统计、流行病防治、卫生以及医疗救护等提供了保健基础。

生命统计　1933 年的统计工作是由城市警察和几个村保健员，在 10 个村根据监督的登记制度进行的。方法是相当准确的，而且花费不多。出生和死亡证明，只花 1 角 3 分钱。随着这一制度的发展，费用还应降低到 3 分钱。

下面是 1933 年研究区中的生命统计：

出生率（每千人口）	40.1
死亡率（每千人口）	27.2
婴儿死亡率（每千个活产）	199.0
产妇死亡率（每千个活产）	13.0

医疗服务　村保健员每天平均有 5 人看病；每次医疗费一分一厘钱（材料费在内）。他们的治疗，95％是正确的。1934 年 6 月，定县 56 个村共有保健员 61 人。

因为村保健员的训练学程特别简短（每周至少一次），他接受乡镇保健站医生的监督指导，对保健员来说，是最有价值的训练。使村保健员制度有效，还有其他因素。他们自认，邻居也知道他们医学训练有限；由于他们是平校同学会的会员，经常听取该会提出的意见或指责；如果他们确乎证明力不胜任，或想索取额外收入就不难另派他人。

（2）乡镇保健站。

为补充村保健员的不足和提高服务质量，乡镇保健站配备了合格的医生（乙级）、换药员或护士。在这种保健制度下，保健站就能为 3 万人的治疗和预防服务。为了使上述人员能胜任工作，县保健中心给以特别的辅助性的训练。医生每周开一次会。今日的医生多数是乙级医校的毕业生，而且未来若干年的医生很可能就是这种类型的人。最高级医学院毕业生也不是乡村社区的经济力量所能负担的。

提一提这方面的情况或许是令人感兴趣的。目前乙级医校毕业生在定县有不少于 16 人，但只有 3 人愿意试在农村的医务工作。对此可供解释的理由有二：一是他们所受的训练，就知识和技术而论，并未为在乡村服务做好准备；二是由于学的是西医不能受到农民的信任，因而这个职业不能维持其生活。

保健站除日间诊所的医疗工作外，还有其他责任和活动：重新培训旧式产婆和助产士，监督指导村保健员、学校卫生、民众卫生教育和种痘预防天花等等。

医疗方面，1933 年每个诊所每天平均诊病 29 人次，由村保健员转来的新病人占 30％以上，治疗费每次 9 分钱。

学校卫生方面，在 25 所村小（距乡镇保健站半径约 6 英里）进行体格检查等实验工作。检查结果表明：58％的儿童患沙眼病（粒性结膜炎），26.2％儿童的头皮有金钱癣。教师和护士对以上病患均予以治疗。实验项目还包括个人和环境清洁卫生，改建学校饮水设施和厕所。卫生健康课开始由护士上，以后则由教师担任。

当前现有 4 个保健站，2 个在村内，由平教会作为实验之用；由当地政府主办的一个城市保健站和一个村保健站，由于县保健中心的监督帮助，这些保健站就能做单个独立的医生所不能做的许多工作。

（3）县区保健中心。

全县只有一个保健中心，设有一所 50 个床位的医院，一个实验室、办公室和教室。中心协调并辅助乡镇保健站的医务工作。这样，保健站就可从行政事务矛盾中解脱出来，保持着专业标准的条件。保健中心还可开展流行病防治工作以及有关学校卫生、清洁，产妇与儿童保健，生育节制的研究和医生、护士、换药员的培训。此外，还给医学学生和其他人员开高深课程。

住院治疗只接受从乡镇保健站送来的病人。1933 年住院病人 478人，男病人占 67.7％，女的 32.3％，平均住院 15 天，而每人每天的费用约为 1.75 元，但病人仅付 4 角钱。

从病理情况的分析看来，非常明显的是，大的地区医疗中心的内外科治疗是同等重要的。因此，合理的结论似应为，医科学校应特别注意培养学生成为能够从事内外科治疗的才能双全的医生，而不是仅限于一门的专科医生。产妇和幼儿保健，这个问题有两个方面：一是降低生育率，二是降低产妇与婴儿的死亡率（我国在这方面的死亡率比西方国家多两倍以上）。

（A）通过社会式的教育，在各毕业同学会中进行节育宣传并在各保健中心进行生育节制咨询和指导。结果不到两个月，10 多个村的青年最少一两次到中心接受指导。

（B）1933 年，27 名"旧式产婆"接受过训练和两月一次的监督指导，她们接生的婴儿达 428 人，只有 8 个死亡，但产妇无一死亡。现正在培训的助产士，将逐渐取代"旧产婆"。经济上，乡村地区不可能请到受过现代训练的助产士，因为接生一个婴儿要付接生费 7 美元。而我们产科的助产士接生 1 个婴儿，所得报酬仅 2 角钱，由于乡镇保健站的监督指导，人们认为，这项服务有可能解决乡村地区的助产护理的问题。

包括保健中心、保健站和保健员在内的整个保健制度，经济上，都是农民力所能及的。人民能否接受这种制度，不仅以保健制度的有效性为转移，而且也依靠全面的（即四个方面的）建设来提高人民智能和经济水平。

4. 政治方面

建设统一体的组成部分乡建计划，如果不考虑乡村地区的政府和乡村生活中的文化、经济、保健等方面的工作，那就是不完整的和无效的。

（A）县政府从权力和行政机构的观点看来，是合乎逻辑的，而且是从县单位的规模进行实践的惟一有效的机关。

（B）县政府实际上直接而极重要地影响乡村生活的各方面。社会建设计划，如果不重视地方政府，很可能遭受到阻碍。

（C）没有县政府的支持，一些项目的社会调查就不能彻底完成，因为一切社会调查研究都在县府管辖范围内进行。例如，土地占有、使用和租税，乡村教育制度，司法制度等等。

平教运动范围以外的事　建设中的政治方面重要项目的调查研究，非政府机关是不能进行的。由局外人或社会调查人员进行政治方面的调查只能触及到边缘。"不入虎穴，焉得虎子"，只有作为"研究官员"从内部进行研究县府的实际生活，才能掌握政治问题的重要实质。平民教育促进会是私立团体，不能对县府及其功能进行充分的研究。因此，建设中的政治方面的问题是它适当范围之外的事。

中央政府的注意　由于中国人民对乡村建设重要性的觉醒，中央政府日益注意乡村地区的问题。1932 年末，内政部派甘次长视察华北农村实验中心。视察期间，他花了 4 天时间研究定县的实验工作。通过调查，他深切感到，为了促进并加速像定县所制订的乡村建设计划的执行，有必要重建县政府的机构。

1932 年召开的全国内政会议　紧接内政部于 1932 年 12 月在南京召开的内政会议之后，县政改革就成为讨论中心议题。由内政部提交会议讨论的主要决议案，就是根据甘次长考察报告提出的。决议建议乡村建设问题由各省以县为单位进行实验。每省要建立一个"县政建设研究机构"，而且要建立实验区作为实验室。实验区完全受上述研究机构直接管理。有省民政专员、省及中央政府其他部门的官员以及许多被邀请的乡村工作专家参加的全国内政会议一致通过了此项决议，而后又经中央政治会议批准了这项决议作为法律颁布了。

河北省研究机构的建立　全国内政会议结束之后，能照决议办事的省份或省高级官员对乡村建设感兴趣者开始制订县单位的建设实验计划。河北省于学忠主席和省政务委员会委员，即使在日本侵华期间，几经坚持不懈的努力，终于在 1933 年春成立了河北省县政建设研究院。

同平教运动的合作　为了利用平教运动打下的基础和平教运动的经验，定县被选定为研究院的地址。为保证两个机构的密切合作，平教总会干事长①被聘为研究院主席，平教会其他有经验的人员也被聘担任了负责工作，同时仍在平教会工作。他们在研究院的职务是名誉职，但承担研究院计划的执行和发展的全部责任。

研究院和平教会虽是两个独立的机关，但二者却有密切合作的相互关系。因为平教运动计划，如不同研究院的计划密切配合，那就是不完整的。所以，这里有必要在下段做一简单的说明。

五、河北省县政建设研究院

目标　在内政部提交的并经中央政治会议批准的章程中，县政建设研究院的目标陈明如下："调查研究并改进人民的生活；发展全省县单位的建设计划；培训行政和技术人员"。

组织　研究院的主席、副主席（省政府提名，由内政部任命）和总干事全权主持院务，下设四个部：

（A）调查部。搜集有助于制订建设计划的经济和社会的情报资料。

（B）研究部。研究乡村建设的政治、社会和行政等方面的问题。根据研究乡村建设的政治、社会和行政等方面的问题的结果，制订执行

---

①　即晏阳初，时任平教总会的干事长。——译者注

建设计划的程序。

（C）实验部。首先在实验县进行以检验建设计划和政府机构，以及严密认真地研究县政府的职能和程序为目的的政治实验。

（D）训练部。为推行省的建设计划，培训行政和技术人员。

研究与实际应用的协调　研究院当局强调科学研究的结果要通过实验县来实施。实验县长由研究院主席推荐，由省政府任命，而不是照通常手续接受它的任命。为了使研究和实际应用更有效地结合，县长同时兼任实验部的主任。他的同僚不是办公室的办公人员，而在很大程度上，也是研究工作人员。因为实验部的主任经常面对面地接触现实。要使研究部成为学院式的研究机关，实际上是不可能的。这样，和实际应用相配合的研究，才是有生气的。不是为研究而研究，而是为了促使地区生活实际的改变，更重要的是，为了发展不只是对于实验县而且是对于全省有效益的政治、社会建设的各种技术和制度。

建设是改革的动力和基础。何以多少世纪以来，在地方政治机构中甚少变化或改革？主要原因之一，就是因为未曾有过驱动力。除了执行收税的常规外，对县府几乎没有其他要求。然而，现在要求县府成为乡村建设实施机关，那么，就为重组县府提供动因。更重要的是乡村建设为新组织提供罗致人才的标准和依据，并决定人才培训的内容。

在某种程度上，县府的性质取决于领导干部。只要有好县长，老百姓就少受点痛苦，但是，偶尔遇到勤恳能干的官吏，他所能做的，就是大部分在其任职期间改善各种工作条件。要政治改革长久奏效，那么，政治制度的各项基础就必须加以检查和重建。

县政府的组织　定县县政府同如一般县政府组织的现状。县长，虽然不如满清统治下那样有权势，但他仍拥有行政、司法、立法的职能。辅助他施政的有两个部门，一个是行政（科），另一个是税收（科）。县府下设四局：财政局、教育局、公安局、公共工程局。此外，还有一二位由省高级法院任命的法官协助县长行使司法职权。"县议会"在立法问题上与县长相联系。定县是一个大县，分五个区，区长协助县长工作。

研究院的初创阶段　在向省政府提出的研究院计划中，关于地方政府及其附属机关，并未提出任何急剧变革的建议。头一年的主要目的是，深入研究乡区的实际问题，以此作为第一阶段的改革的建议，因为正是实验部作为实验县的地方行政部门而一直在起作用，并且与人民的福利有着密切的联系，所以初级阶段主要是关于实验部的工作。

微小的改革　研究院初级阶段的目的是采用平教运动提出的乡村建设计划的某些基本方面，并检验政府机构在定县大规模实施的情况。然而，在开始这项工作之前，微小的改革必须进行，主要是"衙门"的改革，是为了使它更有效地在没有贪污受贿的情况下，发生作用。县府工作人员的薪水（工资）固定下来了，一切"合法"的佣金都要废除。严格的纪律必须加强，个别难对付的人必须开除，全县官吏必须重新训练。监狱、警察队伍以及地方武装团队等方面，必须进行改革。由于团队很容易增多，不可避免地招致某些部门的不满，因为改革干涉到传统上所承认的"势力范围"。

初步的推广活动直到 1934 年 6 月，实验县开展了下列各项推广活动：

（1）平民学校。在 476 个村开办了 3 844 个识字班，总计注册人数达 21 170 人（男 14 080 人，女 7 090 人），年龄，大多数为 14 岁至 25 岁。定县这个男性年龄组的文盲已降低到 10%。

（2）自助社。这一类型的组织在经济方面一章介绍过。通过平教会的农业实验站与金城银行、中国银行和定县政府的合作，1933—1934 年组织成立了 295 个自助社，所做的生意计达 52 000 元。1934 年 6 月，273 个社仍在工作，另外 22 个社已改成综合合作社。

（3）公共卫生保健。在县城和在李亲顾（城南的一个集镇）的保健站由政府接收。县府会议通过议案：每村要有一个保健员；开展了拒毒运动和种痘运动。城区的水井和公厕，许多按照核定的图样进行改建，以此作为示范性的卫生保健措施。此外，还强制施行了其他卫生措施。

乡村建设基金问题　县府以下四局的年预算，几年来已达 12 万元左右，而支出方面很少甚至没有修正。各局的老一套官僚常规毫无改变，因为没有考虑到地区改革的需要。就人民的极端贫穷而论，每年拨款 12 万元已是一个不小的数目，但大量的支出，用于行政或应当废除、削减而未削减的项目上。而每年警察、地方保安团队的开支，就达 6 万元，这笔开支，就其对于地方服务来说，是很成问题的，是不可原谅的。砍掉或削减一些项目的预算，把基金分配到最根本和最迫切需要的项目上，以及引进较好的行政管理方法，那么，四局的工作质量，可能大大改进。根据保守的估计，就可能节省 30%～40% 的预算费用。

流行于河北省的一种极其恶劣的做法，就是承包税收。承包税额者，几乎成为一门"专业"。这种人与县长定约，承包某种税款的总数，超额收入全归承包人的私囊。政府的这种收税的生意，委托给商人或零售商的陋习，已经约定俗成地"合法化"了。很明显，正是这种陋习，政府失掉了大宗收入。很明显，根据仔细估计，县府的税收，在不增加人民负担的情况下，只要整顿并使税收制度化，特别是土地税收制度，至少增加 30%。

这样，恰与民众的想法相反，在某一地区进行乡村建设之前，无需另行开辟财政收入的来源。通过较好的管理和明智的计划，保存现有资源，这是一方面；另一方面，通过税收的制度化，扩大岁入，县单位的基础建设的足够的资金，是可以充分得到的。人民的积极参加对乡建工作的成功是极为重要的。只要加强对人民的组织和培训及地方政府的合作，他们就能在不增加款项的条件下完成大量的乡村建设工作。

1934—1935 年的研究院以初创时期的经验为基础，1934—1935 年的工作计划已经制订出来了。现将计划的要点，简述如下：

（A）研究。

（a）研究有关租佃和租税的公文（档案）。定县存有 150 年的完整档案。研究的目的是要找出一种公平、有效的土地制度，包括租佃期限、转让和租税等问题。

（b）通过文献资料，研究县行政程序和效率等问题，注重已经发生的变化，揭露现有组织的缺点，提出改革的建议。

（c）村自治组织的研究。它们的功能、影响，特别是村长的职能、条件等。

上述三项是研究院来年的主要研究项目，需要与南开大学合作，头两项由何廉博士[①]主持的该校经济研究所承担，第三项由张博士[②]主持的该校政治系负责。

（B）实验工作。

（a）定县县政府为了节省地区经费并发展较为有效的公安组织，拟将警察和民兵团队合并。

（b）地方行政机构改革，使之更适于推行乡村建设工作并促进经济的发展。

（c）因为县长以大部分时间承担司法之责，应该成立司法局，这样，就可解脱他的司法职务，使其专注建设工作。司法局将由高等法院

---

① 原文为 Dr. Franklin Ho，何廉。——译者注
② 原文为 Dr. C. M. Chang，中文名字不详。——译者注

负责，但须在县长监督下工作。

（d）创立县代表大会，作为实现县自治政府的第一步。

（C）培训。

选定一个邻县作为"表证县"，它的行政人员和技术人员需要送到定县的研究院进行培训。需要受训的人员包括县长、区长、各局局长以及技术人员，使他们了解乡村建设各方面的详情。这些人员均须在乡村建设的第一阶段受训。乡村建设第一阶段的项目，包括：

（a）平民学校（识字）是改进一切工作的基础。

（b）平校毕业同学会是民众参加乡村改进工作的基础。

（c）合作社是乡村经济组织和提高民众生活水准的基础。

（d）县保健站和村保健员是社区医疗和保健制度的基础。

（e）公民防卫组织是承担公民和治安义务的基础。

平校毕业同学，年龄在 18 岁至 25 岁的青年，为防盗组织起来，最终取代雇佣民兵制度，对于传统上散漫而无合作习惯的农民来说，他们认为集体行动和团体组织是毫无价值的。

以上五项，均纳入第一阶段建设计划之内，是因为这一期的计划比较简易，为民众经济能力之所及，而且可以立即执行，很快产生可供表证的结果；更重要的是，它能满足民众的迫切需要，并为将来的建设打下基础。第一期的计划将在省内其他各县施行，以后阶段性的建设将继续到何种程度，则主要靠省政府对于乡村建设的支持和领导。

六、全国乡村建设运动

全国的觉醒 过去的几年，乡村建设的觉醒已经弥漫全国。社会、经济、政治各界领袖均以乡村地区作为他们活动的场所。甚至知识分子也把乡村问题作为他们写作的课题。结果，到处出现了乡村中心。最近，全国各地，先后出现了许多实验县。而定县，几乎天天收到全国政府机关或人民团体的来信，请求派遣技术人员和训练人员。去年（1933年）来自四川、内蒙古、广东、云南等地到定县参观、访问的不下3 000 人次。他们大多数人，是为了把他们研究的定县乡村建设计划，试图在他们所代表的机关团体的所在地，加以实施。

关键的问题 各地对于乡村建设的热情和诚意，使我们满怀希望，但同时也感到忧虑。自从鸦片战争以来，中国兴起了多少次全国性的改革运动，但成效甚少。对乡村建设有热情是好事而且是必要的，但只有热情，只不过是狂慕，并无实际的意义。除非学者和科学家对乡村建设进行认真而艰苦的研究，以及有系统地对行政和技术人员进行培训，否则，现在席卷全国的乡建运动，必将和过去许多次运动一样，注定要化为乌有的。

为了领导和发展建设计划，根本性的问题，是要有创造性的人才。既有最高的技术资格能进行科学研究又熟悉中国现实生活的人，也是最适于培训县单位和全省乡村建设所需要的青年领袖人才的人。

合作的必要性　平教运动已在定县实验中进行的各项研究和到目前为止所得到的结果，只是作为乡村建设发展总方向的说明。实验已经进展到足以表明乡村地区的实际需要，而且实验已经达到为满足乡村实际需要，充分利用高级专家在各方面发挥其专长的阶段了。正如中国格言所说的，我们所开辟的县区是"英雄大有用武"之地。令人鼓舞的是，平教运动已经谋取了下列各机关在各种领域的合作：金陵大学的作物改进；北平协和医院卫生保健；清华大学的教育心理学；地质研究所的土壤研究；卫生署的卫生工程；中国银行和金城银行的合作社贷款；南开大学农村经济和政治学；燕京大学的政治学；南开大学与金城银行关于河北省农作物的产销的研究与管理。

通过合作获得的效益是很明显的。平教运动获得的技术辅助，是以其他任何方式难于得到的。学院式的大学与研究部门都欢迎定县实验给他们了解人民生活真实情况的机会。一方得到技术辅助，另一方所获得的是活力。通过这样的合作，一种创造的研究和一种新型的教育，或有可能在这个国家出现。

面向团结与安定在政治上的分歧和社会理论冲突之中，"乡村建设"却是一种真正的团结力量，一座卓越的、南北各方都会赞同的、全国性的讲坛。乡村建设是全国性的建设，而全国性的建设亦即乡村建设。为中央、省及地方政府所促进并由各大专院校和各研究机关参加的乡村建设，一定会在全国产生安定的影响。在内战中所消耗的精力与创造力将另辟建设的途径，而空喊主义与口号将让位于争取乡村建设的各种成就。

乡村建设运动，既是能动的，又是基本的，既提供科学技术力量又提供胜任的人才，是能够满足今日中国之需要，而且能为明日之中国奠定基础的。

（任宝祥译　晏振东校）

附表一　定县纪事

村数	47
面积	480 平方（英）里①
人口	397 000
家庭数（户口数）	68 000②
平均每家拥有农田	23（亩）③
每人平均收入	30 元
县农业收入百分比	80%
县乡村工业收入百分比	8.4%
1931 年主要农作物的收入	
小米	3 308 000 元
小麦	2 354 000 元
白薯（甘薯）	2 250 000 元
大豆	2 180 000 元
棉花	1 674 000 元
棉纱棉布产值（1931）	2 766 000 元
月利率	2.5%
村小学数	447
学龄儿童数（6～12 岁）	51 000
入学儿童数（1930 年）	
男	15 500
女	2 100
无医疗设施的村数	226
中医人数	430
每人每年医疗费	0.3 元

---

①　据李景汉《定县社会概况调查》一书，引当时河北省民政厅报告，定县全县面积为
3 730 平方里，两者数据不一致。——编者注

②　据李景汉《定县社会概况调查》一书，1930 年定县共计 68 474 家，平均每家人口为
5.8 人，全县人口约 40 万。——编者注

③　据李景汉《定县社会概况调查》一书，1928 年对定县东亭乡 62 村 515 家的调查，38
家无田产，477 家有自由地 14 537 亩，平均每家 28 亩。——编者注

附表二 定县实验研究项目
——乡村建设的基本要素

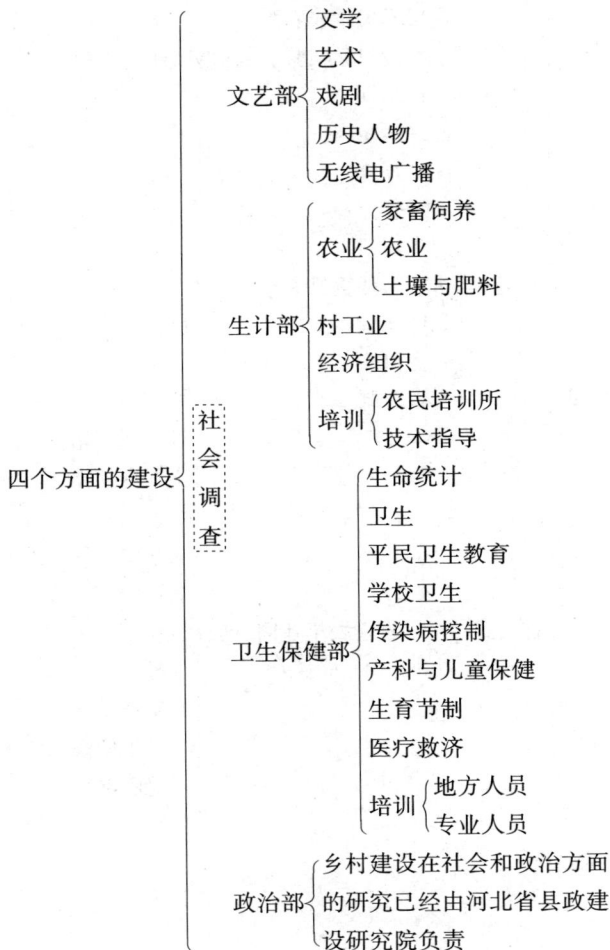

四个方面的建设 — 社会调查

文艺部
- 文学
- 艺术
- 戏剧
- 历史人物
- 无线电广播

生计部
- 农业
  - 家畜饲养
  - 农业
  - 土壤与肥料
- 村工业
- 经济组织
- 培训
  - 农民培训所
  - 技术指导

卫生保健部
- 生命统计
- 卫生
- 平民卫生教育
- 学校卫生
- 传染病控制
- 产科与儿童保健
- 生育节制
- 医疗救济
- 培训
  - 地方人员
  - 专业人员

政治部
- 乡村建设在社会和政治方面的研究已经由河北省县政建设研究院负责

附表三　定县实验中的教育方式

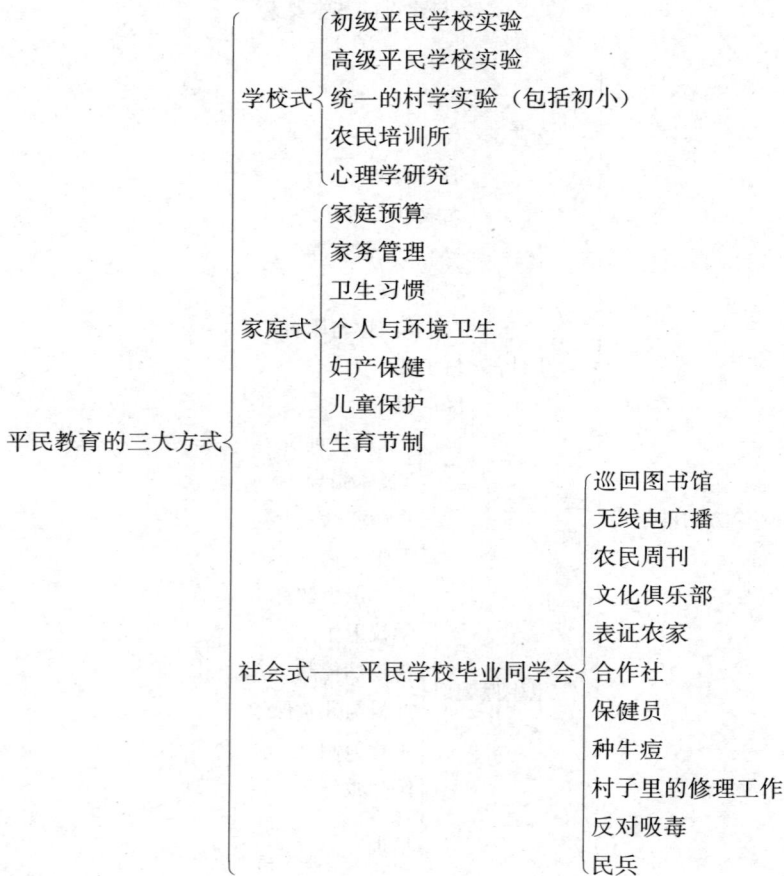

学校式
- 初级平民学校实验
- 高级平民学校实验
- 统一的村学实验（包括初小）
- 农民培训所
- 心理学研究

家庭式
- 家庭预算
- 家务管理
- 卫生习惯
- 个人与环境卫生
- 妇产保健
- 儿童保护
- 生育节制

平民教育的三大方式

社会式——平民学校毕业同学会
- 巡回图书馆
- 无线电广播
- 农民周刊
- 文化俱乐部
- 表证农家
- 合作社
- 保健员
- 种牛痘
- 村子里的修理工作
- 反对吸毒
- 民兵

农村运动的使命①
（1934 年 10 月）

一、农村运动的使命

凡是一种运动，自身要有远大悠久普遍根本的意义，然后这种运动，才有继长增高进展扩大日新不已的动力；否则要犯"其兴也勃，其亡也忽"的毛病。中国的农村运动，到现在总算是风起云涌，极盛一时，人们对它，虽说讴歌诅咒，反对赞成，其毁誉尚不一致，然而由少数人的提倡，得到一般同志的苦干，因此引起中外人士的注目，这个运动，必然有它的远大悠久普遍根本的意义，来作它的使命。

有些人把农村运动，看作就是"农村救济"。固然，看到中国今日的农村，它的破产的情形，那样地悲惨，那样地可怕，谁忍说不应当赶快救济呢？但是农村救济，不过是一时的紧急事情。虽说它的要求很迫切，但是没有什么远大悠久的意义。若竟把农村运动，全看作就是农村救济，还未免把农村运动的悠久性和根本性抹杀了。

又有些人把农村运动，看作就是"办模范村"。固然，把一个破旧不堪、又穷又苦的农村，费一些人力，用一些金钱，把它救济起来，收拾起来，整理起来，焕然一新，作其他农村改良的模范，谁能说这样的办法，没有好影响呢？可是办模范村，不过是限于当地的特殊事情。虽说它能给周围以好影响好刺激，但是没有什么普遍远大的意义。若竟把农村运动全看作就是办模范村，这又未免把农村运动的普遍性和远大性忽视了。

我希望关心中国社会根本问题的人们，对于农村运动，无论站在正

---

① 原载《民间》，第 1 卷，第 11 期，1934 年 10 月 10 日。原题为《农村运动的使命及其实施的方法与步骤》，1935 年 1 月，中华平民教育促进会又以《农村运动的使命》为题单行本印行。

反的哪一方面，先要了解它的真意义真使命之所在，然后才能对于农村运动的实际工作，加以正确而切实的指导与批评，尤其是从事于农村工作埋头苦干的同志们，更要认清农村运动自身具有的真意义真使命，然后抱着自己所负的使命，向着前途猛勇精进，才不至于走入歧途，或中道而废。

中国的农村运动的使命，到底是什么？据我们很清楚地看来，它耸着巨大的铁肩，担着"民族再造"的重大使命。

中国今日的生死问题，不是别的，是民族衰老，民族堕落，民族涣散，根本是"人"的问题；是构成中国的主人，害了几千年积累而成的很复杂的病，而且病至垂危，有无起死回生的方药的问题。这个问题的严重性，比较任何问题都严重；它的根本性，也比较任何问题还根本。我们认为这个问题不解决，对于其他问题的一切努力和奋斗，结果恐怕是白费力，白牺牲。近数十年来一切的改革建设失败的经验，已经够给我们认识这个问题的根本性与严重性了。

农村运动，就是对着这个问题应运而生的。它对于民族的衰老，要培养它的新生命；对于民族的堕落，要振拔它的新人格；对于民族的涣散，要促成它的新团结新组织。所以说中国的农村运动，担负着"民族再造"的使命。

为什么"民族再造的使命"，要"农村运动"来担负呢？因为中国的民族，人数有 4 万万，在农村生活的，要占 80％。以量的关系来说，民族再造的对象，当然要特别注重在农村；又因为中国民族的坏处与弱点，差不多全在"都市人"的身上，至少可以说都市人的坏处，要比"乡下佬"来得多些重些。你试到农村里去，在乡下佬的生活上，还可以看得出多少残存的中国民族的美德，在都市人的生活上，那就不容易发现了。古来许多英雄豪杰成大功，立大业的，大部分都来自田间。所以就质的关系来说，民族再造的对象，当然也要特别注重在农村。

或许有人要问，在农村里生活的人，为数在 3 万万以上，要达到民族再造的目的，除非你有齐天大圣能拔一毛即变一人的魔术，否则你有什么妙法呢？要解答这一个问题，自然有一定的目标有一定的策略。

这 3 万万的农民当中，年老的已成过去，自难达再造的目的；年幼的又尚属将来，目前等不及他来担负国家急切的重任。所以今日农村运动的主要目标，要特别注重在农村的青年男女。这些青年他不但可以为继往的好手，又可以为开来的良工。他们真可做救护中国的生力军，改造中国的挺进队。姑就定县来作例，全县 40 万人之中，就有 8 万是青年农民。以全国 4 万万人计算，中国的农村青年，至少当在 8 000 万左右。从前项羽破秦兴楚，只仗 8 000 子弟，中国今日如果集中精神只要把这 8 000 万的农村青年改造过来，我想无论什么国难，都当得起，什么国耻，都雪得掉，一切建设，也才有了安定的地盘，巩固的根基。

或许有人又问，农村运动的使命，在民族再造；民族再造的中心，在农村青年，这个看法，固然是很根本，它的方法如何，姑且不问，单说把这 8 000 万众的青年改造过来，试问需要若干岁月，以中国今日这样的危急待救，实在等不及了。我们要解答这一个问题，自然有历史上的教训和事实上的理由。

自鸦片战争以至现在，已经有了 90 余年；甲午之战，到现在又整整 40 年，就是日本提出二十一条的要求，到今日也忽忽 18 年了，这些关头，国家日日都在危急存亡之秋。国人未尝不忙，忙学东洋，忙学西洋，忙办这样，忙办那样，结果怎样？没有把根本问题认清，瞎忙了几十年，又来了一个"九一八"的大祸，依然是坐以待毙，束手无策。就是九一八事变，到现在也已经 3 年了，在这 3 年当中，又忙了些什么？我看照这样抓不着命脉，咬不定牙根，无远大的计划，无持久的耐力，只是一味地瞎忙下去，再过几十年，恐怕根本上就用不着你忙了。

所以要救中国危亡的重要关键，不应当光在缓急快慢上计较；要先抓住国家的命根，治着它的症结，培养它的元气，拿定主义，下大决心，干他几十年，乃至于我们一生的时间不够，望诸后人向着既定的目标，有前进，无后退，有牺牲，无顾虑，我想以中国这样长的历史，这样广的土地，这样大的民族，一定有她光明灿烂的前程！！！

所以我们今日，除非不认中国的生死问题，根本是在民族衰老，民族堕落，民族涣散；除非不认根本救亡的大计，是在民族再造；除非不认农村运动，可以担负民族再造的使命；除非不认 8 000 万的青年农民，可以作民族再造的核心；那么，就当别论！若果承认这些都不错，那就应当本着"卧薪尝胆"和"舍我其谁"的精神，奋着毕生的心血，埋着头去干！去苦干！去死干！这样地忙，才真是有价值有定见的忙，多忙一分，然后救中国的急才能快一分。我希望，我热烈地希望农村运动的同志们对于农村运动的重大使命，要看得透，拿得定，无贰无疑，然后，来探讨它的实现的方法和步骤。

二、实现的方法与步骤

1. 实现的方法

要实现"民族再造"的使命，最有效力的方法，莫若"教育"，但是要怎么样的教育？这是生命攸关的问题。若用中国式的古董教育，或西洋式的舶来教育，可说这不但不能达民族再造的目的，反要促成"民族自杀"、"民族速死"悲惨的结果。

究竟要怎样的教育呢？总括起来说：要"实验的改造民族生活的教育"。中国式的古董教育，与民族生活不相干，只能造成三家村的乡学究；西洋式的舶来教育，与民族生活不相应，只能造成外国货的消费人。只有实验的改造民族生活的教育，才能造成国家中兴发强刚毅有作为有创造的民族。

何以叫改造民族生活的教育呢？这种教育，以培养民族的新生命，振拔民族的新人格，促进民族的新团结新组织为目标；以适应实际生活，改良实际生活，创造实际生活为内容。前者"教育即生命"，使接受这种教育的人，自己决心要改造他的身心，来发扬民族的精神；后者"教育即生活"，使接受这种教育的人，自己决心要改造他的生活，来适应民族的生存——所以叫做改造民族生活的教育。

又怎样叫实验的改造民族生活的教育呢？要实现上段所说的"教育即生命"和"教育即生活"的两个原则，决不是在书本上言语上的教育可以做得到的，教者与学者，都要在实际生活上去实地历练才成。举两个例来说：譬如教农村青年选择良种，驱除病虫，其方法不重在教室内黑板上的讲演，而重在田地里的实际工作。其目的不光在增加生产，而要在输入科学知识，造成科学头脑，启发人类可以"赞化天地"、"征服自然"、"人定胜天"的观念。这正是在改良实际生活的实验中，培养民族的新生命，振拔民族的新人格。又如在农村里提倡办合作社，其目的不仅在增加农民的收入，而要在养成他们的合作精神、合作习惯、合作技能，以促成民族的新组织新团结。像这样在实际生活上，教者与学者一同去历练的教育，所以叫做实验的改造民族的教育。

中国的农村运动，要实现"民族再造"的使命，其方法非从"实验的改造民族生活的教育"下手不可。中国的农村虽然破产，而人才很丰富，有的是人，只要你肯给他们以好教育，那是很大的富源。依我们从事农村工作的同仁十余年来的经验看来，青年农民当中，真有不少的天才，受了短期的平民教育，就能表现出他们很丰富的智力与才力，真是我们未到民间以前，所梦想不到的高兴事情。我们所以能十余年如一日，在乡间吃苦挣扎，就因为受了这些可爱可造的农民的感动，否则我们也愿意享受都市的很舒服的生活，老早就一丢光跑了。

我希望农村运动的同志们，看清楚这些青年农民，真是可畏的后生，他们要是都受了改造生活的教育，国家今后的大责任，就可由他们的群策群力去担负，我们今日只管培养他们的新生命，振拔他们的新人格，促成他们的新团结，训练他们的新生活，使他们科学化、合作化、纪律化、现代化，他们便自己能尽国家主人翁的责任，随时代的演进，解决变化无端层出不穷的种种问题，用不着我们包办他们的将来，什么问题都要想依我们今日的理想主义，替他们都做好，人类社会没有这样简单容易机械的事情。

2. 实现的步骤

以上我们已经把民族再造的实现的方法说过了，现在要说说实现的步骤。民族再造实现的方法，既如上所述，在实验的改造民族生活的教育，然而这种意义的生活教育，在西洋无可模仿，在东洋无可抄袭，国内的教育家历来就无人屑于替这些乡下佬的教育打算，可怜时代到了今天，才显出这种教育的要求，它的教材在哪里？教学的方法在哪里？教育的人才在哪里？这是一种混沌初开的创造的教育，所以实现的步骤应当有三步：

第一步要研究实验。中国近几十年来教育上最大的错误，在一切制度方法材料，多半从东西洋抄袭来的，那工商业发达的国家的都市人的教育，如何能适合犹滞在农业时代的中国社会的需要。我们初到乡间，看见农民的失学，慨叹中国的教育不普及，后来在乡间久住，才知道幸而今日中国的教育不普及，否则真非亡国不可。这并非愤激之谈，因为农村青年，未入学校以前，尚能帮助他的父母，拾柴捡粪，看牛耕田，不失为一个生产者，可是一旦入了学校，受了一些都市文明的教育，他简直变成一个在乡村不安、到城市无能、不文不武的无业游民。所以为实现民族再造的使命而创造的改造生活的教育，断不能不深入乡间，从农民实际生活里去找问题找材料，去求方法来研究实验，否则坐在都市的图书室里讲农村教育，那就是等于闭门造车，隔靴搔痒。这种研究实验，绝非容易的事情，因为他有好几种的条件：

一是人才上的条件。要有本国的学术根底，科学的知识技能，又要有创造的精神，吃苦耐劳的志愿与身体，还要有国家世界的眼光，因为研究实验的区域，虽只在一县一乡一村，其目的是为整个民族生活改造而研究。

二是事业上的条件。这种改造生活的教育的研究实验，要合于"生活即教育"的原则。农村生活比城市生活虽简陋，可是它的方面差不多一样地复杂，关于政治教育经济卫生交通等等方面的生活，无不具有，所谓"麻雀虽小，肝胆俱全"。因此为要得改造实际生活的方法材料与经验，不然不办种种的事业。其主要的目的，只在作研究实验的设置，与办模范村模范县的建设迥乎不同。

三是经济上的条件。要充足人才上事业上的两种条件，非有相当的经费，是办不到的。普通办一个大学，每年不过数百或千多学生，动辄年需数十万，乃至百多万，这种为全民族生活改造的教育研究实验，当然要用相当的金钱。

四是时间上的条件。这种教育的研究实验，它是以整个的农民生活区域内的一切生活现象作它的图书馆研究室，又要以研究之结果，实用到农民生活上去实验，非经过相当长久的时间，是不容易看出它的效果来。因为与普通物质上的建设事业不同，譬如官家要修马路，只要有钱，几天半月就可以修起，若要作一个教育农民自动的修马路的设计去研究实验，这个决不是几天可以有结果的。

五是社会上的条件。这种改造生活的创造的教育之研究与实验，因为它与人民的实际生活太接近，当然不免要发生一些阻碍与冲突，要是不得政府社会各方面的了解与赞助，有许多计划是很难实现的。

以上的条件若果具备了，还得要抱定几个原则去研究实验：

（1）要有基础性。农村生活问题，非常复杂，不能应有尽有，都去研究实验。所以要选择有基础性的来研究实验。

（2）要有实际性。如某种问题在学术上虽然有研究的价值，但是与老百姓的实际生活无关系的，就用不着研究。所以必须有实际性，然后研究实验的结果，才可以应用到民间去。

（3）要有普遍性。为研究实验的便利计，总要有一个小区域，可是它的目的，不是为一个特殊的区域而研究实验的，乃是为研究实验之结果，可以推广到全国各农村。所以研究实验的问题，及其解决问题的方法都要有普遍性。

具备了以上所说的几个条件，本着以上所说的几个原则去研究实验改造民族生活的教育，这是实现民族再造的方法的第一步。第二步要训练人才。中国号称有 4 万万人民，其实只有生物学上的 4 万万个自然人，哪里有国家社会学上的几个人民呢？所以要改造中国，莫说无人民，而且无领袖。任你有何种理想的主义，伟大的计划，都是行不通的。中国的古人说："穷则变，变则通。"可是中国今人的事情，正和古人说的话不对，"穷了还是不变，变了还是不通"。其所以"穷不变变不通"的根本道理，就是因为没有真正的人才。所以有了改造民族生活的方法，还得要训练运用改造民族生活方法的人才。

关于训练人才的事情，有三个问题应当要先决的：（1）为什么要训练？（2）谁来训练？（3）训练什么？我们从事农村工作的同仁，只感到有训练人才的必要，可是对于上面之三个问题，要是不加以研究，随便开学校，收学生，那么，恐怕训练的结果，又为社会多造一些有学无用的游民。如今"事事求不到人"，"人人求不到事"的矛盾现象，这是为国家造大乱的征兆，负有教育责任的人们，不可以不慎！

我们解答第一个问题，为什么要训练？可以说现在关于"农村复兴"、"农村改造"、"农村建设"一类的呼声，高唱入云，可是谁到农村去担任"复兴"、"改造"、"建设"的责任，去的人有何知识技能和经验，能够胜任愉快？若说要靠受过一般学校教育的人，我想那些舶来的讲义上的知识，与农村的需要简直是风马牛不相及。未尝不有许多青年有志之士，想到民间去，但是怎样的去法，带些什么本领去，都是大问题。我们就因为这些，要训练人才。训练人才可分两种：

（1）技术专门人才：实地到农村作农村生活改造的学术研究与实验。（2）技术推广人才：实地到农村领导农民做改造生活的事业。这两种人才，除开基本的农村生活改造的知识技能的训练外，还注重精神上人格上态度上阅历经验上的锻炼。在一个政治已上轨道的国家，一个技术人才对于社会就能有相当的贡献，但在中国今日，什么都未入轨道的时期，如果仅仅有点技术上的训练，而忽略了以上所说的一类的锻炼，恐怕是"学得屠龙无从施展"，结果要弄得垂头丧气，消极堕落。

我们要解答第二第三个问题，谁来训练？训练什么？可以简单地同时答复，非曾经深入民间，躬亲田舍，吃土尝粪若干年的事迹，把他从实际工作中一点一滴的辛苦经验、知识技能，来作材料去训练不可，同时还要领导学生在实际工作上在自己的生活上言行上，现身说法，以身作则，紧抱着农村运动的使命，去表演"教育即生命"、"教育即生活"的原则。这是实现"民族再造"的方法的第二步。第三步就是表证推广。我们在第一步的研究实验的工作上，所以注意到问题与方法的基础性、实际性和普遍性，就因为是照顾到第三步推广到全国各地的工作。在第二步训练人才，也正为供给第三步工作的需要。这三步工作，是互相连锁的，没有第一步工作，则第二第三步工作是无根；没有第二第三步工作，则第一步工作是无足。无根的没有生命；无足的虽有生命不能行远。所以要实现农村运动的使命，完成改造民族生活的方法，须得要有这三个步骤。

三、农村工作的大联合

我们对于农村运动，虽然看清楚了它的使命，同时有了实现它的方法和步骤，大家就各自去埋头努力工作，这还是不够。因为农村问题太复杂，方面也很多，非把全国各地从事农村工作的同志们，大家联合一气，共同努力，共同奋斗不可。要知道这种民族再造的运动，包含有改造民族文化，改造民族生活的两方面。它的使命之伟大，决不是少数人干得了的，也决不是多数人各干各的能成功的。因为这种工作需要大量的金钱与大批的专家，在今日中国经济破产、人才缺乏的时代，从事农村工作的人们，还不联合起来，前途哪里有许多希望！

可是应当联合为一事，怎样地联合又为一事，虽有联合的意思，没有联合的方法，也是空的。我们姑且把农村工作分析一下，来找出各方面分工合作的线索，或者看得出工作上应当怎样联合的方法来。我们在前面已经说过三个步骤，也可以根据它来看就是这三类的工作：（1）研究实验；（2）训练人才；（3）表证推广。第一类的工作很繁难，需要经费、人才和时间都比较多。这类工作，如果太散漫，太分开，没有集中的组织，一定要发生种种不经济的毛病和不能解决的困难。第二类的工作，它必须和第一类或第三类的工作连在一块才有意义，就是关于技术专门人才，要在研究实验区训练，关于技术推广人才，可以在表证推广区训练，也可以在研究实验区训练。第三类的工作，倒越多越好，能够到处都提倡起来，实现起来，那农村运动的进展便不可限量了。

我们如果站在整个农村运动的立场上，来看自己方面的工作的性质，各自认清楚各自的特点，联成一个整个的农村运动的计划，彼此分工，彼此合作，互相辅助，相依为命，我敢断定前途一定有很大的光明！

总之，农村运动的使命要能实现，当然一方面要认清我们的使命；一方面要决定我们的方法和步骤（合起来说可说就是农村运动的旨趣）。

然后从事工作，才不致走入歧途。但是最要紧的，还是我同仁们从事农村工作的同仁的合作精神。因为农村运动的使命，就在培养民族的新生命，振拔民族的新人格，促进民族的新团结。我们自己要是不能合作，不能团结，那根本就无希望了。所以我希望，我很真诚热烈地希望农村工作的同志们，要在我们彼此的言行上、生活上，先造成一种农村运动者的风格。工作是表现我们的生命，是实现我们的生活；我们的生命，我们的生活，就是为我们的工作。

我这篇文章，是赶着乡村工作讨论会的诸位先生到定县来开会的机会发表的，就是代表定县工作的同仁的意见向诸位先生致欢迎的敬意和请教。

中华平民教育促进会定县实验工作报告^①
(1934 年 10 月)

一、引言

时至今日，农村应该改造，国家亟待建设，民族必须复兴。有志之士不但认识其重要，且在各处已由理论的探讨，转成实际的进行。其较著者如江宁、兰溪的实验县政，江苏无锡的教育学院，邹平、菏泽的乡村建设，广西全省的农民自卫，以及其他各省正在进行的建设事业，其观点与方法容有差异，其在努力以求实现救亡复兴之宏愿，并无不同。

中华平民教育促进会为社会上少数有志之士所组织的私人学术研究团体；目前所有工作，集中于研究"农村应改什么，造什么，国家建设的内容、方法和民族复兴的基本条件又是什么"。来定人士，如欲参观马路、工厂、电灯、洋楼、公园、博物馆、图书馆等一般的所谓建设，则必失望而归。因一般的所谓建设，乃政府及全国人士应负之责任；本会对地方上的物质建设固无此力量，而本会同仁对于社会需要之根本观察及其工作要点亦并不在此。

阳初于欧战时朝夕与 5 000 华工相处，因得深切认识"苦力之苦与苦力之力"，于是对于中国一向被人忽视之平民，发生一种新信仰，新希望：觉得中国真正最大之富源不是煤，也不是铁，而是 3 万万以上不知不觉的农民。要把农民智慧发展起来，培养起来，使他们有力量自动地起来改造，改造才能成功；自动地起来建设，建设才会生根；自动地起来运动复兴民族，民族才有真正复兴之一日。

启发农民的智慧，也就是"造人"。造人必须有造人的教育。中国

---

① 选自《乡村建设实验》，第二集，中华书局，1935 年 9 月版。本文是作者于 1934 年 10 月在河北定县召开的第二次乡村工作讨论会上的工作报告。

数十年来的所谓教育制度与内容，无非东抄西袭，不合国情，不切需要，所以不曾与一般人的生活发生关系，所以不能完成"造人"的使命。本会在定县的实验工作，意在深入民间，根据一般人的生活需要，继续不断地创造新民教育的内容；根据一般人的生活习惯，继续不断地制订新民教育的方法，并根据社会的演变，民族的进展，继续不断地创制新民教育的方案。

本会最初欲去除一般人的愚昧，而启发其智慧，所以有文艺教育以培养"知识力"。嗣后感觉人民之"愚"与"穷"有莫大之关系，且人民之愚尚能苟延残喘，穷则不保朝夕，乃又有生计教育以培养"生产力"。后又感觉人民体弱多病而死亡率高，实为民族前途之忧，乃又有卫生教育以培养"强健力"。同时感到一般人民自私心重，因之生活散漫，不能精诚团结，于是又有公民教育以培养"团结力"。所谓四大教育，实为根据实际生活之要求，逐渐演进而创出新民教育内容之荦荦大端。其实施方式，有学校式以教育青年为主要工作，因青年是国家今日建设之主力军；同时又顾到教育儿童，因儿童系民族复兴的后备队。学校式之外有社会式及家庭式，其目的在使整个社会尽是教育的环境，以免一曝十寒之弊害。教育内容的实验，所以定教材之是否合适；教育方式的实验，所以定方法之是否合宜。而教育方案之拟定，又必根据社会调查所得之事实，以免主观之谬误。

新民教育以人民全部生活为起点，以民族改造为目标，其工作之繁难，当非一个私人的学术团体所能胜任。所幸自河北省县政建设研究院成立，划定县为实验区以来，本会实施方面能多与之合作，以期完成实验制度之研究。关于各方面学术上之研究，亦尽量与国内各学术团体、各机关合作，以期使各方面节省人才经费，而共同养成建设事业合作之习惯。本会研究实验之成绩，愿供政府及全国人士之采择推行，自不待言；而对于供给各种程度之技术人才，亦已开始训练。训练之方法，乃就各种实际工作上，予以严格的训练，以期工作即求学，所学即所用，由此以养成干练的实际人才。

定县的全部实验工作，起始于民国十八年（十五年至十八年在翟城村只有部分的实验），五年经过，其成功究竟到了什么程度，实难断言。因为第一是人才的问题，这种改造全生活的实验，关系的方面太多，无处供给所需要的各种人才；第二是经费的问题，在这民穷财尽的时候，很难筹措这百年大计的实验费；第三是社会环境的问题，现在全国方在一个天灾人祸、内忧外患的环境中，国难如此严重，大家容易误认这种基本工作为不急之务；第四是时间的问题，这种改造民族生活的大计划，决不会一刹那间就能成功。有此四种困难，平教运动的前途，殊可栗栗危惧。不过本会同志深信贪便宜、省力气、走捷径，永远不会有成功的希望。所以决心要脚踏实地，一点一滴地做这研究实验的工作。

中华平民教育促进会组织系统

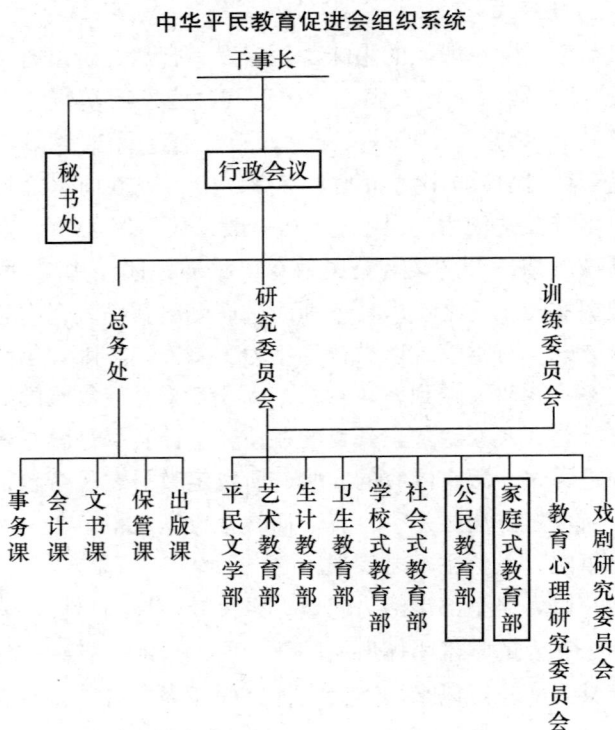

中华平民教育促进会定县实验工作报告图一

这本小报告，不过把本会已往与现在的工作，开了一个简单的节目，以便考查。至于研究实验的详细情形，另有专籍记载，兹不赘述。

二、社会调查

农村建设的工作必须有具体的方案。具体的方案必须以事实为根据。事实的根据，又必须靠有系统的精确调查。本会在定县的社会调查工作，在平教运动的立场上，是要以有系统的科学方法实地调查县内一切社会情况，然后将根据调查而归纳之各种结论及建议，分别供给有直接关系之四大教育与三大方式的主持者，使计划实现推行各该种教育时有参考之材料，及可靠之根据。

（一）统计调查工作节略

民国十七年以前，本会在定县的工作范围只有城东第三区内的 62
村庄，正式职员及短期工作人员不过 20 人左右。十六、十七两年，又
经过两次内战，各项工作很难进行。那个时期只附带作了些简单的调
查，例如定县的历史，定县的地理、风俗习惯、政府组织，62 村的交
通、人口、教育、娱乐、信仰、兵灾、农业、地亩、生活等概况。

十八年秋季，本会全部由北平移到定县，以全县为实验区，因此社
会调查工作亦随着以全县为范围。第一步先开始调查第一区 71 村每村
的概况，包括项目有每村距城里数、位置、家数、人数，村长佐姓名、
年龄、职业，村中主要领袖，各种学校教员及学生数目，村内在高小、
中学、大学毕业的人数，可作平民学校之地点，村人职业，种地亩数，
主要农产物，集市日期，医生及药铺数目，寺庙及信仰各种宗教人数等
项。然后举行第一区 71 村详细户口调查。计调查城内 1 707 家，三关
562 家，71 村内 6 230 家，共计 8 499 家。同时附带举行挨户疾病死亡
调查之试验，共计调查 5 000 家。此外补充已往不完全之调查，其中主
要者有全县赋税调查，包括国税、省税、县地方捐、村捐等项。

本年度内关于统计整理材料方面之工作，有定县地理、历史、交通
与运输、政治、赋税、教育、信仰、风俗习惯、娱乐、灾荒，及经济概
况等项。

民国十九年度之工作分实地调查与整理材料两类。关于调查者约计
六种：（1）全县各村概况调查，共计调查 382 村。（2）土地分配与农产
调查，以村为单位，共计调查 134 村。（3）家庭手工业与工厂调查，以
村为单位，共计调查 134 村。（4）乡城及乡村铺店调查。调查城内三
关、东亭清风店之各种店铺数目，每铺店之资本、赚利、组织、店员待
遇等项。（5）生活费调查，用每日记账方法，自民国二十年二月开始调
查 123 个农家一年内之各项收入与支出数目，及所需各种物品之数量，
由此彻底洞悉农民真相。（6）物价调查，包括物品 34 类 500 余种。

本年度关于整理材料约分四种：（1）整理统计全县各村之概况调
查；（2）整理统计城内、三关及中一区之挨户人口调查；（3）整理编辑
所搜集之定县秧歌 48 出；（4）继续整理东亭乡村社会区内 62 村之材料。

民国二十年度，关于调查方面的工作约计七种：（1）继续从事每村
土地分配与农产调查，共计 319 村。（2）继续从事家庭手工业调查，共
计调查 319 村。（3）继续从事 123 个农家生活费每日记账调查。（4）继

续 34 类日常用品之物价调查。（5）高头研究村之详细调查，以家为单位，共计调查 120 家。（6）南支合、李亲顾、明月店三处中心村之详细调查，共计调查住户 1 365，铺户 193。（7）研究区 61 村挨户人口调查，并绘制各村地图。

本年度关于编辑方面主要之工作，为将中文编辑有定县社会概况调查材料译成英文。

民国二十一年度，本会规定六年实验计划，各部处工作以设计为主。统计调查处在六年计划第一年内共有 12 个设计。（1）研究区内田场经营调查设计。选研究区内有代表性质之自耕农家 100 家，调查每田场周年经营详细情形。（2）研究区内主要农作物及猪鸡羊调查设计。用选样法共计调查 1 089 家，以应畜牧研究之需要。（3）主要手工业详细调查设计。以家庭为单位，调查结果供生计教育部作提倡改良手工业之根据。（4）研究区内集市与商业调查设计。所得材料，供经济合作组织之参考。（5）借贷调查设计。选择有代表性质之 5 个村庄，调查每家农民负债情形，供组织信用合作社之参考。（6）研究区内关于经济之各种会社调查设计。例如钱会与青苗会等组织。调查结果，可为计划新经济制度之参考。（7）家庭卫生调查设计。以家为单位，调查 1 000 家，供卫生教育部作改进农民家庭卫生之根据。（8）整理研究区内人口调查材料设计。共计调查 6 484 家。（9）整理 123 家生活费记账设计。（10）整理全县各区土地分配与农产物之概况调查材料设计。（11）整理全县各区手工业材料设计。（12）整理南支合、李亲顾、明月店三个实施中心村之调查材料设计。

民国二十二年 7 月河北省县政建设研究院成立，以定县为实验区，亦设调查部，两方既同在定县，于是分工合作，本会偏重在整理已有之材料，实地调查工作多由院方担任。关于整理者，有下列六种设计：（1）123 个农家生活费周年记账材料初步整理设计。（2）定县主要家庭手工业之详细调查材料整理设计。（3）全县土地分配调查材料整理设计，现已整理完竣。（4）100 个田场经营调查整理设计。调查项目极繁，已大致完成。（5）家庭卫生选样调查材料整理设计。此项 1 000 家卫生选样调查材料之统计系与北平之协和医校公共卫生部合作。（6）研究区内按户人口调查材料整理设计。此项材料，统计 6 484 家之调查工作，系与北平协和医校公共卫生部合作。

本年度关于调查者有两个设计：（1）物价调查设计。在城区内调查

500 余种物价，随时加以整理。（2）出生死亡调查设计。每日调查城内出生及死亡人数，及与出生者死亡者各方面有关系之情况。

关于整理与编辑者有五个设计：（1）编辑土地分配调查设计。除编辑汉文报告外，并将统计材料译成英文，送美术编辑。（2）编辑定县借贷调查设计。亦包括译成英文工作。（3）继续整理定县农家生活费调查材料设计。（4）继续整理家庭卫生调查材料设计。（5）继续整理人口调查材料设计。

（二）实地调查进行时之情况

这种调查工作若要获得可靠的材料，在进行时非常困难，有的是表面显然的困难，有的是不易看破的困难，因为人民饱受乱世之害，故时有戒心，防备受害，早学会了搪塞支应的技术。民国以来，政府几乎完全丧失人民之信用。苛税杂捐，征兵拉夫，兵匪劫掠，已成家常便饭。上捐时又按每村之户口和地亩数为标准。如此调查人口和地亩时，岂不视为大祸之将至？再者，无论如何，他们不易明白调查的意义和实际的用处，而且有时愈解释愈不明白。因为向来没有这样麻烦的询问。有时他们故意不说实话，很难辨别真伪。况且一般人模模糊糊的习惯和说话的不准确，尤其是对于数目之含糊，都令人不易得到事实。因此调查时非常费力。例如调查人口本是简单，然而其中复杂情形，真是一言难尽。农民有种种不利于调查的怀疑，包括怕与县政府有关系，怕与上捐派捐差有关系，怕与共产有关系，怕是传教的，怕是无论如何没有便宜的事。此外有似乎与调查有利而其实也是不利的揣测，例如疑为是慈善机关放赈，疑为华洋义赈会又要助款凿井，疑为中华平民教育促进会白叫人读书或看病不要钱。除去设法免除这些怀疑以外，在实地调查时又要碰到许多阻碍。例如往往村长敷衍对付，借故迟延，有时给假户口册或地亩册，有时村中分党派，不易接洽。调查富家人口尤其困难，因为避富之故，不肯告知准确人数，不承认小孩识字，房屋地亩就难询问。调查员皆为男子，与家庭中妇女谈话非常不便，易生误会。各家报告人口时，往往将家中未出嫁的姑娘与青年的妇女故意遗漏，或以偏大或偏小之年龄报告，老年人也往往遗漏，以为将死之人没大关系。壮年男子也往往不报，怕征兵派差。小男孩容易遗漏，怕人知道生日年龄，摆镇物陷害。小女孩无足轻重，亦易忽略过去。我们调查时要知生日属相，但因迷信的缘故，有人不肯说实话。家内为公公的不好意思知道儿妇的年龄生日，假意说不知道。已婚者常瞒尚未娶，如此同时遗漏其妻子和子女。出生死亡尤难得到确数，调查疾病亦不容易，因为人民不高兴这类不吉利的询问。因此调查时必须费很大的事才能胜过这些困难，得到事实。稍微疏忽一点，就是失败。处处必得小心。例如调查表上不写"户口调查表"而写"拜访家庭谈话表"，不写"调查员"而写"拜访者"，不写"报告者"而写"赐教者"，表之两旁写"若要知道用什么好方法为农民谋幸福，必须清清楚楚地明白他们家里的状况"。如此极力避免一切不必需的误会。

现在顺便把实地调查进行的步骤略述一下。在调查以前，先将某项调查目的和范围详细向调查员解释，务必一律填写表格，然后分头向各村村长及其他村中领袖接洽。自然第一步也须先使他们非常明了，没有怀疑。然后讨论合作的办法。请他们在调查时请出本村的人来作向导。然后在方便的时间为农民开娱乐会，用调查讲演挂图向他们解释调查的意义和需要，并请本村领袖对村人说明过几天要在本村调查什么事情。然后按照所定的日期，调查员到村内各家填写表格，但最好有本村人领导，因为有他们担保无事，许多容易发生的困难，即可迎刃而解。然后这些填写的表格经过指导的人详细阅过后，再补充完善。然后交给统计的人计算，制表绘图。将结果供给全会或特别需要此种材料的某部。近一两年来的调查虽然较以往的复杂，但进行时容易多了，因为各村平民学校毕业的学生一天比一天地多了。本处自民国二十一年度起，开始编写定县社会调查丛书。兹将书目列下：

《定县社会概况调查》 全书分地理、历史、县政府及其他地方团体、人口、教育、健康与卫生、农民生活费、乡村娱乐、乡村的风俗与习惯、信仰、赋税、县财政、农业、工商业、农村借贷、灾荒、兵灾等17章，共计898页，统计表314，附录有本会在定县实验之经过，精装1册，实价3元8角，平装2册，实价3元2角。邮费2角3分。

《定县秧歌选》 全书搜集秧歌48出，分六类，即爱情、孝节、夫妻关系、婆媳关系、谐谑与杂类，共计1063页，为平民文学调查类，精装1册，实价2元5角，平装2册，实价2元2角。邮费1角6分。

《社会调查讲演挂图》 共8幅，实价1元。邮费1角1分。

《实地社会调查方法》 全书共计484页，详述在定县所用调查方法，实价2元2角。邮费1角6分（上述各书定县及北平本会均有发售）。

《定县土地分配调查》 编辑中。

《定县人口调查》 编辑中。

《定县家庭手工业调查》 编辑中。

《定县农民借贷调查》 编辑中。

《定县农民家庭卫生调查》 整理中。

《定县农民生活费调查》 整理中。

三、文艺教育

（甲）平民文学

文艺教育里头有许多工作项目，平民文学工作就是这许多工作当中的一个项目。

（一）文字研究的工作

文字研究的工作目的，在要知道中国文中何种字对于平民生活为必要，何种字为次要，何种字为不必要。这个结果得到以后，我们编辑课本、读物以及定期刊物，便都有了凭借。

（1）制定通用字表。先搜得平民书报 90 种，平民应用文件 25 种。这 115 种材料，合计共有单字 504 609 个。依其发现次数之多寡，排列单字的先后，除了重复的，约计得单字 8 000。更取其发现次数较多的 3 420 字，作为通用字表。

（2）制定基本字表。通用字只是通用而已，还不是人人所必须知道的基本字。因为我们要编《千字课》，所以先把基本字假定为 1 000 上下。第一步用客观方法，就教育部国语统一会出版之《国音字典》中，由 20 人之同意，选得 1 144 字。又取会外学者陈鹤琴先生用客观方法选出之《语体文应用字汇》中排列最先之 1 300 字，互相比较损益，而成 1 320 字之基本字表。

（3）制定词表。通用字与基本字表，成于民国十五年。试验应用之后，渐渐觉察其缺点，故又有制定"词表"之工作。这种词表的选定分为两部：一是平民用词，一是新民用词。平民用词表中之词是平民口头所已有了的词，故编辑书报时，只得加上注音符号，则聆音可以知义，便可以无限制地使用。新民用词表中之词，是受过教育的平民口头所必须有的词，故编辑时须为有意识地介绍，以期平民日常用语逐渐提高。

选字的结果，得到一部《平民字典》，选词的结果，将来也有一部《平民词典》。

（4）简笔字的应用。字与词的选择以外还有一部分简笔字的工作，一边研究，一边在教学与编辑方面已经应用，最初先调查农村社会中已经通用的简单字，作为底稿；又以都市间商业社会中已经通用的简笔字，加以补充；更有不足，始采用文人社会中通用之简明行草。

（二）平民文学研究的工作

在文字研究工作中得到平民已用的和常用的字和词。在平民文学研究工作中，得到平民已用的文法构造，描绘技术和篇章组织，并及其内容所反映的思想和环境。此种工作的步骤，分采访、研究、删改、出版诸项。

（1）采集秧歌。这是定县民间最流行的一种戏曲。若无印本或写本，亦无职业的唱工。本会统计调查处同志再三访求之结果，竟得一能唱多出秧歌之老者名刘洛便。我们用年余的时间，刘洛便背唱，统计调查处几位同志轮流替他记录。结果得到完全秧歌 48 出，计 50 余万字。现已出版，名《定县秧歌选》。

（2）采集鼓词。定县东乡有田三义者，在农村演唱大鼓凡 40 余年。男女老幼无不知之。可惜他也一字不识。我们请了这位盲诗人来，仿照采集秧歌的办法，请他一边背唱，我们一边记录。凡 6 月间，共采集大鼓词 203 段，计 612 000 余字，均为未有印本者。已经删改印成平民读物者有《小姑贤》、《苏梅山卖妻》、《打黄狼》、《穷富拜年》、《鲁达拳打镇关西》等，连同改编秧歌共有 20 种。

（3）采集民间文艺。这些材料，类多短小。现在计已采到歌谣 200 余则，歇后语 300 则，谜语 300 余则，谚语 600 余则，故事笑话等 100 余则，共约 7 万字。

（三）课本编辑工作

平教运动开始的时候，课本工作几乎占了工作的全部。第一部编成的课本便是《平民千字课》。本会初期，在全国各地举办识字运动，用的课本便是这一部。

（1）三种《千字课》。《平民千字课》用了几年之后，渐渐觉悟到《千字课》应随职业而有不同，这时本会工作也渐由都市转移到农村，乃开始有《市民千字课》和《农民千字课》的编辑。全国大多数平民、市民与农民之外，还有士兵，所以也给他们编了一种《士兵千字课》。三种千字课，均各为 4 册。

（2）三种自修用本。与《千字课》生字完全相同，而文字完全不同的，又有 3 种自修用书，曰《农民千字课自修用本》，《市民千字课自修用本》，《士兵千字课自修用本》，也是各为 4 册。

（3）两种文艺课本。以上《千字课》与自修用本是初级平校用的，至于为高级平民学校，我们又编了《市民高级文艺课本》2册，《农民高级文艺课本》2册。

4种千字课与两种高级文艺课本，销行虽已到1 000万部，但是我们始终不敢自满，现在仍不断地实验，不断地补充。现已增加上注音符号，极便于用。

（四）平民读物编辑的工作

文艺教育为学校式教育预备的材料是课本，为学校式、社会式与家庭式三方面共同预备的教材是读物。

（1）平民读物。我们打算以农民需要的立场，出版平民读物1 000册。书中70％是常识，30％是文艺。文艺包含三部分：一部分是采集得来的或经删改的民间文艺，一部分是删改的选录的流行民间的大部旧小说，又一部分是现代人的创作。这三部分是按程度的深浅排列的：先是民间文艺，次是旧小说，又次是新创作。凡是常识，因为内容的不熟悉，一定得放在文艺以后读。

平民读物现已完成340册。因为本会试验注音符号教学有相当之把握，所以自300册以后，一律词类连书，加上注音符号。预定于二十三年度编到600册。

（2）农民周报。为了随时报告给农民一些合时的常识，及为了农民有发抒意见之园地，发展天才之机会，本会特编辑《农民周报》，每年合订1本，已有8册。

（五）平民科学教育研究的工作

文艺教育以治愚为事，治愚则以科学为最便。平民读物中70％的常识，自然科学、社会科学、应用科学各占1/3，这已经是科学的范围了。科学常识必须附带实验，在平民读物工作之中，实验工作已隐然成了独立的一部分，其研究工作之内容有三：

（1）编辑。凡是教材中的科学部分，特别是需要实验的一部分，都由这一部分供给。

（2）训练。凡平校教师及小学教师，有未经实验室的训练者，都需短期的训练，这训练工作，也归这一部分担任。

（3）表演。一方树科学馆的基础，一方与社会式教育工作合作，赴各乡村游行表演。

这一部分工作开始不久，所以只有这三方面，将来拟添上平民科学仪器的制造。

（乙）艺术教育

艺术教育，是文艺教育之一部，现在已有之工作，计有图画、音乐、广播无线电三个部分。

（一）图画

（1）搜集工作。①搜集民间实用画（刺绣、染印、编线等各种花样）。②搜集民间纯艺术绘画（家庭之年画，及各种装饰品条幅挂画，庙宇之壁画以及各种宗教画），以为绘制培养美感兴趣，提高图画知识与技能之教材根据。

（2）编辑工作。①图画方面的编辑。计已完成高级画范 2 册，初级画范 4 册，普通实用图案 1 册，妇女手工花样 1 册。②文字方面的编辑。计已完成画范教学法 1 册，艺术教育浅说 1 册。

（3）绘制工作。A. 印刷图画方面的：①绘制插图。计已完成千字课 3 种，初高级平校文艺实验课本 2 种，平民读物 100 余册。现在继续工作的有平民读物。②绘制图说。计已完成历史图说 25 种，现仍继续工作。③绘制挂图。计已完成农民、市民、士兵千字课挂图各 4 册。文艺挂图 1 辑，农业 3 辑，卫生 2 辑，公民 2 辑，国难教育 1 辑，社会调查 1 辑。现在继续工作中者，有合作社挂图 1 辑，注音符号挂图 1 辑。④绘制灯片。计已完成士兵、农民千字课幻灯片 192 片。现继续制作市民灯片。⑤绘制夜灯识字之图画与文字。计已完成 92 种。B. 绘画图画方面的：计已完成辅助四大教育进展之布挂图百余幅，培养社会美感兴趣方面的展览会应用画 160 幅，壁画 16 幅。

（4）实施工作。①家庭方面：运用挂图代替年画；运用历史图说，代替通俗小说。②学校方面：采用 10 分钟教学实验；采用图画与劳作连接教学之实验，并训练教师。③社会方面：举行农村图画巡回展览会于 20 个村庄。农民报增加图画特刊。

（二）音乐

（1）制造工作。乐器制造，是我们注意的工作之一。现能自制者，计有风琴、木棒琴、笛子、留声机唱头等，价格均较市价为廉。

（2）研究工作。研究工作，注重于民间歌曲、乐器及乐谱之搜集，及实用歌谱之编选，计选定中西歌谱 30 余种，编成普村同唱歌集 2 册，为历史图说创作歌谱 50 种。

（3）教育工作。计邀集城内公立中小学 6 个，作唱歌比赛一次。邀集 50 处小学教员 65 人，组织音乐研究会以改良小学唱歌。现正进行之工作有五：①指导初高两种平民学校唱歌。②实验乡村小学唱歌。③实验普通中小学唱歌。④指导同学会组织音乐研究会。⑤制订歌谱及乐器使用法。

（三）广播无线电

利用广播无线电为工具，以普及社会教育，效力极宏。我们的办法，是以四大教育为内容，制订节目，按时广播，就农民好奇的心理，无形中使之受到所需的教育。现正准备完成四大教育讲演材料，及选编唱片故事，并研究利用此等工具。

为了要推广这个教育利器，我们不能不注力于机件之制造，制造结果，对于小规模无线电台之全套机件，皆能自制，用费仅及舶来品之半价。电力若为二十五华〔瓦〕特，电波可达七八县之内。收音机及电瓶等亦能自制，费用较欧美货廉 1/3，而使用效率则有过之无不及。

（丙）农村戏剧

戏剧在平民教育上至少有下面的五种力量：（一）焕发农民意识向上；（二）抒发农民情感；（三）介绍一般的常识；（四）施行公民训练；（五）提高农民的语言。历经实验结果，证实农民确能接受话剧，并确能表演话剧。

（一）过去的工作

自民国二十一年至二十三年 3 月止，计游行公演话剧于 24 个乡村，共训练了 11 个农民剧团。演员有 180 余人（戏委会有详细统计表）。（1）话剧公演。在本会大礼堂共举行过 13 届戏剧公演，观众 3 万余人（参考戏委会展览室统计表）。（2）编制工作。共编制《屠户》、《锄头健儿》等剧本 21 种（戏剧导演浅说及表演术各 1 册，本会售书处出售）。

（二）现在的工作

在民国二十三年度中，拟完成下列三种工作：（1）露天剧场。在这一年度，要在研究区内选定适当村庄，按照所制模型，建筑一座乡村露天剧场。（2）训练剧团。本年度中，拟充分训练两个农民剧团，在露天剧场举行 4 次公演。指导一般同学会的戏剧活动。本会演员要在考棚公演 3 次。（本年双十节举行首次公演，即在本会二门月台上实验露天剧场演剧）。（3）编制工作。本年度拟编制剧本 6 种，戏剧小册子 3 种。

四、生计教育

生计教育的目标，要训练农民生计上的现代知识和技术，以增加其生产；要创设农村合作经营组织；要养成国民经济意识与控制经济环境的能力。换言之，要从生计教育入手，以达到农村的经济建设。

生计教育的工作，一面充实农业科学之研究，一面实验巡回生计训练办法，以期完成推广农业科学之表证训练制度。对于农村经济组织之改进，仍致力于合作社之组织与活动之研究、训练，但本会能力有限，人才设备，两感不足，更以生计研究，须赖学术团体之合作；经济建设，须赖金融机关之协助，是以本会年来尽量与各方合作。

（一）农民生计训练

此项工作分生计巡回学校、表证农家，及实施推广训练三段研究；形成生计教育整个推广制度。

（1）生计巡回训练实验学校。本设计研究领导农民生计训练之教材、教具，与整套应用学术，及其经费制度，构成县单位推广农业，普及生计教育之办法。生计巡回训练学校着眼之点，在使农民在农村中取得应用于农村当前实际需要的训练，以生活的秩序，为教育的秩序，顺一年时序之先后，施以适合的教育，授以切实的技术。第一期在春季三个月，为植物生产训练。第二期在夏季8、9月，为动物生产训练。第三期在冬季11、12、1、2各月，为农村工艺及经济合作训练。现有一巡回学区，五分学区，训练之处，即切实分别规定农家实施表证设计，由原来训练人员，分负视导检查之责，其成绩较良之农民，足为其他农民之表证者，认为表证农家。生计训练科目：分为植物生产、动物生产、农村经济、农村工艺四类，分述于下：

①植物生产类。土壤肥料，小麦选种，玉蜀黍选种，高粱选种，谷子选种，大豆选种，棉花选种，介绍作物改良种，介绍果树改良种，介绍蔬菜改良种，梨树整枝，烟草汁防除棉花蚜虫，捕蝗，防除病虫害机械药剂。

②动物生产类。选择鸡种，改良鸡舍，选择猪种，改良猪舍，家畜疾病的预防及疗治，新法养蜂，介绍新品种。

③农村经济。家庭记账，农场管理，农产市场，合作社。

④家庭工艺。棉花纺织。

（2）表证农家。表证农家之选择，既如上述，现已有23家。兹仅举其工作大要略言之：凡本部交动物植物予其表证，同时给予各种表格，教其使用方法，彼等须将表证经过情形，随时照实填写，并将经验或心得教授其他农民。

（3）实施推广训练。此种训练，乃用表证农家，将其在本部领导下所获得之知识与技能，表证经验及结果传授予一般农民，使农民对于作物了解如何选种，如何栽培，推动全村接受各项设计的农民实际从事建设。

（二）县单位合作组织制度

生计教育部，曾有县单位合作组织制度设计，以研究村区各级合作经济组织及县单位之合作经济组织为目标。

（1）自助社。在合作训练未能完成，合作社尚未组织之前，先组织自助社。自助社之性质，实为合作社之准备，社员不必缴纳股金。成立之后，可以用自助社之名义，向仓库抵押棉麦等农产品，通融资金。农民对于仓库之设立，颇感便利。现在中国、金城两银行，在城区李亲顾、东亭、明月店、清风店成立仓库中心 5 处，分仓库 12 处。全县自助社成立者 276 处，其中由自助社自动地请求改为合作社者20 社。

（2）合作社。合作社采取兼营方式，按农民之需要，逐渐经营信用、购买、生产、运销四方面之经济活动。合作社之组织，仍注意以农民受合作教育之训练为基础。推行合作社之工作，尤注意于业务之视导，以指导社会之进行，审核其会计，并继续授以合作教育之训练。合作社正式成立者有 50 社，其中多举办信用及购买，生产及运销次之。

（3）合作社联合会。为欲构成制度起见，各村成立合作社既多，必须赖有合作社联合会以为后援，经营始能便利，故区有区联合会，区之上有县联合会。依定县经济活动区域的分配，划全县为两区，组织联合会，现已于城区内成立合作社联合会，分购买、运销、信用、生产四部分。

（三）植物生产改进

关于植物生产改进分育种、园艺两方面之设计，计城内农场约有80 亩地供园艺之用；高头农场有 620 亩地，专供作物研究之用。

（1）育种工作。自民国十六年起，开始育种工作。但育成新种，率多五年至七年之久，始有可靠之结果。所需要之财力与专门人才亦最多。现分棉花、小麦、谷子、高粱、玉蜀黍五种设计进行。列表简略说明如下：

棉花分中美棉花试验，中棉有品种比较试验，五区试验，三区试

棉花

中棉美棉品种比较试验　美棉五区试验　美棉四区试验　美棉二行试验　美棉株行试验　美棉五区试验　美棉三区试验　美棉二行试验　美棉株行试验

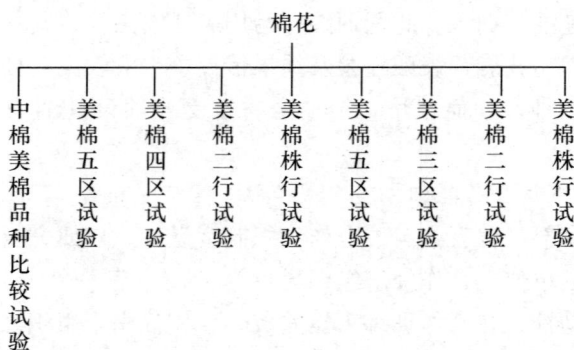

中华平民教育促进会定县实验工作报告图二

验，二行、株行等试验。各试验皆以本场已著成绩之 114 号为标准。经分析统计结果，除有少数超越标准者外，其余大多数均多逊色，足证其为中棉中之优越者，其平均产量比普通农家者增 20％。

美棉与中棉大致相同，计有美棉品种比较试验，五区试验，四区试验，二行、株行试验。其中除五区试验，以 114 号中棉为标准外，以南京脱字棉作标准。统计分析结果，以南京脱字棉为最有希望。其产量比较农家增 40％。

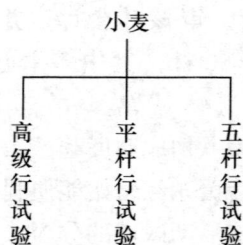

小麦

高级行试验　平杆行试验　五杆行试验

中华平民教育促进会定县实验工作报告图三

小麦成绩，计 72 号白皮麦产量较普通农家增 20％；38 号红皮麦，增 18％。但比以前之选穗较狭，未得佳良品系，而所用之标准，多病虫害，不足以代表本地之佳良品种，而所得之结果，吾人殊不满意。今年于华北各试验场，征来 46 种，加以本场之 20 品系，共 66 品系，作一高级试验又征来 70 品系，加以本城之 168 品系，共作 10 杆行试验，标准则选最佳之有芒白小麦，共 7 000 余行。预计明年收获统计后，或有令吾人满意之品系。

```
              谷子
         ┌─────────┴─────────┐
        高           五
        级           区
        试           试
        验           验
```

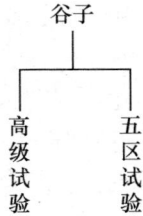

中华平民教育促进会定县实验工作报告图四

谷子今年始由燕大等试验场，及河北各县征来 90 余品系，分高级试验、五区试验、观察试验，其中之观察试验，乃以各县征来之品种，率多混杂不堪，乃另种一区，观察其生长情形，并举行去劣自交。其生长情形良好，及无病害等情者，即选升入明年试验，余则淘汰。

其关于高粱与玉蜀黍则有比较试验，交配试验，杂交试验。高粱实验产量增 20％。

（2）园艺工作。自十九年度园艺工作开始进行，现仍继续作证实实验之工作。

白菜改良设计。本设计期育成佳良品种，以增加其抵抗力，改良栽培方法，以增进其生产量。过去实验结果，在农人同样管理之下，改良种比普通种，每亩增加 25％。病害统计改良种占 16％，普通种占 25.35％。本年度集中本场 66 品种，实验区域较大，家数较多，实验结果当更为准确。

梨树整枝设计。本设计欲调剂果树发育作用，促进果实产量，改良果实品质，整齐树枝，俾便于管理采收，及病虫害之防除。过去实验，颇为农民了解。其结果表证区"已整枝梨树"，比对照区"未整枝梨树"增加产量 24.3％，品质比较表证区平均一斤个数占 4.52 个，对照区平均一斤个数占 5.64 个。本年度更继续作证实之实验。尚有葡萄栽培设计，本年度仍继续采集品种，供给实验。现在实验中者，共有 10 余种，并注重葡萄设架实验，以期得到简而易行之方式，推广于农民。

此外有肥料及土壤之研究。肥料方面关于黑豆骨肥利用，及人粪厩肥亚母尼亚保存，已有一年之试验。土壤之定县全县调查业已完成，化学分析正在进行中。其他植物栽培及病虫害防止附带实验。

（四）动物生产改进

畜牧工作，分猪种改良、华北各地猪种比较试验，及鸡种繁殖等设计进行，此外并开始筹备兽医工作。

（1）猪种改良。猪种改良，自民国十七年开始研究实验，试用波支猪种，用纯系繁殖法，尽量繁殖，将波支猪与定县猪，及第一代改良猪，实行饲养比较，并实行猪种五代改良研究。现在第一代波支改良猪，在同一饲养与管理之下，比本地猪多产肉 18%，颇受农民欢迎。本年度改良猪推广益众，现已于民间产生改良猪 13 743 头，以资表证。

（2）华北各地猪种比较试验。将华北各地猪种比较试验，选择优良之猪种，计已搜集者有河北行唐、大名，河南项城，河北白宝镇，山东曹州，山西太原等地所产猪，继续实验，以期得到中国良种。但此项工作，须六七年始行完成。

（3）鸡种改良。本场有红洛岛鸡和力行鸡，以备推广之用。今春共孵鸡雏 384 个，除留 100 个外，悉作表证之用。计表证力行鸡，十九年有 528 只，二十年有 581 只，二十二年有 134 只。改良鸡房者，有 54 家，产孵记录者有 43 家。这种工作期以 6 年完成。

以上各方面形成农村建设的一个方案，即先农民生计训练而农民合作经济组织，同时各种经济建设种种设计所谓由教育而达到建设是也。欲知其详，请阅《农民生计教育》小册，兹不赘述。

五、公民教育

公民教育之意义，在养成人民的公共心与合作精神，在根本上训练其团结力，以提高其道德生活与团结生活。一方面要在一切社会的基础上，培养民众的团结力、公共心，使他们无论在任何团体，皆能努力为一个忠实而有效率的分子；一方面要在人类普遍共有的良心上，发达国民的判断力、正义心，使他们皆有自决自信，公是公非的主张。这是必要的根本精神，亦是必要的道德训练。

（一）国族精神研究工作

以发扬国族精神，选择志士仁人之事迹，作系统的研究为目标。特选历史上志士仁人杀身成仁舍生取义之事迹，制成图说，附以歌曲，以为公民教育之材料。计完成《历史图说》40 套，出版《国族精神论例浅释》1 册。

（二）农村自治研究工作

以研究村自治之内容与组织，并训练村自治基本人才为目标。曾于高头村实验训练自治人才，指导人民组织自治所应行之事务。现在高头村乡公所完全成立，由村中办公人共同讨论乡务进行事宜。如修改乡公约，清理债务，修筑道路，成立农民训练班，看管田禾，本会略进指导，并充其活动之内容。本会根据此项研究所得，足为制拟农村自治实际办法与训练材料之根据。

（三）公民教育材料研究工作

此项工作，分为两部，第一部是基本材料的研究与编辑。计已成书者有《公民道德根本义》，《公民道德纲目》，《公民知识纲目》，《国民生活上应改正之点》，《中国伦理之根据》等。第二部是应用教材的研究与编辑。计已成书者有《公民课本》、《公民图说》、《历史》、《地理》、《唱歌》、《三民主义讲稿》、《农村家庭设计》、《模范家庭调查表新设计》、《农村自治研究设计》、《公民讲演图说》等。

（四）公民活动指导研究工作

此种工作，乃欲培养村民的公共心与团结力。须随时随地因势利导，如利用节会，加以指导。曾于高头等村，加以实验。

（五）家庭式教育研究工作

家庭式教育，或为中国的特殊教育方式。家庭在中国社会尤其是农村社会里，占极重要地位。家庭式教育是联合各个家庭中地位相同的分子施以相当的训练。一方面是要使家庭社会化，一方面是见到教育必须以全民为对象，要使在家庭中的老少男女，都能得到相当的教育。不过在实施方面，多与社会式与学校式联络进行。独立之工作，只有"家庭会"。家庭会为研究家庭式教育的方法与材料，并研究家庭实际问题及改良家庭日常生活之方法，以期达到家庭社会化之目标。其办法分组为家主、主妇、少年、闺女、幼童五种集会。

六、卫生教育

卫生教育的目的，就是要根据农村医药卫生的实际状况，顾到农村的人才经济，与可能的组织。一方面实施卫生教育，使人人为健康的国民，以培养其身心强健的力量；一方面要创建农村医药卫生的制度，以节省各个农民的医药费，改进今日医药设备的分配状况，以促成公共卫生的环境。

（一）保健制度之组织

在中国人才经济极端困难的情形之下，创造适合民众需要之保健组织。

（1）保健员。每村设保健员1人，由平民学校毕业同学会会员受有相当训练者充任之。其规定之工作有四：①报告死生，②水井改良，③普及种痘，④救急治疗。备有保健药箱，以供应用。现有保健员53人，大多数皆能答复人情上、技术上之要求。每村每年平均只需维持费

15 元。

（2）保健所。乃联村之组织，所内有医师 1 人，助理 1 人，设立保健所区域之划分，须顾到人口距离等对准。其工作有四：①训练并监督各村保健员，②实施卫生教育，③预防注射，④逐日治疗。现经证明，保健所为应用今日医学校毕业生之惟一方法。每所每年平均用费 800 元。现有 6 所，最近尚有两所可以成立。

（3）保健院。为全县卫生教育与卫生建设之总机关，现已组织完备，工作项目繁多。每年用费约 14 000 元。

以上三种组织，在年内可达到全县范围，每年总共用费（除训练人员外）约 35 000 元。以定县人口 40 万计，平均每人每年担负不过大洋 1 角。

（二）减除天花流行病之技术完成

以最经济最有效之组织减除天花流行病。经过 3 年实验，研究区内 61 村，天花已将绝迹。今年全国天花流行，定县各地患天花者亦多。独研究区内病者极少，死者只有 2 人，每次种痘平均用费每人不过大洋 3 分，在农村内如何减除天花之方法，业已完成。

（三）治疗沙眼与皮肤病之方法业已普及

应用保健员与小学教育，已将普通皮肤病及沙眼治疗方法，普及全研究区。无论何人皆可得治。

（四）生命统计方法业已找出

借保健员为农村生命统计员，既经济，且可靠，为今日国内仅有之有效方法。

（五）进行中之工作

已完成之工作，已略述如上。现在正待完成之工作，有下列四种：

（1）完成县单位保健制度之组织并充实其已有工作。

（2）试验推行节制生育之方法（与学校式教育联合进行）。

（3）试验合作社贷款，改良环境卫生之办法（与生计教育部联合进行）。

（4）地方病（黑热病）之科学研究。

（六）将来工作计划

（1）训练医学院高级学生与医学院毕业生，使定县成为华北乡村卫生人才训练中心。

（2）编著《定县保健制度三年经验报告》，供作国内举办乡村卫生之基本参考书。

七、学校式教育

民十五年以前，本会的实际工作多在都市；十六年冬，本会翟城村办事处，成立农民教育股，始渐次集中精力，从事乡村教育实施之研究与实验。7 年以来，本会定县实验区工作之属于学校式教育者，计有下列各种：

（一）初级平民学校之研究与实验

民十七年以前，平民学校之办法与内容，多以都市平校为准则。民十七年，《农民千字课》初稿完成，乃在翟城村设实验乡村初级平校两所，以实验新教材之适用与否。

十八年度，重新修正课程标准，规定修业期限及学校组织，又办实验初级平校 8 所，教材则用《农民千字课》第一次改正本，同时注重学校费用及学生担负之统计，以期完成初级平校关于行政事项之研究。

十九年度，又制订校董会组织法，关于平校之招生分班、课程标准以及教学时期与时间之规定，均根据以往经验，加以修正，同时拟定训育标准及训育实施法，再办实验初级平校 6 所，教材则用《农民千字课》第二次改正本，并将新编之初级珠算教学书列为实验事项之一。

二十年度，又将学生入学年龄重新规定，因而影响到整个课程标准，《农民千字课》第三次改正本及教学书亦已于此时完成，故又设实验初级平校 3 所。

二十一年度，搜集一般初级平校历年来所未能解决之问题，细加研究，又设实验初级平校两所，除实验《农民千字课》第四次改正本外，同时开始语词本位教学之实验，关于学生在校组织及综合活动秩序训练（即军事训练）等之实施研究，使全部训管问题得到一总的解决。当时所办妇女平校，因师资缺乏，乃试以男教师担任功课，结果亦无行不通之处。

二十二年度，关于初级平校之研究，以如何增高初平教育效率及如何缩短初平修业期限为目标，设甲乙两种实验初级平校各 2 所：甲校修业 2 个月，乙校修业 3 个月。欲缩短修业期限之原因，系根据各方报告，谓第四学月留生极难。但本会此次实验结果，乙校 3 个月毕业后试延长 1 月，学生仍不见减少，由此可知留生问题之发生，实与学校之办法及内容关系较大。

二十三年度之工作，除将初级平校之课程教材教法作最后一次之修订外，并汇集数年来实验经过记载，编《初级平校指南》一部，以供实施乡村教育者之参考。

（二）除文盲实施之研究与实验

（1）推行制度与方法。本会推行制度之完成，全赖表演平民学校办法之三次改进。十七年度，虽曾设表证平民学校 24 所，然其目的纯在示范，初未尝以此为推行平民教育之利器。十八年度，设表演平民学校 14 所，各个表演平校均有向附近各村推行平民教育之责任，因之普通平校陆续成立至 162 所之多。十九年度，对于推行方法，作更进一步之研究，又将表演平校办法再度改善，分区设立共 15 所，推行制度至此已渐完成，实验结果：分县成立普通平校共 316 所。二十年度，为使推行与视导工作发生密切关系起见，分全县为三个实施区，各择一村镇为实施中心村，并设表演平校 20 所，分布各区，担任推行工作；结果，全县成立普通平校共 417 所。二十一年度，因推行制度之实验已告一段落，乃将推行表演工作集中研究区内之 60 村，作技术与方法之精密的研究，并设表演女平校 5 所，作推广妇女教育之实验；结果，研究区内成立男女普通平校共 86 所。二十二年度，因推行制度与方法之研究已有相当结果，关于全县除文盲工作，遂改由县政府担任，本会仅贡献以历年来研究实验之所得。

（2）导生传习制。妇女教育之推行，素感困难，非家长怀疑阻止入学，即本人以无整洁衣服为羞。二十年度，曾在马家庄试用家庭传习办法，由表演女平校学生 18 人担任家庭教学；实验结果，能读完《千字课》者 27 人。二十二年度，东建阳村实验学校，以失学儿童之众多，致使文盲生生不已，且一般生计艰难或家务忙碌之青年男女，虽设有平校，亦不能按时入学，乃创导生制，由实验学校学生自设传习处 21 个，收学生 141 人，教读《千字课》。二十三年度，东建阳村及小陈村两处，仍拟同作导生传习制之研究，欲使导生本身成一坚强的干部组织；传习科目，不仅为文字工具，兼及其他职能；并使各传习处之学生，均能在导生干部组织之下互相团结，以增强改造农村之力量。

（三）初级平校以上教育之研究与实验

十七年本会暂定平民教育学制为：初级男女平民学校—高级男女平民学校—平民职业学校。

十八年1月，改平民职业学校为平民育才学校，以训练农村领袖人才为目标，并设实验男女校各一。

十九年7月，又因平民育才学校程度与高级平校不相衔接，乃改为青年补习学校，设实验男女校各一所。同时设实验高级平校2所，以实验新编制之教材与课程。

二十年度，又将高级平校课程重新规定，设实验学校3所。青年补习学校之实验，仍继续进行。

二十一年度，重新修订高级平校目标、新编教材与教法，并设实验男女校各一所。至于青年补习学校，当时因恐其徒变成一高级平校之升学机关，乃决计停办，而以生计巡回训练班代之。又因高级女平校之师资甚感缺乏，乃试用男女合校办法，行之并无困难。

二十二年度，又重新制订高级平校课程，设实验高级女平校两所，以探讨其是否有培养乡村妇女教育实施人才之可能；两校均于第三学月，由学生自办初级女平校各二班，轮流担任教学，借作学校式活动之训练；关于社会式活动之训练，如妇女组织、种痘及其他保健技能，又家事如缝纫纺织等，均列入课程。实验结果，颇满人意，遂将高级女平校教育目标重新制订，并整理修正各科教材教法，以备推行。同时又设实验高级男平校两所，以养成乡村建设关于经济合作之下层领袖与技术人才为目的；此种实验，二十三年度犹在小陈村继续进行。

二十二年度，为欲解决初平以上之教育问题，尚有天才职业教育研究（参看《民国二十二年学校式教育工作》第68页）。

（四）乡村小学之研究与实验

本会于二十年冬，开始作儿童教育的研究，以期根本消灭文盲。初在城内设实验小学一所，作城镇小学整个的实验。

二十二年秋，在东建阳村设实验小学一所，依照"实验须含有创造性"之原则，作纯粹乡村小学的实验，并使能与平民教育的成人青年教育打成一片；又在高头及马家寨两处设特约实验小学各一所，意在改良乡村固有小学之办法与内容。当时为欲解决一般乡小教育之诸现实问题起见，创造"组织教学"、"习作教学"诸方法，使教师一人能教百数以上之学生，且以增大其学业进度，提高其课程标准，同时使一切训管之实施，均发生伟大效力。

二十二年冬，东建阳村实验小学，由组织教学之研究，趋重于习作教学之研究，后又集中于导生传习制之实验，乃又在西平朱谷村设特约实验小学一所，专作组织教学之研究，希于最短期间完成整套新制乡村小学之实验。二十三年度，又在小陈村设特约实验小学一所，专作习作教学之研究。

（五）妇孺教育之研究与实验

十七年度起，本会对于乡村妇女教育之研究，即已开始进行。最初的实验，为妇女平民学校、妇女育才学校、青年补习学校等。二十年度，本会设青年妇女教育研究委员会，分妇女职业及家事教育两组；二十一年度，开始在高头村作主妇会及闺女会诸实验；又在西平朱谷村设实验初级女平校一所，将缝纫育儿诸事列入课程，以解决妇女必须在家"作活计"、"看孩子"因而不能入学之问题。二十二年度，东建阳村实验女校青年部，设书算、保育、缝纫、纺织、畜牧、园艺六科；乡村幼稚教育之实验，因保育科之设立，遂亦同时开始进行；且在麦收时，试办农忙托儿所一次。西平朱谷村，亦开办保姆训练班，附设幼童园一所，以供保姆实习；后因保姆训练班毕业，幼童园遂失其依附；乃改用小保姆制，使幼稚教育之实施，隶属于家事研究会之下。二十三年度，小陈村亦作乡村幼稚教育之实验，并训练女平校毕业生及小学女生为保姆。

（六）师资训练之研究与实验

关于如何培养师资之研究，在实验乡村小学尚未开办以前，只决定短期训练及专科学校两种办法。十七年度，有暑期平民教育研究会；十八年度，有平校教师研究会。十九年度，有平校教师讲习会。二十年度，有平校教师训练班，此种临时的及短期的师资训练，均由视导工作人员主持之；其目的在使实施乡村教育者能振作其服务的精神，增加其干的勇气；因种种简而易行的教育方法，虽少技术训练，苟能在不敷衍之态度下行之，亦未尝不有相当效果；且受训练者自与视导人员发生关系以后，即可随时予以方法及技术的指导。至于十八年度所办之平民教育学院师范科，十九年度及二十年度所办之平民教育专科学校，又二十年度所办之妇女平校教师训练班；修业期限均为一年，目的在培养推行与视导人才及表演学校教师；故对于一切方法的运用，技术的熟练，在此比较长期的训练设施中，均不能不使之占有重要的地位。二十二年度，根据历年来训练师资之经验，制订县单位的师资训练实施法，并整理增编各种教材，以期完成整套师资训练应用学术。二十三年度，因乡村小学教育及村单位建设等研究已有相当结果，故对一般乡村师范办法内容之改进，亦拟开始研究。

（七）村单位教育建设之研究与实验

十七年度，本会为工作推行便利计，特订村平民教育分会简章，并成立村分会 18 个。十九年度以后，乃改订办法：关于平校之设立，有校董会之组织；村诊疗所之实验，由卫生教育部负责；一切社会教育之设施研究，成立社会教育研究委员会主持之；各村仅有自治委员会之组织。二十二年，又有村识字教育委员会之组织。二十二年度，在西平朱谷及小陈村两处作村教育建设委员会之实验，订立组织大纲及办事细则，使对于村政之处理，教育之实施，卫生之设备，以及经济合作之推行，作一个建设的整个筹划，并依照建设程序，一一促其实现。

（八）学校式教育编纂工作

7 年以来，关于学校式教育研究实验之记载，以人力不敷分配之故，均未能细加整理。例如初级平校之实验：课程方面——由偏重文艺教育进至兼重组织训练（包含一切学生活动及秩序训练、单元训练等），由第三四学月教习注音符号进至开学日即教习注音符号；教育方面——由千字课教学进至语词本位教学，由特重读法至兼重语法（当然包含作法）；其他学科，如注音符号——由三拼教学法进至结合韵母教学法，再进至结合声母教学法；又关于珠算笔算教学之比较，学生常用差别字之统计与探源，国语罗马字之实验等，其经过情形，无一不有发表之价值。此外推行平校之经验，以及学校式教育应用学术之研究等，均有辑成专书之必要。平校及小学之整套教材教法，尤为急需。故二十三年度学校式教育部之工作，特重编纂方面。

八、社会式教育

（一）什么是社会式教育

平教会为推行四大教育，决定应用三种方式，除学校式、家庭式外，便是社会式教育。学校式、家庭式自为推行四大教育必不可缺之路线。然学校、家庭范围都是固定的，欲向一般群众及有组织的农民团体施以适当的教育，则必赖社会式。社会式教育内容的取材，当然是完全根据由四大教育研究出来的方案，而利用各种工具对一般农民作普通的讲演或指导。但本会社会式教育的工作，却并非如此简单，它除了推行四大教育外，还负有其他的更重大的使命。研究室内研究所得的结果，是否适合于农村环境，如不经过一度实验，恐怕谁也不能确定，所以社会式教育必得把实验以后的得失经验，转达于各从事研究工作者以资参考。且整个平教运动的目标与内容，能否随时随地与正处于急剧变化的漩涡中的中国社会的现阶段相适应，尤须赖与社会接触较多，对现社会的实况与动向有较切的体验与认识的社会式教育作其改进与充实的根据。

（二）社会式教育的演进

民国二十年，社会式教育委员会方始成立，至二十二年改为社会式教育部，先是完全站在学术团体的立场上去工作，嗣以县政建设研究院成立，双方均为工作便利起见，乃约相合作。合作事项，如训练民众、组织民众等工作。

（三）民校毕业同学会（简称同学会）

（1）成立同学会的意义。平校或民校学生，毕业之后，苦无适当学校可入，如置之不理，则所学本已无多，日久必致荒废，前功尽弃，宁不可惜！本会有鉴于此，乃有同学会之组织，为接受继续教育之团体。但同学会却并非纯为使一般会员继续接受四大教育，而更要使其参加四大教育的活动，推动或介绍四大教育到乡村民众，同时，更有一个重要的意义，便是养成青年农民求知的欲望与团结的力量，为农村建设的中坚分子。

（2）同学会的组织。同学会是由平校或民校毕业生组织成的。每村同学会设委员长一人，依四大教育之内容，文艺委员、生计委员、卫生委员、公民委员各一人，处理本会一切事务，领导本会一切活动。

（3）同学会的活动。根据组织同学会的意义，同学会便有下列各种活动：关于文艺方面的如成立读书会、演说比赛会、演新剧、练习投稿等；关于生计方面的如成立自助社、合作社、农产展览会；关于卫生方面的如种牛痘运动、防疫注射、拒毒运动、武术团；关于公民方面的如禁赌、修桥补路、植树、自卫等等。

（4）同学会的设备。为满足农民迫切的需要，而又须适应农村经济状况，同学会的设备即为平民角之设备，用三个煤油箱造成一个适宜于放在墙角的木柜，我们名之曰平民角。既可存置图书、报章、钤记等用品，又可作为办公桌，一举两得，所值无几。此外关于《农民周刊》等工作亦以同学会为教育中心。

（5）《农民周刊》。《农民周刊》的目的，可以说是为使农民发抒舆论，唤起农民对于国家民族的责任，养成农民读报的能力和习惯，和给

予农民练习写作的机会。用本地毛头纸印刷，每期两大张，每年只收费
1元。内容以农民来稿为主，占全篇幅 2/3。

（6）图书担。选定极浅易通俗适合农民需要的书籍，分装于两个木
柜内，定期挑到各村，供给农民阅览。

（7）巡回文库。用木匣四只，装满书籍，依计划的时间，分送到 4
个毗邻的村子，烦文艺委员负管理及解答之责。10 日后互相交换，阅
毕，再分送至另外的 4 个村庄，如此轮流送阅以期普遍。

（四）今后社会式教育的工作

（1）关于同学会的：①扩大组织的范围。②确定教育活动。

（2）注意社会式教育内容材料的研究。

九、教育心理研究

本会教育心理研究，开始于民国十六年，其意义在充分运用教育心
理的原则、心理测验的方法，对于学力测验、智慧测验等问题，做一种
科学的分析研究。文盲的标准如何，大多数农民的智慧如何，青年与成
人的学习能力如何，天才农民的教学应如何办法……这些问题都是极重
要的。其工作略述如下：

（一）研究概况

（1）测验的分类。本会所用的测验，可照惯例分为成绩与智慧两大
类。智慧测验只有两种，其余的都是成绩测验，换言之，都是考查平民
学校各种文艺教育成绩的测验。这些教育成绩测验，都是根据一定的教
材编制的，其中以属于农民千字课与农民文艺课本的，及市民千字课与
市民识字课本的为最多。此外还有注音符号与珠算测验，亦是根据一定
的教材编制的。

（2）测验的内容。自民国十六年至民国二十三年这 7 年之间，一共
编制并应用了 44 种测验，每种测验有 2 种至 6 种方式，每方式有 50 至
100 个例题，所以每种测验中一共有 20 至 205 个例题。在每种方式中，
每个例题大半算一分，不过在例题少的时候，每个例题要多算几分，因
为要把总分数加多——至少 20 分，至多 130 分。

所有 44 种测验共用了 26 种方式，每种方式被用的次数不等。"听
读默写"与"辨别是非"用过 20 余次，"填字造句"与"默读了解"用
过 10 余次；"听读认字"、"看图识字"、"辨别字形"、"改正错字"与
"选择答案"用过 5 次以上，其余的 17 种方式，只用过一二次。

（3）测验卷册数目。总结民十六至民二十三这 7 年间，44 种测验

所测验过的班数有 1 601，人数有 36 602。这个数字，并不是表示定县平民教育在过去只除了那么多文盲，也不是表示有那么多不同的人受过测验。因为入平民学校学生的总数，一定比实际受过测验的人多，所以这个数字只代表实地受过测验的人数。

（4）成绩优良农民的选拔。从这 36 000 余份平校测验卷册中，我们把那 23 000 份中一切事实，如姓名、年岁、性别、住址、测验日期等，都完全的，选拔出数百个成绩最优良的农民来分别研究。

这个成绩优良的农民的选拔，是预备为将来研究农村运动领袖人才用的，选拔出来的农民可以施以特殊训练，培养成农村领袖人才。我们一共选拔了 452 人，其中男子 366 人，女子 86 人。

（二）研究结果

（1）挂图测验法的试验。在二十一及二十二这两年度中，我们试验了挂图测验法相当成功。所谓挂图测验法，即是把测验卷册分为两部，一部为测验材料，一部为答案纸条；测验材料可以严密控制，只要把答案纸条分发给学生。这种办法不单应用方便，而且易于管理测验材料。无意地披露测验材料内容可以避免；而且因为所有测验材料，都是订成一套挂在班前，一页一页翻起来，所以每题目露示的时间都可以准确地控制。

这种挂图测验法在乡间应用的时候，非常引人注意。它的很明显的好处是：①经济方便；②每个题目的露示时间，可以严格控制；③一般学生的注意力容易集中；④测验材料可以严密地收藏起来；⑤回答时间短促，学生不易传递作弊。

（2）中国军队智慧测验的创举。在十七年 2 月，平教会曾用智慧测验甲种，测验过当时驻在河北顺德的何柱国军队约 100 余人，测验卷册还保存的有 863 份。该测验于十九年春又在定县平民学校测验过 650 人，这两组的成绩是完全可以比较的。

（3）各种成绩测验的改订。我们按月教授的每册《千字课》，起先都有一个测验。到后来采用 4 册混合编制法，因此各月的成绩就可以互相比较了。每测验有时三四种，都是历年陆续改订的。

（4）识字能力与年龄的关系。由 44 种测验，55 组受过测验的农民得到识字能力与年龄之关系的结果，其最要者有二：①识字、注音符号与珠算，在 15 岁至 45 岁之间，学习能力，差不多完全一样，这个事实与美国教育心理学大家桑戴克（Thorndike）氏结论，说 25 岁至 45 岁成人学习的能力与 15 岁至 20 岁的青年差不多相等，是完全一致的。
②根据识字、注音符号与珠算学习的总成绩来说，我们似乎觉得定县平
教实验中的文艺教育，不应当只特别注意 15 岁至 25 岁之间的青年。文
艺教育同样地可以施之于平民学校中这些青年的父母与祖父母。许多实
验早已证明，年长的成人虽然有些方面不如年轻的，但是我们的真诚、
热心与郑重，还足以补救他们在知识能力方面的缺陷。因为老年人对于
青年人的道德影响非常之大，所以他们的文艺、生计、卫生与公民教
育，实在比青年人还要重要；青年人的思想是激进的，老年人的思想是
保守的，担当农村改造与建设责任的青年，如果与保守的老年人冲突起
来，什么事都办不成的，老年人至少要使他们受一种特殊教育，专门训
练他们常识，并且赞助青年担当乡村改造与建设的工作。

这两种结果，是从民国十六年至民国二十三年这 7 年中所有的材料
得出来的；它是定县平民教育科学化数量化的最具体、最切实的证据。

十、本会与国内各团体之合作

上面所述各项，我们能力有限，力求与国内各团体合作，而收集思
广益之效。兹将本会与国内外各团体合作事业与团体名称，列表于后：

与合作有关之会内各部	合作团体名称	合作事业
平民文学	国语统一会	文学研究
生计教育	金陵大学	育种
	河南大学	肥料
	地质调查所	土壤
	南开大学	农产改良（先从棉花入手）
	华北农产改进社、金城银行	
	平教会	
	南开大学	经济研究
	中国银行	农村仓库
	金城银行	农村合作及仓库
卫生教育	内政部卫生署	农村卫生技术人才训练
	协和医院	
	湘雅医学院	
学校式教育	黎川农村服务联合会	协助
教育心理研究委员会	清华大学心理学研究所	研究
社会调查	协和医院	家庭卫生
		人口调查
全会	燕大农村建设科	农村建设技术人才训练

十一、研究院与平教会的关系

外间往往误传定县有三个大机关：（1）平教会；（2）研究院；（3）实验县。其实定县只有一个大机关，就是河北省县政建设研究院。实验区的县政府是研究院四部中之一部，就是实验部，部主任兼任县长（另有调查、研究、训练三部）。平教会不是一个机关，乃是一个私人学术团体。平教会与研究院在法律上、经济上并没有关系，然而在实际工作上却有很密切的合作关系。

研究院系河北省政府根据中央的法令和选定实验区的条件而创设的，其性质完全是政治的，欲以定县作河北全省之县政改革的出发点。平教会是私人创设的教育学术团体，其工作完全是社会的教育的学术的性质，其目的在从人民生活里研究实验出一种民族改造的基本方案，贡献与政府及社会作参考或采用。这是工作性质显然不同的地方。惟其不同，故有合作的需要与可能。

研究院与平教会合作的关系可以借河北省于主席的一句话来说明："研究院与平教会的关系就是政治与学术合作"。这个合作关系可以从两方面分析去看。先从研究院方面去看。研究院院长是平教会干事长兼任，院内一部分专门人才也有平教会的专门干事兼任的（但均属义务性质不受薪），这是借用学术人才的关系。研究院实验部自成立之日起即有不少的实际工作推行全县：例如县单位除文盲的推行，县单位保健制度的推行，县单位农业表证制度的推行，乃至全县合作制度之推行，都在一年之中得到很多的成绩——这完全是利用平教会以往的工作作基础，并充分采用平教会一切设备及研究实验已经成功的方法与工具而得的结果。

再从平教会方面去看。平教会一切工作的研究实验都是为推行全国着想，所以就不能抛开政治而专讲学术。但政治力量如何运用，和运用什么政治力量，都非从政治本身作一番研究实验的工夫不可，然此则非平教会所能兼顾的事。于是则不得不借重研究院的力量去作推行和应用的实验——这是平教会需要研究院而与之合作的地方。总结起来说，从研究院方面看是"政治与学术合作"，从平教会方面看是"学术与政治合作"，两方面共同的目标，或者可以说是想达到政治学术化、学术事业化的目的。

十二、本会的经费

关于本会的人士，每以经济情况见询，兹略述之如下：

平民教育促进会是一个私立的学术团体，是一些穷书生得了极少数人的同情与援助而创办起来的。因此就与一般有政府作经济后盾的机关完全不同。本会自创办以来，经费就没有可靠的来源，全凭国内同情此种工作的朋友的自由捐助。中美教育文化基金董事会对于本会工作素表同情，曾给我们多年的补助。本会出版税的收入也可以维持一部分工作。政府对于本会的工作向来也是非常同情赞助的，并且十余年来我们也曾多次与政府合作，尽本会的力量帮政府的忙。不过当此内忧外患、山穷水尽的时候，政府也碍难给我们经济上的助力。虽然如此，这种农村生活改造的基本工作，迟早要有政府的经济后盾，方能继续进展。

本会虽是为应各省平民教育工作的需要而在民国十二年成立的，但是因为经费、人才的困难，到十三年方正式开始工作。当时全年的经费只有 3 600 元，全是故董事长夫人朱其慧捐助的。经费既是异常的窘迫，而同时处于平教总会的关系，又不能不顾到全国各省分会的工作，其艰窘之状，就可不言而喻了。

民国十四年 6 月阳初应中国太平洋国民会议之请，和檀香山大学中国学生会之约，曾至檀香山赴会；在会中曾讲演中国平民教育运动，九国代表听了一致表示很热烈的赞同。该会主席韦尔伯博士在最后的结束一夜，特别提出中国平民教育运动的重要性、国际性，及其与太平洋沿岸各国之太平问题上的密切关系，颇引起国际上一班教育家、政治家的注意与同情。该地华侨又请阳初讲演，两星期内演讲 30 余次，许多听过讲演的人，随即联络同志组织一个檀香山华侨平民教育促进会。一般华侨领袖自动地组织募捐队，参加募捐的人，男女共 300 余人，3 天内募集了 2 万美金，为该地捐款的空前成绩。此款全数赠送平教总会，表示他们对于祖国平教运动的赞助与拥护。捐款数目虽不算大，而平教事业却赖之得有发展进行的可能。

平教工作虽赖此进展，然而国内民十五、十六、十七年间，无日不在枪林弹雨之中，真是一波未平，一波又起，经济破产是当然的结果。从前曾捐助本会经费的人，至此皆有心无力，于是本会经费在当时几入于山穷水尽的境界。

民国十七年阳初因赴美返母校耶鲁大学领受荣誉学位，并有美国全国教育会及其他大学延请演讲，便中结识少数同志同道的朋友，组织了一个"合作委员会"，以一年的时光、精力，得到了一些友人的赞助与同情和几个学术团体的合作。乃募得 5 年为限而有条件的补助金。此项补助金由美国方面合作委员会收集并保管。每年根据条件考核工作成绩，然后由委员会酌量分期寄款交由本会董事部所聘请之经济委员会按议决工作计划及预算数目按月发款。现已五年满期，而本会并无分文基金，今后工作如何继续维持，使得向前发展，尚待本会同仁的努力与政府社会的赞助。但是我们根据以往的经验，深信工作只要有成绩，迟早总能得政府和社会各方面的赞助的。外间一般不察事实不明真相的人，认平教会为拥有百万基金的发财机关，实是完全误会。

本会工作以研究实验为主。至于表证推行于全国或于一省的工作，决非私人学术团体所能办所应办的事，故本会所募来的钱都是用到研究实验上的。我们这个由穷书生的结合靠募捐来维持工作的私人学术团体，完全在困窘的生活中努力撑支，整整有十余年了，怎会把钱浪费？又怎能有钱让我们来浪费呢！本会经费最多的时候，曾未超过月费万余元的记录，而研究实验的工作却有十余部分之多。至于河北省府在定县设立之县政建设研究院，在经费上与平教会毫无关系。平教会同仁在研究院兼职者皆为义务性质，而研究院的经费每月亦仅仅五千余元，由省库支出，外间传说研究院每年经费数十万，亦系无稽之谈。

关于民众教育的任务①
（1934 年）

　　教育的主要目的，不仅是要受教育者能够适应生活，更要以教育的力量，达到改造生活的目的。

　　民众教育的对象，应该是全体民众。现在中国大多数的民众，不但不能得到改进生活的教育，即最低限度的教育工具与基本知能，亦没有领受的机会。国家的基础与民族的前途，安放在大多数不会取得基本的教育的国民身上，国家的基础，如何能稳固？民族的前途，如何不危险？中国创办教育、设立学校，已数十年，其教育之内容如何，姑不具论，但对最大多数民众的教育，却没有准备。号称民国，而全国 85％以上的人民不认识本国文字，没有最低限度的知识，这是一种极危险的现象。以中国人民之智慧能力，必具有无限的教育可能。然国家社会对于基本教育没有准备，缺少良好的办法，缺少得力的工具，缺少充实适当的教材。此最大多数的民众，竟不能发展其无限的可能，创造国家的新生命，这是最可惋惜的一件事。所以民众教育的一个基本任务，是使全国失学的人们，都能得到最低限度的教育。至少要认识本国基本文字，了解现代中国人所必须具有的基本知识。

　　最大多数的中国人究竟是住在农村里的农民。全国人民之生活于农村，以农业为主要职务的总在 3 万万以上。此 3 万万以上的农民，是国家的基础，是民族生命的源泉。但最缺乏教育的是这 3 万万以上的农民。由此可见，民众教育即以全国民众为对象，尤其要注重。至少就数量上说，民众教育的一个任务，就是要使全国农民取得适当的教育。这并不是说城市的民众不需要教育。但就数量上说，就国家建设的基础上

―――――――――――

　　①　国民政府社会部档案（十一）56。此件为应周佛海之约而写。

说，就农民的生活的需要上说，应该使我们特别注意到农民的基本教育。农民所需要的是取得最低限度的教育工具，基本的知识技能，以改进其生活的教育，这是中国社会政治的现状下，教育的现状下的正宗的教育，不仅是补习的、附带的教育。

民众教育的主要对象应该是农民的教育。我们就受教育者一方面看，不外儿童、青年与成人三部分，农村里的儿童在适当的教育方法之下，应该取得与其身心发展相适宜，与国家社会的需要相连贯的教育，这是无容弛废的。就各方面看，最需要教育的是农村中的青年，而最缺乏教育机会的，也就是农村中的青年。民众教育的目的不仅在使受教育者消极地取得相当的教育，更要以教育的力量，培养一种新的力量，能够使所受的教育，在他们的行为活动上发生影响，从事本身生活的改进，从事农村的基本建设。就国家民族目前的危机说，更不能不从教育上使青年农民有国家民族的自觉，有自动建设的能力。年龄过大的成年人，虽然有指导青年的责任，但实际活动为建设立基础的，还要靠青年人。儿童年龄尚幼，在国家目前的情形下，要他们担负若干建设责任亦不可能。我们只有一方面力求农村儿童教育的改进，一方面注重青年人的训练。青年有积极创进的勇气，是建设工作中的中坚分子，又是直接生产者。如其受得相当的教育，在有经验的成人指导之下，可以使整个社会移动，自动建设。

从民众教育的立场说，人人都应该受教育，但就中国的情形说，尤其要注重农民，更应该注重青年农民。约略的估计，自 14 岁至 25 岁的青年农民，至少有 8 000 万。如其此 8 000 万的青年农民，都取得中国民众所应受的教育，不但在教育上有重大的意义，即在国家基础建设，乃至于民众的国防训练下，都有其重大的意义。

民众教育的主要对象是农民，尤其是青年农民，这是中国现在时代下不能不注意的一点。不过这不是说教育在人之一生中，只占一个小段落。民众教育的一个任务，是对于人之一生都有其适当的教育。

教育的范围应该放宽，时间应该放长，自出生到老死，都在教育的活动之中。生活的过程应该就是教育的过程。民众教育应该顾到这一点。中国近百年来社会生活经历向来未有的急剧变化，现代的生活变动极速，教育的进展落在社会的、经济的、政治的进展之后。短时期的制度的教育，不能应付变化急剧的生活。为使民众能随时取得新知识技能起见，民众教育应该以不同的方式与办法，不断地实施教育，使能继续地应付生活的需要，使能了解现代的状况，所以就教育的范围来说，民众教育的范围最广。要使广大的民众，能够不断地取得教育。

民众教育的主要的内容是什么？民众教育的重要，既如上述，则其任务当不仅是取得一些呆板的知识，学习一些于实际生活不发生影响的技术。民众教育必须真能达到生活化的目的。能够以教育的力量，解决生活的苦痛，然后才能达到以教育改造生活的目的。于是我们对于民众教育的内容的分析，即不能不从民众的生活的缺点上着想。

中国最大多数人民的生活，根据他们在生活上所呈现的困难，加以观察，加以分析，有四种基本缺点：一是愚，二是贫，三是弱，四是私。从事民众教育的，应当认清这四种缺点，研究一套适合于民众生活的教育的内容。

一、应当在文艺方面，以文字教育为出发点，从文学艺术着手培养人民文艺兴趣，发扬民族精神，培养增进科学头脑，以解决"愚"的问题。

二、应当从农业生产、农村经济、农村工艺各方面，授以科学方法、科学知识，增进其生产能力，改善其经济生活，以解决"贫"的问题。

三、应当在公共卫生方面，授以科学医药常识，养成卫生习惯，建设卫生环境，以解决"弱"的问题。

四、应当对民众施以良好公民训练，使他们有公共心团结力，有最低限度的公民常识，发展团结力量，启发民族自觉，训练自治能力，培养法治精神，以解决"私"的问题。这是根据生活需要生活缺点的教育内容。

前面已经提到民众教育应该注重农村，近来社会上教育界对于此点已有明了的认识，实际上在各方面努力的也不少。着眼于农村建设的同志，经过多年的经历，知道非从民众教育上着手，则缺少"人"的基础。努力民众教育的同志，亦知道非致力农村建设，则教育必致落空，不能达到改造生活的目的。近来许多主张民众教育目标"由乡村建设以复兴民族"的，这是近年来对于国家民族前途的一种进步的认识。民众教育与农村建设在通盘计划之下进行，不仅民众教育有了确定的对象，农村建设亦有了"人"的准备。如其全国各方面共同努力，不但教育上可以取得一种新力量、新生命，中华民族也可以开一条新路。

致中华教育文化基金会请款书①
（1935 年 3 月）

为恳请优予补助事：窃敝会现应各方急切之要求，决定充实原有农业工作及培养农业实际人才，以期促进农村建设，恳请贵会优予补助，以资完成。谨将恳请缘由及敝会工作之梗概缕陈如下。

一、华北亟须设一为研究解决农事实际问题之机关。我国自办农业学校以来，迄今五十余年，为时不可谓不久，然学校自学校，农业自农业，老农老圃何尝得到农业科学之效用。考其弊端所在。实以学校只重农业知识之讲授，而不过问农事实际之问题。目前整个华北虽有教农业知识之学校，而无一真正为解决农事实际问题而研究之处所。当此农村凋敝，各种农事实际问题亟待解决之秋，华北亟须设一为研究解决农事实际问题之农业机关。

二、定县农业工作系以农夫为主要之对象。敝会鉴于前述弊病，故约集同志深入民间，体察农夫实际生活，去研究解决农事的实际问题，期将农业科学输入民间，使其成为农夫的技术习惯，不仅是书本之知识与舶来之学说已也。加之敝会工作不但注重实际问题的研究与实验，同时尤注重研究一套农业推广制度和一套农业教育，期在定县研究实验之结果，可以贡献到全国。

三、培养实际农事人才以资推广。目前国中高呼农村建设，大有风起云涌之势，然对于具有实用的农业学识与技术之人才俱感缺乏。敝会因于农村建设之实验历史较久，以是政府及社会公私机关皆视为识途老马，纷向敝会索取材料，征求人才。敝会为应实际之要求，故不得不注重人才之培养，现除训练教育、卫生方面实际农村人才外，更注重实际

---

① 全国慰劳总会档案（二八四②）6。具体日期不详。

农事人才之训练。今后训练工作期达下列三点：（一）使受训练者能认识真正农村实际问题；（二）使受训练者学到实际农事技术；（三）使受训练者能负解决实际农事问题的责任。

四、为充实与扩充原有农业工作而设农事试验所。今后敝会工作一方面亟须充实以求健全完成；一方面亟须扩充以求推广发展。今拟增设农事试验所，期达充实及扩充之志愿。农事试验所内除原有之动物、植物二组外，并增设兽医、植物病虫害、昆虫等三组。三组之设置实与动植二组有相辅之关系，虽云增设，实系充实。在此充实扩充之际，幸与燕京大学合作，承该校推其教授胡经甫同志来长农事试验所，胡君对于农事颇有心得，尤精于昆虫学，将来对于所内一切职务当能胜任愉快。

五、与其他机关合作。向来各机关之通病皆各自为政，故每遇性质相同之工作，多不分性质之范围，遂相互设立，不免重复冲突之弊。敝会今欲将工作效率增加，且欲合乎经济原则，多与各机关合作，如与燕京大学作农事之合作，南开大学作农村经济之合作，金陵大学作植物改良之合作，中央农事试验所作肥料土壤之合作，清华大学作昆虫与植物病虫害之合作等是。既免叠床架屋之失，而收事半功倍之效。且燕京、清华等校其实验室设置完备，敝会关于实验工作即可借用。各大学之专门学者，因有合作之机会，得与实际农村问题接触，不啻在学术上开一新方向。又如与华北农产改进社合作，一方面谋农产之改进，一方面谋市场之推销，一年以来亦已略具相当成绩。

往者敝会生计教育工作曾蒙贵会赞助者良多，今敝会因应各方急切之要求充实原有农业工作，培养农事实际人才而增加新的工作，当更为贵会所乐为赞助者。敝会既系私立学术团体，经费全赖自筹，十年以来，无分文之基金，仅靠捐募以资维持，各部主要工作均赖如贵会之各机关补助，始能日有进展。所有农事试验工作，亟望贵会视同自有之设计，而将所有经费整个担负，俾敝会向无基金而努力基本工作之苦心孤诣，得以继续不断向前猛进，岂特敝会之幸，国家社会实利赖之！附呈农事试验所二十四年度预算一份，敬希鉴察。

此致
中华教育文化基金董事会

中华平民教育促进会干事长　晏阳初
中华民国二十四年三月

中国农村教育与农村建设问题[①]
（1935 年 3 月）

　　3 月 25 日午后四时北京大学文学院教育系，特约晏阳初先生在该校第二院礼堂公开讲演。听讲者多为北大学生，各界前往听讲者，为数亦复不少。正四时，北大教育系主任吴俊升氏导晏氏登台，先由吴氏致辞介绍晏氏，并谓教育最初本只为少数人而设，西洋近百年始扩充于多数人，中国之普及教育，即平民教育，由城市而趋于农村，此种划时代之大工作，晏先生实为领袖。晏先生今日所讲演之题目，为《农村教育问题与农村建设问题》，能将其实验之所得告诉我们。吴氏致辞毕，即由晏氏讲演，兹志其讲词大意如下：（按：此系本人当场所笔记，极简略，因晏先生当晚即返定，未及请晏先生校正，如有错误，当由笔记者负责。——龙潜）

　　敝人久不作讲演，因自民国十二年以后即努力于平民教育工作，近五六年来，在定县研究实验农民教育与县政改革，既无宣传之必要，故亦不作公开讲演。惟来此听讲者多数为研究教育之同学，定县之工作又偏重于教育，阳初为责任心所驱使，实不能不来向诸君说话。今日所讲者多为阳初十余年来之心得，诸君既多为研究教育者，或亦可供诸君之参考。

　　所谓教育，并非指一般的及普通的教育，普通教育并不难，欲其切合实际方为难事。最切合于实际之教育为农民教育。一般人以为教育之目的，乃在产生伟大光明灿烂之中国。吾人之希望又何尝不是如此，惟此种希望，实太迂远，今日中国，危亡已迫于眉睫，今日所应施之教育

---

　　① 原载《民间》，第 1 卷，第 23 期，1935 年 4 月。本文是作者于 1935 年 3 月 25 日在北京大学第二院的演讲词，由龙潜笔记。

为最低限度最基本必不可少者之救亡图存之教育。中国此时可为一非常之时代，而各处所实施之教育，似为一种普通之教育，"一切正常"，国家岂能维持！如现在乡间一般儿童所读之课本，仍与十年前大同小异，即可证明。须知吾人今日之惟一目标，为救亡图存，我辈虽无希望，然为我辈之子孙着想，岂能仍令其与吾辈受同样之处境。

予以为当此非常时代，必须有一种计划教育，教育之内容与方式以及一切的一切，均须有计划。按敝人十年来于困苦艰难中所得之经验，欲达到救亡图存之目的，最急需最迫切者有三：

第一，培养知识力，最低限度须培养其民族意识与国家观念，能够自觉自强。吾人站在教育者的地位，一切一切都在启发他们。

第二，培养科学的生产力，更换那些老农、老圃的旧习惯旧技术，使其了然于人力可以胜天，一切自己均可创造，即养成其自给自养之能力。

第三，培养组织能力，养成纪律生活，方能自卫自保。集中以上三种能力，始足以言救亡。同时实施此种教育，尤须注意目标、计划与策略三方面。如农村中有成人、青年与儿童，对于成人，因彼等在乡间极有力量，欲其为我等之助力，对之须用开导方法。对于儿童因其为国家之基础，故须用培养方式。至吾人所视为最重要者为青年，为十八九岁至二十五六岁之青年。因彼等年富力强，可以继往开来。姑就定县而论，全县 40 万人中，就有 8 万青年农民，以全国 4 亿人计算，中国农民青年至少有 8 000 万，除去 1 000 万已受教育者外，尚余 7 000 万人。欲救亡图存，必须抓住此 7 000 万青年。将他们组织训练起来，给他们以文字知识，与其他公民训练，及保健卫生的知识与训练。养成此数千万充实与健全之青年以后，有什么计划有什么目标必能成功，讲到总动员，才真正有员可动。

中国自鸦片之战以后，经过甲午之战，到日本提出二十一条时，经过一次刺激，一班有志之士即想出一个救亡的方法。忽而学东洋，忽而学西洋，今日忙这样，明日忙那样，但都没有把根本拟清，所以仍然是束手无策。今后我们必须拿定主意，下大决心，钻进农村，深入民间，造就这 8 000 万的农民青年，叫他们来担负这民族再造的使命。我等在定县所研究实验者，并非为定县。定县乃系一个实验室，我们要研究出一套内容与结果，故必须切合以下四条件者：一、是否经济，二、是否简易，三、是否切合实际，四、是否有基础，能合此四条件，方易普遍推行，才能对于广大之民众有益。

总之，定县之工作，系为研究实验，重质而不重量，一切系由下而上。十余年来，集中各方人才，根据民情，应用科学，所获得之结果，均系如此。至于农村建设，即欲以政治的立场加以推动，一方面是政治组织问题，一方面是行政人才问题。所谓县政改革乃为建设而改革，乃欲将以前专司收税审问官司之衙门，变为实施救亡教育建设各种基本工作之机关，服务人民，建设地方，以求政治之根本改革，此乃系由上而下，若与上面所说者相辅而行，我们一定有光明灿烂之前程。

总之，当此山穷水尽之时，只有农村有光明的希望，深望一般青年发挥宏愿，施展宏才，好静者做研究工作，好动者做推广工作。深信学术可以解决问题，有伟大之精神，必能成伟大之事业。前途荆棘最多，然只要大家能够任劳任怨，下大决心，为农民，为中国，甘愿受罪，不但青年自己有了出路，即整个中国亦有了出路。

关于出席乡村建设学会会议等 经过情形的报告①

(1935 年 10 月 28 日)

　　这一次同陈（筑山）先生到外面去，差不多费了一个月的工夫，现在把第三届全国乡村工作讨论会的大概情形及南京方面的参观，向各位同志报告一下。

　　这次在无锡开了两个会，一个是全国乡村工作讨论会，这个会的范围比较大一点；一个是乡村建设学会，这个会是少数乡村工作同志组织的。全国乡村工作讨论会的秩序与范围，差不多都是先由乡村建设学会讨论与决定的。关于乡村建设学会的性质与组织，同仁们或者还有不知道的，现在我把它报告一下。在各地从事乡村工作的同志，比较历史长一点的，如定县、邹平、无锡等处，碰在一起，大家都感觉到彼此有互相联络的必要。在第二次内政会议时，中央政府约了各方面从事农村工作的同志去开会。在会议中，大家为了这种认识，遂在中央饭店开始交换意见。大家认为乡村工作同志，有互相联络的必要；但不必注重组织的形式，应该偏重精神的团结，所以组织不宜庞大，宜注重运动本身的亲切联络。当时虽也有人主张组织全国乡村协进会，经过讨论认为与其组织一个像普通团体一样，定了详细完备的章程，设了董事会，而一事不办的会，不如多注重本身工作，少注重形式，较为实在。讨论结果遂由无锡、邹平、镇平、定县、燕京大学、中华职业教育改进社各方面，联名发起举行乡村工作讨论会；同时邀集国内乡村工作先进分子，组织乡村建设学会。乡村建设学会可以说是讨论会的灵魂，因为主持讨论会的就是乡村建设学会的同志。两会都在同一地点举行，会期则乡村建设

---

　　①　中华平民教育促进会档案（二三六）57。

学会在讨论会前。这两个会，第一次在邹平举行，第二次于去年 10 月
10 日在定县举行，会场就是这个大礼堂。今年为第三次年会，在江苏
无锡民众教育学院举行。在质的方面，由乡村建设学会担负学术的集
合；在量的方面，由讨论会担负鼓励提倡宣传的集合。所以两会的性质
并不相同而有相成之用，这是希望各位同仁了解的。

　　每年在举行乡村工作讨论会之前，乡村建设学会同志，有三天的集
会。这个集会有两个目标。第一是就乡村工作比较有规模的团体，将一
年间在研究实验工作上所有的得失经验，作亲切的交换，同时对于工作
本身上，人事关系上，以及整个的乡村建设抱负上，各就认识所及，作
自由的思想交换。第二是就乡村工作讨论会的各方面，作一点筹备工
作，把开会时应用的方式，注重的要点等，具体地讨论一下。所以学会
集合的末一天，大都是做这些筹备工作。乡村建设学会全体会员有 20
余人，如本会的陈筑山、瞿菊农和本人；如邹平的梁漱溟、梁仲华、孙
廉泉；燕京大学的许仕廉、杨开道、张鸿钧；无锡教育学院的高践四；
金陵大学的谢家声；华洋义赈会的章元善等都是。可是大家都有职务的
牵制，每次开会很难全体出席。这次在无锡开会，到会的有 10 余人，
事实上已不算少了。这次的集合得了两个重要的意见。第一是大家共同
认识到在这个国家已到非常危急的局面，我们应有非常的集合。不能再
和从前一样，一年仅开一次会。对于各方面的工作如定县、邹平、无
锡、金陵农科等机关，都应把它们的特色，设法集合起来，作一点对国
家危亡挽救上的特殊贡献。要想集合各乡村工作团体的长处，作成对国
家用建设乡村路径挽救危亡的方案，必须从增多大家的联络机会做起。
第二组织问题的讨论。大家觉得以前的组织，不十分严密紧凑，都感觉
到有改革的必要。以前乡村工作学会，可以说无所谓组织，每年仅仅推
定两个值年，负一点筹备年会的责任。这种非正式的办法，不足以应付
现在的需要，因此今年关于出席乡村建设学会会议等经过情形的报告产
生了两个委员会。一个是推广委员会，一个是研究委员会。推广委员会
以研究推广的性质，确立扩充办法为任务。研究委员会的重要工作，是
要把各方面的工作特色作集合的研究。集合的步骤是先就各地农村工作
现状，作详细的考察，然后把各方面的要点，连锁起来，制成整个的以
建设农村为手段的挽救国家危亡方案。这两个委员会，每个均推举了五
个委员。有了这两个委员会，大家还觉得不够，觉得还须有总其成的干
部组织，于是再在研究委员会及推广委员会中，各推两个人，组织干事

会，专门到各方面去做考察的工作，以便根据考察结果，制作总报告，然后由委员会提交乡村建设学会，作成整个方案。当时推出的干事有陈筑山、梁漱溟、梁仲华、许仕廉四人。这四人中负主要责任的是陈先生。研究委员会的召集人，是推举的我。推广委员会的召集人，本来是推的陈筑山先生，不过我们觉得好像什么都是推着定县人去主持，不很好，再经讨论后，才决定推广委员会推杨开道先生召集。现在的计划，大概是这样。如果这事真能依照计划去做，对于乡村工作一定有很重大的影响。将来干事会到各乡村工作地方去做精密的考察，决不像普通一般参观的一样，到那里看看就走。要整个地把每一地方的工作，作深切的体认，然后汇集各地体认之所得，形成一个整个根据实地要求的救亡图存方案。这事如果做得好，乡村建设运动，对于这国家危亡的局面，当有相当的贡献。

会中同仁，希望定县在这个工作上，对于连锁方面，多负一点责任。乡村建设学会情形大概如此。这次集合，比较前两次，彼此在各方面的工作上，认识上，又进了一步。这种进步，还不是较大的收获。较大的收获是在大家有更进一步的组织，更严密亲切的联合。由这种共同的要求，产生了干事会和两个委员会。自从这次改革之后，全国乡村建设运动，必定能够有更具体的发展。当然事情并不会像说话那么简单，其中的困难一定非常之多，不容易做得到；但目标却不能不这样定，我们也非从这方向上努力不可。现在我再把全国乡村工作讨论会的情形报告一下。这个会的经过，虽然在《民间》上已经刊载不少；但是，不很详细。今天因为时间的关系，我也不能做很详细的报告。好在以后会有详细的记载刊印出来的。这次大会，出席人数，与在定县开会时差不多。去年是 150 余人，今年是 160 余人。代表的团体，据他们的统计差不多有 100 个。最有趣味的，是到会的人数，虽然与去年差不多，可是到会的人士却不尽与去年相同，几乎一半以上是尚未参加过的。原因是有许多团体与工作同志，因为交通距离的关系，事实上必定是离开会地址较近的，则出席的多，远的就要少些。譬如去年在定县开会，定县出席的人数就多，今年在无锡开会，无锡出席的就多一些。所以乡村工作讨论会能够分年在各地举行，实在是很好的，可以使各地从事乡村工作的同志，都有参加讨论的机会。明年年会地点，预定在广东、西安或重庆三地之中择一举行。

这次开会的方式亦与在定县所用的不同，在定县开会时，注重点是实际工作的口头报告。大家能上台作报告，本来是很好的办法，可是如果团体太多，用的时间就必定很久，时间上便不许可。今年一律改为书面报告，留出时间作充分的讨论。演讲也很少，仅在开幕与闭幕时各有演讲一次。开幕时被推担任演讲的是我，闭幕时被推演讲的是梁漱溟先生。开会时讨论的题目，是各方面交来的提案，讨论的方法是先分组讨论，后再由小组主席报告大会，作综合的大会讨论。这次大会，共分四小组，第一组讨论的是政治、保卫、卫生等一类的问题；第二组是讨论教育方面的问题；第三组是讨论经济生产建设的问题；第四组是讨论三组以外的问题。每天都有分组讨论与大会讨论。本来年会的办法，各种会都是大同小异，没有什么特殊之处。讨论的题目，《民间》上已有记载，我不再报告。今年年会注重讨论而不注重报告，这是进一步的办法，不过其中还有许多不满意的地方，就是讨论题目大部分是临时提出，所以做主席的，参加讨论的，都没有充分的准备。因此有人提议，以后开会，提案要在开会前预先印刷分发到各地去，使大家在未讨论之前，对提案有一个用功夫的时候。太平洋国交讨论会就是用这种办法的，差不多连参考书都附载在提案后。一切讨论，都有准备，不是由于临时的激励冲动，随意地发言，是研究有素，成竹在胸的谈话，所以结果很好。不过这些都是值年所做的事，而被推为值年者，都是本身工作很忙的人，所以不能够好好地准备。其次大家感到会期太短，讨论很匆促，大家觉得有延长的希望。这次讨论会热烈异常，兴味颇好，故大家不觉时间之过去，多有未能尽量发挥的遗憾。此外，到会同志有许多人要求把全国乡村工作讨论会改组，大家以为自由参加，组织不严密。在三年前本来就有这种动机，如全国乡村工作协进会的拟议是。但我们的目的，本来只注重讨论，不注重有决议，现在尽有许多决而不行的会，我们却要先行而后会，会而后议，议而后通。讨论的意见是从实际工作来的，不是从理论上出发的，所以乡村工作讨论会是把各个人工作的得失经验，彼此切磋交换，或者在内容上、方法上，对于乡村建设，有一些帮助，而不必一定要有决议案。再从积极的看法上说，这时候的组织问题，不是在应该不应该上，而是在有了这种组织以后，谁来管。如果有人管理，确能促进乡村建设。这改组的提议或者有成立的必要；否则改组之后，仍旧落了一个空。所以这组织问题，我认为不是应该不应该的问题，而是时间与人才的问题。到了时候，有了人才，才有成立这种组织的必要。现在的问题是怎样培养人才，把全国乡村组织提起来。依我看来，这乡村工作讨论会的改变组织，迟早要实现的；不过现在还缺乏运用这种组织的人才而已。乡村工作讨论会的经过，将来有印刷刊布，今天只能简单地报告一下。

我们在无锡非常忙碌。忙了一个星期之后，便到上海。在上海耽搁了两天，和重要关系团体接洽了一回，就同陈先生到兰溪去参观。兰溪的县政改革，早已听到人家说，成绩很好。我们现在也在办县政工作，我所以特地亲自去看了一看。在兰溪参观两天，兰溪县政研究实验情形，停一刻请陈先生报告。从兰溪到上海，又去南京。在南京我所要看的是中央农业实验所及中央政治学校。中央农业实验所的所长是谢家声先生。该所规模宏大，全年经费有 100 多万。本来农业实验的工作，非大规模是不容易研究实验出成绩来的。我去参观的目的，是要想得到一个合作连锁的办法。我们到那里去，他们招待我们很殷勤。据他们说，华北的育种工作，以定县为最好。棉花的研究也以定县为最有成绩，所以他们很想到这里来看看。他们的昆虫研究，植物病害研究，成绩也不错。他们的设备，当然很完备。他们工作人员也都非常努力。他们希望和我们合作，在华北改良植物及肥料等事，把我们这地方做中心，和我们做密切的连锁。他们的设备非常充实，设备费动辄用款几十万元。最近建筑的猪瘟血清制造厂，预备为农民制造价格最低廉之猪瘟预防血清就是一例。他们以为农业是有地域限制的，而地域限制的试验，就非有如本会这样具体的基础和他们合作，便不易收效。他们的农业推广，需要两个条件，一个是具有整个农村改进成绩的农村而不是仅仅修马路，装电灯，没有改良农民本身生活的地方。因为这种地方，他们仍无法从事推广的。他们认为本会的工作是符合这个条件的。第二，不但农民曾受相当的教育训练，并且有新的行政组织足以推动推广工作，他们认为定县更符合这第二个条件，可以增加推广的效力。后来我到中央政治学校去参观，因为中央政治学校的主要工作，是训练到乡间做政治工作的人才，预备他们到乡间去做区长科长的。我们在兰溪参观，兰溪县政府的科长科员，有好多是中央政治学校的毕业生。金华的县长是在兰溪做科长俱有成绩的中央政治学校毕业生，所以我很注意，特意去看看这个学校的内容，他们教些什么，学生的情形怎样。我去看了一下，心中很受感动。那个学校校舍很小，二三十间屋子，却住着六七百个学生，他们怎么办的呢？他们的生活很有纪律，全体穿军服，行动也是军队化，风气很整饬。一个不很大的屋子，要住 8 个学生。屋内设置的是双层铁床，学生生活很忙，没有什么工夫到寝室里去；而寝室除床位之外也别无他物，自修读书大家都在一起。他们的自修室是四层的楼房，全部学生都在里头。学生的生活很简单，设备很经济，精神非常好。

南京近年已是一个奢华的地方，而这个学校却是如此的俭朴，实在是很难得。在北方一个学校对学生的费用，平均每年要花 1 000 元，多的是 1 200 元，而他们每个学生每年只用到 600 元。功课也非常多，有财政系、教育系、政治系、土地系等等，每系再分许多组。我从那里带了许多印刷物回来，很有参考的价值。各处向这学校要人的非常多，未毕业的学生早已给人家预定好了。毕业的学生出去做事，并不就做科长的，要从科员起，有了成绩再升科长。真正出类拔萃的，介绍出去做县长。现在兰溪的两个科长，都升任县长了。中央政治学校也非常希望和我们有一个亲切的联络。他们的说法正和兰溪县长胡次威先生一样。胡先生说：兰溪县政机构，已经有了相当的成就，然而实际的农村建设工作，却非常缺乏。县政机构不过是推行县政的机器，有了机器该制造些什么呢？有了好的县政该做些什么工作呢？兰溪要有像定县一样的一个平教会，相互帮助着进行，才有办法，所以极希望和本会合作。在南京还遇到卢作孚先生。他是四川的一个实业家，我们彼此相知已久，却从未会过面。这次在南京会面之后，一见如故。大家谈谈奋斗的经过，不禁引为同志。因为他在四川的努力，不仅是为四川而四川，目光也是注于全国，对于救亡图存的问题，非常注意的。他最近从广西回来，他认为广西的前途，很有希望。他也希望我们派人到四川去帮他们的忙。

我们这次在外面一个月，各处看了一回，得到一个共同的印象，就是每到一个地方，各方面听到是定县来的人，都愿意和我们谈谈。对我们的事业和工作都非常钦佩。一般人对我们的希望，非常的奢，这是很危险的事情。这个人要定县去帮忙这样，那个人要定县去帮那样。其实我们各方面的工作，尚未达到我们的理想，处处觉得不够。陈先生和我都有这样的感觉，现在国家处于非常危急的地位，我们已不能再从容进行，要赶紧制造出一套工具来，作为我们国家救亡图存的实际贡献。我的报告，非常简略，有的地方，再请陈先生补充。（下略）

农民运动与民族自救[①]
(1935 年 10 月)

　　诸位，今天兄弟来参加第三届乡村工作讨论会，使我不能不回想到去年在定县开会的情形，那时大家都感觉到，国家这样的危急，我们能够安然讨论民族自救和乡村改造的问题，这是很侥幸的。现在，国势更坏，国家破碎不堪，有血性的人，都非常心痛。

　　我们从事乡村工作者，爱国不敢后人，尤其是当此国家大难临头的今日，而我们不能对国家有所贡献，真是愧死痛死！此次参加会员来自19 省市，大家愿抛弃自己的工作，不远千里而来此，互相切磋，彼此砥砺，并将过去之酸甜苦辣，种种困难烦闷，借此机会互相诉述。这是本会精神所在，与普通会议性质迥然不同的地方。

　　从事乡村工作，原有鉴于国难严重，而希望对国家有所贡献，不过我们要问国家何以弄到如此境地？我们能不能有贡献？我们根据过去的经验和将来局面的推想，都指示我们确有贡献于国家的途径。现在国家所以弄到如此地步，主要的原因就是"忘本"，整个的国家，人口有 4万万之众，可是一点力量没有，任何人可以侵入中国如入无人之境，妥协屈服，不知伊于胡底。我们要救亡图存，必先认清症结所在。"民为邦本"，这虽是一句老生常谈，可是我们不能因时间的变迁而抹杀其含有的真理。过去的政治经济文化之所以落后，就是因为设施没有着眼于民众；民众伟大的力量，非但从来没有运用过，而且根本没有发现过。现在我们就要抓着这伟大的潜势力，教育他们，训练他们，组织他们，发挥其应有的力量。乡村建设之使命，亦即在此。如果不从此下手，所

---

　　① 选自《乡村建设实验》，第三集，中华书局，1937 年 2 月版。本文是作者 1935 年 10月在无锡举行的第三次乡村工作讨论会上的演讲。

谓民族自救，民族改造，恐怕皆是缘木求鱼。所以乡村建设运动的目标，在发现组织和训练民众伟大的力量。

不过任何一种运动，仅有伟大目标和不凡的抱负，还是不够的，我们要深入乡间从事实际工作。有人说，在这个时代应干工商业等工作，如何反向农村？殊不知我国所以弄到如此地步，就是没有抓着广大的民众。老实说，如果大多数民众在城市里，我们当然要到城市里去，所以我们从事乡村工作，并不是为乡村而到乡村的，为的是大多数民众是在乡村。也有人说。今日已是工业发达时代，单单提倡农业是不行的，其实我们从事乡村工作，并不是在专门提倡农业，而为的是大多数民众在农村，因为农村是伟大力量之所在地。我们决不是说工业不重要，不过我们认为在这样一个时期，这样一个环境中，要有民本政治，非注重农村不可，尤其是在此破产中之农村，农民无接收力购买力，哪里谈得上工商？所以我们深信着这是最重要、最基本、最迫切的问题。

现在乡村建设运动，要以农民为对象，要发现这伟大力量，仅仅有这种抱负和目标是不够的，我们更要研究如何运用方法来培养民力。

个人眼看着国家每一次遭遇耻辱之后，有志之士必发起一种运动，但不久又消沉下去。这就是空有抱负、热血，而没有方法技术的缘故。现在大家很热烈地从事农村运动，如果知其然而不知其所以然，三五年至多十年以后，结果必定销声匿迹，和过去各种运动遭同样的命运。乡村建设，除运动之外，还要建设，所以目前乡村运动需要费许多时间、金钱、精力来研究实验。现在各地乡村工作为培养民力起见，有从合作入手的，有从政治教育着手的，因地制宜，因人而施。但至某阶段，往往感觉到单办一种事业的不足，而牵涉到他种事业，这是必然趋势。各种事业如果无相当研究，没有技术没有方法，也许初起入手时，兴趣特别浓厚，不过到某种阶段时，就感觉空虚。因为农民整个生活，是连带而有互相牵制的复杂关系，决不是零碎的改善所能有济的。其次，觉得自己的才力不够兼办其他事业，乃是真正困难，并不是认不清问题，而是没有办法。

至于方法技术之研究实验，决非性急之事，非有真正的专家，且备有充分时间和相当经费不可。譬如现在提倡普及教育非常热烈，究竟普及什么教育？教育内容是什么？此项研究则非十年八年不为功，即是所谓教材教具的研究实验。又如现在义务教育激进声中，有一年短期小学的设立，在一年内究竟教些什么？救济失学儿童，也许可由小学而中学而大学，可是教育民众，决不能这样做，对这般又穷又忙的青年民众如何教法，教些什么？再有待研究实验。

总之，乡村建设不仅仅是一种运动，更要讲求内容、方法、技术，才可以达到培养民力民族自救之目的。大家不从科学立场来讲求教育、自治、卫生等，结果还是没有办法，因为这是空虚的东西，不能持久的。

参加此次乡村工作讨论会的诸君，我想都具有丰富的经验，互相截长补短，这是很好的，进一步说，处此民族存亡危急之秋，已不是承平之世、悠游自得、各做各的时候，事实上需要通盘筹划，实行分工。譬如中央重视科学研究，中央农业实验所用大量经费，聘请中外专家，解决一部分的农业问题；同时要把科学研究的结果带到民间去，与农民发生关系，养成农民运用科学的习惯，使农民生活科学化，实属迫切之图。如果把这般又勤又俭的农民科学化了，我想一切事情可以胜过天力。

现在，最可怜的就是大多数的民众还是迷信的头脑，怕神怕鬼的。在这种情形之下，如何可以克胜环境呢？所以现在要设法使农民的头脑科学化。不过单靠口头演讲还是不成的，务须以科学方法来改进农民生活。合作社决不是仅仅为借钱而已，而是养成农民合作的观念、习惯和技能。如果中国 4 万万人都有科学头脑，都能运用农业上技术及合作精神，我敢说，就能百战百胜，要世界和平，世界决不得不和平。

我们研究实验必先估量某种地方适合某种研究，我们应全力帮助，促其成功，在通盘筹划下，分工合作，农业从哪几方面做，政治从哪几方面做，大家亦应全力帮助，彼此不分你我。我们要认清在此非常时期，有一天的自由一定要干，所谓做一天和尚撞一天钟，只要有钟可撞，如何研究实验，如何推广，如何训练人才，都需要整个计划的厘定，分工合作，使人力上物力上都经济无浪费，我们乡村工作就应在此下手。

总之，乡村运动是民本的，建设是包括科学的技术和内容，其次，要大规模地推广。已往以至今日下的乡村建设运动，还是在研究实验的阶段，如何将研究实验的东西推广出去，决不是私人团体所能为力。现在是需要这一套乡村建设的办法，装入制度里去，大规模地推广出去，这就是从亲民政治的地方自治入手。县政权是真正老百姓的政治，现在就该从县政着眼，如何使用县单位制度的机构来运用乡村建设的方案。不过照现行县政组织仅仅是一躯壳，没有生命的，把乡村建设的方案加上去根本便不可能。所以在机构上非加改造不可，使变成一个推动乡村建设的机构。现在国内有实验县之实验，事实上自然已然有这种倾向，也可说是一种基本政治，现在要改造这机构的先决问题，要重新培养推动这新机构的人才；另一方面还要培养运用这新机构的行政人才。还有一点，是极关重要的，在上面有许多命令要推行，下面更要有足有手来帮助，所以要组织有训练的民众。因为由上而下的组织是不能推行的，由下而上的基本组织，即在有组织有训练的民众，这是宝塔式的建设，而不是头重足轻的建设。依着这种组织，政府方面要整个计划地推行，雷厉风行，必收事半功倍之效。我们乡村工作同仁，一面大家要研究推广，一面更要有总的集合与合作。外人讥笑我们："一个中国人是天下最聪明的人，两个中国人在一起，就是天下最愚笨的人。"我们乡村工作同志，首先对此引以为戒。推诚合作，政府要作我们的后盾，予以种种便利，在死里才可以求生，无法才可以有法。

中山先生遗嘱上说"唤起民众"，确是一句至理名言，尤其是在救亡图存的今日，的确要"唤起民众"。这句话好像说惯了觉得很平淡，本来有意义的而变成无意义了。但唤起民众，如何唤法？唤起之后又怎样办法？孙先生接着讲："必须联合世界上以平等待我之民族，共同奋斗。"孙先生所谓"唤起民众"，他是有步骤的，决不是摇旗呐喊而要有方法与技术的。我们要救亡图存，第一步即在唤起民众，除此以外别无他法。其次联合全世界上以平等待我之民族，这也就是根本的外交政策。因为我们自己和美国联合和国联联合都不配，还不够资格，根本便没有什么友邦。举一实例讲吧，不久以前的苏俄，世界各国都鄙视他，排斥他，诟詈他，骂他是叛逆，视为不成东西的民族。曾几何时，把苏俄拉入国联，认为是最漂亮的一件事，这是为的什么？没有别的，苏俄五年计划的告成，各国敢不刮目相视。他们的计划就是受罪，有计划的受罪。而我们现在的受罪是无计划的，我们现在正需要有计划的受罪，有组织的吃苦，否则是无价值的，等于自杀。

"唤起民众"的工作非由乡村建设不能做到。现在我们正热烈地提倡，要朝于斯，夕于斯，十年二十年亦于斯。因为只有这个工作是值得我们干的。在此民族危急存亡之秋，如果我们不能参加一种有信仰的工作，还是自杀的好。因这种侵略耻辱委实忍受不住。诸位，时至今日，自杀易，自强难；求死易，谋生难。这几天我们相互讨论乡村工作，彼此推诚相与，互相砥砺，应处处以国家危亡为前提，分工合作，把握着现在努力的途径，不说空话，只有硬干，我相信中华民族一定可以自救。

定县实验区工作概略^①
（1935 年 10 月）

一、总说明

兹为报告定县县政实验之实际状况起见，不得不先就定县实验区之来历及背景作简单之说明。

定县实验区者，为河北县政建设研究院之一部，亦即为该院所在地。该院之法律上根据，系依照二十一年冬第二次全国内政会议之议决案，由省政府呈报中央备案。而其成立之日，则正当二十二年春华北兵兴热河沦陷之时。故定县实验区成立之重要意义，实以国难严重至此，东北沦亡之后，河北一省已成国家边境，亟须从人民训练组织上作一番救亡工作。欲求此种工作之有效与普遍，则必赖有健全之机构为之推动，而尤须使此种机构得有恒久不息之力量，然后救亡工作乃为自下而上的，乃为彻底的，乃为自动的，乃为继续不断的。

二、机构

县政建设实验工作，以县政机构之拟制为其第一步。工欲善其事，必先利其器，理固然也。顾此拟制之新县政机构，固不可不注意县政府对于新政治要求之适应，而尤不可不注意全县人民之政治组织与政治动员，盖必须有此一幅机构，然后县政建设之内容方有实现之可能也。

定县现行县政机构乃根据上述理论而制定者，其主要精神在以县民总动员为基础，而以效率最高之县政府为中枢。由分而合，由散而整，由下而上，务使其节节灵通，处处呼应，不能拆开，不能截断。

请言其最下层之组织：

---

① 选自《乡村建设实验》，第三集，中华书局，1937 年 2 月版。本文由晏阳初与陈筑山合撰，是向 1935 年 10 月在无锡召开的第三次乡村工作讨论会提交的书面报告。

全县人民之政治活动以公民服务团为基础。全县人民皆为公民服务团团员，但依其年龄而分现役、预备、后备之三种。其中以现役为基干，因从其年龄论，皆系少壮分子，既无稚气又敢于有所作为也。更依其在学校（含公民服务训练班在内）之组织与学习之所专而分政务、教育、经济、保健之四组（见定县县政建设机构图下段公民服务团之组织）。复依其组织之便利而分为若干分团（见同上公民服务组织图）。

公民服务团团员之义务有如下述：

（1）团员（在通常时期多为现役团员）有随时辅助各种建设工作进行之义务。

（2）团员有随时接受继续教育及特种训练之义务。

（3）服务团为有纪律的组织，团员有严守纪律之义务。

（4）服务团以本乡镇学校教师为指导员，在设计上技术上接受其指导。

（5）各组工作活动分别受该乡镇建设委员会之指挥监督。

由此以言，则公民服务团乃①以少壮分子为中坚，②以教育为基础，③以各种建设为工作内容，④以军队纪律为精神之一种政治初步组织也。培养民力，组织民力，运用民力，其效用全在于此。

必如此而后县行政机构乃落于踏实的基础上，而后农村建设以及以农村建设为中心之县政建设乃有着实进行之可能。

复次则请言乡镇建设委员会：

乡镇建设委员会者，实即所以代替地方自治组织中之乡镇执行机关所谓乡镇公所者也。已往之乡镇公所不能实践其责任，固不待言。在以公民服务团为基础之县行政机构中，此一层机关，上之接受县政府之政令，下之主持服务之工作，其职责尤为重要。参酌实际状况，于是定为乡镇建委会，设委员 6 人至 12 人，以容纳当地之有资望阅历者，而以本乡镇之小学教师为当然委员及秘书，以增其效率。委员会之正副主席一经选定，即由县政府加委为乡镇长副，以重其权。委员会之下分政务、教育、经济、保健四股，以与公民服务团之四组相应。乡镇建委会在目前之效用，为容纳年长之有力分子，以加强下级之自治组织。顾其流弊亦有不可不防者，则建委会之滥用职权也，于是乡镇公民大会之设尤不可少。

乡镇公民大会行使下列五种职权：

（1）选举乡镇建委会委员。

（2）罢免乡镇建委会委员。

（3）复决乡镇建委会之议案。

（4）提出创制案于乡镇建委会。

（5）议决乡镇建委会提出之预算及决算。

就此五种职权观之，可知乡镇建委会既受公民大会之限制，而不能滥用职权，同时公民服务团团员又在公民大会之立场上节制建委会，然对于建委会之指挥监督仍不得不服从。两相调节，当可解决乡镇地方习见之纠纷。

复次则请言县政府本身组织：

县政府组织之合理化，不仅在裁局改科集中事权而已，尤在能集合实际行政人才与学者专家于一堂以共策进行。顾我国县行政经费自来极少，即以定县而论，年亦不过 13 000 余元，于此而欲求集合此两种人才，云何可得？其惟一救济之法，即须县政府设一县政委员会，于秘书长科长等实际行政人员之外，另罗致一部分名誉职之学者专家，遇有要政兴革特请参与，盖必如是而后县府乃能得有高等学术人才之用，而又无其负担。今定县实验县政府之组织即如此也。抑县政委员会之组织于上述罗致学者专家之一作用而外，尚有其他之一作用亦不可忽，即委员会中可以相当容纳本县士绅足资消除隔阂是也。

县政委员会设委员 7 至 11 人，由县长商承研究院院长聘任之。此 11 人之中，1 人兼任秘书长，5 人分任各科科长，其余不管科委员 5 人。管科之委员，重在行政经验，不管科委员（为名誉职）重在专门学术，参与会议，提供计划，给予学术上技术上之辅助。

顾县政委员会之组织已健全矣，县政府之内容已充实矣，谓县之政令即可达之乡镇建委会，因而交付公民服务团立即实现乎？其势固不能如是之易也。其中有不可忽之困难在焉。盖乡镇建委会之实际所能究不过传达命令而已；以其知识能力，断难奉县政府之成案而指导服务团以实行也。县政府之实际所能亦不过制成方案而颁布之而已。以定县 310 乡之多，亦断难一一亲督之奉行如法也。此其间尤必有一种辅导员以负循环视导督促传达之责。

定县之农村建设辅导员，依地理之便利，设 6 至 12 人，其资格大抵为青年中学毕业生曾受辅导员训练者。除随时传达县政府之政策政令以督促训练农村办公人员外，并随时接受县政委员之学术训练，循环递转，训练农建技术人员，如此师生传习之间，方有上下一心首尾相应之妙用。

综上所述，制为定县县政建设机构图如下：

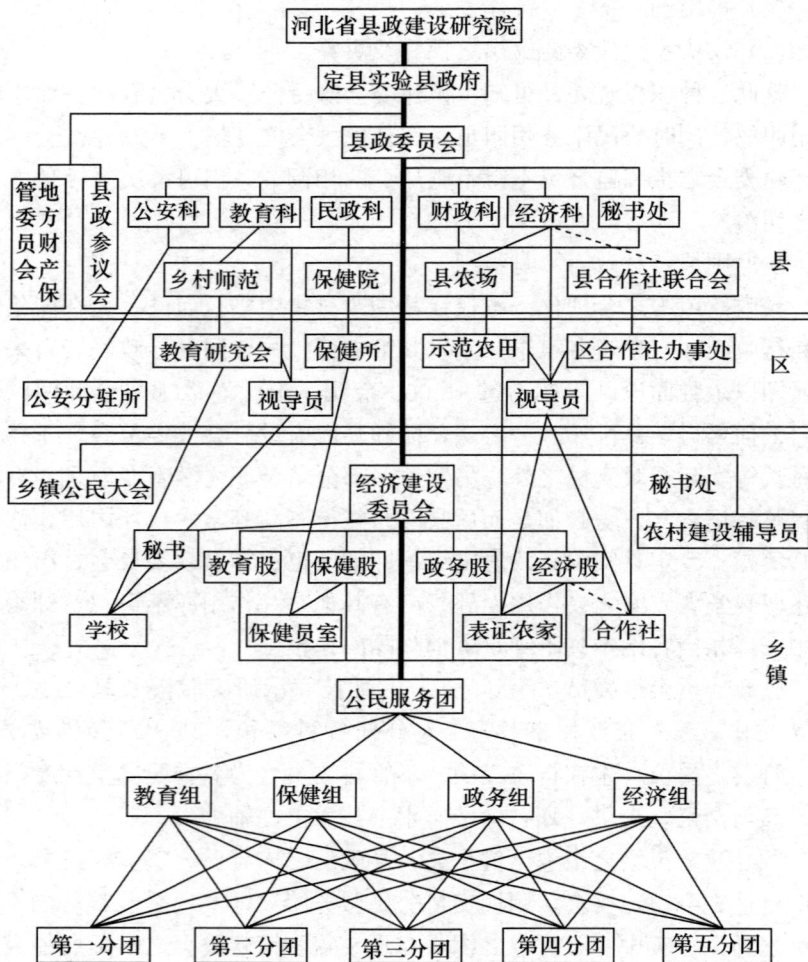

河北省县政建设研究院

定县实验县政府

县政委员会

| 管理委员会 | 地方财产保 | 县政参议会 | 公安科 | 教育科 | 民政科 | 财政科 | 经济科 | 秘书处 |

乡村师范　保健院　县农场　县合作社联合会

县

教育研究会　保健所　示范农田　区合作社办事处

公安分驻所　视导员　视导员

区

乡镇公民大会　经济建设委员会　秘书处　农村建设辅导员

秘书　教育股　保健股　政务股　经济股

学校　保健员室　表证农家　合作社

乡镇

公民服务团

教育组　保健组　政务组　经济组

第一分团　第二分团　第三分团　第四分团　第五分团

定县实验区工作概略图一

上图为定县实验县现阶段之所适用者，实则全盘之拟制，尚不止此。就公民服务团而言，其组织不止于村。盖在村则应有甲团保团，与定县现行之分团相当，在区则有区团，在县则有总团，而县长为总团长，有指挥全县民众团体之权能焉。次就地方自卫而论，依吾人所准备实行之组织，恰与公民服务团之组织相同，即凡构成一甲团之各种团员，均为自卫队分队下班之队员，班之上有分队，与保卫团相当，此为村单位者，分队之上为区队，与区团相当，区队之上为大队，与总团相当，而县长即兼大队长，又与其为公民服务团总团长之精神相同，盖将使有民众武力在其支配中也。要之在全盘机构之中，县长实兼为政治社团军事三方面之领袖。倘能用得其人，复假以相当之时日，其必能推动一切，于教养卫三者皆有极长足之进步，可断言也。兹为便于明了起见，再制为县政建设机构全图如下：

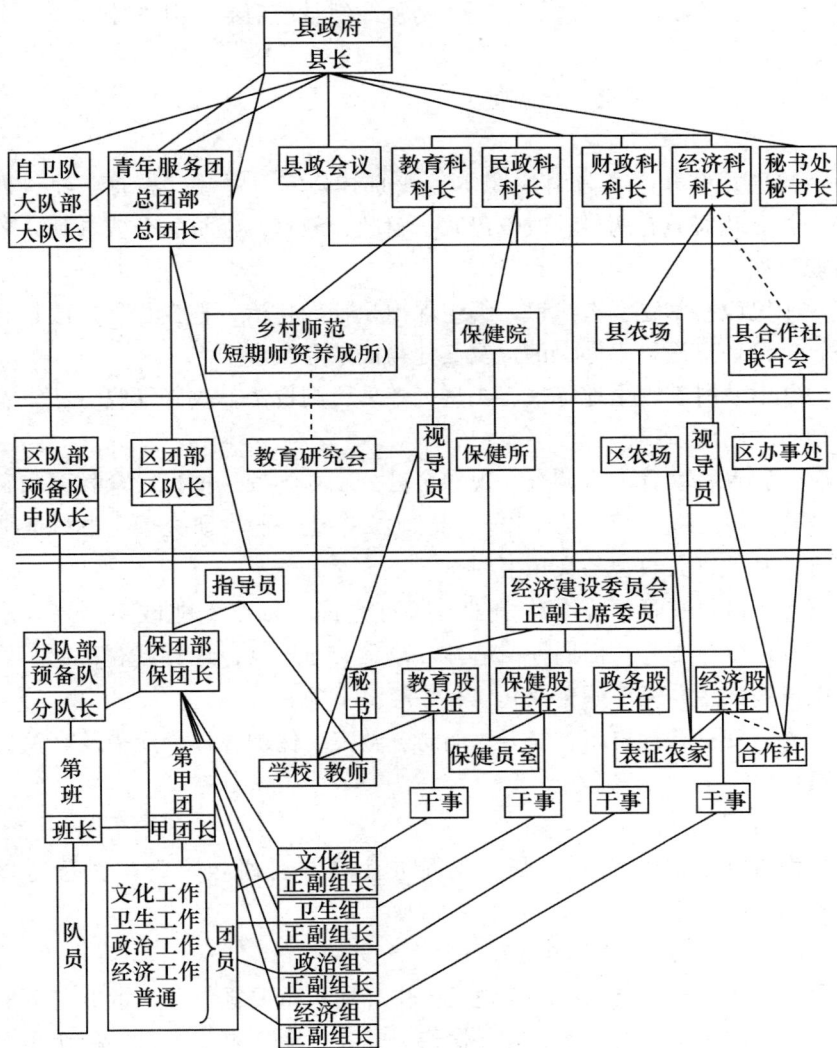

县政府 县长

自卫队 大队部 大队长 ｜ 青年服务团 总团部 总团长 ｜ 县政会议 ｜ 教育科 科长 ｜ 民政科 科长 ｜ 财政科 科长 ｜ 经济科 科长 ｜ 秘书处 秘书长

乡村师范（短期师资养成所） ｜ 保健院 ｜ 县农场 ｜ 县合作社联合会

区队部 预备队 中队长 ｜ 区团部 区队长 ｜ 教育研究会 ｜ 视导员 ｜ 保健所 ｜ 区农场 ｜ 视导员 ｜ 区办事处

指导员 ｜ 经济建设委员会 正副主席委员

分队部 预备队 分队长 ｜ 保团部 保团长 ｜ 秘书 ｜ 教育股 主任 ｜ 保健股 主任 ｜ 政务股 主任 ｜ 经济股 主任

学校 教师 ｜ 保健员室 ｜ 表证农家 ｜ 合作社

第班 班长 ｜ 第甲团 甲团长 ｜ 干事 ｜ 干事 ｜ 干事 ｜ 干事

队员 ｜ 文化工作 卫生工作 政治工作 经济工作 普通 团员 ｜ 文化组 正副组长 ｜ 卫生组 正副组长 ｜ 政治组 正副组长 ｜ 经济组 正副组长

定县实验区工作概略图二

定县县政建设机构图与上图在组织及名称上均略有出入。以从定县现时之环境不得不如是也。又前后两图所列县府各科之管辖机关，如民政科之保健院保健所保健员室等，仅系举例以示县政建设之三单位做法而已，非限于此也。

三、机构实现之程序

（一）县政府之改组

县政建设机构之实现，第一步乃从改组县政府起，其改组要点，分述如下：

1. 设县政委员会（已见前）

2. 裁局并科

裁局并科办法及各科之职掌：裁原有公安、财政、教育、建设四局，并县政府原有两科，改设民政、财政、教育、经济、公安5科，各科职掌如下。

①民政科掌管调查户口，编组保甲，辅导自治，整顿积谷，改良礼俗，拒毒，息讼，兴办保健，及其他与民政有关事项。

②财政科掌管土地陈报、丈量，整理税则税法，改善征收方法，及其他有关财政事项。

③教育科掌管教育调查，视导全县公私立学校，推行民众教育与义务教育，设立图书馆、科学馆，训练师资，组织教育研究会，办理职业教育及其他有关教育与文化事项。

④经济科掌管辅导合作事业，筹办仓库，推广农业改良，兴办水利，改进农村工艺，提倡种树造林，改良交通工具，经营县有营业，检定度量衡，主办经济调查及其他有关经济事项。

⑤公安科掌管户籍、警卫、消防、救灾、保护森林、渔猎及有关公安事项。

3. 合署办公

为贯彻裁局并科之主张，及促进裁局并科之效率计，实行合署办公。

（二）农村建设辅导员之训练

农村建设辅导员在县政建设机构中，居极重要之位置，承上启下责任繁重，欲其实际任事之时胜任愉快，非在任命之先，予以一种切实之训练不为功。兹将训练实施办法，略述于后：

（1）资格。凡河北省人民，年在25岁以下，具有下列资格，志愿承受农村建设辅导员训练，得向河北省县政建设研究院请求审查，审查合格后听候训练。

①中等以上学校毕业，有 2 年以上农村服务经验者，或曾任区长 1 年以上，办事具有成绩者；

②对于农村建设具有成绩者；

③品行端正，身体健全能耐劳苦者。

（2）受训名额。应受训之名额，暂定为 18 人，合格人数逾额时，其去取以考试定之。

（3）受训期限。训练期间为 6 星期，但得延长之。

（4）训练课程。训练课程分下列三种：

①精神训练。人格修养，遵守纪律，及服务社会等均属之。

②知能训练。政治经济教育保健之知识技能，及中央省县有关之县政建设各种法规。

③服务实习。分别派往指定之乡镇参加建设委员会及公民服务团之组织，从事实习。

（5）委任办法。训练期满后，依成绩顺序，由县政府照农村建设辅导员任用及职务章程委任之。

依照上列办法进行训练，报名者凡 81 人，审查结果，合格者 60 人，乃以考试办法，录取 18 人，受训期满，择其成绩最优者 10 人，由县政府委充辅导员，现已分赴各乡村实际工作矣。

（三）表证示范各村之成立

1. 成立目的

以客观事实为根据，实验县政建设中地方自治组织之效能，表证主观之理想，作全县一般村庄之示范。

2. 成立范围

选定总司屯、高头、尧方头、马家寨、牛村、西平朱谷、东合朱谷、西汶村、程家庄、大羊平、寺羊平、南角羊、小陈村、东建阳、西建阳、南齐、北齐、小淀河、大涨村、寨里、杨家庄，共 21 村。

3. 成立步骤

①设乡镇建设委员会筹备处。实验地方自治组织，系合乡镇建设委员会、公民服务团、公民大会三者所构成，在未成立建设委员会之先，设置建委会筹备处。

筹备处之组织，计主任委员 1 人，委员 6 人至 12 人（主任副主任在内），秘书 1 人（由学校教师兼任），主任副主任及委员，由县政府就各村德望素孚热心公益者委充之。

筹备处之工作，为举办公民训练，协助选民登记，改进学校，训练合作，保健等。

②举办公民训练班。招收16岁以上之男女青年，给予公民应有知能之训练。公民训练班的组织：用大队制，设大队长1人，中队长2人，队长8人至10人；政务、经济、教育、保健工作队员8人至10人。每队置队长1人，政务、经济、教育、保健工作队员各1人，每4队至5队为1中队，设中队长1人，合两中队为1大队。训练项目：计有自卫训练、农村建设概说、政治、经济、教育、保健等常识研究，工作讨论，唱歌及活动。训练期间：暂定为1个月，公民训练届满，即着手组织公民服务团。

③成立公民服务团。

团员之区分：

A. 现役团员。受过相当教育或公民训练之16岁以上，35岁以下之本村男女青年任之。

B. 预备团员。受过相当教育而未满16岁之本村男女青年任之。

C. 后备团员。35岁以上之本村男女居民任之。

组织办法：

以保甲为单位，每甲设1甲团，每甲团设团长1人，又政务、经济、教育、保健工作团员各1人，余称为普通团员。每保设1保团，设保团长1人，秘书1人。保团甲团之间，得设中团长。

各甲之政务工作团员，须组成一政务组，公推正副组长各1人，兼任建委会政务股干事。各甲团经济、教育、保健工作团员同此办理。

保团长、秘书、各组正副组长，均用选举方法产生之，因表证示范各村，尚未举办保甲，故各村之公民服务团，暂时未按保甲组织，原称保团长为团长，甲团长为分团长，余仍旧。

（四）召集公民大会选举乡镇建设委员会委员

公民大会乃全村公民行使政权之组织，选举乡镇建设委员，自公民大会本身而言，是行使政权之第一声——选举权，同时自建设委员会方面视之，为成立建委会必经之阶段。成立建设委员会可分两个阶段：

（1）筹备。即设置建委会筹备处。

（2）选举。兹将选举过程，约言如下：

①组织公民大会临时办事处，筹备一切选举事宜，如调查公民人

数，补行公民宣誓登记，编写投票人名簿，分配选举会场上职务人员，作宣传，贴标语，布置会场，拟具标识章则，拟定选举时期，呈报县府，函各机关团体，预备选举票及应用表册等。

②实行选举，届期鸣锣敲钟，通知公民到会选举，办事处职员，分别担任招待，开票，勘票，唱票，记票，收票，计算等。

③当选人开会议，选举主席、副主席，建设会乃正式成立。

（五）全县推广

定县县政建设机构之属于最下层者，现仅将表证示范村办理成立而已。其全县之推广，方在准备之中，兹略示其办法于次：

由县政府通令全县设立乡镇建设委员会筹备处（其组织及职责，详见前表证示范各村之成立项下），筹备期至长以 5 个月为限，其进行至可以正式成立乡镇建设委员会时，经农村建设辅导员之视察认可，即依照乡镇建设委员会组织大纲之规定，召开公民大会选举乡镇建设委员会委员呈报县政府。各乡镇建设委员会正式成立时，筹备处同时撤销。其公民训练办法如下：

（1）根据表证示范各村办理之结果，分别编制各种教材及政治农业合作卫生教育各方面之农村服务指导书。

（2）由县政府派农村建设辅导员分赴各村巡回视导。

（3）农村建设辅导员采传习办法，分期训练小学教师，再由小学教师襄助训练各该乡镇人民。

（4）此项训练以全县各乡镇建设委员会及公民服务团之成立，为初步训练之完成，此后仍由农村建设辅导员继续巡回，分期视导。

四、两年来几种重要之县政建设工作提要

以上所述，均系说明定县县政建设机构及其实现程序，吾人认为此一机构之建立，实为县政建设之根本前提，故言之特详。惟定县实验县之成立亦既两年，虽以种种不虞之波折，其成绩之表现，远不逮吾人之所预期，然事实上固亦有若干工作可举以告人者，兹特举其较重要者数端于次。

（一）调查工作（民国二十二年 7 月至二十四年元月）

（1）绘制定县实地测量地图。关于全县面积地势及河流道路村落等之分布情形及其所占面积。

（2）全县土壤调查。全县各种土壤所占面积分布情形及其与农作物栽培之关系。

（3）全县农作物产量调查。全县耕地及非耕种地之面积，全县各种农作物分布情形，及各种农作物所占亩数，全年内各种农作物之产量及价值，全年内全县一切农产物之总量与总值。

（4）全县工业品之数量与价值调查。全年内全县各种工业品之总量与总值。

（5）全县土产运销调查。全年内各种土产交易之总值，各种土产交易总量中销售于定县境内者之数量与价值，各种土产交易总量中运出定县境外者之数量与价值（出口货），各种土产交易之主要地点，及各地点运销之数量与价值，各种土产输往县外之地点，包括最终地点及经过地点，各种土产运销之程序与方法，各种土产在运销程序中之各种费用，各种土产在运销程序中所发现之利弊及应改进之点。

（6）定县输入货物调查。各种输入并销售于定县境内货物之总量与总值，各种输入定县而又输出定县境外之货物数量与价值，各种货物原自何处运来及经过转运之地点，各种货物输入之程序与方法，各种输入货物运销之各种费用，各种货物在输入运销之程序中所发现之利弊及应改进之点，各种货物输入定县之原因。

（7）集市调查。县内各集市之地位，开市收市时间，赶集村数、人数、交易商人数目，征收税捐数目，各种货物交易之数量与价值，各种货物交易之手续，管理集市之组织与规则，各集市之历史发达与衰落之原因，各集市之利弊及应改进之点。

（8）借贷调查。县内借贷家数，借贷数量，借贷期限，担保品及利率，借贷原因及用途。

（9）物价调查。各种日用货品价格之涨落及原因。

（10）民众负担调查。定县民众负担之各种国税款额，各种省税款额，各种地方捐款额，其他负担。

（11）地方自治调查。定县地方自治组织，地方自治经费，地方自治人员，地方自治法令，地方自治进行实况，地方自治之障碍，现有地方结合之社会团体。

（12）全县户口调查。县政府于二十三年7月间召开调查户口筹备会议，议决组织调查户口委员会，招考调查员50名，受两星期之训练，制订表格4种，即住户调查表、商户调查表、寺庙调查表与机关调查表，自二十三年9月10日至次年2月10日凡5月调查完毕，共计78 657户441 590人，现一部材料已整理完毕，大部分详细材料尚在统计中。

（二）民众教育之实施

1. 除文盲工作

（1）除文盲工作要义。

①工作之演变。河北省县政建设研究院于前年赓续平民教育促进会研究识字教育之工作，举办县单位除文盲工作，由研究部与实验部合作主持，自是始步入政教合一之途径。

②工作之目标。此项工作以青年失学之农民为对象，实为县政初步建设基本工作，故其目标有二：

A. 应用研究与实施相助为力之效能，以期获得政教合一之推行、制度与实施方法。

B. 应用最经济最基本之教育方法，训练一般青年农民，使获得接受农村建设之意识与能力。

③工作之趋向。二十二年度因政治教育初次合作，其设施之趋向与本年度略有不同如下：

A. 二十二年度由教育的立场运用政治力量——即偏重研究。

B. 二十三年度由政治的立场运用教育力量——即偏重实施。

（2）除文盲工作办法。

①工作之组织。根据政府地方人士及学术专家三方合作政策，组织县除文盲运动委员会，为最高之集议机关。由县长任委员长，副委员长由研究院遴委专家充任，委员无定额。运动委员会下设执行委员会，为干部执行机关，更分四股，专任实施指导事项；委员人数二十二年度 7 人，二十三年度 13 人。

②工作之内容。工作计划，民校课程，教材，训练标准及章则表册，均详见于县单位识字运动实施方案。

（3）除文盲运动之成效。

民校成立概况：两年度之运动因时间与趋向稍有差异，所得之实施成绩亦有不同如下：

①二十二年度。

A. 全县 472 村，成立民校者 340 村。

B. 民校共 645 所，计：初级 605 所，高级 40 所。

C. 班次共 842 班，计：初级 799 班（男 506，女 293），高级 43 班（男 40，女 3）。

D. 学生数共 21 170 名，计：初级男 11 674 名，女 6 927 名，高级男 2 406 名，女 163 名。

E. 毕业概况：

甲　毕业班次共 434 班，计：初级 393 班（男 259，女 134），高级 41 班（男 39，女 2）。

乙　毕业及格学生共 7 639 名，计：初级 6 847 名（男 4 518，女 2 329），高级 792 名（男 718，女 74）。

②二十三年度。

A. 全县成立民校者 338 村。

B. 民校共 508 所，计：初级 405 所，高级 103 所。

C. 班次共 642 班，计：初级 521 班（男 416，女 105），高级 121 班（男 108，女 13）。

D. 学生数共 10 891 名，计：初级男 7 335 名，女 1 624 名，高级男 1 709 名，女 223 名。

E. 毕业概况：正在陆续考试中，为便统计，截止到 6 月 15 日计算，已经考试者 2 300 余名。

另附全县青年文盲与识字者之数目：

据调查部由局部调查之推算，全县 14 岁至 25 岁之青年约 8.2 万人，民国二十三年 6 月底其男女文盲与识字者之数目与百分比如下：

全县青年共计	文盲 32 500 人	占 39%
	识字 49 450 人	占 61%
全县男青年共计	文盲 4 406 人	占 10%
	识字 39 054 人	占 90%
全县女青年共计	文盲 28 144 人	占 73%
	识字 10 396 人	占 27%

二十三年度终了男女青年文盲又可除去数千人，据此刻下因毕业学生尚未统计，推算全县青年男性文盲当已不多，今后努力当注意于妇女文盲之扫除也。

2. 青年农民之组织

民众学校学生毕业后，经过团体活动之经验，即进而组织民校毕业同学会。同学会之教育作用，一方面为继续受教育并参加各种教育活动，一方面为青年农民集团生活训练。民校毕业农民大多数为青年，应在实际活动，共同生活之中，养成青年农民之建设心理与活动力量，以为农村建设之中心分子，此乃最切实之公民训练。全县已成立者，凡138 村，会员共计 6 983 人，所从事之活动甚多，如修路、修桥、演剧、种痘防疫、组织合作社⋯⋯皆能表现良好成绩。最近为图此种组织范围扩大而更有意义起见，乃演进为公民服务团之组织，今后如能施以严格训练，并继续予以辅导，其于乡村建设工作必有甚大之助力，殆可必也。

（三）村单位教育建设

现行村单位之教育建设，当于下年度开始普及全县，此刻仍只在示范村行之。兹计其事项如下：

（1）改进小学。过去因小学教育方法之不善，每教师 1 人，仅能教学生至多 40 名；又以学生年级之不同，实施教学与训管，每多顾此失彼，毫无效率可言；近年来又因经费拮据，二三百户之乡村亦只能聘教师 1 人，于是儿童失学者日众，此显然为农村中之一严重问题。自从各示范村小学改用中华平民教育促进会所实验之"组织教育"方法以来，教师 1 人所教学生人数每在 100 以上，而学生之精神及其学业进度，亦莫不大异于前。

（2）设传习处。学龄儿童之入学机会问题既已解决，而失学儿童之补习教育又成问题，于是广设"传习处"，以青年服务团团员及小学生之年级较高者为导生，使自招学生，自任教学，每日授课一小时半，每处平均有学生 10 人；一村有设至 30 处者。每处之开办及经常费用全年不过 5 角而已。

（3）设公民服务训练班。表证示范各村，选择村中曾在小学或平民学校毕业而又具有领袖才能及特殊资质者，予以政治的、军事的，及其他建设技术的训练，在成立公民服务团时即以之为干部。此种训练，于农闲时晚间举行之，由小学教师负指导之责。

（4）设幼童园。表证示范村初设幼童园一处，附属于妇女青年服务团。妇女青年服务训练班有两种专修科目：一为导生训练；一为保姆训练。此幼童园即保姆实习场所，其开办费至多不过 10 元。都市幼童园之设备，凡借以吸引学生者，在乡村中均无此需要。此种幼童园又可称为小保姆训练处，因所收学生资质较好，训练 1 年即可使在堂前院内或林间空地自设幼童园。农民多无暇照顾其子女，此种设置，在农村中实有其必要。

（5）试办广播无线电教育。表证示范各村，均有广播无线电收音机一具，由青年服务团轮流管理之；广播节目为国内外新闻商情市价，与农民有关之法令，公民训练讲话等。此实为社会教育最良好之工具。

（6）置报时钟。农村中无所谓"守时"教育之设施，因之深感不便；乃利用破庙之大钟，由小学值日生按时敲击。此种设备为实施乡村教育之所必有；且时间观念之养成，本身亦即教育。

乡村教育建设所需费用总以不超过固有之教育经费为原则，否则推行上必感困难。学校之讲桌，固不必一人一具，尽可轮流使用；授课亦不必全在课堂，每学生 1 人，有值二三百文之小木凳一个，亦未尝不可坐以听讲，一切只求实用，不重外表，则乡村教育之普及，自非难事矣。

（四）经济建设

关于定县之经济建设工作，已有相当成绩及正在进行或正在计划中者，项目繁多，为篇幅所限，势难一一详举。然归纳之后，不出乎农业改进与合作经济两类之范围，盖前者即所以促进农民之生产技能，后者即所以改良其经营方法与夫建立全县之经济制度是也。因此，属于经济方面之实施情况，亦可就此两类中之关系重要者略言于次：

1. 农业改良推广

此项作物改良工作之进行，可分试验繁殖推广三步。试验工作，系由研究院经济研究指导员根据平教会历年研究之成绩，与该会合作继续进行；繁殖种子则由县农场负责；推广之事则由合作社办理之。

①22 号改良大谷推广。按平教会生计教育部植物生产改进组研究结果，得到 22 号大谷，品质优良，可资推广。盖其优点有二：第一抗旱力强，经多年试验，从未灌溉，其收获之产量，尚比定县标准大谷增加 18％以上；第二抵抗黑穗病之力强，历经试验，定县标准大谷受病害较 22 号大谷多 35％。故本年已利用旧存之种子推广于表证农家，同时并划定区域，繁殖新种，预计来年可以推广 1 万亩。至于推广方法，系召集农民前来换取该项改良 22 号谷种，既种该项大谷之村，任何农家不得再种其他谷种，以免混杂，收获后应将谷子全数交研究院指定之仓库代为保存。

②棉花改良推广。棉花推广亦由表证入手，因经过表证，方足以使农民实地估计所推广之良种之价值，此种方法较之注入式之宣传工作，事半功倍，收效甚速。二十三年表证之结果，平均比本地棉增收 56％，每百斤能多轧皮花 2 斤。因其品质优良，每担皮花按去年天津市价，较

之本地花多售 4 万元。此种成绩，经表证农家之口头宣传，结果全县棉区之棉农，无不知改良棉之功效，而于今春纷纷向县农场定购。为适应需要起见，今年拟继续繁殖，预计明年可推广至 15 000 亩，至民国二十六七年，则可完成定县全县之推广矣。

③小麦高粱之推广。小麦有 72 号改良白麦，高粱有 3-3 改良红高粱，今年均已经过表证，结果尚佳，明年均能作相当数量之推广。

④波支猪之推广。平教会对于猪种改良之研究，成绩甚佳，每头改良猪较之本地猪生长量增加 18.6%，计值 3.72 元。经表证农家试验之结果，亦颇著成效，计表证 15 959 头，共增益 58 367.48 元，若能推广及于全县，则所增益可达 40 余万元。研究院实验部鉴于农村破产日趋严重，此种不增加农民负担所能提高其生产办法，实为目前救济之要图，又以定县共有本地母猪 6 500 头，欲改良全县猪种，必须有 90 头纯种波支公猪，始敷交配之用，故决定自去年 10 月起用 3 600 元购买平教会纯种波支公猪 90 头，于两年之中，推广全县，其推广规则列下：

A. 纯种波支猪之推广，由县农场负责管理之。

B. 各村合作社得请求县联合社向县农场领取纯种波支猪，每头缴饲养费 40 元，其付款办法如下：（甲）一次交清者 40 元。（乙）分两次交付，先交半数，其余半数于一年内交清，加收半数之利息，利率 1 分。（丙）所有款项交与合作社联合社转交县农场。

C. 推广区域由县农场规定之。

D. 合作社领得波支公猪后，应负全责保护，不得加以损伤或阉割，并须按照规定办法饲养之。

E. 合作社对于交配记录，应按照规定办法，切实遵行之。

F. 合作社所支出波支公猪之买价及饲养管理费用，统由各社于交配费及猪粪售价中收回之。

G. 合作社之波支公猪，非经县农场之许可，不得转售，其经许可转售者，所得售价不得超过原价 40 元，并不能售出定县境外。

H. 合作社之波支公猪，如有疾病损伤，死亡丧失，或其他重大事故，应即将其事据实详细报告县农场。

I. 合作社之波支公猪，其交配次数，每日不得超过 1 次。

J. 合作社所收猪之交配费，应按下列规定收取，不得格外需索：（甲）合作社社员之猪，每次收大洋 2 角。（乙）非合作社社员之猪，每次收大洋 3 角。

K. 凡一次未曾配准请求重配者，亦须照缴交配费。

L. 凡有波支公猪之合作社，每月月终应将各该月经过情形及交配表等呈县农场核阅一次。

M. 县农场有随时考察饲养管理及一切推广情形之权。

N. 本规则由河北省县政建设研究院实验区定县县政府制定施行。

县政府现已推广6头纯种波支公猪于6个合作社，此6头公猪每月平均皆有6元余之交配费收入，除开支饲料等费外，每月有溢利2元，照此推算，合作社于2年之内，可以偿清一头波支公猪之购价，而每头波支公猪可用七八年之久，故此种推广工作，不但使农民增加生产，裨益匪浅，同时合作社本身亦尚有赢利也。

2. 合作经济之推进

河北省县政建设研究院未成立之前，定县合作社仅有为研究实验而设者数处，自二十二年夏研究院成立，为推进合作事业计，乃先办自助社，以为合作社之预备组织，同时中国、金城、河北等银行，亦先后来定，设立仓库，办理社员之抵押借款，于是各村之人，渐觉便利，故一年之中，成立之自助社，几达300，占全县村庄3/4，复因农民对于合作之意义，逐渐明了，请求成立及改组者，日渐增多，因之合作社得以顺利进展。兹将实施情形，概述于次：

①合作教育。定县合作社，系建立于教育之基础上，已往平民教育及社会教育，虽均给予以不少便利，然直接的合作教育，仍感不足，因此合作社成立之前，仍须以教育为重。进行以来，颇具成效，其实施程序，可分下列数段：

A. 初步教育——与村中领袖商洽，定期召集村民举行讲演会，利用图画书籍等，以说明合作之重要，并引起村民对合作之兴趣。主要目的在：（甲）使村民了解合作社之大意及办法；（乙）使之觉悟合作社对于本身之需要；（丙）坚定其对于合作社成功之信仰；（丁）使有实际经营之技术。所用教材可分7个单元：（1）合作大意，（2）社务指导，（3）信用组会计与经营，（4）购买组会计与经营，（5）生产组会计与经营，（6）运销组会计与经营，（7）仓库管理。所需时间计10小时。

B. 专门教育——集合村中优秀分子及合作社职员社员等，予以经营合作社之专门技术训练，例如合作簿记、经营方法、经营常识等，现在多数合作社所以能自动经营、清算账目者，胥赖合作教育之力也。

C. 继续教育——欲使合作社之效率高，进展速，则继续教育，殊为重要。其所用方法，则或为定期训练，或为互相参观，而最近则又用巡回文库介绍合作社书籍，以资社员参考，而培养其知识。

D. 合作社之指导组织——以上合作教育之实施，须有完密之组织及负责人员，故将全县划为三个经济区，每区置主任 1 人，指导员若干人，分任巡回指导工作，同时并谋合作事业之发展。在此提倡期中，合作事业基础未固，指导组织异常重要，故特别加以注意。

②合作社组织系统。普通合作社之组织系统，大约为村区县三级制，定县合作社，为进行便利计，略加变更如下：

A. 村组织——据吾人工作经验，每村只能设一个同样性质之合作社，较小之村，则可联合其他小村合立一社，过大之村镇，至不得已时，亦可依自治区分成立两社，但仍以设立一社为原则。其所以如此主张者，一方面因村中领袖缺乏组织，不宜过于复杂；一方面借可促进村人之团结力量，并集中人才资金，以谋事业之发展也。至于兼营其他业务，亦宜斟酌情形办理，办理得法，不但人才可以利用，经费亦可节省；然初成立之合作社，以只办一种为最妥，故定县多数合作社，最初均系经营信用一种，遇特殊需要，始次第兼营其他业务焉。按章程规定，此项村合作社，必须组织健全时乃可加入县联合社。

B. 县区组织——县联合社自成立以来，尚称顺利，区联合社，则目前似无成立之必要，因组织复杂，事权最难统一，有时竟节外生枝，互相掣肘，以致效率不能增高。为工作便利起见，在距城较近之村镇，设立县联合社区办事处，用以联络村与县之关系，办事处受县联合社之指挥，办理该区内各社之事务。至于县联合社之职务，有下列数种：（甲）执行全县合作行政及合作教育。（乙）经理全县各社之运销购买事宜。（丙）办理各村社之储蓄借款事项。于此可知县联合社之地位颇为重要，虽合作社之基本组织在村，而其功用完成之机能则在于县联合社也。至关于各村社金融之周转，以及全县金融之运用，现在正有合作银行之拟议，成立之后，更可办理合作社各种业务借款，用以扶助合作事业之发展。

③合作社进行概况。

A. 村合作社——村合作社为最基本之组织，大概均以信用合作为主，其有特殊需要者，则分别兼营一组或两组不等，而最近成立之合作社，则多为单营之信用合作社，兹将社数及业务分别列下：

甲　各种合作社社数及人数。

截至二十四年 4 月底，有信用合作社 78 社，此外尚有新成立及正在训练中者，均未列入，总计当在 100 社左右。而最近前来请求训练成立之村庄尤为踊跃，除信用合作社外，其由信用合作社受托兼营者有：

a. 兼营购买组者 69 社；

b. 兼营运销组者 35 社；此外尚有生产合作社 10 社；社员总数为 2 814 人。

乙　资金及活动概况。

a. 资金总额为 7 293.3 元；

b. 借入款数为 44 745.05 元；

c. 信用社放款总数 5 143.81 元；

d. 购买组营业量 38 432.5 元；

e. 棉花运销共计 711 包，计 14 000 斤；

f. 储蓄总数为 5 398.76 元，社员平均每人存款 5.66 元。

B.　县联合社——县联合社业务较为繁杂，其最近情形如下：

甲　社员及资金活动。

a. 社员 63 个；

b. 社股 64 个；

c. 资金已收者 2 659 元；

d. 公积金（即上年度之盈余）644.05 元；

e. 对各社放款总数 16 497.225 元；

f. 社员及非社员存款 11 181.75 元。

乙　信用组活动。

a. 由联合社与河北银行商定各社掘井贷款办法，每村暂以 5 井为限，其较大村庄，得酌量增加，每井借款以 7 成为限，现已借出 6 634.80 元；

b. 去年办理棉运，于棉花运销期间，棉农急于用款，特于中国、金城两行商定借款，以 7 成为限，共计垫款 1 093.03 元；

c. 棉运购买轧车款亦由中国、金城两行办理，共计 977.04 元；

d. 由中国、金城两行及信用组共放款 36 040.18 元；

e. 购买组放款 10 054.78 元。

丙　联合社购买组活动。

a. 二十三四年营业量 118 427.152 元；

b. 二十三四年利益共计 1 400.747 元。

（五）保健工作

保健工作研究院根据中华平民教育促进会在定县研究实验之保健制度，制订县单位卫生建设方案，实施县单位保健制度。其简单组织系统如下：

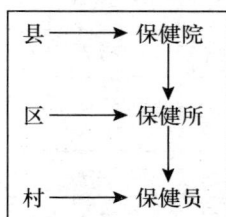

```
县 ——→ 保健院
           │
           ↓
区 ——→ 保健所
           │
           ↓
村 ——→ 保健员
```

（1）保健员担任村单位卫生工作，由每村平民学校同学会自选会员一人充之，以热心服务忠实可靠身体健全而年龄在 20 岁以上 35 岁以下者为合格，保健员须先在保健所受初期技术上之训练 10 日，俾对于各项工作均能确实胜任。训练性质包括讲授与实习，由保健所医师担任之。保健员之工作范围有五：①宣传卫生常识，②报告出生死亡，③普遍种痘，④改良水井建筑，⑤简易救急医疗（关于疑难治疗病症，保健员应负责向保健所介绍）。保健员为施行简易医疗起见，设置保健药箱，包括药品 10 种，敷料器具 10 种，值洋 3 元，由村中购备。药品敷料之补充，每年需洋约 12 元。保健员工作系服务性质，不受薪给。

（2）保健所为区单位卫生机关，管理人口约 3 万之区域，保健所之人员有医师 1 人，护士 1 人，工役 1 人。保健所之职务有四：①保健员之训练与监督；②逐日治疗；③学校卫生与卫生教育；④传染病预防。

（3）保健院为全县卫生之最高机关，其任务为管理全县卫生行政，实施卫生教育，计划全县卫生工作，训练卫生人员，疾病治疗传染病预防及研究工作等。院内附设病床 50 张，专供住院治疗。保健院人员，男女医师各 1 人，助理医师 2 人，护士 8 人，药剂士 1 人，检验士 1 人，事务书记及助理员 6 人。

定县全县现共有保健员 80 人，分全县为 8 个保健区，每区设一保健所，保健院设于县城内，兹录其分布图并附其最近一年来之工作于后：

1. 医疗

保健院				保健所							
住院病人数	病人共住院天数	施行手术次数	出诊次数	西建阳区		明月店区		东亭区		李亲顾区	
				治疗人数	新病人数	治疗人数	新病人数	治疗人数	新病人数	治疗人数	新病人数
35 507	83	201	103	7 501	1 497	5 755	1 622	7 425	1 473	6 320	1 834

续表

保健所								保健员	
城区		西坂区		清风店区		马家寨区		西建阳区（15 人）	明月店区（4 人）
治疗人数	新病人数	治疗人数	新病人数	治疗人数	新病人数	治疗人数	新病人数	用药次数	用药次数
15 234	3 051	4 371	1 156	7 215	1 981	3 972	1 005	24 645	10 340

续表

保健员					
东亭区（14 人）	李亲顾区（11 人）	城区（10 人）	西坂区（7 人）	清风店区（4 人）	马家寨区（4 人）
用药次数	用药次数	用药次数	用药次数	用药次数	用药次数
6 389	20 744	4 857	3 136	4 806	9 135

2. 种痘

年度	保健所			
	人数			
	初种者	男	女	共
二十二年春季	756	1 754	694	2 448
二十三年秋季	9 087	20 893	9 817	30 710
总计	9 843	22 647	10 511	33 158

3. 水井改良

西建阳区保健员改良水井 5 个；

马家寨区保健员改良水井 4 个；

李亲顾区保健员改良水井 12 个。

4. 小学卫生实验

学校数目	学生数目	卫生班次数	听讲人数	清洁检查次数	检查人数	体格检查人数	沙眼治疗次数
42	2 805	996	49 349	996	49 349	3 008	95 570

续表

治疗人数	头癣治疗次数	治疗人数	牙齿检查人数	矫正牙疾人数	水井改良数目	厕所改良数目
285	26 162	268	1 529	433	14	6

5. 训练工作

协和医学院	42 人
湘雅医学院	11 人
上海医学院	2 人
中央大学卫生教育科	6 人
农村访导员	4 人
农村助理员	6 人

关于实施保健制度之经费，每一保健员年需 15 元，每一保健所年需 1 200 元，保健院年需 17 000 元。以定县目下所设置之 80 个保健员、8 个保健所、1 个保健院计，每年共需 27 800 元。据民国二十年调查，定县人民每年所用医药费约 12 万元，现保健制度实施之后其所需经费仅及前者 1/4（预计将来工作如再扩充每年所需经费约当前者 1/3——约需 4 万元），定县共有人口 40 万人，每人负担医药费 1 角即可使全县人民均可得有医药治疗之机会，盖亦极经济之办法也。然犹虑他县不易仿行，更制定一简易方案，各县先设一保健所以主持全县公共卫生，各村保健工作则仍植其基础于保健员也。

平民教育促进会工作演进的几个阶段^①
（1935 年 10 月）

今天的谈话在说明我们平教会工作演进情形，以及如何达到今日的阶段。从平民教育促进会这名词上看来，便可知道我们目标之所在。我们的对象是平民，我们工作的内容是教育，现在可以把我们这十几年来的工作情形分成几个阶段来说明：

一、文字教育的阶段

在欧战时中国有 20 万工人在欧洲，阳初所接触的有五六千工人，他们都是没有受过教育，所以都没有智识。他们的工作很苦，一天到晚掘壕运械。因为他们没有智识，所以举止动作常常越乎轨外，伤及国体，结果痛遭欧洲军官的虐待；他们虽思家而无法写信；他们加入打仗根本不知为的是什么事。因此军队中常常发生谣言。我个人处在这环境之下，就感觉到教育的重要，最初替他们写信，告诉他们战时的消息和国内的情形，后来觉得不应该尽做消极工夫，而应该积极教他们识字，使他们自己会做，便创办"汉文班"教他们识字读书。当时没有教本，于是一方面编课本，一方面教他们。最初只有 40 余人愿意受教育。有一天晚上有一个工人很匆忙地来问我："先生，书教完了没有？"我很怀疑问他为什么这样着急。他说："还没有吃饭。"我问他："为什么不吃饭就来？"他说："因为今天已经做了十几点钟工作，怕吃了饭再来赶不上读书。"这虽是一个很小的事实，可是使我十二分的感动！一个工人已经做了十几点钟的苦工，为了读书连饭也不吃，这时候我才了解"发愤忘食"四字的真义，试问中国学生能有几个如此的呢？我更证明他们

---

① 原载《民间》，第 2 卷，第 13 期。本文是 1935 年 10 月作者在无锡江苏教育学院的讲词，由宋廷栋、从光祖笔录。

不是不可教，而是根本无教，只要有机会给他们，他们的成绩一定很好。

第一次毕业的 35 人，成绩都很好，全营都很快乐！因此以后便有几百人参加了。当时并办了一张小报，他们看报的兴趣非常热烈，读书的空气也很浓厚。因为这小小的试验成功，率领二十几万华工的总干事，非常感动，于是请我到巴黎去主持二十几万华工的教育。那时候有七八十个留学生在那里服务，便召集了一个会议，报告我初步工作情形，讨论办法，分工去进行，并创办了一个《华工周报》。

有一天我出去视察，看见有大批工人团集在一处，原来是一个工人正在讲解《华工周报》给大家听，因此我编报的兴趣更浓厚了。

又有一天我接到一个受过很粗浅教育的工人一封信，这封信给我极大的刺激。信中内容大意说："晏先生大人，自从你办报以后，天下大事我都晓得了。我觉得你报价太便宜，我怕你没有钱办，我这里有 150 法郎①，是我三年半工作积蓄起来的，我愿意帮助你。"以一个曾受粗浅教育的人，看了报而愿意自动地用他三年半血汗换来的金钱帮助我，况且我并未募捐，这是何等地使人感动啊！

我自己本来是学政治经济的，那时候"平民"两字，在我们脑海里还不深刻，就是当时从美国到法国去，原意无非是领导华工，可是在他人的国家里，碰到这二十几万华工，我才认识了真正的中国。过去所遇到所接触的，都是些受过教育的人，都是知识阶级，对于一般民众我实在隔膜得很。因此虽是真正的中国人，然不认识真正的中国。在这二十几万工人当中，不容我不认识他们了。我一方面知道他们过的那牛马般的生活，一方面知道他们并不是不能学；只要启发他们，他们就能表现成绩出来。我知道苦力的"苦"，也知道苦力的"力"。他们不但能学，而且勤学，只是过去我们不曾注意他们，就是注意他们，也不过是存着卑视的心理。中国几千年来，民众教育根本没有人注意，中国过去的教育完全是士大夫的教育，这整个民众伟大的力量，从来就没有人发现过，也没有运用过。中国民众不是不可教，而是无教。今天在座诸君都是从事民众教育工作的人，对于我的话谅表同情。

因为我在法国受了 20 万华工的感动，从民国八年就决定从事平民

---

① 据晏阳初《九十自述》所言，为 365 法郎。见《晏阳初全集（第二卷）》，541 页，长沙，湖南教育出版社，1992。

教育——苦工教育——因为在法国看见华工的情形，联想到国内一定也有几万万过着牛马般生活的男女，急需要教育。

法国人心目中的中国人，就是那 20 万华工。少数留学生决不会引起他们的注意。所以他们心目中的中国人，就是无知无识，过着牛马般的生活的中国人。整个中国之所以受到不平等的待遇，就是因为中国民族是和那 20 万华工同样的无知无识。

我们知道教育的范围太大，非握到最迫切最根本的问题不可。根本问题中最紧要的，便是文字教育，因为文字是求知的工具。文明野蛮的分别，即在有无文字。最低限度的求知工具，许多中国人还是没有，所以我们决定把最低限度的工具教给他们。不过教育的范围不仅是如此而已，必须先要有这基本的工具，然后才可谈及其他。我曾对一位美国的朋友谈过——中国人的思想非是愚而是停滞，现在所需要的，是开发他们的工具。文字教育是开发民众知识的基础。所以识字教育，是平民教育兴起的动因。

二、农村建设的阶段

识字教育仅是一种基本教育，其目的不在使民众识字，而在使其达到整个生活改造的目标。所以文字教育以后，便应继之以民众生活的改造。中国的民众当然以农民为先。他们大都住居在乡间，我们要知道他们所需要的是什么教育，我们必须钻入民间，到农民生活中认识他们的生活。如此才能明白他们所需要的。我们到乡间去，非为农村而入农村，乃因要知道大多数民众生活的内容，才入农村。在都市中决不能知道农民的生活。我们可以说，假如大多数的民众在都市，我们便不用到农村。他们——大多数的民众在哪里，我们就应跟到哪里。所以要做第二步的工作，即农村建设，我们非到农村去不可。因此敝会才选择定县为实验区。

三、县政改革的阶段

我们以定县为实验区，最初仅站在学术及私人团体的立场去研究实验，以期改进整个的农村生活，从工作中找教育的内容。但是根据我们在定县工作数年的经验，似乎感到有一种必要：就是由学术的立场去建设乡村，是由下而上的工作，是基础实验的工作，即以学术的立场去找教育的内容、建设的方案，当然是可以的，不过如欲将研究所得的推广出去，则非借政府的力量、政治的机构不可。因为不利用政治，则一方面地方政府在那里剥削农民，另一方面我们帮助农民增加生产，改良品种或组织合作增加他们的收益。可是这种收益有限，而地方政府的剥削则无穷。所以从消极方面说，如单以县为单位而帮助农民，救济农村，则非改革政治不可；从积极方面说，要把我们研究实验的结果——教育的内容及农村建设的方案——推到民间去，亦非利用政治机构不可。研究与实施根本上是相异的，我们感觉学术与政治打成一片，然后实施才可以行得通。政治须学术化，学术要实验化。如单单研究，做几本研究的报告，则无须要政治的力量，倘要把研究的结果，施行于民间，使成为民间生活的改造，民间生活整个的一套要素，则非借政治的力量不可。

政治诚然是很重要，中央的政治虽能影响全国，但对人民的生活直接影响似乎较少。县政则不然，县政的优劣，影响于一县人民的生活很大。我认为中国的基本政治，是地方政治。没有好的县政，产生不出好的省政，没有好的省政，亦产生不出好的中央政治。所以县政是直接影响民众的政治，是老百姓的政治。所以地方政治才是人民的政治。

改革县政的消极事项，是废除贪污苛杂；积极的事项即如何使这政治机构改变过来，使专事收税的政治机关，而转为实施平教、建设农村的政治机构。所以我们现在研究的：第一，即如何转变现在的政治机构，为服务民众施行农村建设方案的机关；第二，即如何利用这实施农村建设的机关与人才；第三，训练技术人员，运用县单位而从事改良生产，改良经济农业，及文化教育的事项。过去平民教育促进会工作演进的几个阶段的病，是根本无好的机器。现在的改革，是为着需要而改革的。改革之后，仍需要训练能运用这机器的人员——有技术的人员。有了这种组织和机构，还需要有知识有组织有教育的人民。一面有了由上而下的组织机构，一面又有了由下而上的组织机构，两者合流起来，打成一片，然后国家无论有什么计划方案，随时可以应用！学术是政治的材料，政治是学术的辅导，两者相辅而成，相依为命。政治由学术为根据，学术因政治力量而推动，这样才可以打成一片。故敝会工作最初是以推行文字教育起始，继之以研究实验农村建设的内容与方案，现在则更进而研究学术与政治的合流，希望产生一套改造民族生活的方案贡献给国家。

关于人才训练的事：敝会过去只办过些短期的无系统的训练，现在为适应各方面的需求，已开始作小规模的人才训练，即招收各大学政治、经济、教育等系的毕业生，给予一年的训练，以增加其经验。不过现在刚试办，规模很小，将来也许作大规模的训练。

以上是阳初十几年来工作的几个阶段，用极简单的话，报告大家参考而已。贵院可谓是中国第一个注重民众教育的学院，对于民众教育负有重大的使命。民众教育在中国已渐成有系统的教育，中国对民众教育数千年来未加注意，今日政府和知识分子竟由暗中的推动而表现到具体的事实。这种表现是极好的现象，希望贵院诸位先生和诸位同学认清目标，继续奋斗。

最后，我愿意提及大家注意的是：中国民众教育及农村建设，时至今日，空气如此浓厚，流潮如此高涨，这一方面可以说是好现象，另一方面也非常的危险。当然大家热心提倡，固可以乐观，可是危险性即潜伏在其中。中国自鸦片战争以后，不知有过多少次的大运动，当时的知识分子都是参加过的，而其结果，都是不久即变为无声无息。农村运动之所以有今日，也是由许多智识分子牺牲了自己的精力生命开发出来的。不过到目前，却是最危险的时期。因为农村建设似乎已成为最时髦的口头禅，一般人似乎不无"抱着人云亦云，人做亦做"的心理来参加。至于怎样做法？什么人做？做些什么？——从这些方面去研究的人实在太少了。我恐怕农村建设和民众教育再过几年以后，也要变成无声无息，蹈以往诸运动的覆辙了！因此我们做农村建设和民众教育的同志们更须努力了！我们须明了现在中国民族的真问题之所在，然后抱着牺牲一切的精神去求其解决！

中华平民教育促进会工作的演进^①
（1935 年 12 月）

　　兄弟这次到南方来，已经是第三次了。第一次在民国元年，那时我还在香港大学念书。第二次在民国十二年。到现在，可以说有十多年没有来广州了。从前来的时候，还没有中山大学。这次来一看，觉得广州各方面都进步得很快，尤其是对于大学教育，非常注意，在人才的培植方面，特别努力，这是很好的现象。

　　这次我本来不预备来演讲的，因为崔载阳、郑彦棻两先生对于农村工作非常注意，所以叫兄弟来谈谈关于农村建设的问题。

　　农村建设的工作，跟现在大学里边读书的同学，关系非常密切，而与教育的关系尤大。在座诸君，大多是研究教育的。所以兄弟今天所讲，特别偏重于教育方面。不过，诸位要知道，农村建设工作，并不只限于教育，诸凡政治、经济、农业等等，均有关系，今天不过多谈点教育方面的工作而已。

　　这里，兄弟可以告诉诸位关于定县中华平民教育促进会的一些工作情形。

　　平教会初起的时候，特别注意在识字教育方面。因为中国虽号称有 4 万万人口，而其中有 80％没有受过教育，本国人而不认识本国的字，真是奇耻大辱。这种人民，简直不能，亦不配生存于知识竞争的现代。文明人与原始人的主要不同之点，即是文明人有文字的工具，而原始人没有。我们中国人虽然生长于 20 世纪而有 3.2 亿人没有文字的工具，与原始人无异。因此知识不发达，国家一天天衰落。

---

　　① 原载《教育研究》1935 年 12 月号。本文是作者在中山大学文学院的讲词，由富伯宁、庞翔勋记录。

我们要晓得，文字便是求知识的工具。有了工具，自己便可以自动地继续不断地求知识。反之，没有文字便不可能。中国人不识外国文字，还可以过去，不识中国文字，则是莫大的耻辱，同时，也是知识竞争时代的绝对落后的民族，一定要受淘汰的。所以平教会在民十一、十二、十三、十四几年间，集中精力去研究扫除文盲的方法、内容、教材、教具和制度，希望能使中国大部分又穷又盲的民众，用最少的金钱、最短的时间，受到最不可少的文字教育。

同仁等在开头几年的工作，便是这种文字教育制度的提倡和实验。实验的结果，诸君知道的，有《平民千字课》的产生。这种书，现在采用的地方很多，销数有1 000万本以上。此外，各处采用敝会所研究的方法、教具、制度等的也很多。现在各省政府也都注意到这方面了，各地的民众教育馆，也以提倡识字运动为主要任务。

所以我们确信，对于中国的文盲（illiterates）问题，只要政府有认识，能够下一决心，要使全国文盲——尤其是青年文盲——得到最低限度的文字教育，绝对可能。例如在广东或广西，至多三年，至少二年，男女青年文盲——可以扫除净尽。扫除文盲在中国现在经济状况之下，绝对可以办到。敝会有十二年推广的经验，自信极有把握。所以现在的问题，不是在文盲能不能扫除，而是在政府有没有决心。

以上所谈的识字教育，是平教会第一阶段的工作。今天因为时间不多，我只能把平教会演进的阶段，谈一个大概的轮廓，以后有机会，再将每一阶段详细说明。

平教会第二阶段的工作，便是"农村建设"。

我们怎么会由识字教育转到农村建设的呢？因为文盲虽说是中国的一个大问题，识字虽然在教育上很重要，但识字并不就是教育，识字只是求知识的工具，而不是教育的本身。识字好比一把钥匙，教育本身好比整个人生的宝库，这宝库固然要用钥匙去开它，但不能说拿到了钥匙，便算进了宝库啊！

所以文字教育我们只能说它是工具，是一种重要的基础，是教育的初步，如果要说它就是教育，那就错了。

那么，教育又是什么呢？兄弟常说：现在的人，动不动便嚷"普及教育，普及教育"，而不知要普及怎样的教育。只说普及教育而不研究普及怎样的教育，十分危险。所以我们一方面须求中国教育的普及，另一方面还得考虑到给予怎样的一种教育。

　　按照目下的情形，中国一般的大、中、小学教育，幸而不普及，要是普及了，全国的人都成了读书人，成了书呆子，成了书虫，"四体不动，五谷不分"，没有人再肯去做农工，那才糟透了。

　　所以知道教育应当普及只是知其"然"，知道普及怎么样的教育才是知其"所以然"。

　　以往的教育，可说完全走错了路。我们常常看到一班子弟未受教育以前，倒还肯帮帮父兄，一踏进学校，出来便成了废人。所以我们今天不谈这种正统的教育。

　　那么中国广大的民众中之未受教育的人，究竟应该给他们一种怎么样的教育呢？

　　现在我要请诸位注意，中国当前有一个绝大的问题，是研究教育的人和留学生所忽略了的。留学生们在外国，无论学政治、经济或教育，学的都是外国的东西。讲教育，便都是由幼稚园而小学而中学而大学，在国外学了这一套，回来便整个儿搬到中国来。这是西洋的一套东西。而在我们中国，则另外有一个教育问题，是我国特有的一个急切问题。例如定县，有 40 万人口，其中至少有 8 万即 1/5 是青年男女农民，即是 12 岁以上 25 岁以下的未受教育的人。定县一地有 8 万，如说全国是 4 万万人，则 1/5 便有 8 000 万青年没有受过教育。在东西洋，十五六岁或十七八岁的青年都已受过所谓"小学教育"（elementary education），所以另外对未受教育的成人给予一种"成人教育"（adult education），这原是一种补习教育。而在我国，则根本便无所谓补习教育。已经"有"才叫做"补"。我们根本便"没有"教育，说得上什么"补"？所以我国全国青年中，除开大学生中学生及学龄儿童外，最低限度有 7 000 万青年男女农民没有受过教育。这些人放到哪一部分教育中去呢？大学吧，程度不够，小学吧，年龄又太大。这种已过了学龄时期而仍未受到教育的青年男女，是外国所绝无而为中国所特有的问题。这是一个最严重的问题。

　　诸位试想一想，我们的国家现在到了什么程度了？到了什么田地了？已经不成其为国家了，为什么会国已不国？因为民已不民。中国是有 4 万万人口的国家，但日本人可以随意进来，任他们宰割，任他们蹂躏，任他们摧残，要怎么样便怎么样。一看见穿和服的人便急忙向他叩头，一听到讲日本话便吓得面如土色。为什么一个 4 万万人的国家竟让人家如入无人之境？因为没有了人心，虽有 4 万万人，而只是 4 万万生物的人，只是些动物，而没有国民。现在要救中国，有什么办法呢？大家常说"没有办法，没有办法"，我们要从没有办法中求一个办法出来。我们的办法是什么呢？便是充实国力，而充实国力之先决条件，即须培养民力。古语所谓"民为邦本，本固邦宁"，这话虽旧，实有至理。人民委实是国家的根本。讲政治，讲教育，都须要顾到根本，顾到人民。孙中山先生说得好：中国人跟外国人心理的不同，由建筑房子可以证明。中国人在上梁时大家闹做一团，外国人则在奠基时大家来行奠基礼。可见中国人只做上层的事情，不做下层的工作，现在国家所以弄到如此，便由于一班谈政治谈教育的人没有落到人民身上。4万万人的国家要4万万人治它，决不是少数人可以使这个国家有办法的。

不过，我们现在说要培养民力，为什么要培养民力呢？说说培养民力就可以了事吗？不成！要有办法。我们单说唤起民众，唤起民众，不成！要怎么样唤起？有什么办法？培养民力须要有办法，决不是说说便可以了的。

还有一个问题，所谓培养民力，到底是培养哪一部分民众？我们要抓住民众中间最基本的人民，最基本的生力军。我们要抓住的，不是老头子，也不是儿童，而是青年，The Youth of China！这班青年，不是学校里少数的青年，而是广大的民众中间的青年。这些民众，不在广州，不在上海，不在天津，也不在北平，而在农村里。我们不谈大众则已，要谈大众便在农村。所以，要救国便得抓住这班可以继往开来的7 000万的青年农民，这班人才是救国的生力军。建国工作要靠儿童，救国工作要靠青年。我们要去教育他们，锻炼他们，发展他们，运用他们，如此国家才可以有办法。今天跟诸位谈话的时候，不是风调雨顺国泰民安的当儿，不是与英美日大家和好的时代，今天我们是在虎口中，在一个非常的时代，非常的时代要用非常的教育。这种教育是什么？便是立刻急起直追，抓住7 000万青年农民，开发他们，锻炼他们，教育他们。我们这7 000万的青年，是何等伟大的一个力量！日本全国的人民，也不过此数；整个的德国，还没有这么多，这是何等有希望的队伍啊！

所以诸位不谈教育救国，只是一天到晚读书，抄书，念书，含含糊糊地过一辈子则已，要想从教育方面来救国，非抓住这7 000万青年农民不可！

所以要讲如何培养民力，便落到农村建设问题上。

但是我们从事农村工作，并不是为农村而农村。现在有许多人提倡建设农村文化，那是开倒车，不足取法的。

我们所以从事农村工作，是因为要训练救国的生力军。现在中国7 000万的青年在什么地方呢？如果在都市，我们就赶到都市，如果在上海，我们就赶到上海，如果在北平，我们赶到北平。可是这一班广大的青年并不在都市，而是在很穷很苦很臭的农村中，因此我们要到农村去。

我们为什么一定要跟着他们呢？因为我们要训练他们，教育他们，须得先了解他们的生活。如果我们毫不知道他们的生活实况，那么所定的计划、办法，都只是闭门造车，纸上谈兵。近来有两句时髦话，叫做"教育即生活，生活即教育"，"教育与生活要打成一片"，可是一班大人先生们其实不知道生活是什么，还谈得到什么"教育"？还谈得到什么"打成一片"？

以前，因为我们老是坐在书房里，造计划，做文章，所以过去的教育都错了。如果今后对于青年农民的训练，仍是一错再错，则国家有什么希望呢？我们不敢自称先知先觉。但应该做后知后觉。"前事不忘，后事之师"。既然知道以前的错了，便不应该再错下去。此后大家应该到农村去，训练民力，教育民力，发展民力。无论研究政治的，经济的，社会的，教育的，农业的或医学的人，都应该深入民间，给农民找一条生路。这种教育才是有生命的。古语所谓"不入虎穴，焉得虎子"。只有深入农村才能谈农村教育。

入农村后第一要认识问题，要寻求问题，要研究问题，要愿意去解决问题。入农村不是归田，是为寻找问题，是要知道他们生活中的问题而对症发药，研究一套东西出来救中国。

不过，我国的农村太大，从何处下手呢？我常常说："凡事要从大处着眼，从小处入手。"

要建设中国的农村，先要找一个农村生活的单位。我们研究的结果，决定以县为单位。中国虽大，而是1 900多县造成的。我们为试验和提倡起见，抓住一个可以代表的县去认识问题，找寻问题，研究问题，建设问题，希望能在这县里找到有普遍性共通性同时跟农民有关系的问题去研究它，以便将来别的县别的省也可以采用。现在有人批评我们定县，说是每月要用一二万元，未免太多。是的，要是单单为了定县，确实太多，但如为了全国而用，则真不算多。

刚才说过，平教会在开头五年，特重于文字教育。那时，在华侨中，在军队中，在都市里，我们都去推广；在国外，在南洋，我们都去工作。后来，在民国十九年冬，我们便抛弃一切，深入农村，大家都到定县去，以定县作我们的研究单位。

定县，旧名定州，有40万人口，400方里地方。这40万人便是我们的参考书，便是我们的图书馆，他们的问题便是我们的问题。

在开始教育之前，先要给他们定一个教育目标。外国的教育家都说："教育是为适应生活"（Education for life），但我们却觉得不然，我们认为教育不仅是适应生活，而应该是"改造生活"（Education is to rebuild life）。因为外国是天下太平，人民安居乐业，所以教育只要适应就够了。可是中国的社会怎么样？它是脏的、穷的、臭的、散漫的，是不科学的社会，是不合作不卫生的社会。这样的社会，我们能叫人民去适应它吗？我们决不能去适应这种原人的生活，我们非去改造不可！他们脏，我们给他们讲卫生；他们愚，我们给他们讲知识；他们贫，我们给他们讲生计；他们散漫，我们给他们讲公民。这才是训练他们，组织他们，运用他们。

所以，要使现在的社会有科学，有合作，有卫生，要使农民改造生活，非给他们改造生活之知识技能组织不可！

我刚才说过要普及教育，究竟普及怎样的教育呢？我们要普及教育，不只是适应生活的教育，而为改造生活的教育。不过，我们先要研究环境和生活中哪一部分应该改？哪一部分应该造？改是改，造是造，改了不一定便造。只知道讲改，却不会造，还是不行。所以我们要求改什么，便要研究造什么。同时，要使农民改，先得使他们知道哪一部分应该改；要使农民造，先得使他们知道哪一部分应该造。若是不使他们知道，则仍是为教育而教育罢了。

定县研究的结果，觉得农村生活要改的地方很多，而最需要改的，则有下列四种：

（一）愚。多数的农民，除日出而作日入而息的生活之外，什么都不知道。这种情状，在海禁未开闭关自守的时候，或者还可以苟安一时，但在现在知识竞争如此剧烈的时代，则万万不成。所以第一这愚非改不可。

（二）穷。中国的穷，大家都知道，中国农民的穷，更是一言难尽，也是不言而喻。我们对于这班连最低限度的生活都无法维持的穷人，应赶快设法才行。

（三）弱。中国人的身体，确实赶不上西洋人。"东亚病夫"的绰号，当之无愧。病是那样的多，农村中更不知凡几。一年之中，不应该死而死的人，仅就经济的损失，就要好几千万。三十几岁的人，正当年富力强，四五十岁的人，正当老成练达，在这正可为国宣劳的时候，却动不动便夭折，这是何等重大的损失？

（四）私。也可说是"散"，中国4万万人，便是一盘散沙，各顾各的，毫无集团生活，毫无团结力量，这是最危险不过的事。

农民生活最应该改的便是这"愚"、"穷"、"弱"、"私"四种，要改革这四种毛病，便要创造一种新方法，针对这愚的问题的，便是用文艺教育培养他们的知识力；针对这穷的问题，便是用生计教育培养他们的生产力；针对这弱的问题的，便是用卫生教育培养他们的健强力；针对这私的问题的，便是用公民教育培养他们的团结力。这四种力，是今日国民所最不可少的，具备了这四种力，才可以在国家将亡的今日有救亡图存的能力。

关于创造的方面，今天因为时间局促，只能提纲挈领地说一个大概。

（一）文艺教育。内容包含：

1. 识字读书——农民先要识字读书，所以使他们进平民学校，授以中国的基本工具，便是所谓"三R"（读Reading，写wRiting，算aRithmatic）。原定4个月毕业，现在研究下来，三个月也可以完成了。

2. 平民文学——有了工具之后，究竟去读什么书呢？没有好书，即使能够读，也读不成，所以吾们有一个部分叫做平民文学部，专门研究平民读物，如故事、寓言、传说和诗歌之类，希望能在最近的将来完成1 000本，以供平民学校毕业的人去读。

3. 无线电——这是一种对于民众非常有益的工具。我们自己有广播电台，举凡一切政治、经济、社会、教育、卫生及时事等都有。从前十九路军在上海抗日，定县的民众便知道得非常清楚。

4. 戏剧——也专门有一部分人在研究平民戏剧，由专家熊佛西先生主持。这种工作，对于青年农民的影响非常之大。

5. 图画。

（二）生计教育。这里面又分两部分：

1. 生产部分。

a. 育种——如麦、高粱等的研究；

b. 畜牧——如猪、牛、羊等的改良。将研究和改良的结果，供给农家，使他们增加生产。

2. 经济部分。只帮助农民生产而不帮助他们运用经济，还是不行。因为普通的农民，虽然是一个勤恳的农夫，却不就是一个精明的商人，往往去年收了一石，今年收了一石半，收获虽增，但因为受商人的剥削，经济的收入仍没有加多。所以我们一方面有生产部分，改良他们生产的技术，帮助他们生产；另一方面还帮助他们组织合作社，如生产合作、消费合作及信用合作等，使他们既为良农，复成良商。

在定县，这种合作社已有 300 多个，每村每区都有一个，全县便有一个总的。由村而区，由区而县，一贯地组成一个合作社网。

这种合作的组织，用较深的眼光看，非但是改造民众经济生活的良法，并且是陶冶他们合作精神，养成他们合作习惯的上策，所以其中含有很深的教育意义在。

不过，从事合作组织也得有相当的知识，才能不吃亏。如果没有文艺教育的帮助，则参加合作的人，一字不识，账也不能查，报销也不知道，结果眼睁睁瞧人家舞弊，自己损失。

说到经济合作这问题，还有一点非常重要，诸位须得特别注意。许多人都以为定县施行了生计教育，定县的生计问题一定很好地解决了。其实，这是全国的问题，也可以说是全世界的大问题，中华平民教育促进会工作的演进不能从一县一地来着眼。不过如果要讲全国经济统制，就非全体人民具备生计的知识技能组织不可，否则便谈不到什么统制经济，经济统制。

由此可知，经济问题固非一地单独可以解决，然而人民有运用经济的技能与知识之后，全国的计划经济方才可以实行。换言之，全国的经济计划，一定要有人民作基础，才行得通。现在常有人高喊全国总动员，试问大家没有知识，如何动法？

举一个浅近的例子。现在都市里的银行家，因为有钱无处放，又舍不得烂在保险库里，于是纷纷到农村去放款。他们不少来定县的，初时有三四家，后来有了五家，六家。为什么别的地方不去，单单来定县？是不是因为定县特别有钱？不是的。是因为定县的农民都有相当的经济知识，能够和银行合作，银行可以进行他们的业务，农民亦不会受他们的剥削。

所以，要国家经济有办法，非全体人民具有经济的知识不可。

此外，关于卫生教育和公民教育，因为时间不允许，只得等以后有机会再讲。

总之，我们在定县研究的这套教育，用意即在培养民力，使 7 000 万青年农民能够改造他们的环境，改造他们的生活，他们的环境生活不改良，国家决计没有希望。我们实施这套教育，是希望能够培养出具有知识力生产力健强力和团结力的农民。这样一来，民力才可以充实，国力才可以坚强。所以，我们这套教育，是为针对国家而研究的。

大众不想为国家做事则已，如果不甘做亡国奴，如果希望把中国造成一个自由独立的民族，则非抓住现在中国这班最基本最重要最有力的青年不可。试观世界各国，无论是"国社主义"的德意志，社会主义的苏联，或法西斯蒂的意大利，他们都要民众的。只有我们这个没有见地的倒霉的国家才不重视民众。我国广大的民众力量，一向从未发现过，现在大家应该急起直追，一方面要有热血，一方面要下决心，同时要有方法，把 7 000 万青年农民赶紧训练起来。这种教育，才是救亡图存的教育，而不是书本上的狭义教育。

现在有两种人最没有出路：一种是贫穷的老百姓，终年劳碌奔波，不得一饱。一种是青年的学生，无论大学生中学生，毕业之后，多数没饭吃，即使有饭吃的，亦非可吃之饭。有志的青年没有出路，实为中国大乱之源。

诸位！农村建设的工作是有意义的工作，广大的农民青年，是有希望的青年。他们有极大的可教性，这是吾们积十多年的经验而深信着的。现在的大学生，都只想往都市跑，都只想做官，然而现在非但大官没有，连小官都没有了。我们应该往农村跑，集中精神于青年农民，去训练他们，组织他们。大家天天说没有办法，没有办法，我说是有办法，有路可走的，办法便是到农村去。

同学们！请认清！现在我们是处于非常的局面，再不能学 10 多年前的人了，现在一个不小心，便要做亡国奴。过去，庸弱无能的满清还可以奴役我们 260 多年。现在的日本，是文武双全的国家，是科学发达的民族，较诸满清相去不知多少！

所以，我们现在读书，再不能按部就班地，潇潇洒洒地，好像还有几千年给我们活的样子。这样子不成！现在教书的先生是教的最后一课，读书的学生也读的是最后一课了。不过，徒然着急也不必，我们要有办法，办法是什么？到广大的农村去，开发那未被发现的宝库，训练那充满力量的青年。在 7 000 万的农民青年中，不知埋没了多少英雄豪杰呢！我们应该把视线从都市转到农村去，教育他们，发展他们，组织他们，这才是救亡图存的基本工作。

《定县农村工业调查》序①
（1936 年 3 月）

　　中华平民教育促进会在定县实验区的工作，是以整个农村生活为对象的。它把文艺、卫生、公民和生计四种教育，连锁扣合起来，成为整个的农村建设。

　　在生计教育一部分工作，本会分两方面进行：一方研究农产品产量的增加与品质的改进，农村工业的提倡与改良，以增进农民的收入；一方实验新的农村经济组织，以期解决农民的借贷、购买、运销等问题。增加生产和经济组织，实在是整个生计的两方面。农民必须利用科学，使生产现代化，同时必须设施一种健全的合理的组织，以作有效的经营，方能建立农村经济建设的基础。

　　中国因为是农业国，一般人很容易注意到农业，而忽略了农村工业的重要性。我国农民并非整年忙于农事，他们一年总有三五个月的农闲，利用以从事手工业的生产制造。在平常的年景，可以补助家庭的收入，在天灾为患收成无望的时候，也可以补救生计的一部分。所以农村工业在我国整个的国民经济上，应占重要的地位。不幸自资本主义势力侵入以来，大量机器制造的工业品，充斥于市场，给予农村原有的手工业品以一大打击，以致生产没落，工人失业，这确是中国经济之一大危机！

　　可是中国以往未曾——以后也将无由走入工业资本主义之路，则农村仍未尝不可以保持经济自足的局面。如果应用合作的原则，把分散的原始式的小手工业，组织联合起来，作共同之经营，又加以技术方面的

---

　　① 原载《民间》，第 3 卷，第 23 期，1936 年 3 月。本文是为张世文著《定县农村工业调查》一书所写的序言。

研究改良，则农村经济之复兴，方可有望！在为上述的设计和实验以前，我们必先了解事实之现状与演变。所以广博精密的统计调查，实为推动的第一步。这本书的功用就在于此。作者张世文先生参加平教运动7年有余，对于农村社会调查，积有经验。最近他又致力于全县农村工业的调查，自家庭工业以至作坊工业，自纺织工业以至五金工业，都有详细的叙述，使我们对于中国一个整个县单位的农村工业的实际状况，得以一目了然。这不但是为我国研究农村工业的人，很有参考价值的经济史料，而且对于实际从事农村工业的同仁，也是一个重要的贡献。故乐为书数言以当介绍。

对在定县工作同志的讲话①
（1936 年 8 月 19 日）

各位同仁：

　　昨天我刚经北平来，今天午后又要到湖南去，乘这机会和各位同仁说几句话，把本会最近的情形报告一下：

　　前月湖南衡阳实验县成立之后，我即拟由汉口飞往成都，进行四川省设计委员会工作。抵汉口后，适遇京邑友人，特地约赴南京，共同为西南问题作和平运动，向中央有所接洽。陈筑山先生也为此问题由桂到汉。我们晤谈之后，觉得事很重要：一方面为国事呼吁和平，本是国民应尽的责任；一方面也因为需要政治和平，平教运动才能进行无阻，期图发展。我们此时正在四川、湖南、广西谋发展，适逢其会发生了西南问题，这当然与平教运动很有关系，所以我们不得不更变行程，临时终止了四川之行，同他们一起到南京去。好在四川已有同志在那里筹备，我迟去几天，尚无多大问题。在京与中央各方面接洽之后，我径回北平处理会务。那时天气正热，我很想罢事休息。可以本会工作，此时正在发展之际，每天我总接到几个电报，几封航空信，事实上竟不许我休息，也就休息不成了。今天把本会最近进展的情形，分段说明。

　　一、广西方面　广西工作，开始于本年 3 月，广西当局非常重视我们的工作，非常钦佩同仁们的精神，所以工作进行很顺利。不过和工作有关系的不仅是少数领袖，对干部人员的了解也很重要。所以陈先生便在这一方面下工夫。这几个月的精神，完全贯注在这上面，使一般干部人员都能和领袖们一样地了解我们，认识我们。这种工作做了两个多月，就渐渐地具体起来。平教运动的重要工作是教育。一省的教育主管

---

　　① 　慰劳总会档案（二八四②）2。沈海鸣记录。

机关是教育厅，广西当局要使本会能彻底推行其工作起见，极诚恳地要求陈先生担任教育厅长职务。平教运动同仁没有一个不视做官为畏途，陈先生当然不会允许担任此等职务。他们说这不是为做官而做官，乃是为工作做官，要使平教运动普及，非有行政力量难收速效，请陈先生任厅长，正是请陈先生去做平教工作。同时并请朱有光先生担任国民基础教育研究院院长。这两个机关，本是和合一起的，一方面是学术的研究，一方面是政治的推行，在广西向来都是由一人兼任，以收指臂一贯之效。这次拟将全省教育托付本会，分请陈朱两先生担任，事实上仍是一个机体。陈先生鉴于他们的态度诚恳，用心良苦，不得不将他们的意见告诉我，征求我的同意。适胡汉民先生逝世的消息传来，广西的重要分子，都到广东去为胡先生治丧，事情始得暂时搁置。后来，西南问题日益扩大，一天一天闹大事，广西的平教进行也就无从谈起。这些事情已成过去，我所以向大家提出来报告者，我对于这回事有两层意思要说：第一，谈农村教育农村建设，必须有材料，有内容，有方法，然后说"到民间去"始非空话。不过要把农村建设的材料与方法搬到民间去，还需要政治力量。为研究而研究，为著书而研究，一辈子永不顾到实际方面，那就只要走进图书馆，伏在书案上就得；若是为改造生活，复兴民族而研究，就非接近民众，与社会周旋不可，就非政治力的帮助不可。第二，要得政治力的帮助，就须先取得负政治责任者的信任，认识我们的主张，这才会有见诸事实的可能。否则人家永不了解你，也就无法实现你的研究所得了。孔子周游列国，也欲寻一信仰其学说之人，以便施政；然而孔子终其身没有人给他一个机会。亦可见使人信仰之不容易。广西当局竟把全省的教育行政交给我们，可见他们信任我们的真切。他们辛苦经营的广西，自有一班休戚与共的人可用，为什么把省政府要员的尊荣，全省教育工作的重任，给一个素来没有共过患难的人，这就看得出他们对于平教运动信仰到什么程度了。现在广西政局突变，以前所谈，顿成泡影，好像功败垂成，未见可惜。不过大家应该知道，一件事的成功，并不会像理想的那么容易，尤其是与政治要发生关系的事业，决不会做一桩成一桩。蒋委员长为国努力，这十多年中也不知已有几次的起伏，即现在对国家方有伟大之贡献，可为一例。天下没有做一件成一件的事，所以偶逢变化，也只能认为当然之困难，不足为奇。平教运动以改造生活复兴民族为目标，不得不与社会接触，于政治往返；社会是那样的复杂，政治是那样的活动，做起事来不一定样样都成功，毫无足怪。陈先生头脑精细，研究深刻，在取得人家信任的工作上，这一回已充分证明是成功的。社会上尚有真知灼见的人，我们的努力并未零掷。广西工作已停顿，原在广西工作的同志，均已另行分配工作。朱有光先生在燕京大学担任平民教育及乡村小学教学法课程，并专门研究组织教育，希望对组织教育有进一步的贡献。一方面把平民教育灌输给大学生，一方面把平教内容作精密研究，这些工作，殊属重要。汪德亮同志，前天到北平，今天到湖南去任乡村师范校长。陈筑山先生现在香港，即将北来。何晴波先生已在衡山工作。广西的工作，将来再说。

二、湖南方面　湖南方面本年度工作极繁重。衡山实验县于7月1日成立，彭一湖先生同时就任县长，这是一方面。其次是乡师的开办，现由汪德亮先生去主持，黎季纯先生则担任育才院训练及编纂设计的工作。育才院的目标，是要训练曾受大学教育的青年，在一年或二年的短时期里，养成办理农村建设社会改造的人才，以便分派各地去工作。湖南、四川等省各允保送大学生若干名。本会亦将另招有志青年，同受训练。湖南所保送的10名将在衡山参加乡师工作，作将来分配到湖南全省去改造师范教育的准备。本会原有训练委员会，虽范围较小，但作用则与育才院一样，可以算是育才院的前身，现在的育才院不过规模大些罢了。

三、四川方面　四川省设计委员会，省政府主席为委员长，本人被聘为副委员长。各部分主持人，秘书方面是霍俪白先生；教育对在定县工作同志的讲话方面是傅葆琛先生；农业方面是常得仁先生，常先生同时已被委为省立棉、卫生方面（原件如此。——编者）；陈志潜先生正在努力物色人才去担任；地方行政方面拟请霍先生兼任。陈行可先生是设计委员会委员之一，现已在川帮助筹备一切。我大约在9月初才能到成都去。这个设计委员会是主持全省设计工作的，范围很宽，自己也可以办实验事业，所以很有许多事情可做。

四、定县方面　定县实验区现在成为华北农村建设协进会一分子。华北农村建设协进会是由南开大学、清华大学、燕京大学、协和医学院及本会五机关所合组。五机关的负责人是协进会的当然委员。南开为张伯苓先生；清华为梅贻琦先生；燕京为陆志韦先生；协和为林□□先生；平教会是我自己。当然委员之外有专门委员，当然委员以机关作单位，专门委员以人才为标准。现在的专门委员，教育有瞿菊农先生；卫生有陈志潜先生；经济有何廉先生。另有两位专家，一位是中央农业实验所所长谢家声先生，一位是山东乡村建设研究院副院长梁仲华先生。定县实验区主任也是协进会的委员之一，现暂请孙伏园先生担任。协进会另设执行委员会，由五机关负责人及定县实验区主任组织而成。又设研究训练委员 15 人，本会常得仁、姚石菴、陈志潜诸位都是委员。协进会的主旨是以定县实验区作各大学的乡村建设工作的实验室；以各大学作教育农建人才的场所。姚石菴先生已担任南开大学的名誉教授，瞿菊农先生担任燕京大学的名誉教授，陈志潜先生担任协和医学院的名誉教授。各大学的学生研究乡村建设者，均到定县来实习。以上是协进会的大概情形。

从这里，也就可以看出定县实验区今后的工作，并不比以前缩小，主持人也未变动，教育仍为瞿先生；生计仍为姚先生；卫生仍为陈先生。我们为什么要组织华北农村协进会，这里有说明的必要。各位知道农村建设的对象是农民，怎样去改造农村生活，怎样去改造农村教育，这都不是少数人所能包办得了的，必须要农民自己起来干。如要农民自己起来干，指导的人尤不可少，这就关涉到农运人才问题了。农运人才当然须以大学校作来源。但要希望大学生下乡，必先改造大学教育，使大学生不要等大学毕了业，早已到了乡下受训练，人才的产量才能多。协进会就是要大学生在学生时代生活即农民化，对农运工作即确具根底，毕业后可直接入农村服务。中国自有大学以来，一向是采用西洋材料，所以大学办了多少年，没有造成多少能为中国办事的人才。平民教育会，结合了多少学者，在乡间苦干了多年，从中国自己乡村里所寻出之材料，是中国本位的，是自己的东西。在我们看来，非常宝贵。现在有几个大学，他们也有决心打破传统的大学教育，走上乡村建设这条路来，自然是我们所竭诚欢迎的，也可以说是中国大学教育史的新纪录，大学教育的一大革命。农村建设运动，是伟大的事业，必须以大学作基础方能稳固。大学教育，能走到乡建的路上来，比办几次识字运动，几个民众教育馆，其意义重要得不知若干倍，有了大学源源不绝地作育农运人才，这运动才会发扬光大。定县实验区的设置，引起了全国各地不知多少的农村实验区。我深信有了华北农村建设协进会，也会引起全国大学教育改革的大运动。定县的意义如此重大，实验工作自必永久地做下去，现经孙先生负责，深庆得人，今后更与各大学合作，于整个民族改造上必有它的贡献。

　　半年来，为了国家的前途，我的生活，几乎全在火车、飞机上。生平最怕乘火车飞机，为了国家不得不如此，为了平教运动，又不得不如此，确属无奈，身体幸尚健康。今后各事渐有头绪，或能少在火车飞机上讨生活。今后为工作上接洽指挥便利起见，已设有办事处，我自然仍得不时到定县来看看各位的努力与成绩。

如何建设"新四川"①
——在四川省政府设计委员会成立大会上的讲演
（1936 年 10 月 2 日）

（一）四川在中国之地位。四川土地肥沃，物产丰富，人口众多，形势险要，古来以天府之国见称，处今日中国受强敌压迫日进无已之秋，求一足以为最后挣扎民族复兴之地，莫如四川，故四川在今日中国之地位，直等于当年意大利复兴之根据地皮爱蒙。蒋委员长所以特别重视四川，帮助四川者以此。

（二）四川建设之急迫。四川地位之重要既如此，则四川各种建设之急迫，自可想见。越王勾践之图存，十年生聚，十年教训。吾人今日之救亡，三年生聚，三年教训，犹恐不及，须以一年生聚，一年教训之速度，向前猛进；乃至非有即时抗战之决心，即恐旦夕灭亡，岂容吾人优游岁月，得过且过？

（三）四川当局之励精图治。四川省政当局，懔懔于国难之日深，明了本省之地位与自己的责任，毅然奋起卧薪尝胆之精神，下励精图治之决心。以刘主席之诚恳，各厅处长各委员之勤能，党政军各方面之合作，社会名贤之热心赞助，大家集中精神于建设四川，复兴中国之共同目标，这是极有希望，极可感奋的事情。

（四）建设计划之合理化。建设四川，复兴中国的目标既已立定，则建设的开始，自然要有计划。但是全省的建设，头绪万端，所要的计划亦纷繁复杂，非有一个调整的机关，应用科学的方法来加以调协的整理，作通盘的打算，按实际的需要，拟精确的方案，势必难免缓急失序，轻重失宜，或互不相关，或重床叠架之弊。省府当局有鉴于此，所以特设一设计机关，以求建设计划之合理化。这在中国是一种创举，即

---

① 原载《民间》，第 3 卷，第 12 期，1936 年 10 月。

是政治向着科学进化的方向，亦即四川省政府设计委员会之由来也。

（五）设计委员会之性质。设委会的性质，是协助行政机关的一种学术机关。它自身对于建设的事情，没有执行的职权，只有拟制方案，审议计划，研究问题，贡献意见的责任，而其采纳与否，最终还待省府的决议。

（六）设计工作之困难。设计工作有种种的分类：如乡村设计与都市设计，如全国设计与区域设计，如经济设计与教育设计之类，总名曰社会设计。在 1924 年美国的区域设计，共有百余处，其规模最大的为纽约及其近郊的设计，全部计划的实现，预计要 35 年，初期 7 年已费金元百余万。世界有名的意大利的全国设计，预定经费 5 万万金元。可见设计工作，是要相当长久的时间，相当巨额的经费，还得要相当多类的各种学术专家。世人都知苏俄的建设的成功，得力于精确的计划。要知苏俄的建设计划，是由成千成万的各种学术专家绞脑汁，费心血而成的。本来社会设计，是很新的学术。在美国哈佛大学，设社会设计的讲座，也只是近几年前的事。中国是科学落后的国家，到何处得许多专门的人才？而且民穷财困，哪有巨额的经费来办设计的事情？四川省政府设计委员会，每月只有 6 000 余元，对于全省各种建设的设计工作，要望它能有许多的成绩，实在是不容易的。可是欲求政治现代化、科学化开辟新道路，又舍此莫由。所以无论如何困苦艰难，这种政治的新方向，新道路，新生命，要努力去培养的。

（七）阳初自己之奋勉。阳初承刘主席兼委员长之不弃，委以副委员长之职，明知自己的学识能力，不能担负如此的重任，而且十余年来所服务的平教工作，与各地方政府，或社会学术团体，发生关系者至多，自己又不能常住在蓉，其所以不得不勉励从事者，因有下列两点：

第一，四川为我自身之家乡，目前又居民族复兴最后之根据地，无论为国为乡，皆不能辞其责。

第二，中国向来行政与学术分立不能发生互助的关系。四川省当局认为今后建设有需学术的协助，这是政治进步的新方面，无论如何困难，不得不促成向这新方面去求进步，求现代化。

因以上两点关系，阳初个人虽感学识能力时间之不足，但本会委员，有政府当局诸公，复有当地最高学术机关的领袖在内，以及社会名贤诸公的指导，自己也不敢不尽一分子的责任。

（八）设委会的工作进程。设委会的范围异常宽广，经费有限，人才有限，究竟从何处作起，这自然要度德量力，斟酌先后，较量轻重缓急，找出一个进程来。

第一，设计要根据调查。故设委会开始的工作不得不先从调查入手。

第二，建设要从基础上做起。故设委会最初的设计工作，不得不先从基层的农村建设入手。

第三，建设要切合国情与省情的需要。在今日国家危急存亡及人民救死不暇之秋，建设工作不得不有一个重心之所在。故设计工作，要根据政府的施政标准，切合实际的需要。

在本年度设委会刚刚开始，我们要先作调查统计的工作，来作今后拟计划、作方案的根据，同时也要应合当前的急需，顾到基础上的建设，贡献意见。但是限于人才、经费与时间，不能有过大的希望。就单是调查的工作，亦非在短时间之内能有我们理想的成绩。这种实际的困难，希望各界人士了解，对于本委会无存过分的奢望，同时要认识这种科学化现代化的政治新方向，对于建设"新四川"，复兴中国的工作，是极根本，极重要，极有价值，有生命的做法。虽然经费人才有限，但是"行远自迩，登高自卑"，"作始也简，将毕也巨"，只要我们努力向前迈进，将来的希望无穷，所以甚望各界人士，给本会以种种的协助与指导。

"误教"与"无教"[①]
(1936 年 10 月 17 日)

我国人口占世界 1/5，有几千年悠久的历史，数千万方里的土地，现在受人侵略，无法抵抗，人家的飞机大炮，如入无人之境，这是怎么一回事呢！华北紧急，全国动摇了。你们是有血气有思想的青年，试想一想，中国为什么到如此田地？我以为根本的原因是"误教"与"无教"。何谓"误教"与"无教"呢？中国现在受教育的人很少，而所受的教育，又多是不切实用的。所以有"教育误人"、"教育杀人"的这种说法，这就是"误教"的意思。4 万万人口中有 80％没有受过教育，这就叫做"无教"。中国数千年来的旧教育，现在已经整个的推翻了，可是新教育尚未产生。现在所谓"新教育"，并不是新的产物，实在是从东西洋抄袭来的东西。日本留学生回来办日本的教育；英美留学生回来办英美的教育。试问中国人在中国办外国教育，还有什么意义？各国教育，有各国的制度和精神，各有它的空间性与时间性，万不能乱七八糟地拿来借用。现在的学生是在学日，学美，学英，弄得一塌糊涂。学非所用，用非所学，所以许多大学生都在失业，而国家复闹人才缺乏的恐慌。人找不着事，事找不着人，这是充分去模仿外国的结果，整个教育因此破产。

中国人办教育不知道中国的情形，随便把外洋的东西搬进来，好像一个人害病，不问他的病源，任意给他吃药，一定要弄坏的。所以教育办了几十年，对于中国本身没有发生什么好的影响。你若去问一个统计学家，中国现在有多少人口，他一定回答说大约是 4 万万罢！有的说 3

---

① 原载《民间》，第 3 卷，第 14 期，1936 年 11 月。本文是作者于 1936 年 10 月 17 日在湖南衡山乡村师范学校的演讲词。

万万5千万，有的又说4万万5千万，其间差了这样大的一个数目，全没有确实的调查。譬如人家问你家里有几口人，你都不能回答，这岂不是一件最耻辱的事。中国人不知道日本的事，不知道苏俄的事，犹情有可原；中国人而不知道中国的事，这真是罪无可恕了。中国现在的金矿有多少，煤矿铁矿有多少，耕地有多少，森林有多少，有人知道吗？但是日本人会知道，美国人也会知道，说起来是如何的痛心啊！为教育而教育，为学校而学校，学生毕了业，就不管他失业不失业了。甲校如是，乙校亦如是。大家不知道为什么去办学校，不明了社会上的问题，去根据问题而定方针。只晓得照样画葫芦，人家怎样做，我们就怎样做。甚至有人为饭碗而办学校，这更是不堪闻问了。

中国人的大毛病，是说而不干。你看有好多人只管在那里说，"教育误人"，"教育杀人"，闹得声彻云霄，而无人实地去改造，更有谁能认真吃苦，到乡村去！大家具一种得过且过的心理，以为别人不去，我何必去呢？得过且过，已经过了四千多年。须知时至今日，已不是"得过且过"的时期，乃是求得过亦不能得过的时候了。我们敌人的枪口，一天一天向我们迫近，我们怎样还不觉悟，还是偷闲躲懒，不肯去干。我们常见有人写文章，骂教育，结果还是空论一场。我们怎样说就要怎样做，要怎样做，就要先认识中国情形，认识社会情形，亲身到社会里去体验。

中国教育堕落到这种地步，如何得了？所幸误教尚少，假如误教普及了的话，那只有坐以待毙。现在还有80%的"无教"者，正待我们去普教，故中国前途尚有可为。我们不应当再拿外国教育去教他们，要创造一种中国教育，要用中国药来医治中国病，且要看清病源然后再去下药。

今后新教育的途径是：不要再模仿别人，要自尊自信，自己创造。外国的科学我们要学，外国的教育，自有他们的背景，我们如何能够毫无目的地盲目抄袭呢？

个人的行动，也是随时代而变迁的，现在你若仍不出户门，坐在家里读书，那是不成功的。中国人最低限度要明了中国的情形。想明了中国的情形，不是要去调查南京、上海、天津、北平这样的大都市，是要深入农村。因为中国4万万人不是完全住在都市，有80%以上的人口住在农村。从前说"秀才不出门，能知天下事"，读书人自作聪明，所以演成了现在的状况。"闭门造车"、"纸上谈兵"的空计划，绝对不可靠。明了事实，才能发现问题，发现了问题的因果，才能计划改造的方案。

要想知道民间实况和疾苦，没有数字作根据，便不知从何处下手，所以要有调查统计的工作。现在说到诸位同学来到这里预备将来去做建设农村，复兴民族的工作，各位要知道教育的基本不在大学和专门学校，是在小学。比如建筑房屋，没有坚固的基础，就不能筑成一座崇楼高阁。没有好的小学，又从哪里去得到好的大学生和专门学生？小学的目的是为教育这广大的民众的，所以很重要。留学生从外国回来，他们心目中成了一个做大事、做大官的观念，谁还顾及得到小学教育。所以有人说中国人忘本，本就是基础。我们把基础教育称做小学教育，所以人人以为它小，便不愿去干。孙中山先生曾经说，中国人与西洋人不同的地方从很小的事情上就可以看得出来。譬如建筑房子，外国人行奠基礼的时候，非常隆重；中国人却要到上梁的时候，才大行庆贺。从这一点就可以看出中国人只重外表，不重基础。

"师范教育"这个名词倒是很好的。"师范"二字的意义，是说既可为师，又能做范。有许多做先生的不见得就能够做人的模范，能够做人模范的，却都可以做人的先生，希望你们能够做人的先生又能做人的模范，真正负起乡村师范教育的使命来。去教育那广大的平民与农村中的大多数的儿童，这种责任是何等的重大！

我们能够去教育那么大的民众，"无教"也就要变成"有教"了。但是我们怎样去教他们？这却是一个重大的问题。中国社会需要什么，我们就应当去教他们什么。要明白现在已经是 20 世纪了，不是"日出而作，日入而息"的时代了。现在是飞机、大炮、毒瓦斯的时代了！我们要做一个"现代人"，一方面要不忘本，换句话说，就是不要忘记我们是中国人；一方面要应用欧美的科学，要有驾驭自然的本领，一扫从前那种靠天吃饭、信赖命运的行为，换上一副创造新天地的气魄，这才能有办法。不然，你就不配在这 20 世纪生存。

但是怎样才能使你做一个现代的人呢？惟一的办法，就是"吃苦"两个字。你能吃苦，一切都能如你的愿。我国有句俗语："吃得苦中苦，方为人上人。"这句话确含有真理。美国有句话说："总统出自茅庐。"我希望你们努力吃苦，在教师指导之下而去苦干，去造就自己，把自己造就成一个民族的仆人，大众的仆人！

苏俄在十几年前，世界上没有一个国家理它，不许它加入国联。可是现在还不到二十年，各国都把它当做嘉宾，先后同它复交，国联也很恭敬地请它加入，给它一个常任理事席，使濒将破产的国联，因它得以支持，这是何等的荣耀？可是苏联在这十几年内的苦也真吃够了，全国人民节衣缩食，为的是国家的建设，因此才有今日。所以，我们要下决心：洗尽从前那种"万般皆下品，惟有读书高"的心理。这种念头在前一两百年或者还可以，到了 20 世纪的今日，是不可能的。要知道，在你我的生命范围内，都没有享福的希望！

在我国今日这种民穷财尽，天灾人祸交逼的时候，人民真是不能说不算吃苦，但是这种吃苦能算是有目的、有意义的吃苦吗？我们要效法苏联那种有计划、有目的、有意义的吃苦。

衡山省立乡村师范在湖南是很重要的一个乡村师范学校，今后基础教育的奠定，全在各位的身上，所以希望你们能够去吃苦。德国之所以能有今日，虽在他精强的兵力，但是，根本的原因，是在师范教育办得好。就是我国现在各处实验县的中心工作，也是在普及平民教育，造就干部人才；而干部人才，又多半是出自乡村师范的，因为乡村师范的学生都是有志改进乡村的。村政弄好了，县政当然也要随之而好，省政、国政自然整个地就会上了轨道。这样方能安邦强国抵御外侮，这样我们方能生存于 20 世纪！

最后我希望各位的有两点：（一）对于学问的追求：学问的重要，是人人都知道的，无论做什么事，都非有学问不可。别的且莫讲，就以你们本身而言，你们为了要改造社会，建设乡村，就得认识社会的整个面目，至少也要知道湖南衡山这一个小圈子，另一方面还得明白些做人的道理，多有些常识才行。（二）对于人格的修养：中国能通中西古今有学问的人也不少，可是他们的学问尽管好，若是没有人格，恐怕他们的学问越好，他越能够卖国。有许多什么日本通，美国通，苏俄通……根本就通错了，这是什么缘故呢，缘故是没有人格的修养。所以我觉得学问还在其次，人格却最要紧，我们要有"富贵不能淫，贫贱不能移，威武不能屈"的操守！

各位同学，国难已到这样不可收拾的地步，我们若再不努力，就只有灭亡一途。国家亡了，就是要爱国也无国可爱，到那时可就悔之晚了。希望各位同学永远不要忘记我今天所讲的话。

在平教会长沙办事处第四次
周会上的演讲^①
（1937 年 4 月 26 日）

　　今天报告本会近年来各方面的工作。第一要说到的是定县。时光快得很，再过两个月，一个年度就要过去。在这将要过去的一年里，本会工作，从定县的集中研究，递进到川湘的发展推广，起了一个大变动，随着变动产生了不少新工作，获得了许多新经验。定县的集中研究，可以说是旧的工作，研究到有了相当经验，于是乎发展推广。发展推广在本会是一个新的实验，所以这一年度里，得到了许多新的经验与心得，现在离年度结束还有两个月工夫，我们很有时间作充分思索，然后把下年度的工作，好好地规划一下。过去一年，刚从定县发展出来，对各方面不能就采取一定的看法，经过了这一年，整个的平教运动，从集中于定县实验的办法，到了推广到其他省份这阶段，在工作经验上，增多了不少材料，所以今后平教运动进展的方面，工作的中心，进行的步骤，应该有一个整个的新看法。定县经过了这阶段，在工作上也应该有一个调整、整理、刷新。定县是本会研究实验中心场所之一，那里有相当的基础，有种种的便利。今后定县工作，须注重于质的研究，以充实农村建设的内容。至于衡山，因为那是新工作，一切都在迈进中，极容易看得出它的进步，不像到一个有基础的地方去，难于看出进步的迹象来。比如到了定县工作上了轨道有了基础的地方，不大有经验的人，是不容易看到明显的进步的。衡山就不然，它的工作还是头一年，工作进展很容易看得出来。好像小孩，几个月不见就长大了许多，到了二十多岁，便不容易看得出他的生长了。我每次到衡山去，总有新的感触，有更深

---

　　① 原载《民间》，第 4 卷，第 2 期。本文曾以《长沙办事处第四次周会记录》为题在《平讯》，第 1 卷，第 30 期（1937 年 5 月）上发表，现参照修订。

的了解，觉得衡山有很大的前途，头几次到衡山去，他们的工作，正在向着上轨道这方面去。最近，在一星期前，再去看看情形，觉得衡山工作确实已上了轨道。"上轨道"三个字，是本人——本会的负责人——的立场和地位，是不能随便说的，决不能把没有上轨道的事说它上轨道，是是是，非是非，决不许模棱应酬。须知县政上轨道是一件很不容易的事，因为一个县有几百年的历史，有它的政治积习。现在衡山实验县刚刚成立了一年，就能把杂乱无章的这种旧县政，理出头绪，上了轨道，那的确是不容易的。好像要塑一个大石佛，到远地方去取块几百吨重大石头来雕塑，取石的时候，先得把石取下来，取石是一层工夫。抬起来搬着走又是一层工夫。到了火车站，不能说就真是上了轨道，必须要装上火车去，又是一层工夫。上了轨道不能说石佛已经塑成，连原料运到目的地还算不得，还得要把火车开出去，到了站再卸下来，再扛扛抬抬地到雕塑石佛的地方。以后，石佛的雕塑才算是起了头。这样已经费了不少工夫了，上轨道是极不容易的，然而不能说上了轨道，就没困难。衡山的工作，同仁们诚然费了 10 月的心血，才把它弄上了道，但大石上了轨道，还有许多事要做，不做了，石还是石，不是石佛。"玉不琢，不成器"，不成器的玉，没有用处。要把石头塑成佛，工程师自己就得先有一种观念，一种理想，一种看法，一种想象，把石料仔细设计，然后可以动手雕刻。现在刚刚把石头运到了车子上，还得往前推动。到了目的地，还要请艺术家来磨琢，使不成形的石头，能够凿成如理想的石佛。衡山工作，既上了轨道，就得向前推动。从前推不动是因为没有上轨道，现在上了轨道，推动是不成问题的。问题是在怎样运用技术去雕刻，这是当前的问题。现在衡山方面，推动的人是有了，运用技术去雕刻，人还不够，还要增加。以后工作很多很难，目前的要紧事情是推动。加油的加油，灌水的灌水，装煤的装煤，听着工程师的指挥，把大石头运到目的地去。至于石佛的凿法，在量的方面要有够用的工人，质地的方面，要具高超的技术，才雕刻得出理想的东西来。今天所能安慰的，兴奋的，就是已经有了能够工作的机器，运用机器的人也都上了轨道，然而这并不包括今后的困难。衡山现在开辟了一个农村建设示范区。县政府在这个工作上有很大的决心，深刻的认识，他们希望把实验县四年间应做的工作，在示范区里一年完成。把民、财、教、建、保各项工作，都做出一个雏形来，使全县的乡村有一个观摩的地方。并且预备在示范区里训练全县需要的农建人才，这样做起来，示范区不仅是工作的实验地，同时是人才的训练所，那就很有价值很有意义的了。现在衡山有57个乡镇，不久就要改编为29个乡镇，示范区就是这29个乡镇之一。示范区怎样做，全县各乡镇就怎样做，所以示范区的工作，与实验县的前途有密切关系，本会就须用力去参加。本会素来有一种主张，非常重要，凡是农村建设的工作，不能撇开人民的生活。不是农民需要的建设，便不是本会研究实验的对象。从前集中定县作研究实验，就是为此。衡山示范区，我们要尽量参加工作，长沙方面的工作，要切实地和衡山方面衔接起来，借此把本会过去研究实验之所得，做一个适应地方区域的实验，在方法上，在内容上，也许会有新的发现，新的创造。还有一方面要说到的是四川。今天接到四川方面同仁的来信，新都已于本月11日正式接收，就职典礼定于5月中旬举行。新都工作，两星期以来，都很顺手。当然，那里的情形与衡山、定县又不同，这个实验县的第一步紧要工作是解决治安问题。治安问题的解决，有治标治本的两途，现在已开始组织军警联防处，治标工作算是开始了，不久我要到四川去，以便决定下年度的工作计划。

最后有一件重要事情告诉大家。无论定县的平教工作，或湖南的衡山，或四川的新都，要把这些工作做得好，必须把本会基本事业的育才院办理好。育才院负有两大使命，一方面是培养人才，一方面是研究学术。本会在训练人才方面，曾有多年的历史，正式的育才院才成立一年，又因各有各的事情，没有专门负责的人员，所以有许多未尽满意的地方。今后应该特别注意，在组织上，计划上，工作上，都要以此为中心，这里有两个重要的原因：第一，工作发展得愈快，人手越感缺乏。罗致人才，虽然有许多大学校的毕业生，但是各大学的训练不一致，他们的工作态度，就不一致，于本会事业，更少了解，这种人才，就非再来训练，不能适用。第二，过去因为种种的关系，没有把预定目标，完全做到，下年度起，要有一定的计划，一定人员去做，使人才训练与学术研究，同时并进，而后华北、湖南、四川各方面的工作，才得与之俱进，才站得住，才能发扬光大。本人明天就到上海、南京去，再到成都，最早5月底才能回来。每半年举行一次的行政会议，应在6月3日至6日之间开会，希望大家各个人把工作做成详细报告，交到秘书处集中整理。一方面供给秘书处编辑年报材料，一方面作为行政会议参考。现在是4月，还有5月一个月工夫，时间很从容，希望大家不但有详细的报告，对于会务各方面有什么意见，也可用书面写出，建议于行政会议，以供讨论。

三桩基本建设[①]
——对长沙雅礼（Yale）学校学生的讲话
（1937年5月）

各位同学！贵校是中国的 Yale（耶鲁），兄弟在美国 Yale 读过书，对于贵校不无一点关系。民国十年，兄弟到长沙办理平民教育运动的时候，到贵校讲演过，现在我的家庭已经搬到长沙来，我的子弟在贵校读书，我的不少老朋友在贵校做事，我和贵校有了更多的关系，所以今天到贵校来讲演，非常高兴，非常快活。

今天和各位要说的话，就是每个中国人，在现在的局面之下不能不注意的一件事。那是什么？那就是当前的国难问题。在这个时候，除开国难问题之外，不能说什么；除了救国工作之外，也不应该做什么。国民要针对国难说话，要针对国难做事，学生也应该针对着国难求学。今天我要说的话，不出乎这个范围。

在国难期间，最重要的，就是国防工作。说到国防工作，一般人认为基本的，就是军事准备，军事建设。这一方面，我可不说。为什么？有两个原因：第一，因为在国难时期需要军事准备，军事建设，一般人都已认为不成问题，自不必我再来说；第二，关于军事，兄弟本是外行，也无从说。因此，今天要说的，乃是在国防另一方面为人家所不大注意，而是我可以说，能够说，必须说的话。现在一般人士都集中精神到军事建设，却忽略了一个很根本而且非常迫切的事情，使我感觉骨鲠在喉，不得不一吐为快。我认为在整个的国防计划之下，除了军事建设之外，更有三桩建设，非赶紧做起来不可。

第一是教育建设　教育建设这句话，诚是非常空洞，茫无边际。具体地说：小学教育，中学教育，大学教育，民众教育，都是教育，也都

---

① 原载《民间》，第 4 卷，第 2 期，1937 年 5 月 25 日。

需要建设。可是在国难状况之下，我们须了解两桩很重要的事：第一是国防工作，应该做的事情太多，因此，我们只能够拣最基本最重要的事情做；第二，在国难状况之下，时间急迫，一切都有来不及的情势，不能不做最迫切最需要的事。教育建设，项目既多，什么是最基本最迫切的事呢？据我看来，民众教育最迫切，最基本。中国有句古语："民为邦本，本固邦宁。"人民是国家的基本，基本没有巩固，国家就不得安宁。中国有 3 亿以上的人不识中国文字，没有受过教育，这是中国的莫大耻辱，是国防上莫大的危险。文字是什么？是受教育求知识的工具。人类文明和野蛮的分别，民族的兴亡盛衰，根本就在知识之有无、高低。文明人识字，有求知识的工具，野蛮人没有。所以文明人的生存力，自卫力，超越了野蛮人或是无知识的人。中国现在有 3 亿以上的人，连最起码的求知识工具都没有，过着类乎原人时代的生活，大家想一想，在这知识竞争的今日，危险不危险？中国枉有了四千年文明，到今天还是文盲遍地，耻辱不耻辱？世界上没有无知识的强国，也没有知识高深的弱者，知识高的得胜利，知识低的就非失败不可。中国有 3 亿以上的人，无知无识，不知国家是什么，不知国难是什么，国防是什么，还谈什么国防！仅仅靠了几百架飞机，几千万的枪炮，那不能算是国防！全国民众连国防最低限度的知识都没有，哪里够得上担当国防！仅仅靠的民族竞争，不是人多人少的问题，而是民心振作与否的问题。中国 3 亿人无知无识，谈什么国防，谈什么总动员！我不是说，谈国防无需飞机枪炮，我是说，飞机枪炮之外，更需要有知识、有组织、爱国家、爱民族的民众。这是一般讲国防者所不很注意而不可不注意的基本工作之一：普及民众教育，建立国防知识技能。

　　第二是经济建设 经济建设四个字似乎也非常空泛。报纸上常常看到它，演讲里常常听到它，究竟经济建设是什么，仍是漫无边际的含糊说法。什么是今日最低限度的最迫切的经济建设？就先要问中国的经济基础在什么地方。在北平吗？不是。在上海吗？不是。在南京吗？都不是。中国的经济基础在农村。中国人穿的衣，吃的饭，住的屋子，甚至走的路，都是乡下老百姓出了力气织成、种熟、造起来的。没有了乡下人，就没有了米、麦、棉花、木料，也没有人来盖房修路。乡下人是中国的重要分子，农村经济就是国家的经济基础。现在怎么样？这里天灾，那里匪祸，老百姓苦极了，做到筋疲力尽，还是不得一饱。到处破碎颠连，生机垂绝。农村破了产，国家还得存在吗？所以在现时谈国防，非把农村经济复兴起来不可！农村经济不建立，国防就失了后方，国家势非崩溃不可！俄国在大战时候，前方的兵力，不是不够，枪炮不是不精，只因为后方人民没有面包吃，闹起革命来，使前方军队不能不后退，俄皇不能不去位。这种事例多得很，一般人谈国防，只顾买飞机买大炮，却忘了要巩固国防的经济基础。经济基础在日本在英国是工业，在中国是农村。不复兴农村，谈什么国防！

第三是政治建设 政治建设这句话，也是很空洞而无边际。中国的政治基础在哪里？在中央吗？在省政府吗？不是。中央政府重要，却不是政治的基础。省政府也重要，但也不是政治的基础。政治的基础在哪里？在县。县才是中国真正的政治基础。中国有近 2 000 个县，4 亿人生息在这近 2 000 个县里。县长治理县政，直接影响人民生活。省政府委员的张来李去，与老百姓无直接痛痒关系，中央政府的纵横改组，与老百姓无直接关系，惟有县长的更替，和老百姓关系最密切。县长好，老百姓沾光；县长坏，老百姓遭殃，县长与老百姓的关系太大了。诸位都是从乡下来，必定听到过家乡父老的话，偶尔碰到一个清官，哪一个不喜出望外！一个县长，每月的薪俸不过是二三百块钱，可是他一年要赚到几万或几十万块钱。他的钱从哪里来，不是剥削老百姓是什么？中国的政治基础，如果那样黑暗贪污，还谈什么国防！

总结起来说：在国难状况之下，除了军事建设之外，第一要注意教育建设，具体地说，就是要建立国防的知识基础；第二要复兴农村，完成国防的经济基础；第三要改革亲民的地方政治，建立国防的政治基础。

要达到这三件建设工作，应该怎么做呢？现在就我所知道的做法，介绍给各位。这种做法，不是外国书本上抄袭来的，是许多学者亲自在乡间研究实验出来的，不是空洞的理论而是实际的工作。兄弟与这个工作，有密切的关系，也有相当的心得，相当的经验。这就是中华平民教育促进会的工作。中华平民教育促进会，成立于民国十二年。这个学术团体的成立，是根据了欧洲大战时候的教育工作经验。欧战时，中国有20 万工人参加工作，那时有人从事战地华工教育，兄弟就是其中之一员。在工作里，感觉到中国的立国基础之所在以及平民教育的重要。回国后，便决心做这个工作。今天没有时间可以报告中华平民教育促进会的历史，只能把会里 15 年来所研究实验的工作，简要地提出三件来说一说。

第一是民众教育 民国十一年兄弟就到长沙来做过平民教育运动，规模很大，参加的群众极多。在 15 年前干平民教育，民众教育，而且是大规模的提倡，那是历史上所没有的事。平教会不仅提倡平民教育，并且还注意到三个问题，就是：民众教育应该教什么？怎样教？谁去教？第一是内容问题，第二是方法问题，第三是人才问题。因为提倡是空洞的表面的工作，没有继续性，没有实际性。一个运动，要有实际的表现，必须要有内容，有方法，有人才才行。诸位都知道民众教育的主要教材是《千字课》，《千字课》便是中华平民教育促进会所研究创编。现在同性质的千字课，不知有多少种。在 15 年前，却是一桩空前的事。

第二是经济建设 平教会认定中国的民众在农村，中国的经济基础也是在农村，所以在 10 年前，就有 40 多位学者，选定了河北定县，撇了都市生活，大学生活，政治生活，自己住到乡村里去做平民教育的研究实验。农村经济的改造，是工作内容之一。现在各地都有了农村建设实验区，作多方面的实验，可见这种办法，已经是普遍的要求了。然而，在 10 年前做这种工作，也还是空前所未有的事。

第三是县政改革 也是中华平民教育促进会所注重的工作。刚才说过，县政是政治的基础。县政府向来以催科听讼为本职。县长的称职不称职，以催征赋税多少作考成。成绩好的便擢升高官或另调优缺。所谓优缺，就是地方富庶，容易搜刮的县份。这种办法，无异是奖励贪污。其实催科听讼不过是县政的一端，县长只管搜刮，还有什么工夫办真正的县政。平教会同仁，认为复兴民族，澄清吏治，必须改革县政，所以有办实验县的计划，衡山是平教会协助湖南省政府所办的实验县。

我介绍了国防的具体工作之后，现在要谈一谈谁去做这个工作。我说，做这个工作的人应当就是全国的学生，就是各位。中国成千万的农村，谁去复兴？二千个县份，谁去改革？3 亿以上无知无识的民众，谁去教育？这些工作，不是有知识的青年担当，谁去担当？我说应该去，不就是能够去。应该不应该是一件事，能够不能够又是一件事。我说你们应该，也希望你们能够。中国为什么有 3 亿以上的人不识字？为什么有四千年历史的国家，农村破产到这地步？为什么四千年来的政治，腐败到如此？就是几千年来的知识分子，没有能够去教育民众，建设农村，改革县政。诸位是中学生，已不是无知无识的民众，就应该担起这个责任来！今后中国民众教育能否普及，看青年能否去教育农民；今后中国农村能否复兴，看青年能否去建设农村；今后中国县政能否清明，看青年能否去改革县政。青年在这个时代，单是自己读书，自己受军事训练，还不够，因为还有3亿以上的民众问题没有解决。怎么样就能够做这些工作呢？第一，得把事情的本身加以分析，认识清楚。要干乡村工作，就得自己跑到乡里去，先给自己一种训练工夫，把问题认识清楚。不然，对象不明白，那就是盲干、瞎干，没有用处。第二，问题认识清楚之后，就要有恒心去做。天下的事情，没有一做就成的事，没有恒心，绝做不成事业。第三，要"死心塌地"地去做，为事业牺牲，不达目的不止。把自己认识的问题，用持久的精神去干，自己愿意为它干到死。困难是事业必须经过的历程，许多人碰到了困难便自杀，这样的死是容易的痛快的事。可是死了事业依然没有成功，死有什么意义？最难的是把死的精神做生的工作，和困难奋斗，到死方休。

诸位，国难已经临头，国防非常迫切，国防不是单靠飞机大炮所能巩固。除了武备以外，还有更重要迫切的三桩工作要做。做这种工作的人，不是别人，是有志的青年。做这事的方法，是要认识问题，用决心死心去做。兄弟十多年来，所有的工夫，都用在这上面。有发财的机会，也有做官的机会，我都不去干，知道我的人，都知道这些事。在工作上所遇的困难，不知有多少，我还是继续地做下去。我服膺"富贵不能淫，贫贱不能移，威武不能屈"的教训，决心献身于国，至死不变。中国能认识问题的人很多，下决心的也有，但是能死生以至一直做下去的，却不多见。有的知难而退，有的升官发财，中途变节，为富贵所淫。中国的一切不进步，以至临到了沦亡线，症结全在于此。

兄弟求学于美国Yale（耶鲁）大学，今年在这中国的Yale（雅礼）演讲，我要告诉诸位一个故事，那就是Yale的精神。在美国Yale大学礼堂里，有一个"内森·黑尔铜像"，两只手被捆绑受死刑，一点没有怕死的神气。他留下的名言是：I am sorry, I have only one life to give my country。意思是"我很遗憾，我只有一条命献给我的国家"。诸位！内森·黑尔是为他祖国争自由而死，他自恨没有两条性命可以多为祖国奋斗。这种精神，我是十分感动的。在留学时代虽然受了许多教授的益处，这个铜像给我的影响却尤为深刻。今日的中国，比起当年的美国，情形不知坏多少倍，因而需要内森·黑尔这样的人物，迫切程度也不知高了多少倍！Yale（雅礼）的学生们啊，我们要认识问题，要抱"Yale（耶鲁）"精神，为祖国努力！为祖国牺牲！

困难中的新都实验^①
（1937 年 5 月）

在国难严重到了极度的今日，无论朝野上下哪一个人，必须站在国难的立场来思想，来行动。讲一句话，都应针对着国难而言；做一件事，都应瞄准着国难而进攻。撇开了国难的工作，不是工作；忘却了国难的国民，不是国民。

现在我们必须全国一致来负荷，来促成国防建设的伟大工程。但是国防建设的大题目之下，应做的事太多了，应准备的条项太繁赜了，一件一件慢慢地去做，不但为时间所不容，金钱所不许，而且枝枝节节，也必致焦头烂额，徒劳无功。值此一发千钧之际，自非抓住最迫切最基本而又最核心的关头，才能一针见血，起死回生。

国防的工作，人人都张大着眼，注意到军事武器，买飞机，造枪炮。这些，固然都很重要。然而现代 20 世纪的战争，需要整个民族的总动员，需要亢奋的民气和充实的民力，尤其是中国，军事科学不如人，武器财力不如人，更非赖 4 万万民众能个个胜任为勇壮强韧百折不挠的斗士，不能和兵精粮足的敌人作持久的奋斗。所以现在谈国防建设，除掉人人所注意的军事准备而外，更须立刻推动国防上最基本最扼要的工作，那便是表面看不出的、无形的武备——民众力量的造成。

和民发生直接关系，而为培养民力、运动民力的机构者，舍县政莫属。县政是全国政治的下层基础，中央政府为笼罩全国的中枢，但政治基础不在那里，省政府为统筹全省的机轴，但政治基础也不在那里。发号施令的大本营，固然在高层，而实实在在执行政令，推动民众的枢机，却在基本的县政。若果县政腐败窳弱，中央的大计，尽管法良意

---

① 原载《新都实验县县政周刊》，第 1～21 期合订本，1937 年 5 月。

美，省府的严令，尽管三令五申，都一齐到了县府而活活地埋葬，白白地磨灭！所以没有健全的县政，便不容易有健全的省政，没有健全的省政，也就很难显出健全的国政了。

自古称县长为亲民之官，为民父母，在一不健全的父母卵翼下，休想产出健全的子女，在腐朽紊乱的家庭内，休想培养成强壮聪颖的儿童。如果政治基本机构——县——朽腐无能，如果运用这机构的人，颠顶无用，那使整个的民众力量，都给他毁掉，一切的建设工作，都无从做起；人民将不知什么是国防，什么是国难，甚至不知什么是国家。这样想，达到国力的充实，达到民族的复兴，那真等于缘木求鱼，而且危亡立待！所以民力充实为国防的重心，而亲民的县政又实为培养及运用民力的重心。

因此，中国目前最紧急的第一步工作，端在确立健全的县政，革新其机构，整饬其官吏，并推进各种建设，使其毋忝为民力培养及运用的完善枢机，庶国防的根本工程予以完固。实验县的设置，便适应这个迫切的需求。实验县岂是若干学者拿来做实验的消遣品？亦岂是执政当局拿来撑门面的粉饰物！它具有极深刻极严重的意义，负着极严肃极神圣的使命！它是要开拓和带领着所有基本政治机构，都走上吏治澄清，机轴灵活，建设事业猛力推进的大路；它是替国防工程，奠定最根本最坚实的下层基础；它是要养成民众力量，以捍卫祖国，抗御强敌，重建一族新的中国与环球！

四川——已被全国人士、中央及地方当局，公认为吾国民族复兴的最后根据地。"最后"的后面，更不容再有"最后"，这是我中华民族生死存亡最后一口呼吸的所在，更非拼命确立国防中心工作不可。在这个命根的地方，而尚建设不起国防中心工作，中国民族的命运，复何忍言！复何堪问！

川省当局有鉴于此，刻意想把国防基本工作推动于全省，故先设置实验县于新都，期望从这里着手，革新县政机构，促进地方建设，而后渐渐推及于其他各县，使全川 150 余县，成为健全而强有力的基本政治机构的联合核心，可以推动及陶成 7 000 万民众个个为国防阵线上最遒劲的战斗员。新都实验县设立的使命在此。负起使命的一班专门县政学者，舍许多权位荣名于不顾，完全为了国难的深重，痛民族之垂危，遂下绝大决心，甘愿献身于下层的政治工作，冀望将研究实验中的基本建设方案，克日完成，以贡献于宗邦，推行于全国。天职所在，矢志不渝！

现在新都实验工作，发轫伊始，这是民族复兴最后根据地，也即是最后国防线建筑上的头一块奠基石。作始也简，将毕也钜。任重道远，如临深渊。当局及邦人君子，扶掖而督其成功，吾川幸甚！吾国幸甚！

在平教会长沙办事处周会上的讲话①
（1937 年 6 月）

平教工作，本应以大部分精力注重在学术研究及人才训练工作上。同时，国内各地对于政治方面、教育方面、农村建设方面、县政改革方面，要求本会帮助，不能不就力所能及，竭诚以应。因过去一年之经验，本会已迈进一新阶段，即研究与实施，融合运用的时代。从前本会以自己的立场，做学术研究；现在是以学术的立场做政治合作，期以研究所得见诸实行，改造社会。我们本不是为学术而学术，不是为研究而研究，我们是为改造社会而从事于各种学术研究工作。有此种看法，有此种目标，所以我们在现阶段中不能不与政治发生关系。是乃平教运动之真精神，愿各同志无时或忘。研究自然科学，可以抱为研究而研究的态度，研究社会科学，在已上轨道的国家或者也可以如此，但在中国今日的状况之下讲教育，讲政治，就万万不许如此，必须以改造社会而研究，为中国现代化而研究。平教运动最早就是此种看法，此种做法，因此能引起国内外学者之注意，获得其同情。我们将研究结果，打入社会，去改造社会的做法，已影响了学术界不小。我们是在把历来传统观念、书本知识打破，把抄袭成规、模仿西洋的习惯打破，同时把一般所谓为研究而研究不管应用之观念改变。所以定县工作的意义，不仅是实际研究得到些什么，更重要的是把中国整个的研究方法、哲学观点改变过来，证明研究实际社会科学必须应用到实际生活上去。此种看法与做法的创造，比玉米增加多少产量，猪仔增加多少体重，或是医治多少病人，不知重要到若干倍。各位试看社会科学及自然科学发展史，可以知某一时代科学的创造，不论是天文地理、物理化学，都先是因为看法不

---

① 原载《平讯》，第 2 卷，第 1 期，1937 年。

同，做法不同，而后始有新学术产生，新事物发明。以历史眼光观察本会事业，可以知猪种、玉米之改良固是大贡献，而哲学观念的改造，影响于中国学术界必更重大。一时代之大贡献，每每非当代人物所能识，三五十年后，再用历史眼光看过去的时代，方能清楚。平教运动，对于一般知识阶级、教育、经济、政治的看法，有很大的革命，不是为研究而研究，是为国家社会生活而研究；不是关门研究，是钻入人民生活里去研究，以人民的生活做研究对象；不是在屋子里研究，是以整个的社会做实验室。凡此种种，听来平凡，而影响所及，关系甚大。但因身当其冲，生于此时，能看出此重要之关系来，实属不易。各位必须了解平教运动之基本哲学与其研究方法，始能明白其重要性。从前大科学家牛顿、达尔文的成就，都是从微末处生根。苹果落地，发现了万有引力的原则；微生物的观察，获得了物竞天择的学说。此皆因书本上之死知识产生不出的东西，而惟脚踏实地去观察实验才会发现真理。培根曾讲以下之故事：欧洲中古时期有好多哲学家，聚一室而讨论骆驼之真像，人人引经据典的争辩，但人人都没有看见过真骆驼，纷岐无已。适一工友闻之，哂之曰："叫他们到埃及去看看骆驼，这争辩就可以结束了。"这话的意思极深长，书本知识远没有事实来得强。那些学者只认书本为神圣，连看真骆驼的思想都没有。平教运动以改造人民生活为对象，钻进人民实际生活里去研究，此为平教工作的特征。

现在平教工作已迈进另一阶段。以往的一切，仍旧继续，并且要光而大之。不仅做研究实验，还要实施推广，不仅研究骆驼是什么，还要解决怎样使骆驼发挥它的最大功效。本一阶段工作比较更困难。以往的研究比较可以自己控制，今后与政治合作，关系复杂，需要另一方法，另一套技术，才能推动。但是我们却不能遇难而止，我们还是要用学术立场研究实施改造社会的方法。研究我们所得的结果，到底能应用到什么程度，研究什么地方还不满意，再继续研究。

做事的重要条件不是钱而是人。钱的用途，在乎人的支配。支配不得当，钱足以毁人。有人而无钱，人可以想法子，所以人的条件比钱更重要，所以今后要特别注重人才的培养。本会训练工作已有轨道，有方法，有技术，有基础。推广方面限于人才，只能暂在三省工作。本会下年度组织有相当变易，可以说，本组织是以育才院为中心，下设四个研究所为经，三个实验区为纬。经纬交织，而研究训练的布帛乃成。

以后训练人才的方法，采"寓训练于工作"的办法。由工作主持人率领研习生工作，使研习生在实地工作上得学问，得实际经验。就本会训练经验说，历来派往各省工作人员，也以曾受师徒式训练者成绩为最好。

在研习生之外，本年添设农村建设实施人员训练班，招收中学程度的学生受实际的训练，以应各方面之需要。以往虽也办过与此性质相似之训练工作，但下年度的办法将更有切实的程序。

关于研究工作本身，下年度应该注重于创造的研究。凡是研究已有相当成绩者，即应另辟新途径，岁岁年年，依样画葫芦，决非平教之精神。平教工作应是创造而不是守成。一种工作已经到了推广阶段，在其他团体大规模举办之时，本会即无再做之必要。平教会是学术团体，应该注重质的改进，把量的推广由社会去负担，否则就失去学术团体的意义与领导社会的力量。我们之所以为社会所信服，乃因我们有创造能力。譬如，我们发现人民饮水不便而创造茶壶，等到人人认为茶壶有用处而大规模仿造时，我们便不应该一样地仍在造茶壶。那时，我们也许于发现茶壶之处，又发现人民需要茶杯，就应立刻研究茶杯的制造。如是层层推进，日日新又日新，才是平教运动的本色。本会一切工作需用此种原则以为检讨，要保持此种精神创造不已。

但创造是最艰巨的事业。本会工作日益开展，困难也越来越多。道高一尺，魔高一丈，本无足怪，知难而退，并不清高，动物也何尝不会知难而退！人类之可贵，在能克服艰难。本会前途希望越大，困难越多，我们必须是"知难而进"。

对长沙办事处同仁之讲话①
——关于抗战形势的报告
（1937 年 9 月 20 日）

　　关于对日战况，各位都有报纸可看，不必特作报告。但有一点，今天要说一说。最近从南京来的朋友谈前线情形，觉得日本倾全国兵力侵略中国，已到非常严重的关头。日本现有 24 个师团（平时只 17 个师团），开到中国来的，上海方面就有敌军八师团之多，我们不得不把全国将领，集中到上海去。战争情况，严重可知。最初敌人并不注重上海，他们的整个战略，8 个字足以说明：“东守西进，南扰北攻。”东守是对美不轻启战端，用种种方法尽力地来保守和平。主要的手段是造成日美经济联系。现在，美国棉花 75％卖给日本，美国已深受日本经济政策的蛊惑。最近美国国民投票表示对中日战争的态度，对中国表同情者 40％左右，表示中立者，50％以上，同情于日本者，20％上下。这种比例，不仅显示日本东守政策的成功，更是世界一个很大的问题。什么叫做中立？中立就是无所谓，无是非的意思。美国是一个酷爱和平，维护公理，讲求国际道义的国家。日本对我侵略，就常理说，美国人应有 90％以上反对日本，而今竟有 50％以上的人无是非表示，这无异中国之被侵略为当然！人类的良知良能，根本丧尽！国际间实在已成为只有利害关系，绝无真理公义的存在！这个局面，包含着极大的世界危机，真是再严重不过的一个问题。

　　日本的西进策略是对中国。日本之于中国，绝对地要打进来，要深入。它这样做，不仅要毁灭中国，借此称雄世界，尤在占据华北，切断中苏联络。则进可以北攻苏联，对世界作战；败亦可以退据热河，做日本民族的最后挣扎地。西进是北攻的第一步，是征服世界的开端。南扰

————————————

　　① 原载《平讯》，第 2 卷，第 9 期，1937 年。

指南洋与中国南部，这不是日目标所在，时出骚扰，以作北攻之牵制而已。

现在，因为中国的猛力抵抗，使日本不能不用重兵于上海，原非敌人始料之所及。但是中国武力的精华也都在上海，万一有失，危险不堪，时机的严重，没有再甚于今日的了。

中国对日抗战，武力不如敌人，谁都知道我们迫不得已，起来和敌人拼死，胜败利钝，本已置之度外，惟一的胜利希望在于持久抗战。持久战的重心在于后方，后方充实，前方就可不断地推陈出新。现在，后方情况如何？民众的组织、训练、粮食的生产储藏，有了准备没有？如果大家只注意前方的胜败，不致力于后方的工作，一旦前方失利，势必无法挽回。在长期抗战中，后方的重要，至少等于前方。我们不要因前方小胜而高兴，就放松后方工作。更不可因前方小挫而颓丧，便放弃后方工作。前方有一位将领说，带2万兵上火线去和敌人拼命比在后方募5万万救国公债容易得多，这话很有深意。为国家争生存，与敌人作殊死战，第一道防线给敌人打破，犹无碍乎国本；即第二道防线给敌人打破，亦尚无碍乎国本；最后的防线却不能给敌人打破！最后防线打破了，国家民族就很难有复兴之日。层层防线的构成，不是前方同胞的职责，而是后方同胞的任务。在国家生死存亡命在顷刻的今日，实在已无前后方可言，后方同胞不应再耽于逸乐，要一样地牺牲自我，为国效忠。从前明亡于清，满清是一个无知识的民族，尚且给他统治了200多年。现在如果亡于日，给一个世界强国统治了，说永无复兴之望，不为言之过甚！这种亡国灭族问题，千万不能忽略。

平教运动的目的在改造民族，挽救危亡，这是十多年来一贯的精神。识字运动、乡村建设、县政改革，都不过是一种手段，一种工具。工具随工作演进而变换，在这抗战期中，战争就成为发展本会工作的利器。战争的力量，比任何改造民族的方法更敏捷，所以现在已到了千载一时的机会，我们应该立刻应用这利器，使平教运动迈进。至于怎样去应用这工具，不是一言可了，希望大家用些思想，找出具体方法来。这非常时期，一方面给了我们一种非常的利器，同时也增加了我们不少的困难。困难有二：第一是经费。经费困难，已是老生常谈，不过在非常时期，困难更甚。国内本来安定的金融，已为战争所骚乱，本来困难的经费，自然更没有办法。照目前估计，本年度本会收入，至少短缺8万多元。在经费短绌之中，要扩张我们的事业，端赖同仁的努力加工。第二是人才的困难。运用非常机会，必须要有非常的才具，个人如此，团体亦然。否则眼看机会过去，无法抓住机会。团体的健全，与人才的充实与否很有关系。现在，本会工作机会，真是太多，多到令人躁急。各方面都希望本会帮忙，本会人员有限，不敷分配，极感困难。困难是事业之阻力。价值愈大，困难愈多，事业的能否成功，就看他是否能克服困难。平教运动在现阶段，是一个重要时期，有绝好的机会可以利用，有绝大的困难须待解决。如果善用机会，则救国工作中，必能充分贡献平教运动者的任务。另一方面，我们不可忽略未来社会的变化，要对于现在有贡献，对于将来有办法，就要顾到现在的事业与将来的理想。事业与理想，看似两回事，实在是一桩。分作两截看，分作两起干，实在是不聪明的办法。努力现在，就应着眼将来，在整个民族争生存的大事业中，应当为未来的社会改造立基础，这又是要思想，不容易办的事。如何实现这个原则，非集思广益、群策群力做不到。希望大家在这原则下，尽量提出建议来。本会同仁很多，平时我和每个同志，势不能都有接谈机会，这不是有所亲疏，却是为工作所限。其实无论何人的意见，我是一样重视，决不以人废言。我认为有价值的建议，必设法采用，使之实现，即使不是完全可用，斟酌去取，也都由我负责。

现在有一部分同仁，为了工作关系，不能继续下去，这不过是暂时的办法。工作开展到相当阶段，仍须请他们回来。平教运动的同志，去而复来的，不乏其人，视工作的性质而更调，一点不含有任何恩怨的作用。此后，会中工作，各部分不必分别过清，要集中精神去做。薪金的折扣，一面为的是稳定经常费用，一面为的是要同仁与国人同甘苦，减薪之后，尤望加工努力。若减薪就减少工作，这种人不配生存于非常时期，早宜淘汰。在非常时期，只有增加工作，绝无减少工作之理。工作不够做，可以找来做，以拼命工作来答谢前方拼命杀敌的同胞，才对得起我们为国牺牲的壮烈将士。我自己常用这种精神自勉，希望同仁用同样的精神互勉。

发动农民投入抗战①
（1937 年 10 月 11 日）

（一）

伟大的时代已经来到，中国民族正在开始写她真正历史的第一页！

几千年来中国人所怀抱的观念是"天下"，是"家族"，近代西方的民族意识和国家观念，始终没有打入我们老百姓的骨髓中。直到现在，敌人攻进来的巨炮和重弹，才轰醒了我们的民族意识，南北数千里延烧的战线，才激动了我们全面抗御、同仇敌忾的精神。我们从亡国灭种的危机中开始觉悟了中国民族的整全性和不可分性，生则俱生，死则俱死，存则俱存，亡则俱亡。这是民族自觉史的开端，是真正的新中国国家的序幕。

正像新婴孩从母体分割下来的时候一样，很痛苦，但也很光荣地写出中国民族史的第一章，便是"全民抗战"。这确是一个空前的新纪元。中国历史上诚有过许多战争，但从"质"而言，都是些争皇朝正统的战争，从"量"而言，都只是局部人的战争或此部分与彼部分人的相互战争。然而这一回的战争根本上和过去战争无一相同。这回是整个的中国民族为争民族生存而一致对敌的全民战争，它包含着民族自觉的深刻意义，蕴蓄着国家整全不可分性的庄严气魄，而且呐喊着"要死大家死，要活大家活"的齐一挺进的军歌！

（二）

"全民战争"，好！然而我们慢将"应该"替代了"实在"。平心静气地谛审一下，目下抗战活动是否已普遍化、深刻化？应该是"全民"，而实际上是否已"全"？应该是僻野穷乡无一处不国防化，而实际上是

---

① 中华平民教育促进会档案（二三六）148。原件无标题，题目为编者代拟。

否已如此"深"入？中国民族的"民"是些什么人？在何处？不问而知地 4 万万国民的绝大多数，是生存在农村里的 3 万万以上的农民。现在前方喋血冲锋，披轰沐炸，而后方 3 万万农民是否也能每个人像前方将士一样，具着敢死的精神，强化他们的工作，不分昼夜地加紧生产，粉骨碎身地护卫国家？如果还没有做到这个地步，便不能称作"全民抗战"。

无疑地，这回中国要达到最后的胜利，必须在面积上能扩延，在时间上能持久；而持久战与全面战，与其赖前方武力，毋宁更赖后方的充实与坚强。中国不怕败，只怕崩。纵使前方打败，只要后方雄厚巩固，便能源源不断地与敌人周旋，终究叫他疲于奔命。设若不幸地后方整个崩溃，纵前方有百万雄兵，其气既断，于事何济！况且中国武力本不如人，军器尤不如人，非赖整个的民族，个个都是敢死的斗士，用血肉，用精神，和敌人作坚忍持久长期顽强的殊死战，不能企望博得最后的胜利。而全民族中最具坚韧性最充满着潜伏力足以负起长期抗战的伟大使命者，厥惟 3 万万的农民。故无论以量言，或以质言，农民在全面抗战上的地位，实属一绝对的重心。不把农民全体武装起来，整个后方崩溃，便是中国民族沦亡而永不可复兴！所以，这次战争的胜败，实系于农民抗战之是否成功，而中国民族生死存亡的险机，亦实取决于农民抗战的有无办法。

（三）

说起来也很痛心，中国 3 万万的农民，虽然具着莫大的潜伏力与无限的可能性，但几千年来从没有被启发、培养、组织和运用，岂不可伤！货弃于地，皆知可惜，"人"弃于乡，未闻谁叹！这无限宝藏的广大农村社会，不但任其荒芜阻滞，衰败消沉，而且有时还要加以压迫榨取，蹂躏摧残。数千来年吏治之"无治"，与社会制度之不良，安可为讳？应该有伟大光明前途的老百姓，却白白地被沉压了几千年，漫漫长夜，这实在使所谓柄国钧者和一班养尊处优的士大夫们应当深自忏悔，在老祖宗的灵前痛哭认罪，发愤自新。加以海通而后，国耻重重，割地剜心犹不醒悟，"九一八"以来，失地几千万里，任听老百姓几千万几百万沦为异族的奴隶，直到今日！

深入民间躬预农夫苦楚的人们，几次举过呼吁的哀声。"九一八"的时候，热河失陷的时候，都曾动言于当局，请求加紧农民训练的事工。大难不真临头，不知有难，烈火不烧到眉，不知有火。麻意泄沓的根性，言之余痛难禁！然而，逝者已矣。现在，真正到了"最后的"最后关头，最后的后面，更无最后！整个民族的存亡，已在我们大家的肩上，匹夫有责，义不容辞。无论哪一个缝破裤的老妪，无论哪一个深山穷野的村氓，都应在整个民族争生存的神圣目标下，一齐起来抢救！

中央现在已颁布了总动员计划，下最大的决心，凡是民众，自应一德一心，协力助成大计。后方全民动员的重力，无疑地在于农民动员，然而怎样叫他们动起来，叫他们怎样在最短期内可以完成最大的工作，是一个最迫切但亦需要熟虑的问题。中华平民教育促进会为改造民族，使中国现代化，10余年来埋头于农村建设与县政之改革实验，得到一些农村工作的经验，不敢妄自菲薄，载胥及溺，敢辞披发缨冠。我们准备着帮同一班农村工作的同志同道，深入而且遍入民间，提高农民的民族意识，加强他们的精神物质力量，使整个的农村国防化，以为前方挺进的后盾，以完成全民战争的阵线，以争得最后胜利的正义和光荣！

我们要唤起一班热心爱国的青年学子，他们现在也许已经无书可读，无工可做，无业可就。然而热情充溢的青年，谁不愿献身为国？恨请缨之无路，徒切齿而自伤！殊不知广大的农民社会，正是我们马革裹尸的大好沙场！全面抗战中基本队伍的农民，正亟待我们为之组织，为之强化。这3万万的后方斗士，不但是今日全民战争中的生力军，也将是明日新中国社会上政治上的新主角。我们帮助他们抗战工作，不妨说比参加前方作战更有深长的意义和远大的价值。自然，我们更愿促起那帮农村工作的同志——他们的原来服务场所，也许已成为战区，失掉了工作的根据地而彷徨无措。我们都是深知农村疾疢互证工作甘苦的人，在这个同一覆巢之下，自将誓共患难，同为我们的爱友——农民，更尽服务的天职，贯彻素衷，以为新中国奠一健全的基础。

伟大的时代已经来到！号角吹响了，有志之士，盍兴乎来！

关于非常时代中国青年应有
的精神的讲话①
(1937 年 11 月 14 日)

　　我们中国，在这非常的时代，应该做些非常的事业，应该产生不少非常的人物，具有非常的精神，非常的能力，来完成非常的事业。如果在非常的时代，还不能产生出非常人物，就便有了非常的机会，还是不能成功非常的事业，结果，整个民族非灭亡不可。今天给各位讲一讲在非常时代要负起非常责任的青年，应具有的人格，应有的态度，应有的精神。

　　第一，我们如要在非常时代有造就，能负起非常的责任，首先要抓住真理，把握真理。中国人所表现的一切思想、行为，都像小孩子，幼稚不堪，浅薄不堪。有一个英国人到中国观察之后，在他的报告书上说，中国人还没有成年，还在小孩时代。一个研究学问的，稍有所得，大家就尊之为专家。菜某专家、某某专家，在国内到处都是，滥到极点。其实真正配称专家的人，国内并不多。一个人读了几部汉文佛教经典，人家就称之为佛学家，照我所知，研究佛学，至少要懂得三种文字，汉文、印文、藏文，因为佛学所有的书籍，都是用这三种文字写成的，仅仅读几部中国文字的佛经就算是佛学家，这只有中国才可有这样说法。一个留学生，刚从外国学校毕业回来，马上就做教授；在外国，连一个助教的资格都不够。中国虽大学林立，但全国大学所有的人来办一个大学，还不能和伦敦、柏林等大学比拟。这都是浅显的例子。

　　中国社会是一个造就人才的社会，但也是毁人的熔炉。一个留学生回到日本，可以有发明，回到中国，就一无成就。稍微在思想上有一点见解，大家就称誉他了不得，自己也就老实不客气地以了不得自居，这

---

　　①　中华平民教育促进会档案（二三六）134。此件系对农民抗战教育团团员的讲话。

样哪里还会抓得住真理。耶稣说："要自由，只有真理教你有自由。"中国人从没抓住过真理，只有屈服于真理。雷能打死人，雷有力量，就尊雷为神，做他的奴隶。外国人抓住真理，寻求真理，知道雷是电的现象。因为懂得真理，所以能运用真理，就叫电作工，造福人类，使做人的服役。"真理教人得自由"。若只一知半解，绝对不能征服自然，克服环境，反而为环境所克服，做环境的奴隶。中国的天灾人祸这样多，都是不去寻求真理的结果。

孙中山先生说："人类有一种是先知先觉，一种是后知后觉，一种是不知不觉。"先知先觉最好，后知后觉，不知不觉都可以受教育；最坏的是又有另外一种人，就是半知半觉。你说他知道，他实在不知道，你说他不知道，他却知道一点皮毛。这种人，中国社会上最多，不求深解，不求深入，不求进步，相率以此为满足。这种人最可怕，他是害群之马。中国办新教育已四五十年，没有一点成就，一切都不如人，都是因于此。我们如在这个非常时期要有所为，救国救民，造成新时代，就非寻求真理，抓住真理不可。

第二，是要把握着生命。生命从哪里来？从生活里来。中国人做事总是贪舒服，骛表面，不肯向实际里钻。研究学问的，纸上谈兵；做"官"的，往上层爬。什么是事实，全不去管。秀才不出门，能知天下事，这就是不注重事实的解嘲。近年有一部分人算是觉悟了，往往用调查方法来搜寻事实，而所要调查的，仍是闭了眼睛乱填的表格。真正的实际生活是什么东西，谁也不管。大学教授关上课堂门教他的书，青年学生关在校舍里读他的书，大家在书本上用工夫，究竟生活是怎样一回事，根本不问不闻。平教会十多年来的工作，打破社会上传统的习惯，自己钻到实际生活里头去，就生活的事实研究其所以然。我们不是登天，而是入地。耶稣说："一粒麦子放在桌子上永远是一粒麦，放到泥里去，他就有了生命，得到发展，化生出许多粒麦子。"研究学问，须往生活里钻，才会得到有生命的学问。不肯往下层钻，这是中华民族的致命伤。不务实际，决不能认识生活、抓住生命，在这非常时代，也就不能有所贡献。

第三，是把握信仰。中国人自命为最文明的人，而行为上却是模棱两可，或此或彼，左右进退，无所不可，任何方面都能妥协。做一件事，他可以知难而退。从历史上看中国几千年来没有起过宗教战争，好像这个民族很漂亮，这实在是没有信仰的缘故。没有信仰，所以什么都可，什么都无可无不可。所以在一个重要的会议里，遇到一个议案，先问有没有什么，如果没有什么，许多人就会说：这提案没有什么，可以通过。假如真正有什么，恐怕就未必能通过了。所以一般中国人是很随便，不必刀架在脖子上就可以屈服的。那种"李秀成部下十万人，聚众自焚而不降"的精神，是历史上稀有的奇迹。"民无信不立"，一个民族如果没有信仰，哪有不亡？英国人有一句话，一个国家如果没有一种信仰的事业，教青年能为了它去奋斗，就是这个国家灭亡的起头。假使举国青年都成了无可无不可的灰色人，这个国家还有什么生命可说！

我今天举出三点来供各位思考。如果要中国再生，就得抓住真理、生命、信仰三种东西来努力，不然，整个的民族就完了，没有希望了。这三件事不是说几句话，听一次讲就能明白，就能实现的。印度人崇拜牛为神，牛在工作忙的时候，把食物吞下肚子去，以后在躺下的时候来细细咀嚼。我们现在非常忙碌，没有思索咀嚼的时间，但是食而不化，非常危险。咀嚼是必要的工夫，讲习会时间因为很短促，所要讲的，挤在一起，希望各位以后慢慢咀嚼。尤其今晨所提出的这三件事，是鞭策我们，惕励我们的原动力，切望各位加以慎思明辨，而将自己所生的反应、感想，用书面送给我。听着，在这非常时代，一个青年如果不抓住真理，把握生命，坚定信仰，决不能有所成就，决不能有所贡献，决不能做得出点子事业出来，他只有给时代的洪涛打下去，归于淘汰！

关于我们为何发起农民
抗战教育的广播稿^①
（1937 年 11 月 23 日）

一、全面与全民

两千多年以前，我们的先哲说过一句很警辟很肯定的话："以不教民战，是谓弃之！"可是几千年来，中国历史上何尝有过"教民战"的政治？中国的人民何尝受过"战"的教育？中国人——尤其是农民——始终一贯的宿命论："靠天吃饭"，把生存、自由、独立的人权，完全推给老天爷，任听其支配，从无自动争得的要求。西洋人的独立、自由是从拼命争斗而得来的。例如法国的人民，美国的人民，不知流了多少血，经了多少次的战争，而后换得民族的自由和国家的独立。中国人从来不知，也从来不被教知：自由须流鲜血去买，独立和解放，须从战争的血路打出来。他们是一向被"弃"了的人民！

火盖终于揭开了，惊天动地的战歌，喊彻了神州的每一个角落！我们这一次战争，实在是我国开史以来所未有。这是整个民族求生存，谋解放，争自由独立的一个神圣战争！这战争应该能把几千年的宿命论粉碎，叫整个民族抬头，叫每一个黄帝子孙，无论男女老幼，都能意识着流血是自由的代价，斗争是独立解放的长城，而都能充任实行捍卫祖国的英勇战士！

敌人已在东南西北各区域里对我们开战，我们非亦在东南西北各区域里的民众都能抗战不可。敌机不但轰炸前方的军队，而且飞越到辽远的后方来炸平民，轰家屋。他们随地都可以对我们作战，我们就也应随地有民众去应战。现在既已展开了巨大的全面战争，国内都认识到这种全面抗战不是某一方面可以独揽，某一部分可以包办，要取得最后的胜

---

① 中华平民教育促进会档案（二三六）148。此件是在长沙广播电台的讲话稿。

利，非集合全民的力量，大家来共同担负整个民族争生存的伟业不可。真能把全国民众动员起来，激发全民抗战的意识，培养全民抗战的能力，敌人——充其量全国不过 6 000 万人，能征发的军队不过 300 万人——倒是对我们愈全面，愈于我们有利，愈把战线延长，愈自速其覆灭。所以问题的焦点，完全归结到我们的"全民"两字。

二、"全民"的分析

全民抗战对于这一次全面战争的关系，既是这样重要而急迫，然而现在我们试把所谓全民的目前事实来分析一下，实在叫人痛心！前方作战将士的英勇壮烈，举世皆为钦崇，但是我方作战的机密，或陆军，或空军，都常被汉奸卖给敌方。我们的军器已不如人，全凭血肉和精神来搏战，而还要遭蒙汉奸泄漏军机的大害，以致节节失利，这是何等可痛愤的事！为何在罗店敌人竟能登陆？汉奸！为何在太湖敌人竟能偷入？汉奸！为何在许多险要的地域敌人的轻兵竟能袭取？在许多军事地点、工业中心敌人的炸弹竟能命中？都是汉奸！汉奸何尝不原是我们自己的民众，应该是帮助自己军队来作战，但因为无教育，无训练，无组织，便反送给敌人去利用！我们自己没有组织自己的民众，训练自己的民众，而敌人却有计划地有规模地来训练我们的民众，组织我们的民众，使成为大批的汉奸群，供其驱使，而甘为走狗！这种大规模的汉奸运动，不但可以摧毁我们的军事，实足以破灭整个的我国民族！本来我们的"人力"，所谓"man power"——我们的武力不如人，大家知道，我们的军器不如人，大家知道——举世皆知为甲于天下而为任何民族所望尘莫及的，乃竟始终没有去教育他们，组织他们，运用他们，现在倒过来反供给敌人去利用，去恶用，用来自己害自己，自己灭自己，天下羞愤之事，伤痛之事，孰有更甚于此乎！

然而更有可痛心者：我们的民众，无论男女老幼，在前线或在后方，固有常被运动变作汉奸的事实，而在已被敌人占领的地方，我们的壮丁，更被驱为敌军的急先锋和敢死队。现在火线上来打我们的，不是敌兵，而是我国自己的壮丁，民众。我们去搏了命而打死的，不是仇寇，而是我们自己的骨肉同胞！眼看这种残惨的悲剧，能不魂丧心寒！然而，比那被诱的汉奸被胁的先锋队敢死队更进一步可哀的现象是作日寇的"顺民"！只因我们的民众，平时没有受教育——不但"战"的教育，连最起码的国民教育、识字教育都没有机会受到。而给日本人饵他们一点极小的小惠，便"抚我则后"地作了他最驯服的顺民。做了亡国奴而感觉到自己是亡国奴的时候，还可望其为义勇军，为游击队，长期不断地和敌人扭打；最可怕最可胆寒的是作敌人的顺民。本来是无知无识，不辨什么是中国，什么是日本，不曾有些微国家观念的一群民众，一受到敌人的小小好处，岂有不服服帖帖地垂耳低头，永远麻醉下去，代代为其驯畜！言念及此，真叫人冷汗浃背，骨髓寒战！

三、民众不是不可教而是无教

虽然如此，我们决不应该为了目前所产生的汉奸、走狗、顺民等许多事实而灰心失望，我们的民众是大有希望而亦大有能力的。只因我们不注意他们，不去教育和发展他们，才弄到有这类怪象发生。试一环顾淞沪应战的万千战士，那种浴血吞弹的神勇，那种杀身成仁的英烈，不但声撼山岳，义泣鬼神，不但引起全国人的敬拜，也实激动了敌人赞叹与敬佩之忱，不但开辟中国战史上的新纪元，也实为欧美有战争以来所罕见。国际视听之转移，九国公约会议之奔集，未始不由于这千万神勇战士之精神感召。这些忠仁壮烈的战士，本来还不就是我们的民众？闸北孤军的八百是中国人！南口的罗团、宝山的姚营，也都是中国人，并不有半个外国人；而同时成群的汉奸，也都是道地的中国人。同为中国人，而为何一则粉身碎骨以卫国，一则徇私贪利以卖国？这分别在哪里？无他，战士们是受了训练，受了教育，展开了民族意识，愿赴汤蹈火而为民族争生存，汉奸们却因没有受训练，没有受教育的缘故，所以我们不要因有汉奸而怀疑我国民众素质的不良，况且汉奸毕竟居最少数，民众仍居绝对大多数。无论从量言，或从质言，我们的民众都是大有可为，淞沪之战便展示着铁般的明证。一加以训练，一加以组织，立可化亿万民众为卫国的健儿，立可发挥每一个人所潜伏着的伟大神力。所以民众不是不可教而是无教。只要给他们一点受教育的机会，便涌现出无限力量来，这实在是我们十余年来从事民众教育或农村建设工作同仁所最亲切感受的实际经验。

所可惜者，这一二十年来，政府及社会多只着眼于上层的大计划、大方针，而根本不注重下层的基本工作。所用于民众教育和民众训练的经费，不过占全国预算的极小极小部分。国费如遇节减的时候，首先殃及的便是民教经费，甚至全被取消。整个的社会态度，对民众不是漠视，便是蔑视，大家把民众教育看做不急之务，可有可无。堂皇的教育巨子之辈，目中亦不见有民众教育，偶眍及之，自亦不屑去干。有许多地方或民教机关，虽在举办民训工作，但亦只做到口头上、纸面上、墙角上的民训而已，何尝切切实实地打到民众的心坎，何尝真能把民众们训练和组织起来！直到现在，大祸临头，失掉了上千上万里的土地，死掉了成千成万的壮士，大家才稍稍感觉着培养民力，组织民力，运用民力的重要性与迫切性。太原的沦陷，上海的退却，大家才认识前方是有限而后方是无穷，非赖后方不断地去补充人力与物力，前方终竟会倒坍下来，乃始惶惶然求有事于民众。真所谓大难不临到头，不知有难；火不烧至眉睫，不知有火！直到今天才开始谈训练民众、组织民众，实太不成话了！

不过觉悟总比不觉悟的好。只要从今天起，大家真正觉悟过来，从已往的种种错误中，取得教训，痛自忏悔地、大彻大悟地、有决心有魄力地来大干民众教育、民众训练组织的工夫，犹不失为亡羊补牢的最后一举。我常说：中国这回战争，不怕败，只怕崩。尽管敌人武器优越，军力强横，我们只要做到全民动员起来，结成最巩固的持久的无限雄浑、无限绵远的长城，无穷无尽地去补充前方的兵员，接济前方的粮饷，使前方永远可以作战，则纵有一地一时的失利，但最后的胜算，一定仍操在我们手中。这是一个比火犹明的真理。

四、农民在全民中的地位

一谈到"全民"两字，就不能不想到农民。10 个中国人里面，至少农民占有 8 个。4 万万同胞内，3 万万以上都是农民。所以不言全民抗战则已，一言全民抗战，实在即等于"农民抗战"。如欲争取抗战的胜利，而不将 80％以上的农民训练组织起来，教他们战，则更凭什么来保障抗战的成功？中国农民不但在"量"上占全国民众的最大多数，而且在"质"上，更是一国的基本队伍，具着无限可能性的潜伏力。他们是中国真正的惟一的生产分子。衣、食、住、行，都由他们而得，吃靠他们耕作，穿着靠他们纺织，房子靠他们造，公路靠他们修。平时既靠他们养命，战时更靠他们救命。前方作战的将士不也是农民吗？后方源源补充上去的，不也都是农民吗？所以整个民族生活，都依存于这班劳苦的农民大众。而且中国历史上的伟人，亦多半来自田舍。就从最近的历史看：我们的民族英雄孙中山先生，便是一个农夫的儿子！所以无论从任何方面而论，农民是全国民众的最大重心，是民族的维系者与整个国家的依存者。农民能动起来，整个国家便蓬勃起来，农民能一齐抗战，整个民族便可解放而得独立自由！

现在我们发起农民抗战教育运动，一方面是因为我们同仁 10 多年来朝于斯、夕于斯做建设农村教育的工作，深刻地认识，亦坚决地信仰：今后中国民族的复兴，非开发这广大的农民潜伏力不可；他方面又因到了今天，大家虽已认知全民抗战的重要性，但对于全民80％以上的农民，更有特别提出来的必要。须知动员民众，训练民众，决不当仅仅在都市里呐喊，非实实在在地深入农村，遍入农村不可。而这个工作，我们认为在国家危急存亡的今日，有责无旁贷的内心要求。所以我们在承平的时候，志在启发农民的智能，培养农民的力量，以建设农村，建设国家。今天到了非常的时候，便针对着民族生存，国防大计去提高农民的民族意识，加强他们的生产和精神力量，助成政府全民动员计划，以达到最后胜利。国家今天需要每一个国民参加抗战，有力量者应该出力，有钱者应该出钱，有知识者应该出知识，有经验者应该出经验。我们从事农村工作的人，够不上谈出力，更够不上谈出钱。但自信10多年来在农民教育的内容上、方法上，和整个农村社会的组织上、改造上，不无一得之愚。现在正是应该出我们的知识，出我们经验的时候，所以不量绵力，不揣浅薄，受责任心的驱使，倾其所有来从事于这个农民抗战教育运动。

五、怎样才能做到农民抗战

但是要教农民抗战谈何容易！训练与组织农民，无疑地应该火速去做，然而要怎么做？便是极大困难的问题。训练——训练什么？怎样训练？谁去训练？近年中国有两个很普遍的现象：一就是整个地麻木不动，一就是忽地惊悟、饥不择食地不研究其应如何动，而立刻乱动盲动。不动的害处固深，乱动的害处尤烈！从鸦片之战以至甲午，从甲午以至"九一八"、"一二八"，这八九十年来，变法啦，立宪啦，新文化运动啦，开公路啦，办保甲啦……无时不在动，以至于组织和训练民众，也急急地在动，然而不研究内容，不研究方法，张皇地匆促地动了起来，不但弄得农民鸡犬不宁，更有许多借了训练农民的美名，实行剥削农民、敲诈农民的勾当！

我们要有热烈的感情，同时要有冷静的头脑。民众应该立刻组织训练，自不待言，但尤应先把这个问题来分析一下：它的困难在什么地方？它们成功条件应该是什么？消极地说：哪些是农民教育的障碍，非全力祛除不可；积极地说：哪些是农民教育的基本条件，非尽量调查造成不可。兹请先从第一类说起。

在平时，农民所担负的田赋，已超出他们能力以上。我们靠他们穿吃住，还要征召他们捐米带粮地来修公路。一旦政府举办什么新事业，钱，立刻就在他们身上要！什么捐，什么税，名目如毛，种类百十！正赋而外，而有附加，附加重重，超过正税数倍。有的像四川等省，田赋甚至预征到民国七十年。战事发生，救国公债的摊派，又压在老百姓的头上。地方上还有土豪劣绅，从中渔利、盘剥、榨取、欺骗、压迫，叫你冤无所伸，苦无可诉。一般人以为"土劣"一词，多半由办党办宣传的人所捏造，其实从我们多年办村工作的经验，在乡间目击身亲，豪绅那种气焰和权势，真比纸面上所说的还更厉害百倍！除了苛税诛求、土豪剥削而外，兼以水旱蝗疫的天灾，贪官污吏的人祸。在重重灾祸压迫之下，平时既要他们出钱，战时还要他们出钱，而且出钱不已，还要出力；征工不已，还要征兵。一点仅有的血汗钱，既捧将出去，半条苦瘁的苦性命又送将上来！试想，在这种情况之下的农民，怎能感觉到国家之可爱！在这种高沸度煎熬的险迫情势下，不"民变"已算侥幸极了，还讲什么"民训"！政府将为其仇雠，国家将为其地狱，更如何唤起他们爱国的情怀与民族意识，更如何劝导他们去为国家拼命啊！

今后倘不先将上述种种障碍全部铲除，洗心革面地来向农民痛自忏悔，根本无谈训练农民、组织农民的可能，农民教育的障碍物排除而后，才可进求如何着手这组训农民的大业。而要这大业的成功，又必具备下列诸条件：

第一，要朝野上下一致对于全民抗战——农民抗战这一件大事业，不但有深刻的认识，而且有坚韧不拔的信念，甚至要建立一种宗教式的信念，认定如做不到这事就必须亡国灭种。

第二，要大刀阔斧地改革地方政治，使亲民的县政机构臻于健全，行政人员十分充实，换言之，非办到县政机构国防化不可。县政是全国的基层政治，是直接与农民相见、直接发号施令的策源地，如果这个发动机不抗战化，叫农民做抗战是决不可能的。

第三，要有钱的真能出钱，为开发这广大的雄潜的农民宝藏而出钱。国中一种很奇特的心理，好像训练军队非用钱不可，而训练民众则不必用钱；好像办大学或高等教育可以用几千百万，而办民众教育则不必用半文。这种错误观念，应当从根矫正。农民所占全国的地位既如此广大而重要，那为农民所用的钱，也必应正比例地为之筹拨，这是天公地道的事。钱的来源，自然不外两途：一是举外债，一是国内自捐。许多有钱的人，打错了算盘，不肯在这时出钱为国，等到国破，家亦随亡，子孙代代为人奴隶，守财奴又到哪里去守财！你们的财，仗打败了，固不能守；仗打赢了，更不能守，一班出了力出了命的人们，那时不来和你们算总账吗？

第四，要全国有知识有热血的千万青年志愿献身农村工作，做组织农民训练农民的干部，大规模、有计划、有程序地深入民间，去提高农民的民族意识，加强农民的力量，使整个农村国防化起来。这回中华平民教育促进会发起组织农民抗战教育团，亦因有鉴于各地有志青年学生不愿再过承平时代的读书生活，要溅热血于抗战、于国家，而恨请缨无路，效命无门，为此我们第一期先征集青年 50 人，编制为 6 个农民抗战教育分团，给予两星期的讲练，两星期的实习，便分派到湖南省的12 县去，以 3 个月为期，要辗转训练 600 万的农民，使受国防精神教育和战时技能的教导。这只是第一届，是开头，以后只要抗战一天，我们誓必继续做抗战教育一天，再接再厉，矢志不渝！

我们这回开办农民抗战教育工作，主要目的是在发动和倡导全民战时教育，希望在短时期内，这工作就为全国上下所公认而普遍化、而深切化，庶几整个的后方诸省皆组成伟大雄厚的堡垒，每一个农民都是争先恐后奋起杀敌的生力军，甚至每一个村姁或农儿，都是卫士，保国揭竿抗敌的战士，则不但战争的最后胜利绝对属于我们，而全国量与质皆占最高分数的农民大众，经此番发扬蹈厉的教育——"战"的教育，争得解放、独立、自由、人权的教育而后，整个的民族就立刻焕发着一种蓬勃生动、激扬亢爽的光辉。新中国的宏远基础也便于此奠定，太平洋集体和平与人类文化的伟大进展，也将于此奏出钧天壮穆的歌声！

十年来的中国乡村建设^①
（1937 年）

一、乡建运动的渊源

自从国民政府在南京成立以来，距今已整整 10 年了。在这 10 年内的中国，内忧外患交迫而至，几无日不陷于纷争凌乱的漩涡中。在这纷争凌乱的时期以谋建设，实有许多阻碍和困难，然而在国人的共同要求下，建设事业在这 10 年来，虽未见有其整个计划，但也零零碎碎地有一点进步的活跃的气象。乡村建设便是一个最明显的例子。最初由一、二团体发起的实验工作，渐渐地雨后春笋般簇生于全国。10 年来苦干的经过，无论在质与量方面都有其进展的事实可为一言。

乡村建设运动当然不是偶然产生的，它的发生完全由于民族自觉及文化自觉的心理所推迫而出。所谓民族自觉就是自力更生的觉悟。一切高呼打倒帝国主义或帝国资本主义曾经狂热一时的目标，都变成了胰子泡样的空虚口号，在民族自身没有力量之前，一切的一切都是废话。涨红了脸吹破了胰子泡以后，沉下心来反求诸己，觉得非在自己身上想办法，非靠自己的力量谋更生不可。这就是所谓自力更生的觉悟。乡村建设更是这个觉悟的产儿。因为一回头来想到自己，就发现中国的大多数人是农民，而他们的生活基础（cultural base）是乡村，民族的基本力量都蕴藏在这大多数人——农民——的身上，所以要谋自力更生必须在农民身上想办法。而自力更生的途径也必须走乡建的一条路。其他方面，中国近百年来因与西洋文化接触，反映出自己文化的落后，事事都不如人，同时国内的社会秩序、政治制度、礼俗习惯，所有一切的生活方式都发生变化。固有文化既失去其统裁力，而新的生活方式又未能建

---

① 选自中国文化建设协会编：《十年来的中国》，北京，商务印书馆，1937。

立起来，因而形成文化的青黄不接，思想上更呈混乱分歧的状态。有的主张复古以挽救已动摇的局面，有的主张追步西方的现代途径，更积极一点便唱全盘西化。到了现在，无疑地，新文化已在中国人的生活上和思想上都具有极明显的影响，然而传统文化的积力仍然把每个中国人牵引着不容易往前走。这种文化失调的现象实有从根本上求创应（creative adaptation）的必要。这样就想到"人"及其生活基础的改造。而中国的"人"的基础是农民，其生活的基础在乡村，所以结果也就逼上乡建的一条路。

二、中国问题的认识与解决的着手

中国今日之所以有问题，可以说完全由外来势力所激起，假如中国没有外力进门，环境不变，或者还会沉沉地长睡下去。自外力闯入以后所发生的剧烈变化，使中国整个的国家日陷于不宁和纷乱的状态，而受祸最烈的莫若乡村。诚如梁漱溟先生所说："中国社会是以乡村为基础，并以乡村为主体的。所有文化多半是从乡村而来，又为乡村而设——法制、礼俗、工商业等莫不如是。在近百年中，帝国主义的侵略，固然直接间接都在破坏乡村，即中国人所作所为，一切维新革命民族自救，亦无非是破坏乡村……"中国人因鉴于乡村之破坏乃起而有救济之举，更因为乡村无限止地破坏，迫得不能不自救，乃再进而有乡村积极建设的要求，于是乡村救济运动就成为积极的乡村建设运动。且更进而有重建一新社会构造的要求，认为中国问题为整个的社会结构问题，所以"乡村建设，实非建设乡村，而意在整个中国社会之建设"（具见梁漱溟著《乡村建设理论》）。

还有，中国的社会结构问题也就牵连到具体的"人"的问题。因了文化失调的高度而陷社会结构于纷崩，因了池湖积水的污浊和溷乱，而益萎竭了鱼的生命。中国人——尤其是大多数的农民——的衰老、腐朽、钝滞、麻木和种种的退化现象，更叫中国整个社会的问题，严重到不可收拾。实在可以说，社会的各种问题，不自发生，自"人"而生。发生问题的是"人"，解决问题的也该是"人"，故遇着有问题不能解决的时候，应该想及：其障碍不在问题的自身，而在惹出此问题的人。所以中国 4 万万民众共有各种问题，欲根本上求解决的方法，还非从 4 万万民众身上去求不可。在这种认识之下，民众教育——或者简直农民教育的工作，可以得到一种有意义的看法，因为问题既在人的身上，所以从事"人的改造"的教育工作，成为解决中国整个社会问题的根本关键。定县的四大教育因而有其积极的建设的意义。所谓四大教育就是针对着多数民众的四大病象——愚、穷、弱、私——而设立。我们从农民教育的试验中，认识了培养他们的知识力、生产力、健强力和团结力的必要，而这些力量，是从组织而来。要造成组织，惟有从组织的教育下手。教育是组织的基础。没有教育——没有组织教育，组织是不可能的，即使具组织的形式，那是凑合的而不是真正的、自动的、内发的组织。只有自动的组织才能有力量。所以我们要培养力量，还得从教育起始。有教育才能自动组织，有组织才能有自己的力量，才能有共同的力量，才能应付困难问题，创立新的生活方式，建设新的社会结构。

认识了这个具体的问题，在实际上求解决的方法，在邹平则有乡农学校，较明细一点就是乡学村学。这个乡学村学的办法，原则上就是教育民众以组织的能力。诚然，乡村问题的解决，一定要靠乡村里的人；如果乡村里的人自己不动，等待人家来替他解决问题，是没有这回事情的。乡村问题的解决，天然要靠乡村人为主力。我们组织乡村的意思，就是要形成这解决问题的主力。但是有了乡村人为解决问题的主力就够了吗？不够！单是乡村人解决不了乡村问题，因为乡村人对于问题只能直觉地感觉到，而对于问题的来源，他们不能了解认识……所以乡村问题的解决，第一固然要靠乡村人为主力；第二亦必须靠有知识、有眼光、有新方法、有新技术（这些都是乡村人所没有的）的人与他们合起来，方能解决问题。近 10 年来知识界"到民间去"呼声的远震，便根据着这种需要而来。

三、实验运动的阶段

上面已经说过，乡村建设之产生是由民族自觉与文化自觉的心理所推动，故其发生与鸦片战后先后发生的太平天国运动、戊戌新政运动、辛亥革命、五四的新文化运动、民国十五年的国民革命，有同一的要求和同一的心理背景。不过每一次所表现的形式颇有不同，乡村建设所表现的形式是各地实际社会中的实验工作，希望从一县或一区甚至一村之中，做出相当具体的事业来，或在实验的工作中，希望求出解决中国问题的原则来，更进而重新建设社会的机构。这个实验的工作，或称实验运动，拿来比较鸦片战争以来的五次大运动或革命，论范围，是一次比一次扩大；论意义，是一次比一次深沉；论对于挽救危亡的目的，是一次比一次地接近。虽然危亡的征象也一天比一天地增加和暴露。至于每次的性质，大抵是补足前次的缺陷，第一次（指太平天国运动）是比较破坏的和武力的；第二次（指新政运动）便比较改良的和平的；第三次（指辛亥革命）兼有一、二次的性质而仍是比较破坏的和武力的；第四次（指五四新文化运动）兼有一、二、三次的性质而仍是比较改良的和和平的；第五次（指国民革命运动）兼有一、二、三、四次的性质而仍是比较破坏的和武力的。这样的一个"比较破坏"，一个"比较和平"的演进，好像一、三、五次的运动都是比较破坏的，而二、四次的运动比较和平。即是每一次破坏之后即有较和平的改良运动。乡村建设是继国民革命运动之后发生的，这也是一个和平的建设运动。这个运动最少可以补救前五次的缺陷：第一，它注意到大多数人的教育问题；第二，它使国家的建设注意到求大众化的问题，而使国内人人都能相当享受国家的权利；第三，它注意到一切政令、法律、制度，如何与人民生活相扣的问题，使人民把国家的政令、法律、制度看成他们自己生活的一部分。以上三点虽未完全实现，但这个运动实含有此三种意义。

实验运动若果止于实验工作，那也就毫无意义了。它往后一定要有进一步的发展，而引到另一阶段去，始有它的功用和价值。回顾我们研究实验的阶段，好似只是纯学术的研究，其实在这些学术的研究中，处处顾到实际化和推广化，就是要从学术的研究引到政学合一的新境。现在已经走上这一个阶段。随便举几个例，定县在民国二十一年后的工作，就感觉到使学术政治化、政治学术化的必要。邹平也是一样，可用梁漱溟先生的话来说："我们的乡村组织，在最初的意思，很想用教育的力量提倡一种风气，从事实上去组织乡村，眼前不与政府的法令抵触，末后冀得政府的承认。原来的意思是如此，邹平过去的做法也是如此。可是现在不然了，现在自己操政权，自己可以改订法令，仿佛是两个系统（文化运动团体系统与现政权系统）合成一个。这样的方式，就全国大局说是不曾如此的。邹平既合成了一个，所以不能不想法子将行政机关教育机关化——自己操政权又作社会运动，故不能不将行政机关变成教育机关的样子"（见《乡村建设理论》）。所谓行政机关教育机关化，也就是政治学术化的意思。这个政学合一的主旨，仍为研究实验上取得一种方便，其结果将引到一阶段去，这又一阶段就是政府推展的阶段。

政府推展的阶段在今日虽尚未成立，但这个趋势是可以看出来的，在江西省政府方面的乡村建设工作就有类乎推广性质的工作，只要研究实验方面有了具体的办法，即可以在政治统一的局面下推展出来。乡建的实验运动到了这个阶段才能完全付诸实施，而见更重大的功用。

四、乡建运动的具体化

乡村建设运动已如上述，并不是偶然的发生者，它是由于全国各地的实验工作，大家从实际的追求中所体验出来的共同要求下产生的一个富有建设意义的运动。中华平民教育促进会在定县，山东乡建研究院在邹平，中华职业教育社在徐公桥，燕京大学在清河及其他学术团体的实验工作都是一样地向实际追求。结果使学术与实际工作得以联合。

从前中国的读书人只是读书写文章而已，一向的风尚都是不注重实际的工作的。实际的工作只让农、工、商各界的人做去，与读书人不发生密切关系，于是中国的读书人就成为一种特殊阶级。可是今日的读书人不是这样，他们认识了学问若果与实际生活不发生关系，必定陷入空虚，是"死"学问而不是"活"的。全国各地的实验工作就足以表明今日读书人的态度，即是要在实际的工作中去研究学问和获得学问。这样的学术与实际工作联合，结果学术上就有其实际的价值，而实际事业亦因研究实验得以改进，以后，在工作不能没有学术的研究，在研究不能没有实际的对象。这个转变对于中国整个社会将有很深远而重大的影响。

学术与实际工作联合的表现就是各地的实验工作。小规模的研究与实验，结果就有其广大的波澜。如定县的工作，不过从一个村开始，渐渐地请得学者下乡研究，开学者下乡之风气，再而扩大范围由村而区，再后成立县单位的实验。邹平的工作也一样地取研究实验的态度。燕京大学在清河镇的实验更是富有学术意味。这样的各方面的试验，从毫没有经验的试验中，正如探险家的探险一样在乡村社会中试探，到试探有了头绪，得到相当经验，进而有实验的计划与工作；在实验工作中更获得了办法；在获得办法之后更谋进一步的发展工作，积极的来训练人才与扩大实验区域。所以乡村建设各方面的研究实验，虽以片段分割，但都有其连贯的关系，都是顾到全盘生活的。

五、乡建工作的各方面

乡村建设是整个新社会结构的建设，并非是头痛医头、脚痛医脚的事，而是从根本上谋整个的建设事业，所有文化、教育、农业、经济、自卫等各方面工作都是互相连贯的，是由整个的乡建目的下分出来的，各方面工作的发展，合起来就是整个乡建事业的发展。现在为便利起见，把它们分别地来略说一下：

（一）文化教育方面——教育的设施，在乡村建设的过程中，实有其深刻的意义。教育者不仅是对农民为知识的灌输和技能的训练，同时要注意到使一般农民即知即行而运用其知识技能以谋农村的建设。农村以教育的力量谋建设，即是教育的结果成为农村建设的力量；建设的推演，成为农村教育的环境；互为因果，以推进一切而促进新民社会的实现。这种方式，小言之，是一种以教育为经、建设为纬之文化方式；大而言之，是一种以教育为手段、建国为目的之政治方式。

乡村建设最基本的条件，是在有组织有训练的民众，有了组织和经过训练的民众，才有力量，才可以去建设乡村。乡村学校，是乡村文化的政治的中心；青年农民是乡村社会的惟一支持者。以教育的方式去组织民众，训练民众，实在是最适宜的场合。

因此，我们认定，在目前欲求"民族再造"之使命的实现与"乡村建设"条件之造成，须力谋政治与教育的调协。一面用政治力量去推动建设工作，一面运用教育力量造成建设的条件，并做些建设的事业，如此，则乡村建设工作的完成，并不是无办法的事。

乡村建设既必须通过教育这个阶段，那么，实施乡村建设教育的标准，必须：（1）以全体村民为教育的对象；（2）以整个乡村为教育的场所；（3）以民族再造与建设乡村为教育的目标；（4）以适应实际生活、改良实际生活、创造实际生活为教育内容；（5）以大队组织运用导生办法完成综合活动——实现乡村建设为教育的方法；（6）以家庭学校社会合一之综合方式为施教的方式。

以上是定县教育实验的一个认识的实录。邹平的"乡农学校"、"村学乡学"，在形式及进行上，就是一种教育工作。此外，晓庄所注意的儿童教育，结果产生了今日布满全国的乡村师范学校。今日各地所实行的青年训练，所应用的组织教育的方式或原则，皆可以表现乡村建设的教育方面的工作。

（二）农业方面——在积极方面则有产品之质的改良，及产量增进之研究或介绍良好品种与科学的生产方法。在华北，以棉种的改良为最有效。在消极方面则有杜绝害虫方法之研究与介绍。此外，家畜的改良，饲养方法的指示，都是为增高农民的收入，间接提高其生活程度。目前，定县、邹平、青岛、金陵大学、江西及其他如山西、广东各地的农场，即皆从事此种工作。这些事业，已经有其广大而明显的影响。行政院农村复兴委员会曾因此拟定许多草案，出有专书，名曰《中国农业之改进》。最近中央有促进乡村建设一案，由行政、立法、考试三院，共同拟定办法，将以选适用农业技术人才为中心条项。此外全国经济委员会赞助成立的江西省农业院，更有具体的规模。这都是乡建的农业方面。

（三）经济方面——农村经济与农业改良发生极密切的关系。改良农业，就要注意到经济组织的改进以谋适应。所有农业产品的生产、运销，货物的购买，农民的消费，一定要有新的组织，生活始能适应，于是合作社的办法就介绍入乡村。这方面的工作，要算华洋义赈会提倡最力。最近，闻华洋义赈会已将救灾的工作交回政府办理而专致力于乡村建设，尤以合作事业，训练合作事业人才为要（见《大公报》本年 3 月 10 日消息）。中国的合作事业，自民国八年创造以来，突飞猛进，至十年底，全国已登记之合作社，计达 26 224 社，社员 1 004 402 人，其他未登记及近两年来新增加者，尚不在内。合作事业之突飞猛进，是近十年来的事，与乡村建设运动有密切的关系。

农村经济问题中最严重的，莫如土地问题。这个问题，近来已引起国人的深切注意。前月，地政学会在青岛开的年会，也就讨论这个问题。此外，报章杂志中，亦间有文章讨论。山西曾经有过关于土地的改革试验，可是不见成功。这桩根本工作，似应由政府出来毅力解决。

（四）自卫方面——自卫工作，以镇平为最早知名，其次菏泽也曾驰誉一时，但在今日民众训练的自卫工作，已为大众所认识而且普遍全国。最近绥远抗敌之成功，得力于民众者甚多，可知自卫工作之重要。江西因为防匪患，亦努力于此种工作有年。所谓管、教、养、卫四原则之中，"卫"占着很重要的地位。青岛市的民众训练，尤见积极。此外，江宁、兰溪各地方都有。广西全省的民团训练，更为国人所称誉，其"三自三寓"政策，也几以自卫为中心。邹平也因历史关系，对于民众自卫训练，另有一套办法，系参酌瑞士民兵制度之方式，及中国古乡约之遗意；同时寓教育于军事，寄军令于内政，不仅在消极的自卫，而尤在积极的自强，其训练自卫要旨："在团体纪律，民族意识，思想陶冶，知识灌输，务期兵农不分，文武并进，以成人教育为精神，以军事训练为骨干，以普及教育为前提，以推进建设为归宿。"这更含有教育意义，与教育合并而有广大的目的。

（五）其他方面——教育、农业、经济、自卫而外，还有卫生方面的工作，这就是保健制度的应用：本由定县开始实验，而今江西省、江宁县的卫生工作，都是应用此办法。虽名称略有改变而原则都是一样。今日江宁县的乡村卫生事业，尤见成绩。保健制度是一种有计划的有组织的介绍新医药人乡村，叫农民自具保健的力量。在政治方面，有县政机构的改良与实验，使行政效率增进，得尽民众服务的能事。可是现在仍在实验的阶段，未有普遍的影响。如江宁、兰溪、邹平各有其成就，湖南的衡山与四川的新都，则在开始实验中。再如交通方面，公路的建筑，使内地交通便利，城市与乡村之间，得以沟通，这也算乡村建设事业之一。道路建设一事，社会团体中，以华洋义赈会贡献为最大，其经手新筑及修补的道路，在 4 年前已有 4 000 余英里。近年来，政府方面，对于筑路工程，尤多努力猛进。中央与省府合力经营的，有江西省的公路设施。广西的公路也很发达。广东的公路，里数最大，湖南则以坚平著。其他东西南北诸省份，都正在积极开辟。四川可以通湖南。陕西、甘肃都比以前多辟了道路。此外，以开辟道路为开发乡村之利器者，应推青岛的设施为最见成效。

总之，上述各方面事业的发展，合起来就是整个的乡村建设的推进。在"乡村建设"及"复兴民族"的目标下，谋这各方面事业的发展，才有其整个的主义与力量。

六、乡村运动的影响

数年来，乡建运动的进展，无论在意义上或实际的工作上，都有其广大而深厚的影响。兹从三方面来探讨一下：

（一）政府方面——在中央政府方面最显著的，就是行政院成立的农村复兴委员会，最近虽已撤销，但行政、立法、教育三机关联合拟定的促进乡村建设一案，是一个重视乡建的老大明证。全国经济委员会所赞助的江西省乡村建设事业，也可表示中央积极态度之一。省政府方面，如最近广东省乡村建设三年计划的开始；江西省由中央协助成立的农村事业委员会；绥远省的民众训练及乡村建设事业。其他如四川、湖南、广西、云南、福建、浙江、江苏、安徽、湖北各省份，虽无全省的整个计划，但也片段地有不少乡村建设工作。山东省的乡建事业，因有山东乡村建设研究院的规划经营，更不必说了。且因其历史较久，所以给外界的影响也较大。其实乡建事业是交光互影，共为感应的，各方面有各方面的成就，合起来，形成整个的乡建的波澜。县政府方面所受的影响，更为切近，甚至因乡建的推行而影响到县政机构，故进而有县政建设的普遍呼声。近年各地实验县的成立，如江宁（现才结束）、兰溪、邹平、定县、衡山、新都，都是为了改革县政以谋建设乡村的加速化和优胜化。总之，在这些事实影响的背后，指示着政府态度的转移，也算是难能可贵的了。

（二）社会方面——乡建运动给社会方面的影响，最大的是社会意识。它使社会人士认识了乡建的意义，无形中成为了一种风气，使一班学者，渐渐趋向实际工作，一班学生也能认真苦干。看近几次的学生运动，竟然深入乡陬从事宣传，甚或进一步加入实际的乡村建设工作。各地大小规模的实验工作，各学校的竞设实验区，都是一时风气所尚。再其次是一种舆论的造成，认为建设乡村是复兴民族的根本工作，是国防建设中最基础的阵线。这种空气，不但助成政府发生力量，使建设事业，易收效果，而且激起一班人士，回过头来，注意到乡土的研究和调查，着眼于广大遥远的内地区域，致力于社会科学和农业改良，养成了大众化和生产化的显明意识：这是中国社会改造上沛然莫御的一大鲸波。同时在外国方面，也有它相当的影响。自力更生与下层做起的沉静为国，使外国人对中国近年的努力有较清楚的了解与佩赏。各国人对于我们乡建事业的同情与赞助，也不能不说是乡建事业发展之一大助力。

（三）教育方面——乡建运动之影响教育，在形式与内容两方面，都很重大。就一般教育而言，如各地云兴霞蔚的平民学校或民众学校。乡村师范学校注重乡村教育方面的设施及训练乡村建设人才的工作。内容则趋向实际，与乡村社会合拍。定县的小学组织教育，影响所及的地方很多：如河南、绥远、江西、浙江、安徽、湖北、云南、贵州等省，各有采用其原则或办法之处。至于大学教育方面，最具体的表现，是去年成立的华北农村建设协进会，由协和、南开、燕京、清华、金陵及平教会六个学术团体组合而成，以济宁及定县实验区供给大学生及研究生实地研究之用。大学教育已具体地与乡村建设发生连锁关系了。

乡建运动的影响，大概已如上述，其他枝节的地方，不遑觏计。还有许多间接的影响和副作用，则更不胜尽举。而且，反过来，受影响的各方面，其对于乡村建设事业上，也有其贡献与影响。这样的交相影响，互为因果，才能促进社会的进步。换言之，乡村建设运动在今日，其影响已及于政府、社会、教育各方面，到了这几方面都注意乡村建设，而且共同致力于乡村建设，则乡村建设的力量愈增雄厚，而有其无限的前程。

七、前瞻

乡村建设运动在过去十年来的努力，其工作的表现与影响，已大略加以说明。今后，全国统一的局面已日见巩固，政治已渐渐上了轨道，国家的建设，正可以在整个的具体的计划之下，计日成功地迈进。乡村建设的大业，在这个时候，希望由政府加以提倡和督促，把它放在整个的建设计划之中，求其贯彻。他方面，乡建运动者，也应从整个国家的建设计划上着眼，依据其积年研究实验所得之基础，进一层寻求问题，作更深的研究实验。使乡村建设的学术方案与实施机构，很和谐地配合于整个的建国方案与体系之中。同时乡建运动的最近将来，必须盛行培养乡村建设工作上各种行政或技术人才，以供全国各地的急需。这人才的训练与方案的研究，有如车之两轮，交相为用。人才愈多，则研究的效果显著；研究愈著，则训练的内容愈丰。

新社会构造自然非一朝一夕所能奏功，"人"的改造，尤非一蹴可就。乡村建设运动此后的任务，在抓住几个要点，认真地切实做去，才能较大贡献于新中国的创成。例如农民青年训练，确是乡建工作的基石。现在各国，尤其法、意、俄、日都是注重这一点。农民青年训练，要顾到两个条件：一是教育的制度，怎样使教育成为培养青年的有效动力而不落空，使个个青年，不但都有出路，而且成为新社会构造中的基本分子；同样，政治方面，应给予助力，来促成这种青年训练工作，所以有县政建设的要求，使每一县份，都能有适宜于促进青年训练工作的政治机构。这就是说：我们要集中于青年力量的培养及政治机构的建设。如此，用政治力量，助成教育的设施，用教育的力量来训练和组织青年，使成为新社会的核心与示范。这样做下去，必定可以达到建成新中国，创出新文化的最高目的。乡村建设运动的目标在此，10 年来所努力的意义和希望也在此。

保卫国家必须教育民众^①
（1938 年 1 月 8 日）

　　今天到贵班这边来演讲，是很不容易得到的机会。国家现在到了很严重的关头，整个的民族，正在受着一个大考验，看我们能不能渡过这个非常的难关，持续奋斗，持续抗战，而达到最后的成功。今天看到各位武装青年同学，我心里有无限感慨！国家到了今天，负救国责任的，第一是军人。能够继续踏上淞沪及各方面英勇不屈的壮士们的血路的，是今日千百万有志的青年。有这一种有志青年为国家效命，投笔从戎，而后国家才谈得到继续抗战。各位都是受过很好的教育，现在下决心立志来继续前方将士的壮烈精神，教我自己今天站在这地方，有许多不可以言语来形容的感动和兴奋。现在有许多青年，他们的爱国，只是在纸面，救国只是在口头，没有真正走到爱国救国的路上去。我今天看到各位武装青年同学，就不能不引起对从前我自己青年时代投笔从戎的一段历史的回忆。现在很简单地告诉各位。

　　（回顾在法从事华工教育的经历从略。）

　　我从法国教育 20 万华工的经验中，一面感觉到"苦力"的"苦"，因为没受教育，他们受着牛马般的待遇，这激起我的义愤，誓愿为苦力献身；同时也就想到没有受教育的中国人何止 20 万，还有 3 万万 2 千万人同样的没受教育，又怎么办？所以我就决志回到本国，不上政治舞台，不作大学教授，专要去教育扶植广大的平民。20 年来从事于平民教育、农村建设、县政改革，朝斯夕斯，没有做过别的事。

　　中国有一句成语，叫"如入无人之境"，但我们读过的许多外国大学，都没有这样意思的话。现在敌人到了我国，任凭它宰割、蹂躏，要

---

　　① 军事委员会委员长侍从室档案（七六四）56。此件系在中央军校西北军官训练班上的讲词。

怎样，便怎样，真好像国内没有一个"人"，这是何等可慨痛的事！其实我国并不是没有人，有的还只是生物学上的人，他潜伏的力量并没有发现，没有培植，没有组织，没有锻炼，更没有运用，以致拥有 4 万万伟大力量，反成了被侵略的弱国。这一次淞沪战争，敌人所以能在罗店登陆，许多人说是汉奸之罪，敌人所以能深入太湖，大家又都说是汉奸卖国。固然，我们的武器远不及人，又加上无数无量的汉奸，诚足心痛！然而所谓汉奸，又是些什么人呢？不还是中国人吗？怎么会做汉奸的？你们必会说：这是受了日本人的利用。日本有一套方术，20 年来不断地在中国制造汉奸，到现在已成功了一个普遍的汉奸运动。本来中国的民众可以成为抵抗敌人的力量，现在反受了敌人的训练，成了救国的障碍。这又多么痛心！

然而从另一方面来看：我们成千成万的男儿，奔赴沙场，冒炮轰而不惧，浴狂炸而不退，喋血冲锋，神勇无匹，那种壮烈悲歌，前仆后继的精神，不但开中国历史的新纪元，就是在外国战史上也是空前未见。全世界没有一个人不佩服——甚至敌方，也很惊奇中国人民的如此英勇。上次我从南京到汉口，路上遇见不少前线回来的将士，他们告诉我不少可歌可泣的事实。有一连，伤亡仅剩了 5 个人，其中有一人又受了伤，同伴叫他退下休息，他大声叱咤："不许说我受伤！"他举起枪杆，高呼："中华民国万岁！"直冲入敌人阵营。如此牺牲！如此悲壮！那又是什么人？也是中国人。一方面卖国卖同胞，无耻的汉奸，是中国人；一方面死神不屈，炮火不惊，叫敌人不能不胆寒的志士国殇，也是中国人。同是中国人而表现有这样的不同。这没有别的缘故，只是：一个没有教育，一个有教育，又得了英勇的领袖为之领导，所以他们有这种惊人的表现。因此我要敬告各位武装青年，你们要认识中国的伟大，因为中国有 4 万万可敬可爱，可以化为伟大力量的人。虽然他们平时为一班自命为上流社会者所藐视，所湮没，但淞沪一战，已惊醒了全国上下，对蚩蚩民众刮目相看，共认民众教育为目前无上要图。所以这一次的战争，与其说是为中国求生存而战，毋宁说是为发扬 4 万万人的人格而战！

拿破仑说："中国的军队，只要有好的军事教育与军官领导，他们是能征服世界的！"这话，希望我们中国所有的武装同志，人人都知道。拿破仑说了这句话，举世无不笑他为发狂、梦呓，拿破仑受了几百年的冤，一直等到今天，可以说是名言应验的起头。这不过是起头，离开拿破仑的本意还远得很。这句话要是一个普通人说出来，那没有什么价值。但出诸拿破仑之口，则大不同了。在那时，中国军队还不成气候，而他就有这样远大的深刻的眼光，透视了中国人、中国兵，拿破仑真是中国的知音。我们的同志！各位武装同志：千万不要忘了欧洲名将世界伟人拿破仑的话，而且在淞沪一战中已初步应验了的话。

诸君：中国有伟大的无限前途，因为中国有潜伏着的、伟大的无限力量。只要我们去开发、培植、组织、运用。我最后要跟各位说的是：中国今日的军队，尤其是青年军人，要认识现在这个计划，中国军人，不仅仅做一个军人而已，同时还要做一个教育家。为什么？因为中国民众多数是无知无识，未受教育，不像外国的民众多数已受过教育，只稍加军事训练便可成为优良的军队。中国军队若要完成卫国保国的使命，非同时加紧教育不可；做一个现代中国的军官，不但要保国，还要教民，军官要兼教育家，然后民众才可成为有知的民众，军队才可成为有力量的军队。民众就是你们的武力。武力哪里来？从教育上来。

一个农民要收稻米，就得种稻子，先下种而后有收获。同样，我们要在广大的民众里下教育的种，而后我们才有伟大的力量可取得、可运用，要是整个中国的民众有了教育，有了组织，我们要世界乱，世界不敢不乱；我们要世界平，世界不敢不平。大家知道，现代的军队，不仅是靠武器，还要靠民力，要把民力和武力配合起来，军民打成一片，不然不配做现代军人。要能运用民力，加强我们的武力，就得培养民力。武力是军事，培养是教育，因此军事要教育化，教育要军事化。各位要放远眼光，负起这个责任来。中国和日本战争也许一年二年就可告一段落，但中国抵抗日本，决不是一年二年可了的事，恐怕起码 30 年。各位在这 30 年中，安知不在军政上膺肩重命！日本经过 50 年的明治维新才有今日，我们要争取民族独立自由，30 年不是过分的估计。希望各位担起这个伟大责任，在各教官领导之下，发动 4 万万民众，为中华民国吐气扬眉而奋斗！

多难兴邦必须训练民众^①
（1938 年 1 月 17 日）

自从湖南省民训工作开始以后，大家都非常忙，都在连日连夜干，没有时间召集周会。后天又不得不到江西一行，故乘今天把几件重要的事和同仁一谈。

大家知道：民众训练，时至今日，已属迫不及待！这么多年来，大家都只在口头嚷嚷，而真正的民众训练，却没有做。一切政治、教育，都是照常的拖下去。就是有一点民众教育，也不过是普通的办法，大家没有加以重视。所谓唤醒民众，只见标语贴得甚多！少数壮丁的军事训练又都偏于一方面，对于民族意识、政治教育等等，差不多完全没有。一直到现在，因为战争这样的厉害，大家方感到单靠有限的军队去抗战，绝对不够。我们的常备军队，至多不过一二百万，我们的武器又不如人，所以非靠整个民众起来作战不可。但最痛心的事是：自己的民众却和自己的军队不合作，反造成了普遍的汉奸运动！这都是以往没有切实做民训工作的结果。民众非经过一番训练和启发，谁都不愿意去当兵。即使强迫去当兵，这种兵士也不能组成好的军队。现在军事当局，都觉悟到这一点，以为如果民众力量不与军队配合起来，要取得胜利，殊不可能。现在朝野上下，都感觉到，除了继续不断训练军队之外，最重要的工作，就是训练民众。虽然现在开始来做训练，已来不及，可是不做更不得了，虽嫌太迟，还是要做。所以各方面对于民众训练，都在急起直追。本省张文白主席对于这个工作，尤其热心。

平教运动做了这么多年，天天大声疾呼主张训练民众，天天研究训

---

① 原载《平讯》，第 2 卷，第 21 期。系作者 1938 年 1 月 17 日上午在长沙办事处的报告，原题为《第八次周会记录》。

练民众的内容、方法、制度，好像半空中的孤雁长鸣，无人应和，就是有，也是力量很微，现在朝野四方都觉悟了，并且知道非和有实际经验的人合作不可，军政当局都很尊重我们平教运动同仁的经验。湖南方面，张主席对于平教运动认识很深，关于民众训练切需我们协助，这是同仁的大好机会。平教运动做了十多年，为的是什么？到了今天国家危急存亡的时候，我们岂能无所贡献？现在把这工作经过的大概情形说一说。

湖南全省民众训练，除设有民训指导处，指导行政而外，还有设计、编审两个委员会。本会一部分同仁，参与编审工作，民训所用课本及参考材料，都是委托本会编辑。本会所编农民抗战丛书，全省采用至 30 万册之多，这样大量的供给，在本会还是第一次。同仁所编的抗战传习片，也要印 1 000 万份，同时担任《战时民训》半月刊的编辑工作，由孙伏园同志主编，它是一种供给 4 000 受训青年流通声气、解答问题的刊物；当局还希望每个公务人员都有一份，而且将来发动 5 万知识分子，这半月刊，同时也是他们的读物。这样，这刊物的重要性不言而喻！本来文字工作，是本会历史最久的一部分，多年希望着有大规模行用的一天，现在方有机会实现了这希望。在人才训练方面，我们也参加他们的干部训练工作。其中教职员组，本来规定到衡山去实习，乃因近来交通困难，二三百人，在车站上等了一天一晚没有等到车，才作罢论。所以本会所有一切，在这一次民训工作中，都已充分的应用。"九一八"以来，我们希望就我们的得失经验，能够应用到国家民族争生存这方面去，可是始终没有痛快地做。今天国中大规模有系统地发动民众训练者，当以湖南为首。而且能深刻地认识平教工作，充分地与平教会合作。湖南的地位，现在已不是后方了，它已居于前方后方之间。湖南如果不守，四川、云南、贵州、广西，必大受威胁。因为湖南是这几省的屏障。要守得住川、滇、黔、桂，必先要保卫湖南。所以湖南具有关系整个中国存亡的地位。有眼光有抱负的人们，非与湖南共生死不可。设不幸湖南为敌所据，敌机在几分钟之内，就可到川、滇、黔去轰炸。平教工作是救国工作，平教会是救国的机关，如果没有人理我们，我们当然不能坐着等死，只得到另一个地方去找一个可以为国奋斗的凭借地。现在我们一切研究实验之所得，一切人才学术，都有尽量应用的机会。省主席中，如文白主席对同仁这样诚恳，希望这样迫切，而对于政治的敢于负责、革新，真是凤毛麟角。他一方面是军人，一方面是教育家，在中央军校做教育长，造就的学生，到处都是。同时还是一个乡村工作者，在巢县黄山办过乡村师范。所以他是夙有抱负的人，现在自己当政，就非实现他的抱负不可。国家到了今天，人人可以奋起抗战，樊篱尽撤，活跃无忌。既有可以大干的机会，为什么不干？干得不好，不怕，君子只要不二过，能接受教训，哪有干不好的道理。在苏俄的五年计划中，决定要把农民的耕牛农马宰掉，立刻就宰；农民反对，不管，办得不对，另想办法，一次二次的碰，一次二次的改，终于把五年计划实现了。我们如决定干，就不要怕错，不干，连所以错的原因都不知道。这次湖南民训干部训练，4 000 人中要是有 1 000 人成功，就算是很好的成绩。湖南青年，烦闷了这么多年，自从这工作发动以后，立刻有 4 000 知识分子走到乡下去，这是何等气象！不但青年个个有事做，就是政府机关也同时活跃起来，整日整夜的忙。不然，上上下下忙搬家、忙逃难，士无斗志，还谈什么抵抗！而且 4 000 知识分子的训练并不就此完事，接着便要训练 5 万人。要把大批的知识分子，分发到乡下去，充实保甲力量，灌输新血，使地方自卫做到真能名副其实。这样由下而上的健全机构，才不致头重脚轻，形成只有组织没有事业的现象。过去在几十万人民的县份，负全县公安的，是一个毫无实力的公安局，管理几万人的区公所，办事的只有区长、助理、区丁 3 个人，单叫他做些公文承转工作，已忙得可以，还有什么工夫真正地去实行地方自治。因为保甲不能名副其实，所以全国动员，就成了哄人骗人的事。全民动员，非健全这基层机构不可，张主席对此有很深刻的认识，这认识与我们的认识完全相同。第二期的 5 万人训练计划正在根据第一期的得失经验，以及预定目标，切实筹划，张主席甚望平教同仁都参加这工作，我们不要辜负这种期望才好。

现在说会里的工作，农民抗战丛书第一集 50 种，已经出版，第二集 50 种，也要赶快编起来，以应目前的需要。

在全省教育改革中，教材的供给十分需要。小学教材，本会已略有准备，中学课程，尚未着手，这些都要赶紧做。

湖南工作正在紧张进行中，江西、贵州两省当局又是接连的电报催促前去。四川方面也急待积极进行，昨天筑山同志来了两个电报，说平教运动者所多年希望的省单位建设，贵州就有这个机会。并且有封很长的信说，像吴主席那样的精明强干而且信仰平教之深者甚少，贵州平民教育的推广，实在不容再缓。江西现在几成前方，熊主席要我们对于整个的地方政治机构、乡村组织，给它很大的改革，所以非去一趟不可。在承平时候，我们这省那省的忙，现在更忙。有这样大好的努力机会，大家自非努力一番不可。努力本职，加强工作，兼程并进，多难兴邦。这样才对得起中华民国，对得起平教会，对得起后世子孙！

开辟培养实用人才的教育新路①
（1938 年 2 月 21 日）

今天周会有几件事报告：

第一是关于湖南省地方行政干部学校。这学校由湖南省政府主办，它的组织大纲，早已拟定，不日省府会议可以提出通过，内容大概不致有多大变动，因为在起草的时候，接连经过四次讨论研究，方才定稿，本会同仁亦参与这草拟及讨论的工作。

干部学校的组织，大概是这样：在校长之下，设校务委员会，主持全校事务，校长由省政府张主席兼任；校务委员会设常委三人，由张主席文白，陶秘书长益生和我三人担任。设立这学校的目的是为造就全省各市县地方行政人员和建设技术人员。在校务委员会之下，分设三部：（1）教授部；（2）训练部；（3）指导委员会。教授部之下设民政、财政、教育、建设四系。

这个学校，为训练两种时代所要求的人员。在目前，为适应国家战时的需要，设立种种短期训练班；同时凭实际所得的种种经验，准备今后的长期训练，造就积极为全省谋建设的人才。换一句话说，这个学校分两部分，一方面是为造就改革行政需要的人才，他方面是为培养奠定今后国家建设基础的地方干部人员。

因为全省造就应用人才，就不能撇开这一省的政治建设计划而空谈训练。这学校是完全根据政治建设各方面的需要而开办的，民政方面需要多少人，建设方面需要多少人，教育方面需要多少人，财政方面需要多少人，于是干部学校就各训练某种人才多少人。主持全省政治的机

---

① 原载《平讯》，第 2 卷，第 24 期。原题为《第九次周会记录——2 月 21 日干事长在长沙办事处之报告》。

关，在省府之内就是四厅，所以教授部分设四系，而四系的主任，就是四厅的厅长。训练和行政扣合，行政方面有什么计划，学校方面就是什么训练，主持训练的教授就是主持行政的长官，他们知道有某种需要，才有某种训练，这就叫做"计划训练"。原来本会农村建设育才院，就是"计划训练"下的产物，训练目的，本在为县政府准备科长科员人才。但本会是学术机关，自己没有政权，就只能做到计划训练的前半段而不能把受训练的人分发派定工作。现在由省政府根据本省民财教建各方面的需要来做适应需要的训练，训练出来的人，个个可以派定职务，一个钉子一个眼，处处扣合，处处不落空。所以民政系的主任，即是民政厅长，他今日在校里怎样教，将来便在厅里怎样派。各厅需要的人才不同，学校里就开办不同的学系。直接就行政所得的经验，来训练行政需要的人才。并不像普通的学校一样，由纯粹的学者主持，只有学理的讨论，没有经验的凭借，这是最大的不同点。但是学系虽然分开，而训练方针仍是统一的连锁的与整个的省政治扣合，并且由有职权有经验的人来训练，所以训练的结果不落空，不至于受训练的人没有事做，全省的政治、经济、文化建设等等计划，都可以有适当人才来实现。这四系设立的本旨在此。我国过去一般通病是：人才训练无计划，事情却又处处喊人才之难得，以至事找不到人，人找不到事。湖南省干部学校的成立，首先作有计划的训练，把政治与教育真正地联合起来，可以说是开辟了中国教育的新路径，指出了教育的新方向。这是值得注意的，也是平教会多年来所希望而企图的。

这个学校除了基本的四系之外，有短期的各种训练班，训练各种人才，来应目前急迫的需要。现已开始登记知识分子，招收学员 4 500 人，分为县政督导员班、技术辅导员班（又分教育、调查、农业、工矿、卫生、经济六种）、政治训练员班、乡镇长班、妇女训练员班五种。这五种人员，经短期训练后，即分发各县去充实行政机构。总括起来说，这个地方行政干部学校，最重要的精神有三点：

（一）是计划的训练，不是漫无目的地造就人才；

（二）是统一的训练，不是各干各的来训练；

（三）这不仅是为应付目前需要，而更是筹及将来；一方面顾到目前，一方面要奠定今后的一切建设基础。

教授部之外有训练部，掌司学员生活，采用军事管理，将由有军事素养的人来担任，对于学员施行最低限度的军事教育。

指导委员会有两个作用：在训练期间，负训育的责任；在服务期间，负视导的责任。一个受训人员，不但在校时受指导，出校以后仍继续不断地给予指导，把教育与工作连贯起来，不是出了学校，学校就与受训人员断绝声气。不但是指导工作，并且注意到各人实际的服务成绩，拔选领袖人才，陆续调回来作进一步的训练，使才能格外充实。

现在，校务委员会委员人选已有决定，除省政府全体委员外，再加地方上重要领袖等，共19人。本会方面，瞿菊农同志和我，都是校务委员，预定于3月10日开学。所训练的，除前面说过的六班学员4 500人之外，还要分别在各县办保长训练班，全省约共45 000人，所以事务的繁重，不言可知。处理校务的，虽然有三个常委，但张主席希望我们要多负一点责任。教授部的工作，非常重要，除开泗厅长兼四系主任外，教授部主任，张主席一定要我担任，事实上，我的时间精力都不够，但因为张主席认识平教运动的深刻，认为我们已往有许多经验可贡献，而且有同仁帮助，所以非叫我兼任不可。我自己事实上不能专顾一方，因此特荐瞿先生担任教授部副主任。

干部学校的成败，关系全省政治的成败太大，我们着手计划的时候，非常审慎，所以考虑再三，采用校务委员会和常务委员制度，希望大家分担责任，因为本会的工作，不仅在湖南、江西、四川，甚至贵州，我们都不能不去帮忙，因此万难把全部精神放在一个地方。但是从国家的立场来看，湖南是整个的国家争生存的重要地带，人民的素质很优秀，物力也相当雄厚，现在且已成为后方前方间的重要地，如果湖南失守，其他广西、四川、贵州等省，都失了屏障，定受敌人的威胁，所以湖南工作，十分重要。无论为私为公，为平教运动，为国家前途，我们必须竭尽心力来帮助建设新湖南的成功。我们虽人力才力感觉不够，仍非破釜沉舟，兼程并进不可。

干部学校工作，现已非正式开始，办公厅主任一席，拟请杨宙康先生担任。杨先生精明强干，是很有能力的人，原在民训指导处任副教育长，一俟那边交代，即开始干部学校工作。校址尚未决定，不是在临时大学遗址，就是借用清华新建的校舍。目下办公厅临时办事处，暂设本会。

在这项新工作之下，大家都非常忙。会里任何一部分，都将为干部学校忙。不但长沙方面如此，就是衡山方面，或其他方面，凡是可以调来的人员，都将一齐动员。

会中最近的将来，将要做一种工作检讨，教每个人都能尽其才。工作上需要的人这样多，不得不设法使一人能做二人的事。这一个工作，已指定谢扶雅先生、孙恩三先生、瞿菊农先生负责，务使人尽其才，物尽其用，人人有贡献，人人能胜任。

同时，在会里负责作直接责任的人，早无所谓星期休假，工作紧逼着人，要休息固然不能，也不愿意。从现在起，全会同仁，希望都是如此，至少星期日上午要照常工作，如果还是来不及，即使在晚间，也得照常办公。

现在是民国二十七年的开始，全会经费、人才、事业等问题，照理要有一番打算，决不能有一天过一天地过日子，必须往远处着眼，从近处下手。会中最初时期，每年经费不过 3 000 元，我就作会务扩充到需用 1 万元时候的准备，做第一年工作时，就准备三年五年后的支出。所以十多年来，会务进行毫无顿挫，同仁生活不受影响，都是得力于此。自从卢沟桥事变以来，全国各机关经费都异常困难，本会虽也一度紧缩，但在目前看起来，仍不能维持多少时候。战事结束，为时尚早，愈拖得长，胜利才愈有把握。长期抗战，不仅需有长期的决心，更需有长期的经费，否则徒有决心，无济于事。平教运动，也必须在经费上准备长期奋斗的基础。准备的方法，不外开源与节流两法。近来会务太忙，尚无余力计划开源，节流方面，除节流事务费外，同仁目前，拟自本年一月起，实行下列办法：

（一）在 39 元以下者，仍按 8 折；

（二）自 40 元至 99 元者，按 7.5 折；

（三）自 100 元至 149 元者，按 7 折；

（四）150 元以上者，按 6.5 折。

另外有件事要报告的，本会人员太少，而湖南、江西、四川、贵州，各方面都迫切地要我们去帮忙。为适应这种需要，我们决定发起战时地方政治研究委员会，罗致实际有经验的人才，统筹兼顾，把四省共通的需要与平教运动沟通，所有四省共通的问题，都可由这委员会来研究办理。委员会计划大纲，已经起草，正在向各方接洽。这计划照理不难实现，因为委员会中的人员就是各省需要的人员，委员会的工作，就是各省要求本会去帮忙的工作。川贵两省，已由陈筑山先生去接洽；湘赣方面，则由我负责进行。

地方行政干部培训的意义^①
（1938 年 4 月 16 日）

　　本校此次办理第一期训练，事属草创，受时间之限制，各方面颇难尽满人意，幸赖校内同仁之努力，校外同志之协助，得于今日告一段落，本人谨代表本校表示谢意！今后本校继续办理两期训练，自当检讨既往之得失经验，作严厉之自我批判，无论在组织方面，在管理方面，在教学方面，均应抱学者态度，重估价值，虚心研究，决心改进。天下事不怕失败，只怕不知所以失败之由，只怕没有勇气矫正失败之覆辙。

　　本校与过去一般教育机关不同之点，在于整盘的连锁的计划的训练，而非碎散离涣，无的放矢，此为本校之主要特征。此次训练对象，有县长、县佐治人员、县政督导员、技术辅导员、政治训练员、妇女训练员、乡镇长，以及不日即将在地方举办之保长训练，综合为整个的县单位人才训练。除县长、县佐治人员及乡镇长皆为素日行政机构中所固有，其任务已为世所共知外，此次辟新纪元富有意义之督导员等四种，其机能何在，谅为众所欲闻，兹作扼要说明如下。

　　（一）督导员之任务，即在顾名思义之"督"与"导"。一方面代表县府，传达政令于人民；他方面代表民众，宣陈民隐于政府。故宜有 1/3 时间在县府，而 2/3 时间在民间。若只"督"而不"导"，则无异于昔之区长。所以督导员尤应致力于指导人民，扶植民众，发展

---

　　① 选自中华平民教育促进会档案（二三六）63。题目是编者所加。湖南省地方行政干部学校第一期学员结业礼于 1938 年 4 月 16 日在该校校本部与党政军扩大纪念周同时举行。此周结业学员共 2 535 人，由张主席兼校长发给证书并致训词。本文是本会干事长以常委名义致词的摘录。

民力。

（二）技术辅导员之任务，在负起理想政治四方面"管、教、养、卫"之下三项重大使命。最近所谓新政，至多不过办到"管"而已。然若管而不教不养不卫，徒成束缚民众，复何发扬民力可言。辅导员即在补此缺陷，从事保卫人民之健康，牖启其知识，养成其生产技能，以充分开发民众储藏之力量。

（三）妇女训练员，此次为数较少，尤属难能可贵。我们谈组训民众，谈全民抗战，而撇弃妇女于不问，无异于自认中国只有同胞 2 万万，无异于自认湖南只有同胞 1 500 万！今次百余妇训员下乡，将负起推动本省一半妇女民众之责任，所以切望各县当局爱护掖助，以其工作之成败为自己之成败，庶能鼓励女界同志，促进大规模之妇女运动。

（四）政训员之任务，即在完成"管、教、养、卫"中之自卫工作，灌输人民以政治教育、民族意识，使于军事训练之外，更得一种精神教育，庶可发挥士气，以精神的长城，抗御敌方机械的武器。故政训员在抗战伟业上之贡献大有造也。

诸位此次分赴各地工作，已取得最优越之成功条件，尚何踟蹰顾忌而不大胆直前？基层政治成功之条件在于：（一）有健全之机构；（二）有贤明之上级政府为之后盾。今者机构已为革新，人员及经费均加充实，而上层领袖，三令五申以"廉正勇勤"，自矢及勉其僚属，以为诸君强有力之后盾。诸君若不全力做去，大无畏的、毫无瞻顾的、彻底的做去，不但对不起这千载难逢的簇新机会，亦且无以对现阶段伟大任务之中国之湖南及其贤明之最高领袖。

本人一介布衣，以社会学术团体之一员，有感于此种有深刻意义之干部训练，不揣绵薄，义务帮忙，平生决不谀人，亦无所用其谀人。今日中央军校湖南分校学员亦在此参与，我武装同志，已以沙场浴血之铁的事实，洗清外人对"中国兵"极尽讥笑之羞耻。今后干校同学亦必在地方贯彻"廉正勇勤"之精神，以涤清外人对"中国官僚"一丑名词代表贪污、卑鄙、颟顸等等政治劣行之全部丑史！军校尽抗战之最大功能，干校尽建国之最大功能，文武共备，相依为命，建国即抗战，抗战即建国，则毋任为中国民族复兴前途馨香祷幸也已。

农村建设要义[①]
(1938 年 4 月)

一、为什么要讲农村建设

各位将来出去所担任的事情是地方行政。地方行政的主要对象是农民，主要工作是农村建设，所以各学员对于农村建设一课，必须注意研究。干部学校设有六种班级，按照各学员将来担任的不同职务，分班研究各别的特殊问题，然而各别研究有一基本的共同目的，便是农村建设。必须对于农村建设问题有全面的认识，而后各别的问题才得到真正解决。

本校分班的缘故，是因为职务的不同，无所谓地位的高低。在整个农村建设的立场看来，责任同样重要，都需要先就农村建设的全部理论研究清楚，才能分工合作，而把整个的农村建设起来。若是只研究自身职务方面的问题，所见必致偏而不全。正像认识一个人一样，只是看了面部而没有注意颈背，或是看了左侧而忽略其右侧，见到一部分，不曾认识全体，就不能真正地认识这个人。医药有内科、外科和其他各科的分别，学内科的有内科的专门研究，学外科的有外科的专门技术，这是各别的问题。而他们的共通基础学科是人体生理，这一学科，不论是习内科、习外科，或习其他各科，都须学习。学习基本科目而后，对于专业科目，才有入手之处。

农村建设要义，可以说是笼罩本校全部课程的学科。

县政人员班学员将来出来负全县的行政责任，对于全县的问题，自然当有一个全局的看法，然后才能运用自如，这个原则，非常重要。目前大多数公务人员或从事社会工作的人员，每不注意全局的大问题，而

---

① 中华平民教育促进会档案（二三六）。此件系在湖南省地方行政干部学校的讲词。

在小处用功夫，因为如此，费力虽多，所成就的至多是几个小问题的解决，与国计民生无大关系。所谓无关宏旨，这种现象，随处可见。农村建设要义，目的在提出几个农村的重要问题，和大家商讨，县行政人员不能不注意这根本问题。

县政督导员班学员，将来的职务是在佐助县长，推行县政，勤求民隐，沟通上下，对于这一方面的问题，自应有精深的研究。但在这本行本业的督导而外，对于农村建设各方面的问题，也应当有水平线上的知识，而后推行政令，沟通上下，才有把握。例如推广农业，必须了解推广农业的政治机构与技术问题，这些问题如果不认识，实施上遇到障碍，便难解答。这样，也就不能算是一个好的督导员。好的督导员，必须是对于整个农村问题有通盘的认识，了解其相互关系，这样推进工作，才能分别缓急轻重，加以调整，运用圆熟，恰到好处。

技术辅导员的工作与农民的生活关系最密切，进行得法，可以立刻改变农村状况，改善农民生活。技术辅导员有社会调查、教育、经济、农业、工矿、卫生等的不同，无论专攻的是哪一科，在应用他们学的专门技能的时候，其他有关系的问题，也应该顾到。例如，有了好稻种、好棉种，要把它大量地推广到民间去，这就不仅是一个农业科学的本身问题，连带的成为农业教育问题——农民有没有接受这种改良种子的知识；同时也是一个政治问题——这大量的种子，由谁去推广，是县政府吗？是乡镇公所吗？还是另一套机构？究竟采用哪一种方法为最有效？有了改良种子，有了能够接受新知识、新方法的农民，如果没有健全的推广制度，农业问题还是不能解决。一个做卫生工作的人，要设法使全县人民种痘，也不仅只是有种痘技术的人所能办到的，必须在推广制度上、民众教育上有办法；所以卫生工作人员同时须明了政治、经济、教育等等农村问题。这些都是农村工作者的常识，有了这种常识而后，才配执行自己担任的工作。

乡镇长是整个政治系统中的基层公务员，要真正叫农村建设能够实现，非有一班明了农村建设内容、方法、制度的健全的乡镇长不可。尤其是在废除区制、扩并乡镇之后，乡镇长的职权提高，责任加重，如果不明白农村建设是什么，那么，中央的复兴农村政策，省政府的农村建设计划，无论如何完美，也丝毫不能兑现。

政治训练员、妇女训练员，各有其特殊的专业研究，各有其所负的特殊责任，但走入农村去工作而不认识全盘农村问题，必定不能了解自身任务的价值与成功的条件，更不能与其他人员在工作上取得紧密的联系。

总之，农村问题包含政治、经济、文化各部门，要解决农村问题，推进农村建设，必须彻底了解这有关系各部门在农村社会中的状况。一个社会问题的发生与存在，决不能用孤立的眼光来看它，社会中也没有一个问题是孤立的。某一问题的解决，要把与这个问题有关的其他各问题都解决，才算真正的解决。政治问题的解决，非把教育问题、经济问题同时解决不可；教育问题的解决，非把政治问题、经济问题同时解决不可；经济问题的解决也是如此，非要同时进行政治问题、教育问题的解决不可。因为它们互有关系，分拆不开。问题的真相，在问题本身上很难看得周全，只注意于问题的一面，而忽略其相关方面，枝枝节节的探讨，不会有多大用处。

农村建设要义，全校各班都有这门课程，就是因为它与全校各班的专业研究有共同关系，它是整个的农村政治、经济、文化各问题的综合讨论。

干部学校的根本精神，即在实干，所以训练必置重实际；加以各班的训练时期都很短促，没有工夫讲多少理论。因此，学校当局在延请讲师时，有一个原则，就是教这一科的讲师，必须是对于这一科不仅有理论的高深研究，而且有实际的工作经验，由这种有实际经验的人来讲授，才会把他的真知灼见告诉我们，最低限度也能告诉我们一个失败的经验。这样才所学即是所用，所用就是所学。

农村建设工作，我自从在欧洲战地教育 20 万华工起，直到现在，20 年来，都是干的这桩事情。农村建设，10 年前，还很少有人注意，那时如果有人提出这问题来，社会皆认为不必要。我却很早想到这个问题，而且实际去干。从积年的实干当中，获得若干心得。这不是从东洋的、西洋的书本上抄来的，而是从一点一滴的实际工作中得出的。

各位：农村问题，现在已十分严重，不是消极地救济就能解决，必须要积极地建设才能复兴。干部学校全部学员，将来的工作都是去复兴农村，这是令人非常兴奋的事，所以我愿把本人 20 年来的得失经验，坦白地告诉各位。

二、为什么要建设农村

农村建设是目前最迫切的问题。为什么要建设农村？我举三个重要的理由来说明：

第一，中国经济的基础在农村。"以农立国"是常说的一句话，什么叫"以农立国"？就是离开了农业、农村、农民，国家就不能存在。过去几千年的中国如此，现在还是如此。我们吃的、住的、穿的，甚至走的路都是由农而来。做衣服的棉、麻、丝、毛，作食料的米、麦、豆、蔬，盖造房屋的木料，便利交通的公路，哪一样不是农田里的生产？哪一种不靠农村中的劳力？没有了农村，衣食住行以及一切人生需要，立刻就生问题。可以说，整个的中国经济基础在于农村。这不但在闭关以前的中国是如此，一直到现在西洋文化侵入，还是如此。试看今日与经济关系最显著的银行家，他们向来藐视——至少也是漠视农民。他们在大都市里居住，在大都市里经营，他们活动的对象是工商业，放款给工厂，借钱给商人。善于经营的，一面办银行，一面办工厂。然而近年来，这些工厂商家，成群成批地倒闭，银行吃了不少倒账，使银行家大生戒心，不敢对工商业任意放款，宁愿把资本压在银行里。有人说笑话：钱放在银行里烂了！银行家为什么宁愿白白地把钱烂在银行里？因为工商业不景气，不能保证投资者获得利润，不但不能保证，甚至无法收回资本。进一步追究：工商业怎么会不景气？因为生产的商品，除了极少数的一部分运销国外市场外，最大的顾客还是全中国 3 万万以上的农民。却不料现在农村破产，农民失了购买力，工厂的货物没有销路，逼得只有关门的一法。银行家看清楚了这一点，于是不得不改变营业策略，翻然主张对农村放款。试问：农村这样穷，银行家为什么愿意到农村去放款呢？难道是银行家看破了本身利益，远虑到国家福利，慧眼窥破了中国的经济基础在农村，所以主张对农村放款帮助农民吗？不是，如果用这种眼光来看银行家，那也太高远了。他们为什么到农村去放款？为的是自己有了钱无处放，银行便要关门，不到农村做买卖，就没有路子。他们高唱农村放款，可以说完全是自身利害关系，为了自己的生命，才希望农村繁荣起来。真正觉悟到中国经济基础在农村，银行业务应该以扶植农村建设为首要的，恐是极少数的凤毛麟角罢了，多数银行家是没有这种远见的。然而银行家虽不明白这一点，而事实的逼迫，使他们不能不转到农村这一方面去，这一点是以证明中国的经济基础不在都市而在农村，资本家不得不迁就农民，迁就生产的主力军，这样，他们自己才有出路。除非大家愿意一齐饿死冻死，才不管农民死活，不想建设农村！

第二，中国的政治基础在农村。中国的基础政治，应当是农村政治，不把这个基础抓住，仅仅做一点表面工作，政治是不会上轨道的。中国政治的基础不在中央，也不在省，中央政府与省政府都是政治的上层机构，与农民的关系是间接的，中央政府各部院长官的调动，很少能引起农民的注意。"日出而作，日入而息，凿井而饮，耕田而食，帝力何有于我？"是最真切的农民对中央的态度。省政府委员或厅长的进退，农民也很少去关心。试到乡间去问一下，恐怕知道省政府这名词的就不多。然而县长的更调以及贤与不肖，农民就很注意了。这县长是一个正人君子吗？是一个贪污小人吗？大家都很关心，因为县长的廉洁与否，直接影响到老百姓的生活。区长乡长的好不好，这一区一乡的人更关心，因为与他们的生活更有切肤关系。我国向来轻看县长地位，名之曰"小吏"，稍稍有学问的人，都不肯委身县政，以为只要中央政治有办法，国家基础就稳固。他们一向忽略了与民休戚直接相关的地方政治。哪知县政乡政才是政治的真正基础，要有了好的乡政，才会有好的区政，有了好的区政，才会有好的县政，有了好的县政，才会有好的省政，有了好的省政，才会有好的国政。若是只注重上层政治而忽略下层政治，手足俱不健全，单有一个健全的头脑，究有何用？就本省湖南说，纵使有廉洁的省政府，若是 75 县的县政是贪污的，省政府的廉洁也是徒然。因为省政府是为 75 县政府而设立，不是为它本身。县政府不健全，省政府、中央政府不能独自健全。中国政治的出路，必须是从建设最基层的农村政治起。农村不清明，4 万万人永不能见天日，中国政治将永是个黑暗政治。

第三，人的基础在农村。这一个理由，比上述两点更重要，构成国家的三要素是土地、主权与人民。如果有人问：这三要素比较起来哪一个最重要？我的回答是"人民"。自古以来，不问中国、外国，历史上割地求和丧失主权，是常有的事，只要有"人"，失地可以收回，主权可以恢复。如果没有人，土地谁去开发？主权谁去维护？所以土地、主权、人民三者，虽然都是立国的要素，而"人"更是要素的要素。没有人，土地何所用？主权何所寄？中国人民号称 4 万万，农民占了 80%，所以，真能代表中国的，不是上海的买办，不是天津的富户，也不是长沙市上的居民，而是居住在两千个县中无数农村里的 3 万万 2 千万的乡下佬，因为乡下人占全人口的绝大多数。就是这些富户、买办以至于达官贵人，也不是世居城市的市民，他们的祖先，十九都是乡下人，所以不但代表中国国民的应该是农民，连中国的人种也是出于农村。中国人的基础在农村，原属毫无疑义，可是一般人向来就没有注意到这问题。讲政治只讲上层政治，而不注意农村政治；讲教育只讲大学、中学、小学教育，而不讲农民教育；讲经济只讲国际贸易、国家经济，而不讲农村经济。人是立国的根本，我们却忘掉了根本，当前放着成千成万的农民，固国强国的雄厚力量，无人去运用。让农民无知无识到底，不给予教育机会，甚至连他们的生死存亡都不管。我常说：中国之所以贫弱，主要的原因是"忘本"。"本"是什么？"本"就是"民"，"民为邦本"，因为"忘本"，所以快要"亡国"。中国这样忽略根本的培养，如果中国真有亡的一天，决不是日本亡我，日本一个小国，有什么力量够得上亡中国？亡中国的不是别人，还是我们自己，自己毁灭自己的基础，自己放弃自己的基础，如何不亡国！不从这根本问题着眼，而高谈救国，必定是枝枝节节，不得要领。现在惟一的办法是强固基础，坚固根本，"本固"然后"邦宁"。农村建设就是固本工作。中国今日惟一出路是要把广大人力开发起来，把这衰老的民族振作起来，把这散漫的民众组织起来，把这无知无识的人民教育起来，方可成为一个现代有力的新国家。所以复兴民族，首当建设农村，首当建设农村的人。

　　三、为什么没有建设农村

　　农村建设，既然这样重要，为什么不去建设呢？原因很复杂，现在提出三个要点：

　　第一，没有认识问题所在。我们中国自从鸦片战争失败以后，上自政府当局，下至志士仁人，一致认为中国政治非改革不可，于是有变法维新，有民族革命，前仆后继，八九十年来，改革已非一次。可是所有改革，都不是着眼于人民生活的需要，都是根据自我的主观思想，把自己的抱负当作人民的需要，鼓其如簧之舌，耸人听闻，因为说得好听，风靡一时，但等不了好久，潮流一过，就无人再问了。过去每有不少盛极一时的运动，转眼云散烟消，都由于真正的基础问题没有抓住，只是求在制度上体系上翻花样，而运动的背后缺少力量，运动的本身自然没有生命，终致人存政举，人亡政息。此外还有更浅薄不足道的改革运动，为了潮流所趋，不得不改革，而自己既不愿改革，也不能改革，于是就弄表面文章，挂招牌、换招牌而已。今天君主，明天共和，今天立宪，明天专制，名目有变化，实体是一个，换汤不换药。

　　第二，受了西洋文化的影响。西洋文化是工业文化，工业文化集中于城市。中国许多留学生，到西洋去搬回来的，就是这一套。工业文不注重农村，它的对象是工业、工厂、工人，这些都在城市里。中国虽是农业国，因为受了西洋文化的影响，也就以城市为重，放款不以农村为主，教育不以农民为主，政治、经济、文化，一切建设，都以城市为中心，就无所谓农村建设。

第三，中国士大夫的麻木。10 年以来，"到民间去"的口号，喊得何等响亮！究竟有几人到了民间去？去了又多久？做了什么事？到民间去休息休息，所谓休养休养，那倒是常见的。到农村去把农村大骂一场，也大有其人。真正到民间去为农村谋一点建设，为农民谋一点福利，这样的人却太少了。10 年前，若有人提倡农村建设，是挨骂的，以为这是失意政客、落伍学者的玩意儿，因为自己无出路，不得已才往农村跑。旧的士大夫，自居四民之首，不辨菽麦，不务稼穑，"村夫""农夫"成了他们骂人的口头禅！新的士大夫呢？从东西洋回来，一样地不屑讲农村建设，斥农民为"麻木不仁"。他们讲政治、讲教育、讲经济都不及于农村，瞧不起农民，抹杀了中国的基本问题，眼红着西洋的繁荣，高唱工业化，抛弃了现实。政费，农民负担；劳力，农民供给，一切建设却不向农村去。取之于民而不用之于民，这与其说是天下的大怪事，毋宁说是新士大夫的"麻木"与"不仁"。

湖南省这一次开办干部学校，设了种种班次，培植种种人才，为的是组训民众，改进政治，以加强抗日自卫力量。抗日不是一年二年的事，因为抗日不仅是战争，战争无论如何持久，总有结束之一日，但中国民族对日本的抵抗是永远的百年大计。组训民众，改进政治，不过是手段，培养力量以自卫抗战，才是根本要图。中国的力量，无疑地在于农村，所以改进政治，应当是改进农村政治，组训民众应当是组训农民。综括言之，就是农村建设。县长做什么？不是为做他的县长。督导员做什么？不是为做他的督导员。技术辅导员做什么？不是为做他的技术辅导员。乡镇长，政治训练员，妇女训练员，都是一样，职务虽各不同，目的只有一个，就是建设农村，培养民力。整个的干部学校，一切的讲授训练，都是针对着农村建设的目标，所以各位应当都是农村建设的斗士，培养民力的保姆。要造成雄伟的民力，民族才得到自由，才得见民族再造。

四、农村建设的内容

农村建设就是民族再造，前面已经讨论过。现在要说的是农村建设的内容，换句话说，农村应该建设些什么？很简单，一个字就可以答复，农村建设就是"人"，因为农村建设不是少数人或政府的几纸公文所能办到，也不是少数学者的提倡就能成功，必须农村中的人全体负起这个伟大的责任来，然后工作才会继续不断，才会在当地生根。换言之，农村建设应该由农民自动起来建设，否则，仍是和过去一样，在某一时代，有某一位名高望重的人出来提倡一种运动，社会上就风靡一时的随着动起来，等到时过境迁，当年的蓬勃热闹，也就消沉下去。为什么？因为运动的发动，不合人民的需要，不能在民众身上立基础，没有生根，自然不能生长，不能永存。

德国在巴黎和会中受了很大的压迫，负担巨大的赔款，销毁卫国的武器，失去资源与殖民地，大家都以为德国将永远不能复兴了，可是不到 20 年，现在德国又成一个列强不敢轻视的国家，瞬已恢复原来的强国地位。为什么这样容易？这不能归功于希特勒的领导，而应该归功于日耳曼民众的力量。日耳曼民族的知识力、生产力，以至体格、民族观念，一般的比其他民族高，因为有这样健全的民众，所以才有惊人的进步。我们怎么样？去年 11 月，平教会组织农民抗战教育团下乡，实施抗战教育，4 个月之后，团员们回来报告，都说我们的农村和十年二十年前的差不多，仍是淳朴浑噩，不知国家为何物，抗战为何事！这样的民众，怎样可以在现代世界上争生存？然而这些无知无识的农民，并不是不可教，从我在欧战中教育华工起，到去年的农民抗战教育团，凡是曾经下乡做过几个月工作的，都觉得我们的民众太可爱，只要稍稍给他一点教育，他立刻成为另外一个人。所以"人"的建设，并非不能办，而且已经有方法。过去中国的教育，所用的教材、教法、制度，都是从东西洋抄来，不合国情，不切需要，只成为少数人的专有品，与大部分人民无关，所以全国 3 万万以上的民众到今天还是无教无养，不能表现出力量来。现在我们既然看清楚了建设农村首在培养民力，要把广大民众蕴藏的伟大力量开发出来，那么，究竟从哪些方面做起呢？最低限度，需要培养他们四种力量。

第一，知识力。西洋有一句流行语，叫作"知识就是力量"。一切建设都需要力，也就是需要知识，人民没有知识，任何方案、任何计划、任何政策，只能见之于纸笔，不能实现于民间。一个人要获得知识，有种种路线，耳目与工作，都可以得到知识，最简单的方法就是读书，要读书必先识字，所以文字教育是培养知识力的一个重要方法，人类文明与野蛮的分野就在文字的有无。我国有很好的文字，可惜为少数人所占有，自成一个阶级，把文字当作护身符，以读书识字为职业，而且，自居于四民之首，所谓"士"。因为读书识字成了专门的东西，所以真正的生产者农工分子，一向就没有读书识字的机会，而成为"文盲"。在农民本身，也有三个不识字的原因：第一是太忙，因为忙所以没有工夫读书；第二是太穷，因为穷，所以没有钱读书；第三是太难，因为文字多，文体不通俗，读起来不容易，所以没有法子读书。文字既是培养知识力的重要工具，所以必须把文盲的农工商改造成"士农"、"士工"、"士商"，而后才算教育普及，这三大难就必须设法解决。

关于"忙难"的解决，可精造教材，研究教法，利用农民早上或晚间的休息时间，使读书与休息融合，冬季的闲时更可利用。这一点，人人都想得到，可以不必多说。

关于"钱难"的解决，可减低书籍价目，民众教育的书籍，定价都只几分钱，原因在此。有的可由公家购买赠送，这也是容易解决的事情。

关于"文难"的解决稍觉费事。中华平民教育促进会在民国十一年起，就注意到这个问题。它的解决，经过了三个阶段：

（一）汉字的选择。这是民国十一二年做的工作。平常以为废除文言，采用白话，便足以解决文难，这对于忙难的民众，仍不能算解决。因为作文若不限制用字，中国字有 4 万多，如何都能教给民众？事实上，作文常用的汉文字不过二三千，说话常用的不过 1 000 多。我们用科学方法，寻出最常用的 1 300 字来，作为教育民众编辑教材的根据，这就是基本字表。一个农民，认识了这 1 300 字，便能看粗浅的书报，这是不得已的办法，正如一个穷人，吃不起白米，有一点红薯小米吃，比没有吃的总好得多了。根据我们的经验，受过 4 个月文字教育的平民，认识了基本汉字以后，他们的求知欲已大大的旺盛。不久就能识得更多的汉字。

（二）注音符号的应用。这是更进一步的方法。因为中国字的读者全靠死记，在字的本身上没有音标，即使有音标，读音也各地不同，一个字可以读出种种不同的音，例如"白"这个字普通读作 bái、有的地方又读作 bé，等等不同，在字上既无音标，同一形状的字又有几种读法，这都是基本教育的阻碍。注音符号笔画简单，一共只有 40 个字母，比基本汉字数目还要少，学习起来格外容易。认识了注音符号，读物只要字字注音，就可以字字发出正确的音，念得下去。所以我们民国二十年以后出版的平民读物《农民报》等，都全部注音。现在，教育部已定为法令，小学及民众读物，一律须用注音汉字印刷，这不但是学术影响政治的实例也是中国基本教育的大进步。

（三）词类分书。汉字注音以后，文难仍不算彻底解决，只能念得下去，但未必一念就懂。因为还有一种困难存在，没有解决，例如："农村建设的目的是民族再造"这句话，如果读成了"农村建设的目的是民族再造"，便一点没有意义，不能了解，尤其是读书经验很少的平民。这个困难的解决，于汉字注音之外，同时把句子用分词的形式印成，如"农村‖建设‖的‖目的‖是‖民族‖再造"，这样，读起来一目了然，不至误解。这种办法，了解的人还很少，书店里还少见词类分书的出版物。

培养知识力，并不是毫无困难，上述的种种办法，处处是为民族设想，用这种简之又简、易之又易的办法来扫除文盲，在工具上，在方法上，似已毫无问题，然而全国文盲依然尚未扫除，原因固尚有所在。推行这种办法的政治机构，需要建立起来，这是今后应当努力的问题。这是培养知识力的一种方法。

培养知识力的第二个方法就是"图书担"。一个民众学校学生，毕业后要不给他机会继续受教育，他认识的字，求得的知识，不但不会增多，不能扩充，不能应用，而且还要遗忘，这种人我们叫他"轮回文盲"。要使识字民众不变为轮回文盲，图书担是方法之一。图书担是送教育上门，谁有工夫，谁就可以立刻读书。我记得英美烟草公司最初到中国推销纸烟，用的就是送上门的方法。家家赠送，人人可吸，今日送，明日送，让你不费一文，不费一力，白吸纸烟。结果如何？纸烟的味儿民众尝到了，而且吸成了瘾，非吸不可。这时，英美烟草公司赚钱的机会到了。图书担的用意也是如此。一副担子装着合于民众需要的几百本读物，由一个较有知识的农民挑着在村子里到处跑，民众随时可以向他借书看，有不懂的他可随时指导，一旦读书兴趣养成，农民训练已寓于送图书上门的图书担中了。

培养知识力的第三个有效方法是戏剧。这是普通人，甚至戏剧专家所不注意的。大家认为唱戏听戏是公子哥儿的事，旧戏如《封神榜》一类，神出鬼没，毫无教育作用。新的什么文明剧，演的是佳人才子的恋爱，思想卑鄙，毫无足道，殊不知戏剧具有很大的吸引力、感化力，比读书听演讲，效力大得多。它能使人潜移默化，这种不自觉的教育，不勉强的教育，是最理想的教育方法。培养知识力而能利用戏剧，更可以打破文字障碍。所以如能使教育娱乐化，把教育做到雅俗共赏，这是戏剧的新生命。旧戏京腔，有它的艺术价值，但没有平民化的教育价值，因为没有培养民力的作用。不仅京腔旧戏如此，世界的戏剧也是如此。民国十二年，我在北平遇见熊佛西先生。他那时在国立艺术学校当戏剧教授，钩心斗角和旧戏竞争。我和他说，戏剧家应该到民间去教育民众，不应该在城市里给人娱乐，供人娱乐，这样没有生命，把民间疾苦、愿望搬上戏台，才有意义。他很受我的感动，就穿起蓝布大褂到定县农村里去，把书本上的知识拿到乡间去应用，把农民的真实生活搬上舞台。熊先生经过几年的研究，写出了不少有生命的戏剧，教农民演给农民自己看。像《屠户》，像《过渡》，农民固然受戏剧的感动，许多大城市里的人，有的从南京来，有的从北平去，在定县看了这些戏，也没有不被感动的。因为戏剧的内容是农民的生活、农村的问题，演戏的就是农民自己，所以出演成绩格外好，有血有肉，教人不能不感动。有一天，定县农民正在村子里演《过渡》，美国耶鲁大学艺术院戏剧教授丁英（A. Dean）参观之后，写了文章在美国报上发表。他说：他自己主持耶鲁、哈佛各大学的戏剧讲习 23 年，曾经到俄国去考察戏剧 3 次，从没有看见过像定县那样的农民戏剧。技术、方法、设备都很简单，然而充满生气，有力量，尤其是农民自己演给自己看。这种伟大的戏剧，在世界上还没有看到第二处。美国有一个提倡文化事业的团体，叫洛氏教育基金会，打电报来请熊先生到美国去讲学。四川省政府已拨款筹设省立剧院，也要请熊先生主持这戏剧教育工作。戏剧教育化，教育戏剧化，这是培养知识力的一个捷径。

培养知识力的第四个方法是图画。图画的教育力量也非常大，可惜向来图画也是士大夫的欣赏品，不是教育的工具。但是有许多知识不是文字所能表达的，用图画表示，反觉明显。从前国立北京艺术学校校长郑锦先生，本来是专攻普通的所谓艺术，因为我的劝告，他就放弃了校长地位，到定县乡间去研究平民艺术，他在这方面有不少贡献。

第二，生产力。这个问题有两方面：一方面是科学化生产技术的推广，改良种子，改进农村工艺，使生产增加；一方面是合作经济组织的建立，使利润分配合理，使农民真正享受增加生产所得的利益。这是一个问题的两面，必须同时并进。中国自张之洞提倡农业科学以来，至少已有 60 多年。为农业改良，不知费了多少钱，而农业科学自农业科学，农民自农民，双方到今天还没有见面。自来在外国学农业的，回来并没有去种田，和学政治经济的一样，不是教书，就是做官，最好的是到农业学校去教书，已经算是学以致用了。至于田间、乡村，农学者就从来没有去过。所以农民真正需要的是什么？实际状况是什么？因为，书上没有记载，他们也没有想到。农业科学下乡，那是近五六年来的事。民国十二年，我在南京遇见一位东南大学农学院的教授，他留美 8 年，又在意大利国际农业院研究，得了四种学位，回国后一连教了 12 年的书，却没有见过一个农夫，没有度过一天农村生活。他听见定县有一班人在乡下做实地工作，觉得天天在大学里教书没有意义，也愿意到定县去干一下。我常说，留学生在外国镀了金回来，不到乡下去涂土，只是一个科学贩子而已，没有活的生命。这位农学博士，到了定县，第一年种的白菜，就没有农民种的成绩好，他才觉悟到老农老圃亦自有其擅长。因此他自己穿起青布衣，把道貌岸然的学者，一变而为田家，天天与老农老圃为伍，悉心地观察研究。如是 3 年，他种的白菜才胜过了农夫，他的农业科学，才真实地发挥了作用。镀金的必定还要涂土，说来好像一句笑话，实在倒是真理。因为在外国学习几年，装了一肚子学问，何曾消化得？不回到自己的乡间去，出其所学，实地运用，又如何会变作自己的血肉。印度人最崇拜牛，我以为研究学问的人，必须要有牛的精神，既吃了一肚子草，应当伏在一个地方，细细地去咀嚼反刍，而后才能摄取养料。农业学者如果只有科学的头脑，没有农夫的身手，如何可以应用他的学问？

实地获得了改良种子的成绩，进一步想法推广到民间去，这又是一层困难。科学的研究与科学的推广是两件事。在研究实验的时候，设备尽管复杂，手续尽可麻烦，待到要推广，就须力求设备经济，方法简单，又通俗，又实用，然后才能普及到民间去。根据这种经验，研究出一套推广制度，叫做"生计巡回训练"。生计巡回训练的办法，是划全县为几个巡回区，由这区里平民学校的毕业生，出来受生计训练。训练方法，都是实地教学。例如在种白菜时，教种白菜的方法，在收获白菜时，教白菜的贮藏与运销的方法，这样即学即用，农业科学才能在他的生活里发生功能。一个受训学生，成为一个表证农家以后，在其门首钉一块牌子以便训练员巡回视导。表证农家的任务：第一，必须遵守训练员的指导；第二，必须把收获的种子推广给邻近农民，并负责指导；第三，每期表证完毕，必须报告表证成绩。这些表证农家，满布在生计巡回训练区内，他们的环境与普通农家无大差别，表证的结果如果满意，不必我们宣传，农民早已看在眼里，自动地去模仿、取法。这时候的表证农家，就不期然而然地担负了附近农家的视导责任。如此推广，不仅可以推广改良种植的方法，其余如猪、鸡，以至合作社等，都可顺利进行。这是一套科学下乡的制度，是增加生产力的实际方法。

第三，健强力。这是一种强种教育。中国因为医药卫生的不普及，农民连最低限度的卫生常识都没有，一旦疫病蔓生，立即死亡枕藉，每年冤死的人，达 600 万之多。中国人的平均年龄在 30 至 35 岁之间，正当年富力强的时候，已到了生命的尽头，与外国人的平均年龄 50 到 60 岁来比较，相差多远！若不普及医药卫生知识，不但是个人寿命的屈冤，也是国力的莫大损失。年轻的人，经验薄弱，不能对国家社会有多少贡献，等到年富力强、知识成熟，正对国家社会大为得力的时候，却又忽然夺了他的命，这不是国家的大损失而何？

过去我国的卫生医药状况，有两大病：第一，所有医生，所有医院，都设在大城市里，乡间没有医院，农民无处求医；第二，医院收费昂贵，农民非弄到没有办法不使病人入医院，甚至竟至将死而亦不能住进医院！小病不敢求医，大病即求医而医已束手，死亡率的增高，自属意中事。中国有名的医学院，培植一个医学生，每年教育费需 5 万元，费了 25 万元才能栽培成一个高等医生。医学人才在中国，何等宝贵。哪知毕业后，并不为真正的民众服务，都跑到北平、天津、南京、上海、广州那些大都市里去行医，给有钱的人治病，企图发财。在有钱的人生病，只要治得好病，反正不在乎，即使一针索价 250 元，也不见得不愿意出。请想想，25 万元栽培成的国手，与倡优一样地侍奉达官贵人，这是何等的可惜可怜！

医药专家陈志潜博士，是美国有名的哈佛大学的留学生，本在中央卫生署任技正。我把中国的医药状况告诉他，劝他与其在大城市里做无意义的工作，不如下乡去为农民服务。第一次谈话，没有得到他的同情，隔了几个月，在南京又遇见了他，作第二次谈话，他答应到定县来考察两天。哪知他到定县后，住了一星期之久，觉得定县的环境值得供他研究实验。他在定县工作 6 年，产生了一套保健制度。这个制度，不但已经被中央卫生署采用，其他如印度、菲律宾、捷克等国也都仿行。这个制度是由下而上的。每 100 家左右的村子，公推平民学校毕业生一人作保健员，受一星期的保健训练，如公共卫生、传染病预防、种痘、保健箱的用法等，受训练后就回村执行保健工作，为民众治疗轻微疾病，介绍病人人保健所等。保健箱里有 18 种常用药品及简单用具。药品的选择，根据当地卫生状况而定，可治最常见的疾病。这些药都是药性平和，便偶然误用，亦无危险，而又价格低廉，计算的结果，100 家的大村庄，每年所花的医药费不过 3 块钱而已。每 5 万人为一区，设立保健所，所中有医生 1 人，助手 2 人，及最低必要的医药设备。保健所的职务是指导保健员，治疗保健员所不能治的病。每年经费约 1 000 元。至于县城则设一较完备的保健院，主持全县的卫生行政，疾病治疗，每年经费约 18 000 元。一个 40 万人口的县份，实行这保健制度，全年共约 27 000 多元，每人每年负担只约 7 分钱。中国现在是人财两空的时候，民穷财尽，医生缺乏，巧妇虽不能做无米之炊，却不能不想出一个少米之炊的办法来。世界医药费用的统计，美国是每人每年 3 元，每次 1 角 5 分，但我们现在这个制度，每人每年不过 7 分钱而已。而且这个制度很富有伸缩性，如果实在没有钱的时候，可先训练保健员，从一村做起，而后渐进的成立区保健所，以至慢慢成立全县保健院。一个村子里有一个保健员，虽不能起死回生，却也能防患未然，至少流行的天花可以扑灭。定县保健制度实验结果，陈医师向中国医学会提出论文，因此，传布到了外国去，有很多国家写信到定县来问这个制度，国际联盟请陈先生到欧洲各国去演讲，去年暑期才回国。可是这制度虽已传到了外国，中国自己却还没有普及。

第四，团结力。假使农民的知识已经培养起来了，生产技术也改良了，科学化了，体格也强健了，要是没有团结力，所谓民力培养，完全失去目的，也是枉然！培养团结力的方法就是公民教育。公民教育的任务，在养成民众的公共心、合作精神，提高其道德生活与团体生活水平。我们一方面要在社会的基础上培养民众的团结力、公共心，使他们在任何团体中皆能努力做一个忠实而有效能的分子；一方面要在人类普遍共有的良心上，发达国民的判断力、正义感，使之有自决自信、公是公非的主张。"平校同学会"与"公民服务团"的做法，可以代表这意义。

农村建设的内容，大要如是。怎样做法，也粗疏地说到一点。当然，实施的详细办法，不是几个钟头所讲得了。中国近 20 年来，改革的声浪很高，在嘴上，到处可以听到；在墙上，到处可以看到；在纸上，也到处都有文章。然而实事求是的建设却不多见。以上种种，虽似无甚高论，不过都是经我们在定县实地研究实验，通过点点滴滴的血汗而结成的果实、形成的制度、铸成的方案。

定县实验，做了六年半工作，得了不少适合本国情形的农村建设方法与技术，国内国外采取定县方法的，为数甚多。国内如四川、湖南、江西、广东、广西、河南、绥远等省，国外如菲律宾、土耳其、印度、捷克等国，他们都常和我们通信，或来考察实习，或由我们直接派员协助。所有定县各种实验，都是站在农民的立场，找出如何解决农村问题和训练农民的整套制度。这些经验，足以供干部学校各班同学的参考。因为干部学校的目的是健全地方行政机构，培养民力，具体地说，就是建设农村。近来流行的政治口号"管、教、养、卫"，据我所知，最有成绩的县政，也不过只做到了"管"，如户籍登记，保甲编制，土地清丈，赋税整理，这些都是"管"的工夫；讲到"教、养、卫"的建设，尚不多见，至于专在形式上做工夫，修几条马路，盖几座图书馆，辟几个公园，办几所救济机关，虽不是不必要，却不是最必要；因为民力没有培养起来，马路、公园、图书馆，只可供少数人的利用，无关国计民生。我们目前所急迫需要的农村建设，是要为普遍的农民大众，求得生存，给他们机会发展四种基本力量，而成就为一个"人"。

五、农村建设的推动

上次所讲是农村建设的内容，但"建设"一个名词，或者不免有点笼统。我们说农村建设是培养民力，而"民力"也还是个空洞的名词。所以应该将"民力"的含义，分析清楚，培养的方法、制度，明白解释，而后才知道培养的民力是什么。

知识力的培养是大规模的民众教育工作。培养生产力是全国经济复兴工作，尤其注重的是农村经济：在生产商，一方面改良动植物的品种；一方面改良耕种技术；又加以改良农村工艺，在经济组织上使之现代化。

培养强健力，是普及卫生知识，强健体格。团结力的培养是对内维持安宁，对外抵御暴寇；提高国民道德，发扬民族精神。

那么，怎样推动这些工作呢？这是很重要也是很困难的问题，这一讲在讨论用什么机构去推动培养民力的工作。

在研究实验的时候，要从小规模做起，一个村，一个乡，至多是一个县。以村、乡或县作单位，范围较小，施工可以加密，观察可以周详。而且县是一个广义的共同生活区域，由多少小的共同生活区域所构成，小的共同区域，就是村、乡、区。在研究方面，不论政治、经济、文化、警卫，以县作单位，都可有独立的资格，实验的结果，可以构成一套制度。

但在实施时，规模要大，否则推行太费时日。大规模的实施就离不了政治，最起码的范围就是县。所以县地方政治又是推动农村建设的基层机构。

推动建设，必先健全县地方政治。消极地说，需要肃清贪污，澄清县政，解决民众痛苦；积极地说，需要充实县政机构，发动民众力量。否则，今天说组训民众，明天说运用民力，都是纸上谈兵，绝对不能实现。县政与民众的关系最直接。县以上其他各级政治机构，与民众的关系都是间接的。县政是亲民之政，如果要推动民众教育，培养人民知识力，把教育普及到乡间去，非有健全的县教育科不可：在督导方面，要有人推进；在技术方面，要有人到乡间设计指导；对男女民众，要有人宣传启迪，使他们乐于入学。如此全体动员，通力合作，民众教育才能做到全县实行。能够全体动，合力作，这就是健全的机构，如果不健全，必致推而不动，动而不相配合，甚至背道而驰，成为"乱动"或"盲动"，因而两个动力恰恰相消。所以要能够在民间真正培养民力，知识力也好，生产力也好，健强力也好，团结力也好，非有健全的县政机构不可。健全行政机构，是培养民力、组织民力、运用民力的先决条件。

凡是一个健全的行政机构，应该在"治法"、"治人"、经费三方面都有办法。有"治法"无"治人"不足以推动建设；有"治人"无"治法"也不足以推动建设；有"治人"、"治法"而无足用的经费，仍不足以推动建设。

旧的县政机构只有两种作用：一是"催科"，管人民的纳粮上税，县政府成了收税机关；一是"听讼"，为人民判案折狱，县政府成了司法机关。什么办教育，办生产事业，都是向所未有。"与民休息"是最好不过的从政原则。什么叫与民休息，就是上下都不做事，所以县政府除了催科、听讼以外，再没有别的事情了。如果催科不贪污，听讼不苛索，人民就认为这是好县长。不过这种清官是极难遇见的，利用催科、听讼以作发财捷径，这倒是正常。清廉却是例外，上级政府常以税收多少作吏治考成标准，在公的方面，要税款报解得多，在私的方面要对上司孝敬得多，这个县长就是能吏，就可不次擢升，迁调"优缺"。什么叫优缺？就是地方富饶，弄钱容易的官职，又叫做"肥缺"。肥缺、优缺应该是一个不好的名词，而在中国，却不但出之于口，而且用作奖励的字面，无形中大家一致承认贪污是正当行为。简直贪污公开，相率成风，不但不蒙制裁，不受惩罚，而且发财与升官呵成一气，这是中国政治上的大污点。有此种原因，自爱之士，稍有抱负的，都不愿意去做地方官。这样的政治，如何可以担当民族复兴的使命？

中国自鸦片战争后，有不少法良义美的政治改革，然而推行不见成效，对于国家并无多少补益，省县政府都在纸上忙，中央行文到省，省行文到县，县行文到区，区行文到乡，乡长把令文往桌上一搁，万事大吉。大家忙了一阵工作化为"具文"，上以是欺下，下以是罔上，上下蒙蔽，自欺欺人！这只是一个小小例子，证明旧机构断不能推行新政治。

"管、教、养、卫"是近年来政治改革的理想，而朝着这方面去干的，至多不过做到一个"管"。保甲编得好，户口调查得清楚，土地整理得有条理，那已是了不得的政绩，那真是现代的能吏。因为保甲户口土地的行政上了轨道，可以要钱，钱有出处；要人，人有来路。至于教、养、卫的县政，茫茫全宇，哪里去找啊！即使国中近年公认为有成绩的极少数的几处实验县，仍然只有"管"而无"教"，无"养"，无"卫"，所以县政改革的理想依然尚未完全实现。所谓"管"就是统制，只是把人民统制得好，今天可以要他的钱，明天要他的命，只有所取，没有所予，取之无厌，仍然是免不了民穷财尽。

近年县政改革问题，诚已引起国内不少人的注意。有的人在理论上用工夫，东洋怎样，西洋怎样，自己虽是中国人，生于乡下不必长于乡下，长篇大论的县政改革论，毫无事实的根据。另有一批人，抱着"我不入地狱谁入地狱"的态度，自己钻到乡下去，亲自体验。县政贪污，究竟怎样贪污，机构不健全，究竟怎样不健全，不取道听途说而要实践研究。这就是近年来各地实验县的由来。

回忆民国二十一年，内政部为了第二次全国内政会议，事前特派员赴各省视察，搜集问题，赴华北各省的是内政次长甘乃光先生。他到定县视察，参观平教会农村建设工作，本来预定一天，因为愈看愈有兴趣，竟在定县住了四天。他深以定县工作为可取，觉得这是真正的县政内容，而实施这种工作，决不是由机构所能胜任。就在那一年冬天，县政会议开会，出席的有各省民政厅长、保安处长，以及少数有实地工作经验的学者，共300多人，我也被邀出席。这次会议的中心议案就是县政改革案，全体一致通过，内分两项：（一）各省设立县政建设研究院；

（二）如人才经费都有困难时，各省可先设县政建设实验区。

第一个县政建设研究院，便设于河北省定县，民国二十一年冬季内政会议通过的议案，民国二十二年5月就实现了。成立的日期正是热河失陷后三天，这是一个很有意义的日子。河北省县政建设研究院院长，系内政部及河北省政府所聘任。研究方面与平教会作学术的合作。研究院成立后的第一件工作，就是鉴于热河失陷，河北成为国家第一道防线，所以草成了在一年内全省训练300万青年的方案，可惜这个方案省政府迄未实行。去年才有人叹息：如果早能实施训练，卢沟桥事起，至少不至于平津失得这样快！

接着山东省乡村建设研究院，也根据法令改称县政建设研究院；江宁、兰溪各实验县也相继成立。实验县的县长、科长，都是国内知名之士，职权也比普通县稍大，经费也较充裕。实验县的成立，在国内发生三种影响：

（一）因为做县长的都是有学问有能力的人，所以引起国人注意，重视县政，县长地位因之提高。

（二）自实验县成立后，大家知道县政府并不是催科、听讼，而是建设农村为人民服务的机关，一般对于县政的观念为之改正。

（三）因为实验县的成立，产生了许多实际改革方案，如财政、教育、民政各种新制度，为中央及各省所采用。

现在国内有两大潮流，也就是我们15年来所努力的工作，这两大潮流，可以说是一件事情的两方面，一个是民众训练，一个是政治改革。我们抵抗暴日侵略，发动全民抗战，因为全面，不能不全民，因为全民，不能不训练民众。我们武器不如人，军械不如人，只靠无穷的广大民力和武力配合起来，抗战才能取得最后胜利；所以为了抗战，必须培养民力，为了培养民力，必须健全地方政治机构，两件事实在就是一件事。

从中日开战到南京失守，一班学政治经济的朋友，眼看国家垂危，束手无策，以为只有武装同志可以捍卫国家，文人所学毫无用处，深悔学错了东西，有的甚至愤而自杀。现在看起来，这话只有一部分正确，因为单靠武力，并不能完成救国使命。训练民兵，培养民力，一样是正当而且急迫的救国之道。

干部学校就是应这个需要而成立的。今后国家战事胜利，要训练民众，培养民力，建设农村，才能恢复元气；战事失利，更要训练民众，增强实力，以期取得最后胜利。无论战争胜败，训练民众，都是一百二十分需要，培养民力是绝对不可省的立国根本大计。除非不要"国"，便不要"民"！

湖南在这一方面已定有整个计划，且经逐步实施。如"湖南省施政纲要"与"组训民众，改进政治加强抗日自卫力量"两大方案的颁行，行政机构与建设内容也已确定，这是"治法"的准备。干部学校训练人才，这是"治人"的准备。在经费方面，为了改革机构，充实人才，举办建设，省政府已决定分别补助，一等县每月补助 700 元，二等县每月补助 600 元，三等县每月补助 500 元；这是经费的准备。刚才说过：健全的行政机构，应该在"治法"、"治人"、经费三方面都有办法，湖南省正在实现这个理想。

湖南的政治革新，还在起头，干部学校出去的各种人才，还不过是下乡施政的干部。以下还应有不少助手，陆续训练出来。必须如军队一样，组织队伍，有一班可以指挥作战的人，配合各种人才，一队一队的下乡，才能全局推动。不过省方预备的人才，只到乡镇长为止，要工作顺利，乡镇长以下的保甲长，也须要训练，然后才能登高一呼，万山响应。这是今后应该继续进行的工作。

各位学员：现在是国家危急存亡之秋，大家不能再有所争，所争的只有一件事，就是中华民族的生存。如果中华民族不能生存，一切都要同归于尽，皮之不存，毛将焉附，覆巢之下，岂有完卵！我不是中国国民党党员，但是我所代表的运动，我 20 年来所做的工作，与三民主义的精神完全一致；志在改造民族，培养民力，与三民主义如同一辙。前几年，我对中央军校演讲整个农村建设实施办法，讲了两点钟。蒋先生作结束报告，又说了三刻钟，大致是说：实现三民主义，要紧的是有办法，今天所讲的农村建设办法，我们应该赶紧地推行到全国去。到了今天，国家已如一叶孤舟，颠沛于狂涛骇浪之中，我们同船的人，还能为小问题而自争吗？我们惟一的天职，只有共同奋斗，至少不要让敌人跨进湖南这一块干净土，不使杀戮壮丁、蹂躏妇孺、灭绝人道的行为重演于湖南。我们训练干部，训练民众，都是为此。农村是国家的堡垒，农民是抗战的铁军。去年 12 月 16 日委员长颁发告国民书，就说到"最后决胜之中心，不但不在南京，抑且不在各大都市，而实寄于全国之乡村与广大强固之民心"。在今天，应该忘记小我，放远眼光，有一份力，为国家尽一份力，才算得堂堂的一个中国人；况且这千载一时的机会，正是有志男儿建功立业的时候，我们怎好辜负了这大时代！

认清时势　修正方法①
（1938 年 6 月 13 日）

这几个月以来，因为国家遇着很大的事变，本会一方面是服务民众和国家的团体，一方面是从事改造政治和社会的团体，所以在这国家起大变动的时候，它不能孤立地不顾政治社会的变迁，只是关着门埋首研究。如果是这样，就跟和尚一样，不管社会政治如何变动，他还是日夜撞他的钟；或者像通常的教育那样，刻版式的办学教书，社会变迁，置之不理，只按着传统的过程，度他们的书本生活。然而平教运动就不能不因着社会国家的变迁而改变它的作风。我们的周会已经 3 个月没有举行了，一方面当然觉得隔得太久，而另一方面却正是证明平教运动是在忙着服务社会，服务国家，影响社会，影响国家。这 3 个月中，平教同志在四川、在湖南、在江西，都去参加这一次对日抗战中直接与战争有关系的活动，也是建国的基本工作。抗战时期愈长，国家愈感觉得需要建设，愈感觉得要改造政治、经济、文化种种方面的缺点。否则动员民众无办法，人民的生活难维持，抗战的力量将减弱。一年来，无论在前方或后方的军政当局都有这样的认识。平教运动十几年来，它的目标和做法，都是站在建国的立场，它所做的两大工作是民众组训与县政改革。无论平时或战时，无论战胜或战败，都是必不可省。我们不能说打赢了就不必澄清吏治，教育民众；若战而败，为了恢复山河，再接再厉，更应在这一方面努力。所以平教工作在任何时期、任何环境中，都是民族所迫切要求的，有它的超时代性，有它的永久性。除非一个民族自己愿意灭亡，才不需要训练民众、改革县政。在这紧急时期，我们不

① 中华平民教育促进会档案（二三六）63。此件系对长沙办事处同仁的报告，原题为《第十一次周会讲话》。

得不把已得的一点经验，加入整个的建国运动里面去，无论哪一省，如果认为我们的工作有价值，欢迎我们，我们自然义不容辞。现在，要抗战，不能不建国。平教会分布在各方面的工作，都是充实抗战力量的建国工作。它的内容就是一般民众知识力、生产力、保健力、组织力的培养。在湖南、在四川、在江西，所采方式虽不尽同，其骨干都是平教会多年研究实验提倡的工作。现在把各方面的概况说一说。

湖南方面，大家知道得最清楚，因为张主席非常重视民众组训，根据他自己办教育的经验，认为要把这种事情做得好，非健全地方政治机构与地方行政人员不可，所以创办干部学校。本会去帮忙这个工作，负了很大的责任。几个月来，所遇困难也很不少，而在短时期里做这么一个大工作，也不能不说有相当的成就。结业的有 2 400 多人，新县长和一班同时受训的佐治人员，分配在第一、二、五、八等四个专员区里的 39 个县。这样的政治队伍，有 39 队，可以说气魄很大。现在人员已经分发出去，除县长及其佐治人员在县的机构中有其固有的地位而外，技术辅导员和妇女训练员两种是湖南也许是全国的创举。技术辅导制，在我们定县研究工作中是特别有关系的，如生计训练，如合作指导，如生产表证等，这是定县实验的特质之一，更使这工作扣入现行县政机构，本会同仁应当多负一点责任，有了成绩表现，就要续招第二期学员，推行于其余 5 个行政专员区各县去。当然，这不仅是纯粹的技术问题，关于行政方面，我们也将贡献意见于当局。妇女工作，本会的经验原不很多，原因是妇女工作的人才太少，比较上本会还有几个从事妇女工作的同仁，因此妇女工作不期而然地也落到本会肩头上。昨天，江西妇女生活改进会熊芷女士到长沙来，所谈工作困难也是很多。

要之，湖南地方行政机构改革中的两件新工作，本会负责不少，希望同仁特别努力。平教运动的特殊精神就是研究实验，在实际工作中找方法，找制度，找内容，不仅按部就班地做，还要作学术的寻求探讨，使这两桩新工作，得圆满的成功。

湖南工作的气魄非常大，以 75 县为范围，我们过去的经验，不过是一村一区，或一县的工作，这样大的范围，我们还没有做过，一定有许多宝贵的经验可得，我们不可忽视。尤其是这种快干的办法，与我们过去的从容研究情形不同，我们一面要同情政府的苦衷，一面要看清时势的要求，改变过去从容不迫的态度，这是"知时达势"者应有的事情。我们是一个社会学术团体，我们的工作，不能遗世独立，应该随着时代演进，才是活的运动而不是死的机关。但这并不是说一切的事情都该快马加鞭，有些事情一定要费相当的时间才会有成效，欲速则不达。

四川方面，大家想必已早已知道，自从王代理主席接事后，省政府会议已决定停办设计委员会及停止新都实验县补助费。这事可从两方面看：一方面，国家到了今天，这种科学设计工作更应该有，因为整个政府忙于日常工作，无暇研究设计。不过，设计工作要做得好，必须从多方面去罗致有学识有经验的专门人才，而学验俱优的专门人才，却很难物色或征聘到；另一方面，因为设计委员会略有贡献，而自己并不站在行政立场，所以有许多设计虽事实上颇有表现，但并不看得出是设计委员会的作用。例如遂宁棉场很有成绩，虽然是设计委员会的专门委员在那里主持，但就行政系统说，这是归入了四川建设厅的工作。其他事例还很多，我不必一一尽举。现在，设计委员会的取消，听说是因为省经费艰难的缘故，说来也很合理，我们却可借此作一自身的检讨。

最近，王代主席与蒋教育厅长、何建设厅长出巡新都，沿途所见都很满意，在公共体育场对 3 000 民众训话时，极力说新都工作应该推广到四川全省去，一年费 6 万元，千当万值。演讲原辞，不久将寄来。

今后，本会在川的社会事业，将更扩大，俾四川社会人士对本会有更多更深的认识。

江西政治讲习院，校舍宏大朴素，训练集中，精神一贯，经费预算年有百万元。江西财政很困难，但对于应该用的钱决不省，不应用的钱也决不随便开支，这一点值得称道。院中教职员，均是长期性的，学员修业期间为 3 个月。有两个委员会，地位极为重要。一个是编审委员会，全年预算有 6 万元，以本会孙恩三同志为主任委员。一个是地方政治研究会，熊兼院长自任主席，罗隆基先生及本会霍俪白同志副之，而以全校讲师为委员，作地方政治学术的研讨。在行政方面，有院务委员会，委员共 23 人，以兼院长为主席委员，熊主席和肖（纯锦）教育长，王（次甫）民政厅长，程（柏庐）教育厅长和我为常务委员，负院务设计责任。孙恩三同志亦为院务委员之一。江西这方面，气魄也很大，希望本会多派同仁去协助工作，可惜本会人员太少，派不出多少人去。

以上各节，都是本会参加他方面的工作。现在，一个年度又将过去了，关于本会自身的基本工作，以及下年度的进行方针，最近将集会检讨，决定以后，当再报告。

青年应献身于基层政治工作①
(1938 年 6 月)

主席、各位同学：

今天有机会参加讲习院开学典礼，兄弟实在十分兴奋！兄弟一二十年来，献身于基层的社会政治工作，而这种工作的推动，正是现在本院的使命。所以今天举行开学典礼，兄弟特意由湖南赶来参加，方才所说的"十分兴奋"，并不是一般的俗套，乃是从肺腑中发出的真情！

大家知道抗战的要求，在动员全国的人力和物力。谈到物力，往往大家都说，地大物博。现在经过许多专家的研究，才知道中国地诚然大，而物之博不博，则是一个疑问。不过中国人力的雄厚是没有人敢否认的。中国的人数，甲于天下，可惜这伟大的人力并没有开发，所以我常说中国可贵的不是银矿，也不是金矿，乃是这个大民众的脑矿。然开发脑矿不能不运用政治的力量。

政治的内容，大家都知道是"管、教、养、卫"。但是过去的政治，偏重于"管"的方面，只是仅仅做到管，就想运用这伟大的人力，是绝对做不到的，而况过去连"管"字也没有做得透呢！我们不要忘记，管字下面还有教、养、卫三字，只是管而不教、不养、不卫乃是绝对错误。管、教、养、卫四者，最容易的是管，只做到管，便想运用民力，天下哪有这样便宜的事！孙中山先生说"训政"，这"训政"两字连缀一起，是何等深刻的意义啊！过去大家已知道推行政令，而忘却了政字上面所不可缺少的"训"字。政就是"作之君"，训就是"作之师"。换句话说就是大家只知道做官。中国的县长大都是做官的，县长之下有区

---

① 原载《平讯》，第 2 卷，第 33 期，1938 年 6 月。系作者在江西地方政治讲习院开学典礼大会上的讲话。

长，区长也多半是做官的，老百姓受了县长的剥削，再受区长的剥削，外加当地土绅的剥削，这样一层剥一层削，结果是民不堪命。如今到了抗战时期，国家不能不动员民众，要他们出钱出力。而叫民众出钱出力的手段，仍然只是管。遇到民众的钱与力出得不够时，只知道鞭打，只知道惩罚。试问，我们究竟凭什么资格可以这样做？我们平时对于民众的力量只知道摧残，不知道培养，如今到了国家危急的时候，还是一味的榨取，我们稍具天良，心是否有愧呢？所以现在要开发民力，再不可忘却"作之师"的工作。中国能为民众谋幸福的官吏确实太少。知识分子、旧士大夫、新士大夫，都只顾自己升官发财，丝毫不替民众尽力，何况中国伟大的民力长久不曾开发！

这里我们还要注意一件事：许多人讲全民动员，口上常说中国同胞4万万，而对于妇女工作，毫不注重，这些人在事实上实在没有承认中国有4万万同胞，因为他们忘却了占全国同胞半数的妇女。现在我们要认真地开发民力，这2万万妇女的伟大力量，再也不能忽视，不然中国民众纵然站了起来，也是独脚者。熊主席认清了这一点，所以本省妇女组训工作，在全国中最为进步。诸位同学将来出去领导民众，也千万不要忘却教育妇女、组织妇女的重要任务。卢沟桥事变爆发以后，有许多知识分子——我就是其中的一个——因为自己不能执戈御侮，尽一点救国责任，很觉得悲痛烦闷。现在，在长期抗战的伟大工作中，得到了一个很好的机会，就是参加后方基层工作的机会。在抗战中，后方的重要并不亚于前方，前方是有限的，后方是无穷的。我们能开发后方的力源，才能把握前方的胜利。国家危亡到了今日，人人皆当尽一分救国的力量。我以为凡能替抗战救国工作尽一分力量的，不问是有名无名，都是英雄！凡是减少一分抗战力量的，不问是有名无名，都是汉奸！各位现在有机会尽一分抗战救国的力量，真是万分幸运，这一点大家不可忽略。

诸位同学，你们现在还是青年，我要告诉你们一个青年的故事。我在耶鲁大学读书的时候，看见校舍前有个两手反缚的青年铜像，当时，不知其用意，特向一位先生询问，才知道美国争取独立自由和英国开战的时候，这位青年离开他的学校到英国陆军去做间谍工作。后来被英兵发觉逮捕后，要斩他的头，当时有几位英国军官，见他十分可爱，特地对他说明他们杀他是执行国家的命令，问他有无遗言。他仅仅说了一句话："我自恨只有一条生命贡献给我的国家。"诸位，你看这位青年为了他的祖国，纵死十次百次以至于千次，他都情愿，这种从容就义的精神，才是爱国男儿的最高典型。

现在，我们中国还有许多青年在那里醉生梦死，想起来真是痛心。我们大家千万不可这样不长进，我们都是有热血的男女，我们一定要把我们整个的生命贡献给我们的国家。我们虽不能个个都到前方去打仗，然而在后方，也一定要以"死"的精神来做"生"的工作，不达目的，誓不休止。

今天这个会与其说是开学的典礼，毋宁说是献身的典礼。我们要在今天立下一个志愿，把我们的生命贡献给江西全省同胞，以求完成我们抗战建国的伟大使命。

平教事业在抗战救国中的芹献^① (1938 年 8 月)

我们已经有许多时候未开周会，今天把本会工作的几个重要方面简单地报告一下。

一、关于国民参政会

国民参政会是国家最近的一件大事。本来，中央在卢沟桥战事发生后，就成立最高国防会议参议会，邀请在野各党各派及社会学术团体领袖加入，共同计划全国总动员。最初参加的共有 16 人，代表 16 个政治社会文化运动，以后增加到 24 人。因为最高国防参议会对于中央各方面有相当贡献，能亲切地合作，所以中央当局在南京时就有意思把参议会扩大，人数增加到 100 人，名称虽没有定，但已从事筹备。到今年夏天，决定人数增加为 150 人，后来为了要充分集合各方面有力量的人才，共负抗战建国的重任起见，又从 150 人增为 200 人，名称确定为"国民参政会"。本人从参加最高国防会议参议会到国民参政会，始终不是以个人为立场，乃是代表平教运动；也可以说是以乡村建设运动的立场，代表国内乡村建设运动。

这次开会的经过，非常圆满。议决的案件，都很重要，就是再过一二年，仍然有价值，不会变成明日黄花。

国民参政会的目的是在集合国内各方面的领袖，共赴国难，共商国是，这一点，确已一百二十分的做到。参政会开会之前，有的以为这种会并无多大价值，因为参政员中，大部分是国民党党员。可是在开会期中，会场空气好到实在出乎意料之外。……会中的一切都表现得非常真

---

① 中华平民教育促进会档案（三三六）56。该文前有平教会秘书处加的按语："干事长这篇讲词，包括本会各方面的工作，可以作为民国二十六年度本会年鉴的缩图，亦可以略见民国二十七年度本会工作的动向。所以特地将它印作单行小本，分寄同仁。"

诚、恳挚，由此可以想象到会场的空气和精神怎样的美满了。

讨论的问题，内政、外交、军事、国防、财政各方面都有，一部分是政府自己提出的，一部分是参政员提出的。讨论的方式，先分组审查，各参政员就自己的兴趣或性之所近，认定一组，如内政、外交等，一切提案先由秘书处分送有关各组审查，即以审查结果报告大会，进行讨论程序。本人参加的是内政组，因为内政包含一切教育经济等问题，整个的和乡村建设运动相关。其中有两个议案，更是乡村工作的基本条件，而这次都热烈通过了的。

第一是地方政治机构的改善。县以下一直到区乡保甲，全国一致的呼声是有改进的必要。中央提出"改善各级行政机构案"，参政员也提出了同性质的议案三四起。通过的改善办法，十分之八九都是与湖南全省现在所行的相同，也可以说是参照了我们素来研究实验提倡的办法。例如废区问题，在中央各种会议中都争执得很厉害，一向没有适当的解决，湖南毅然实行废区，实施督导制度，参政会也如此决定。还有技术辅导制度的加入，乡镇公所的充实，职权及待遇的提高，区域的扩并，都与我们的素来主张大致相同。因此可见得一种研究实验，只要有真正的价值，不怕别人不接受，这一次地方政治制度的改善，就是一个具体证明。

第二是民意机关的设立。这个议案也是我们所特别注意的。我们天天谈民主政治，却没有工具给民众，没有机会给民众，教他运用民权，那就是空谈民主政治，一点没有用处。实现民主政治，一方面固然是知识问题，一方面也是机会问题，有机会给民众锻炼自治能力，民主政治才会实现。我们希望一个不会骑自行车的人会骑自行车，增加他的行动效力，当然要给他自行车，更要给他实习的机会。而且倾跌磕碰，更是难免的事。然而要他真能骑自行车：我们至多只能教他少跌，却不能防护到他绝对不跌。要知骑自行车的能力是在几次三番的倾跌失误中学成的。所以不谈民主政治则已，要谈民主政治，就不能以民众缺乏自治能力为借口，不给他们自治的机会、自治的工具。这一次参政会提出这种议案的，也有五六起。这议案修改得很多，结果，省与县将来都要成立临时参议会。各级参议员的产生方法，一方面参照中央参政会参政员的产生方法，由中央及省政府指定，一方面由地方法团加倍推举，由省政府圈定。在整个国家没有演进到宪政阶段的时候，这种指定与圈定办法，实在是一个过渡的桥梁。各级参议会都规定应有妇女参加，省临时参议会为5％～10％；县临时参议会未规定成数。这一点当时也很有争议，有的人以为这百分比太小，有的却嫌这数目太大，无论如何，妇女的地位已为政府及一般人所重视了。

县临时参议会，是做基层政治工作的同志所特别注意的。县参议员由各乡镇首事会、县法团及专员与县长之会商，各推举全额1/3的三倍人数，由省政府圈定。首事会是乡镇中的决议及设计机关，由各乡镇推举正派士绅担任，只有义务，没有权利。在新的乡镇机构中，它的作用和我们从前在定县所行的乡镇建设委员会相同。

以上两个议案非常重要，有了第一案，才能澄清及健全地方政治；有了第二案，地方上的人对地方上的事，才多少能说几句话。我们从事平教运动，一向主张培养民力。怎样培养民力？这就是具体的路子：一方面用健全的行政机构去推动建设，一方面教民众有参加地方政治的机会。现在虽暂是指定圈定，官民合治，将来民间教育程度提高，就可以更进一步，更民主化。

议案通过以后，究竟能发生多大效力，这个权力属之于最高国防会议，因此，有人说参政会没有多大力量。其实现时整个的国家已入于战争状态中，战时政治，在欧美最民主的国家也都是集权的。我国却在战时新设民意机关，这不能不说是一个特色。国难严重至此，非集思广益、全民共济不可。参政员的产生虽不是直接的由国民推举，但他们来自民间，无论如何所代表的是民意。参政员坐在议场里，也觉得是主人，政府的报告，仿佛真是对人民的报告。报告后的质问与答复，双方均极纯诚。这种热心团结的精神，是保护抗战必胜的铁券。

况且，参政会实在并不是毫无力量。例如通过拥护抗战建国纲领一案时，全场十分热烈，并决议为求迅速实现起见，请各部院就自己职权所及，定一进度表，逐步实现抗战建国纲领的规定，要每3个月报告一次。参政会就以进度为根据，检讨各部院的工作。不能执行的事情，政府可以提出困难之所在，共同商讨解决；如果能做而不做，那就责有攸归，主管部院，不能脱卸责任。再者，议案的决定权虽属之于最高国防会议，但一个议案如果是不正当或不必要的，第一关参政会本身就通不过；如果参政会既已郑重通过，最高国防会议就不能随随便便地把它搁置不理。最高国防会议如果接受了参政会的议案而政府不执行，那参政会就可正式提出弹劾案，政府不能不顾虑。何况参政员都是有头脑的人，有能力的人，一个人的力量也许没有什么了不得，整个参政会所通过所支持的议案，决不易抛却于虚无缥缈的九霄！

总结起来说：

第一，国民参政会的召集，是为新中国树立千年不拔的民主政治的初基，这是在国难严重时期，中央最有眼光的一件大事。从前议会中飞墨盒，肆笑骂，是常有的事，而这次参政会会议中，却充满着严肃诚恳亲爱的空气。有了好风气，破坏便不容易，民主政治的基础，现在已树立了起来。

第二，从政府方面说，国家危亡到这地步，不应该听由人民只管批评，不负责任。现在有这么一个机关来作政府的后盾，作援助，在作战精神上、道德上，得到了绝大的力量，不啻平添了 500 万军队！

第三，一个政府欲如何便如何，万事由己，这是最不健全的机构；如果设有监督建议等联立制度，就不容易随便废弛了。为政府的健康打算，不能不有这样一个机关。就抗战说，要这样才能增加抗战的雄厚力量；就建国说，要这样才能奠定建国的宏固基础。

二、推广工作

现在要说到与平教运动有密切关系的工作。

湖南方面

第一是省立衡山乡村师范的工作。乡师工作，已有相当的成就，这种做法的哲学与精神，已为中央教育当局所认识，且予一部分的采纳。这工作再继续一年，第一班毕业学生就可以冲到社会的前线去做改造的工夫。

第二是衡山实验县的工作。前几天同卢作孚次长到衡山视察，觉得民、财、建、教各方面，都有很重要、很有意义、很着实的成就。但是从实验县成立到现在，这许多很有意义的工作，外界知道的人很少，自己又只顾埋头工作，只觉得有多少计划未实现，有多少目的未达到，而已实现已达到的种种工作，却不向外界公布。例如，全县的财政整理、教育改造、农业推广、合作社的发展、卫生工作的推行，外界人很少知道。这就是因为我们只顾按照计划去实施，而没有注意到宣传这一方面。孙廉泉同志就任第五区行政督察专员后，到区内各县视察，他说，衡山实在有许多工作，可供各县参考。在教育方面、在民训方面、在经济方面、在财政整理方面，甚至在秘书方面的档案整理、人事管理等，都有为该区内任何县所不及之处。孙同志的这种看法，好像是一种新发现，因为他才从外省来，初入芝兰之室，而且他本是干乡村建设运动的专家，一件乡村工作的优劣，自难逃他的法眼。当然，孙同志的意思我们不能误解为衡山县政一切都已很好，不必更求进步；这不过是说我们一天忙到晚，自己忙到不知究竟，经过了他的视察，我们才正确认识了衡山的现状。但是，离我们的实验目标还很远，要改进的地方很多，还待我们努力。

第三是第五行政督察区的工作。孙廉泉同志本来在山东担任乡村建设研究院副院长、第二行政督察区专员，及山东乡村建设研究院菏泽分院院长，对于乡村建设及地方政治研究很深，经验很富，他自从主持湖南省第五行政督察区工作以后，即到区内各县考察，提出了整个的地方政治、财政、教育、保甲等非常有价值的具体意见，省政府均已采纳，并指定由第五行政区做起。现已着手筹备，其中大部分材料，都是参照衡山实验县已有的成绩。全区县政，并由林式增同志继续考察研究，他有丰富的地方政治实际经验，将来考察所得，对于今后全省干部训练，一定是很好的参考资料。

第四是干部学校的工作。湖南省地方行政干部学校，第一、二两期训练，共结业3700余人。湖南全省连衡山在内，共有75县市，训练了这三千多公务人员，全省政治的初步改革，有80%以上的公务人员是受训的新人物了。全省政治改革的实施，尚未遭遇大的困难。这种大规模的做法，实在需要大的气魄，大的决心。张主席真是有勇气、有决心、有眼光、有魄力，所以能在短期间内把湖南焕然一新。国家危急到这种地步，地方政治非有这种天翻地覆迅雷捷电的改造，不能造成新风气。那种绣花式的挑针理线工夫，环境已不许可。现在改造各县政治机构，打入新血，发扬朝气，这些起码的政治改革条件，已经做到。同时，张主席对于平教运动，有甚深的认识，要求我们对于湖南的建设多加协助。7月25日，干部学校第二期结业的那天晚上，张主席以校长地位，公宴全校教职员，说了许多非常兴奋的话，今天不必重说。主要的意思，是希望本会对省政府继续不断的帮忙。干部学校从9月起，训练全省保长4万人，以行政督察区为单位，动员下层知识分子。从10月起，开始干部人员第三期训练，补充各县所不足的人数。各县现有各种工作人员，一方面是原来就不敷分配，一方面是工作中的自然淘汰作用，凡志不在此与成绩不良的，都会自动的或被动的汰去，所以这一期的训练重质不重量，时间加长，方法加严，这是应有的改进步骤。第一步注重量，做法不妨稍粗，着眼于重大处；进一步就应该注重质，做法就应该细密，着眼于深远处；最后是质量并重，臻于上乘。

江西方面

地方政治讲习院原设编审及地方政治研究两委员会。现在两委员会已合而为一，总称为江西省地方政治研究会，直隶于省政府。熊主席自兼主任，霍俪白同志任书记长。工作分两部，一部分是编审，一部分是研究。研究会已选定遂川县为研究区，由梁振超同志出任县长，不用实验县的名义，而做研究实验县的工作。梁同志在定县在四川，都有很好的工作表现，将来一定能为江西地方政治建立基础。此间将有不少同仁，配合起来，调去帮忙。

四川方面

大家知道，设计委员会已经暂告结束，新都实验县则继续办理，省政府并继续拨补助费半年。新都的实验工作，无论在民、财、建、教、警、卫、秘书各方面的成绩，中外各界人士，凡曾到新都参观的，没有不加以赞扬。最近，三、四两科科长改由陈治民、田锡三两同志担任，并由李秀峰、吴寅木、张福民、杨乘风等同志加入工作，陈、田等同志，都是本会的干将，更有黎季纯同志到新都去做学术工夫，加强四川方面的教育工作。新都经过这一次调整，分子更形健全，在各同志努力之下，前途一定无量。

关于戏剧方面，自从熊佛西同志领导抗战剧团入川后，所表现的成绩颇有可观。熊同志长于创作，在戏剧上的表现，有口皆碑，全川的戏剧空气，为之改良不少。今年儿童节所表演的"儿童世界"群众剧，更为教育当局所注意，引起他们对于戏剧的教育作用的深刻认识，决定请熊同志创办省立戏剧教育实验学校，培植戏剧教育人才。戏剧不仅是娱乐工具，也是抗战的武器，这一方面的发展，与四川人力物力的动员，当有很大的影响。

还有四川全省惟一的省立师范学校，教育当局决定请陈行可同志去主持，如果把培养师资的方策加以改革，采取衡山乡师的做法，培养出来的人才不仅能胜任小学教育工作，同时能为乡村建设服务，这个学校与四川的前途就有很大的关系。

最近，陈筑山同志受命为四川省政府委员兼秘书长，这事经过很久的考虑。平教运动任何人不能有单独行动，不能以自己的高兴不高兴作工作的取舍。譬如陈如民同志，我想他最高兴的是在衡山继续做他的第三科科长。那里经过了他两年的苦心经营，一切已有基础，何必跋涉长途，到另一个地方再去从头做起。但以平教运动整个的立场，需要他到新都去，他就不能不去。四川地位的重要性到如何程度，只消看抗战一年来已失去了多少省份，此后继续抗战的资源，人力物力的供给，究竟从哪里来，就可以明白。敌人一天一天逼近来，到哪里去动员人力物力？我们不能眼看国家沦亡，在复兴民族上只要我们有能做的工作，赴汤蹈火，在所不辞。这次在汉口晤见四川王治易主席，他说，旧的东西决不能适合新时代的要求，非有新的朋友帮助他不可。关于政治改进与建设人才的训练，希望我们有整个的计划去协助他。筑山同志本人诚不愿意出任川省秘书长，但中央方面，以为四川地位太重要，非多有几个有头脑、有才、具爱国爱民精神的人去工作不可。我个人对于筑山同志的出任艰巨，初亦不甚赞成，因为他身体近来烦劳太过，四川千头万绪，做起事来，困难恐怕要十倍于湖南，二十倍于江西。况他现任贵州省政府委员，吴达铨主席还希望平教运动发展到贵州去，可是陈同志事实上却天天在四川，就是因为整个的平教运动发展，不能不常在成都，连贵州省府的一个委员都顾不过来，哪里有工夫出任繁剧的省府的秘书长？但是，中央的主张如此坚决，这也是无可如何的事。大家要知道四川这省份，太重要了，我们如果能帮忙把四川弄好一分，实实在在就是为整个民族的抗战力量加强一分。我们站在救国建国的立场，不能不让筑山同志勉力去担任。就是站在本会的立场，以四川地位的重要，平教运动倘若今后能增进对于政府的贡献，尽我们抗战的责任，也不能不让筑山同志去勉为其难。

三、研究及训练

最后说一说本会自身今后的基本工作。本会现在与湖南、江西、四川三省的关系甚密，国家破碎到今日，我们的工作和责任，只有一天一天的加重。因为本会的推广工作日益发展，我们更须注意学术的充实与人才的培养，这样才能深固平教运动本身纯正的基础，这是一个最重要的方针。

从前，我们在河北省有定县实验区作大本营，集合大批人才，作了多年研究，才有今天所用的种种推广材料。现在做的工作，推广方面多，研究方面少。作育人才事，一向就没有正规地好好地做过。现在则因时局关系，差不多完全停止。定县多年苦心的研究实验，刚刚树立了平教运动的设置，并略微做了一点训练，而今全部已为敌人破坏。今后，本会应该树立一个比定县规模更大的研究实验场所与人才训练机关。这个场所究竟在何处，尚在调查考察中。这个场所建立了以后，现在各地的推广实验，便可以有集中的机会，作深一层的研究实验。同仁如果长此散在各地，分别帮忙，只能对于目前的事有帮助，不能有什么独到的建树。在各地实施推广，经验所得虽多，如果不能把这些经验加以学术化、系统化，便不能有多大用处。

关于人才训练，现在着手筹设"中国乡村建设学院"，把各方面的学术经验，汇集在学院里，作培育实际人才的资料。出去工作的同仁，经过一些时间，也可回到研究所来作一番整理批导的工夫。同时就是学院里的导师，本其实地经验心得，指导学生，提携后进。如此，研究、训练、推广三者，真正的联为一体，这是平教运动的真正作风，达到我们终极目标的基本方法。今后要切实的本此做法，庶几我们对国家对社会会有更多的贡献。

平教会的历史回顾与经验总结①
（1938 年 9 月 16 日）

　　今天是我们平民教育促进会总会成立的 15 周年纪念日。这纪念会本来可在上午举行，因为同仁白天散在各处工作，不容易有时间集合，改在晚上，可以从容些，大家有机会参加。

　　总会成立于民国十二年 8 月，但那时并没有开始工作，到了十三年才有工作，所以就工作说，到今年实在是 14 整年。在座同仁，对于本会历史，有的很知道，也有知道不很清楚的，今天先把会史简单地说一说。

　　民国十年到民国十三年，国内有一个很有力的教育团体，就是中华教育改进社。这个社是美国孟禄博士联合中国教育界重要人员所组成，目的在改进全国教育，将大学教育、中学教育、小学教育、科学教育等，作深刻的科学研究，用意非常好。孟禄之外，杜威对于这个工作也是很感兴趣努力赞助的一人。改进社不但在学术上得到国外的援助，在经济上也有国外的合作，所以这一个教育团体，在国内很做了一点事，朝野上下从事教育工作的人，几乎都加入。有一回，国际教育会议在美国开会，改进社是我国的负责团体，寄去很多论文，其中关于平民教育所提出的论文，引起那一次国际教育会议深刻的注意。改进社的学术工作，分许多组，各组主任都是国内教育界知名之士，平民教育组主任一职，就由本人担任。每逢年会，都是盛况空前，可惜遇到种种波折，社务不能继续下去，这是中国教育上的一大损失。

　　平教运动与改进社的关系非常密切，那时如果没有得到改进社及其领导下的社员学者加以同情和赞助，这种新运动很不容易站起来。民国

---

　　①　中华平民教育促进会档案（二三六）63。原题为《平教会十五周年纪念会上的讲话》。

十二年 8 月，改进社在北平清华大学开的年会，是中国教育会议史上最值得大书特书的一次，全国 22 行省 4 特别区都有代表到会，共 600 余人，一部分是政府所遣派，一部分是社会学术团体所推举，会期 7 天。7 天之后，我们集合对于平民教育有兴趣的 400 多人，又继续开会 5 天。在那时，平民教育是一件很新的工作，颇有人不甚了解，他们以为只有大学、中学、小学才是教育，平民教育不像教育，就算是教育，也不是正统的值得提倡的教育。当时我和他们辩论很激烈，幸而到会的代表共有 20 省 1 特别区，都很热心，决心推动全国，产生执行董事 9 人，举熊朱其慧夫人为董事长，又推选各省区董事，教育会及政府董事各 1 人，共 42 人，8 月 26 日，在北平帝王庙开成立大会，这是本会成立的经过。

那时平民教育，真能了解它的人虽不多，提倡者的热心却极为国内各界所重视，与改进社及中华职业教育社并称为全国三大教育团体。改进社以改进一般的教育为目标，平民教育会以失学成人青年为对象，职业教育社以解决青年职业问题为依归。各界既重视平民教育，所以对于总会机构，多所讨论。我主张要设总干事，因为没有总干事，就无人负专责，这个会必将有名无实，挂起招牌完事，这话到后来就应验了。当时的 42 位董事，后来真正在各省负责进行平民教育的，寥寥无几，总会如果不设总干事，就没有负责推动的人了。平教运动到后来能够成功一个很大的力量，与这事很有关系，大家不可不注意。那时大家知道我对于平民教育是朝斯夕斯全力实干的一人，而别的人都不容易有工夫投身于此，所以董事会要我担任总干事一职，我也就当仁不让，毅然答应。

本会成立以后，没有经费，董事长熊夫人对于平民教育非常热心，到了第二年，她捐出私款 3 700 元，并拨出石附马大街 22 号自己的住宅三间作为办公处，雇了半个书记，半个工丁，如此，总会以 2 万万民众为对象，就开始办公了。

各省平民教育促进会，成立不少，边区如西康、察哈尔也都有，各县更有县分会。湖南分会成立于民国十三年 1 月，方克刚、周静庵诸先生都是当时的同事。总会经费既很少，各省去提倡指导，北到东三省，南到广东，一切费用都从这 3 700 元中开销，现在回想起来，真是拮据万分。但是天下事的成功，要紧的还是对于事业的认识，而不必是金钱。10 多年来，据我的经验看，做事最重要的是在有深刻的认识，有了深刻的认识，然后才能下决心，百折不挠，赴汤蹈火地奋斗，开辟一个新的大道出来。有些人以为做事非有钱不可，一钱不名固然不能做事，但不一定要许多钱。有了钱反而做不起事来的也不少。远大的眼光，深刻的认识，是发展事业的要素，这种摸不着看不见的精神，如果不把握住，而太注重有形的东西，若是全国上下都是如此，乃是民族堕落快到末日的危象。从历史上看，一个人或者一个民族，最能创造表现伟大的时候，必是最刻苦的时期，一入享乐阶段，就不能见别人所不能见，做别人所不能做，受别人所不能受的痛苦，成别人所不能成的事功。平教运动的初期，没有基金没有人手，而能树立风气，倡导乡村建设、县政改革，影响整个的中国社会，实在是这种精神的作用。如果老是打算，件件事都想得非常稳当，那么，区区三千多元做得什么事好呢？这一种精神，如果现在不能继续下去，平教运动的前途也就没有了。

平教运动经过15年的奋斗，与同时并起的教育、文化、经济、宗教各团体或政党比较，我们不能算成功，因为离我们要达到的最后目标还远，但是我们经过了千灾百难，今天还能蓬蓬勃勃地在这里干，也不能说我们是失败。我们15年如一日地维持到今天，手无寸铁，反而因为抗战建国，我们的工作愈增展其重要性，这不外下列几个原因：

一、平教运动有它的核心，能团结，有计划。这么多年经过多少政治风波、社会变革，而平教运动一丝一毫不受摇动，就是因为它的重心非常稳固，分子的团结，非常紧密，会中同志同道的人，无论怎样困难，始终是精神一贯。因为有核心，所以能应付一切困难。不过仅仅团结还是不够，团结不是成功的惟一要素，团结以后还要有目标，有策略，有手段。狡猾的政客，以邻为壑，不择手段，即使事成，被人唾骂；忠厚长者，悲天悯人，没有策略，只知鞠躬尽瘁，结果是死而后已，亦于当时无补。平教运动，15年来，抱定目标，所有同仁，没有一个人变过节，共以威武不屈、贫贱不移、富贵不淫为勉励，这种精神是不容易有的。同时，我们有策略，有手段，有计划。15年来，我们的工作计划，虽不一定完善，但也不能算太坏，终能因应机宜，灵活应用，故得向前迈进。

二、运动本身有了核心，仍不能不有其他种种的援助。不过要先有了前一项的条件，而后才能得到别方面的援助。中国人有一种最不好的心理，自己不下苦工夫，一举手一投足就想获得同情，取得赞助，天下哪有这样容易的事，只有卖油条烧饼的才是，热炒热卖，随时脱手，这种心理可以叫它做油条心理。"少劳多获"、"小劳而大获"、"短劳而久获"，这种心理非常普遍。平教运动绝对以此为戒，我们常是用了十分的力量，得到五分的帮助，所得虽不相称，但对于平教运动非常有益。第一次得到的援助是民国十四年出席檀香山的太平洋国民会议（在中国一度称"太平洋国交讨论会"。——编者注），第二次民国十七年的到美国去讲学，得到了不少国际的同情。在国内，我们这种运动，一大部人不反对，有一小部分人十四五年来时常找我们去帮忙，因此结识了好些军事政治界的同志，其中的一部分对于平教运动，并且有深刻的认识。

三、平教运动始终没有停止过自己的工作。一个运动要能够有继续不断的生命，非自己"动"不可；如果到了某一阶段，自己的工作不能继续下去，它的生命，就是最危险的时候。虽自卢沟桥事件到现在，天天帮助军事政治方面的朋友促成抗战建国的事业，而我们一向仍有自己的工作，这一点各位要特别注意。已往八九年，我们在定县曾以全副精神从事于基层工作的研究，到了今天，国家民族临到了生死存亡的关头，如果我们还是关上大门在定县、在衡山、在新都，不问外事，这种团体，有它不嫌多，无它不嫌少，与民族前途不发生关系，不参加这救亡的大运动，就可以证明平教运动不成一个东西，没有生命。记得去年卢沟桥事变发生不久，最高国防参议会在南京开会的时候，中国这么一个大国，只有 16 个代表，我是 16 个人里的一个。大家早晨挟了皮包去，夜晚挟了皮包回，一星期、两星期的过去，议不出一个办法来，日本鬼子却拼着命和我们速战速决。眼看着国亡无日，束手无策，大家都深自悔恨为什么不学军事，这时肩扛起枪刀，上前线去杀个痛快；偏偏我们是穿上长衫，缚鸡无力。那时，大家真觉得，救国有心，献身无路。不久，战局开展，战事延长，全民抗战，需要人人动员，而欲动员全国广大的民众，完成全民抗战的神圣任务，非实施民众组训及改革地方行政基层机构不可。这两种事，就都落到了我们身上，我们救国有了路。许多爱国青年、仁人志士，最初感觉得满腔热血，无地可溅，现在我们可以用"死"的精神去干"活"的工作。改进政治，发动全民。说来似乎很凑巧，也很偶然，也可以说我们早就是如此看法。我们十多年来朝斯夕斯所做的工作，就是如何改革县政机构，如何训练民众的两大问题。多数人到现在才感觉的问题，以为抗战建国非从事这两大工作不可，而我们早就注意到。实际说起来，战时固然需要改革政治，训练民众，平时一样是需要。非把这两大问题解决，民族不能有生命。我们自己的研究工作，就是希望对于这两大问题有一点贡献。10 多年来，从未停止，所以今天有参加抗战建国大工作的机会。

以上三点，就是本会所以能维持到今天的理由。到了 15 年后的今天，愈觉得这三种元素的重要性。一个人到了自己的生辰，回想起来，总觉得岁月蹉跎，满腔悔恨，独平教运动在今天，就它的成功与失败两相权衡，可以告慰的地方稍多，这是最令人兴奋的事，足以增加新的勇气，作更深一层的努力。

今后的平教运动应当努力的事，现在可以说一说。这是 10 多年来天天想做而还没有做而又非做不可的工作。民国二十三年在北平北海开年会的时候，就说到平教运动应该培植人才，应该创立一个正式的大学或是书院、学院，不是短期的附带的训练，因为有了人才，推广才有办法。十几年来，本会虽办过多种训练，但没有作为正宗的主要工作看待，也从没有得到一次满意成绩，今后要特别注重。训练人才，必须要有学术的创造，把我常说的三个问题，教什么，怎样教，谁去教三方面有所创获，把内容、方法、人才构成一套。自己先有了东西然后可以教人。不过，学问这件事，要对世界有一分一厘的贡献，不是容易的事。世俗所谓新知识，实在都不免抄袭陈说，穿上新装，改头换面的地方多，真有新发现的成分少，这也是我们多年来训练未能上轨道的原因。但是又决不能长此等待下去，因循坐误。今后，我们一面要加强自己的研究，同时把多年来要办的正式的学院办起来，为改造中华民族造人才。

今天 15 周年纪念会，很可惜分派在衡山的、江西的、四川的各地同仁，不能参加，但在长沙还有这么多人集会，也值得高兴。希望明年今日，国家得到自由独立，那时我们更能为建国工作卖力气，为参加创造光明灿烂的新中国而开一个盛会！

抗战建国的基本问题①
(1939 年 4 月 10 日)

　　兄弟与贵校有多年的历史关系，在南京有一个时期，常到贵校演讲，后来因为到北方办平民教育，才少相见。今天又有机会得在四川同各位谈话，觉得非常高兴。今天要同各位研究一个本人认为非常基本的问题，凡是有思想的人，都应该研究这问题，因为它关系抗战建国的前途太大了！

　　这一次抗战，是我们民族绝续存亡的关头，这样大规模的战争，是我们民族几千年来所未有也是从来所未听到的。牺牲的巨大，不可以也不能用言语来形容，因此，这一次战争给了我们民族一个空前未有的重大意义与价值，而我们也实在应该自觉地从其中取得宝贵的教训，与若干复兴民族的条件。否则，这一场重大残酷的牺牲，将白白地虚耗的了。

　　究竟我们得到的教训是什么？复兴的条件是什么？这问题很严重，我们应该深加考虑。如果不想通它，把根本问题认识清楚，假使这一次侥幸不亡国，将来还是会亡国。这一次战争，我们到今日之所以还能有个国家，是因为：第一，我们的祖先气魄雄伟，眼光远大，留给我们很广大的土地，到今天虽然沦陷了许多省份，还有许多土地可以供我们抗战。要是祖宗的基业不大，恐怕我们早就做了阿比西尼亚。第二是因为日本强盗太笨太小气，他在占领区域，奸淫烧杀，无所不为，无恶不作，把深仇大恨，深深地种入我们民众脑子里，使民众不得不恨他。这是强盗自见弃于民众。因为强盗的做法不高明，精神上不能使我们的民

---

　　① 根据作者提供的讲稿誊印件整理。本文是作者 1939 年 4 月 10 日在成都金陵女子文理学院的讲词。

众被征服，所以国家不至于一下就灭亡了。这是两个侥幸得来的条件，不要以为有了这两个条件，国家就决不会亡。这两个条件不是永远存在的，它可以不存在。因为日本鬼子不是永远的笨，祖宗留下的土地不是无穷大。敌人假使换一换手段，变烧毁为欺骗，恐怕驯服在日本强盗膝下的就不少了。从土地方面说，抗战不到两年，已经给敌人侵占了江山半壁，甚至在半壁江山以上。诸位想想，抗战建国，我们的凭借，究竟在哪里？

我们自民国以来，一直到现在，一切建设，实在没有注意到对外，就是很肤浅的。真正把财力精力用在对外准备上，实在很少。到了卢沟桥事变前两年，才稍稍有一点，因此就引起了日本鬼子的恐忌，急亟发动战争，把我们的建设，破坏无余。以往，对外有一点认识的人，他们总认为准备武力为最紧要。那时若有人说"民众重于军队"，必然无人理会。一直到了今天，吃了几年战争的大亏，全国上下对于这一点才开始有点警觉。这是好的倾向。首先是前方将士痛切地发现了一个问题，民众若与武力不能配合，武力不能发挥充分的效能，甚至有民力不能作武力的补充，反而给敌人利用的，那当然是更痛心的事！因此大家觉悟：要抗战继续，非把民众的力量与武力配合不可。民众的力量如果能为抗战运用，那是何等伟大的力量。军队是有限的，有限的武力须得无穷的民众作后备，武力才可无穷，胜利才有保障。而且敌人愈深入，民众的力量愈重要，那时，种种作战方式都失去效用，只有游击战可以发挥极大威力。游击战是以这国民的力量为必要条件的，所以素来不注意民力培养的惟武力论者，现在也觉悟过来。现在的标语口号就与开战之初不同了，研究社会科学的，不可不注意这个改变。现在都说，"后方重于前方"，"政治重于军事"，"民众重于军队"，这几句话，不是随便说的，是打了一年多的仗所换得来的。

打了一年多的仗，证明了"政治重于军事"，军事的胜利，不仅靠兵精粮足，尤其要有老百姓的帮助。如果政治黑暗，把民众与军事分离，县长、区长、保长层层欺侮老百姓，压迫老百姓，政治使老百姓怨，政治使老百姓恨，民不聊生，怨声载道，军民自然永远不会合作，军队成为孤军，胜利变为失败，所以政治不良，就谈不到军事。

打了一年多的仗，证明了"后方重于前方"。后方是无穷的，前方是有限的，后方是前方的泉源。我们的决胜点，不在城市，而在广大的乡村，把后方无限的人力、物力开发出来，前方才有无限的力量可以发挥。兄弟觉得这种新看法是抗战一年来最大的收获。通常有一句话叫"差之毫厘，谬以千里"，一个人如果看法错了，做法就不容易对。学校对于学生最要紧的指导，就是怎样使学生对于事理有一个正确的看法，并且有一种做法去实现他的看法。任何事情的做错，都是因为看错了，看错了才会做错。看法就是一个人的哲学。一个民族的看法，如果看错了一点，做的就会大错特错。我们对于国家民族的看法，以往都是注重上层，没有看到基础方面去。办教育，着重于高等中等教育，讲政治，着重于国政、省政，眼光都放在上层，基础问题全不注意，因此造成了今日的局面。这样一个大战，为整个民族求生存，而民众自己却多数还睡在梦里。中国与外国的重大区别，这也是一例。外国人造屋，注意在基础，奠基要行隆重的仪式，中国人做屋重在上层，上梁要行隆重的仪式，这就是中外思想不同的表现，然而抗战所得的教训，使我们进了一步，注意到了国家的基础。

打了一年多仗，证明了"民众重于军队"。大家知道，抗战需要人力、物力。人力在哪里？在乡下，物力在哪里？还是在乡下。人力是农民的血，物力是农民的汗。战争必需的飞机、大炮、战车，也还不是用农产的桐油、茶叶换来的。没有农民流着汗，种桐种茶，军队早就没有武器可用了。至于一批一批送到前线去的壮丁，这更是显而易见的，最多数量是从农村中来。所以抗战建国的基本力量，完全寄托于民众身上。民众是抗战建国的根本，我们不能忘本，忘了本就要亡国。我们平时穿的、吃的靠农民。战时前方的血、后方的汗，还是靠农民。民众实在比军队重要得多。

打了一年多仗，把看法改好了，明白了民众重于军队。然而翻过来，就想一切取自于民，既要他的血，也要他的汗，用尽方法把老百姓榨。这无异于一个人有了一只鸡，不但要它生蛋，更要它生得多，又要生得大，却不去喂鸡。现在既要老百姓的钱，又要老百姓的命，却不见去教民养民，这何异于杀鸡求卵的自杀政策。我们既认识了民众的重要，便应爱护老百姓，去教育，去培养，而后有民力可用。有人说这种教育功夫，现在已来不及做了。其实这不是来得及来不及的问题，是应该不应该的问题，如果应该，就是来不及也应当去做！

现在谈新政治的人，说是以"管、教、养、卫"四字为目标，而国内比较有成绩的几个县，事实上仍未能做到把这几个字完全实现，至多把管字做到了。把老百姓管得服服帖帖，要命就有命，要钱就有钱，并没有做到教、养、卫。正当的"管"，应该是为教而管，为养而管，为卫而管，却不是为管而管。如果为管而管，这个管就是压迫，就是暴政。这样下去，就是日本鬼子不来侵略，老百姓自己也要起来说话，到物极必反，不平则鸣的一天。中国民力的无限可能，大家已认识了，他们潜伏着的无限隐患，也希望有人认识。水可载舟，亦可覆舟，因为民众不是永远笨下去，我们平时靠他吃，靠他穿，靠他住，战时又要靠他的钱，他的命，他总有觉悟的一天，那时还是载舟还是覆舟，就看我们是否认识这问题的严重性，及其处理的方法对不对。

兄弟代表一个机关，叫做中华平民教育促进会。各位也许知道，我们有几百个同志，努力于这问题的探讨，到现在已有 15 年的历史。在 20 年前，兄弟在法国与参加欧战的 20 万华工朝夕相处，得到他们的教训不少。他们帮助我认识了真正的中国，真正的中国国民。中国人在中国看中国，不容易看得清楚，就是因为他生于斯，长于斯，习以为常的缘故。尤其是在学校求学的学生，往来的都是知识分子，以为中国人个个都和我们自己一样，不知道在学校世界之外，有更大的世界，知识分子之外，有更多的无知无识的劳苦大众。在校是往来无白丁，出校也不见得去和苦力与农夫接近，为他们服务，给他们教育。中国民众的真面目，从未看清楚过，我如此，大多数的学者也是如此。到了法国，因为天天与 20 万来自本国的苦力接触，于是认识了他们的生活，他们的本质。知道苦力的苦，真是苦，天天过的是牛马生活，受的是牛马待遇。苦力的力，真是有力，在欧战中立了多少战功，而且只受了 4 个月粗浅的教育，就能看报写信。自命为优秀分子的，不出学校，惟我是尊，看不起农夫苦力，不知农夫苦力只要给他们机会，就能读能写，蕴藏的能力，就马上能发展起来。学校把我们包围住了，古人说坐井观天，不知道天高地厚，我们可以说，坐校观人，一样是看不清楚。我与 20 万华工，朝夕往来，看到了苦力的苦，也认识了苦力的力，从此兄弟毅然决然，立志回国办苦力教育、平民教育。因为国内还有 3 万万以上的人和 20 万华工一样苦，也一样有力，需要给他们教养。我们 15 年来研究实验，培养民力的学术，多少有一点成就。我们认为中国的 3 万万以上的农民，应当给他知识力、生产力、团结力，我们在河北定县、湖南衡山、四川新都有各方面的实验，找出了民力培养的方法与内容。这些内容与方法不是凭空的杜撰，是几百个国内国外的大学生，躬亲田舍，以民众生活为对象，做了种种实验而得。科长应该怎样做？县长应该怎样做？民众应该怎样管？怎样教？怎样养？怎样卫？从真实的生活上去实验，这就是人所共知实验好的做法，这是本会所倡始，10 多年来的研究实验，失败的地方虽然有，成功的地方也不少。这种培养民力的一套学术，已推行于河北、广西、江西、四川、湖南各省，尤以最近在湖南训练地方行政干部 4 万多人为最大规模。本会协助湖南省政府开办湖南省地方行政干部学校，训练县长、科长、乡镇长、保甲长，半年之内，全省 75 县县长都换了曾受训练的人，这是与抗战建国极有关系的工作。

同时，干部学校内，设有妇女训练员班，训练了妇女工作员 5 万多人，分派到各县去动员妇女参加抗战。妇女工作在国内，这也比较算规模大一点的做法。

现在中国处在一个伟大的时代，任何人若自己没有伟大的觉悟，改变自己的思想、生活，在这时代中尽他的责任，那是不配做一个现代的中国人的。抗战是一个大潮流，社会组织与文化，将来一定有巨大的进步，那是真正的革命。我们要领导，至少是参加这革命，否则就为革命怒潮所吞没。各位是国内极少数的知识分子，所负的责任更重。中国有 2 万万人的力量——妇女大众，一向为人所忽视，需要各位先进分子去唤醒、促进、培养她们的力量，同负这伟大的抗战建国工程。现在虽然有不少人认识了民众的力量，但女子的力量仍然没有被重视，觉悟仍然不够深刻，这种重大的责任，须由各位担起来，无可诿卸的。

筹备中国乡村建设学院的意见[①]
（1939 年 5 月 18 日）

今天讨论关于中国乡村建设学院问题，现在先把几个月来筹备的经过，简单地报告一下，然后请大家发表意见。

一、学院名称问题。经过多次的讨论，有些同仁以为不必用"乡村建设"这四个字，主张创一个新的名称。第一，我们觉得乡村建设是本会 20 年来所努力的工作。20 年前，大家并不十分注意，自从抗战开始，全国人士，对于乡村才重视起来，对于农民大众才感觉到他们的重要地位。乡村建设，已深印到一般人的脑海中了，今天反把有 20 年历史朝斯夕斯努力的工作，不明白标识出来，未免太对不起一班乡村工作人员的辛勤血汗了。第二，办学院，必须向当局接洽，请求立案。我们如果另用一个名称，恐怕要费事些。就用一向所沿用所从事的"乡村建设"四字，这是表明我们在继续 20 年来所努力的工作，容易得人明了。第三，与学院有关的一些历史事实，也不可不知道。过去本会设有育才院，现在开办乡村建设学院，就本会立场说，不过是育才院的扩大。其次，就全国乡建运动立场说，本来有中国乡村建设学会，现在组织学院，是把各方面的人才、经验汇合起来，集中努力，这多少和今日西北、西南等地的联合大学相类似。20 年前，我们就认为乡村建设是民族复兴的基础工作，到了今天，不但我们的认识没有错，而且赢得了全国人士对此的觉悟与重视。所谓抗战，所谓建国，大家都认为应立基于乡村建设之上。所以我们现在举办学院，更不能随便抛弃我们几十年的奋斗的历史，轻易用别的字眼命名。

---

① 中华平民教育促进会档案（二三六）63。本文系根据晏阳初在中国乡村建设学院筹备会上的谈话整理而成。

二、学院与大学问题。有人以为用学院名义而不用大学名义，规模似乎太小。这问题考虑得很久，我们感觉得在现阶段所以用学院方式，不是我们不能办大学，如果不能比一般的大学更精彩、更实在、更有力量，则又何必再多一个平常的大学。我们理想中的大学，就现有的人力物力来看，还不够，所以决定由小而大，由近及远，先办一个学院，先就内容作充实功夫。

三、学院院址问题。院址有人主张在成都附近，有人主张在江西，也有人主张在重庆，最后决定是重庆。理由是：第一，我们办的学院是全国性的，成都的交通，不如重庆，如果院址设在成都，就不免带有地方性。第二，罗致教授人才，招考学生，我们希望能够不限一隅，要想这样做，重庆似乎比成都方便。第三，从广义的乡村建设来说，不是机械地以农业等等的建设为限。工业建设，仍是乡村建设工作之一，工学院还是要办。既是有这种看法，学院与工业有关系的团体，应取得密切联络，重庆是工业比较发达的地方，所以乡建学院，以办在重庆附近为适宜。第四，乡建学院是全国性的，刚才已经提到，目前重庆是全国政治经济交通的中心。就是在最近几年内，战事即使结束，重庆仍不失其全国的重要性。将来如有必要，可以在适当地点设分院，或者将重庆院址改为分院，而在另一更合适地点设院本部。有这四个原因，院址决定设在重庆。至于设在重庆附近何处，有三个地方我们都去看过。看的时候，根据三个原则，（一）交通，（二）治安，（三）农村环境，而附近有市镇。就这三个条件查勘后，觉得北碚附近的歇马场高坑岩，颇为相当。此地离重庆有60公里，离歇马场3公里，是一片尚未经营的处女地。高坑岩有长宽各约十丈的瀑布，可以利用发电，电力足供两万盏电灯之用。有河流通北碚，运输很便利，将来可在该处以学院为中心，辟文化村，现已设法进行收买土地等事。

学校的建筑以简单、适用、卫生为原则，最好能乡村化。为生活用的房舍，如住宅、宿舍等，愈简单朴素愈好；学术研究用的房舍应该带点宏壮雄伟，不失其伟大性，如图书馆一类是，但不是说要费许多钱。

四、组织筹备委员会，设立办事处。学院的正式成立，因购地建筑等事，还须有相当时期。为进行这些工作，决定在重庆设一通讯处；在重庆近郊觅一宽大可容数十人的房屋，设筹备处。指定瞿菊农、谢扶雅、陈志潜、马博庵、赵步霞、姚石庵、陈行可、黎季纯、陈筑山、孙伏园、孙廉泉、熊佛西、汪德亮、陈开泗、孙恩三、杨导之等 16 人为筹备委员，由干事长兼主任委员，6 月 1 日开始办公。又指定瞿菊农（兼办事处主任）、谢扶雅、陈志潜、陈行可、马博庵、姚石庵为筹备委员会常务委员，由主任委员兼主任常务委员。

再谈农民抗战的意义[①]
(1939 年 10 月 12 日)

　　我们这回的对日战争，是全民战争，是整个的中华民族，为争民族生存而一致对敌的全民战争。然而全民战争的号角，虽然吹得很响，平心静气地谛审一下，究竟实际上是否已做到全民，抗战活动是否已普遍化深刻化，在穷乡僻壤是否已没有一处不国防化，如果还没有做到这个地步，便不能称做全民抗战。

　　我们这次抗战，要得到最后的胜利，最重要的条件是能持久，而抗战能否持久，不单靠前方的武装同志之力，更须后方的充实，我常说中国这回作战，不怕败，只怕溃，纵使前方稍受挫折，只要后方不崩溃，还能有办法。反之，设若后方整个崩溃，前方纵有百万雄兵，依然于事无济。况中国武力本不如人，兵器尤不如人，非赖整个的民族，个个都作敢死的斗士，用血肉、用精神，和敌人作坚忍持久的殊死战，才能希望博得最后的胜利。而全民族中最具坚韧性最富潜伏力，足负起长期抗战的使命的，莫过于 3 万万农民，所以这次战争的胜败，实在系于农民抗战的有无办法。

　　不过说起来真痛心，中国 3 万万的农民，虽然具着莫大的潜伏力，与无限的可能性，但从来没有充分地被启发、培养、组织和运用，有时还被压迫榨取，蹂躏摧残，以致本来大有可为的民众，日趋于萎靡消沉。"九一八"以后，失地数万里，几千万的老百姓，沦为异族的奴隶，而敌人尤复贪得无厌，得寸进尺。我们曾几次喑口晓音，向北方当局痛陈农民组织训练之重要。言者谆谆，听者藐藐，大难不真临头，不知大难，火未烧到眉头，不知有火。敌人已经窥及我们的堂奥，我们还是照

---

　　① 中华平民教育促进会档案（二三六）148。

旧的泄沓因循，结果遂又造成了今日的大难。现在真正到了最后的关头，最后的背后，再没有第二个最后，这时候如果不把后方的农村民众，激发起来，组织起来，使他们每一个人，都能有意识有效率地去参加神圣的民族救亡战斗，黄炎的后裔就怕真个陷于万劫不复的境地了。现在中央已下最大的决心，作长期抗战的计划，我们自应在其领导之下，大家一德一心，竭力助成大计，以期达到最后胜利之目的。

我们多年从事农村运动的人，在农村建设及县政改革的研究实验中，得了一些农民教育的经验，在这个民族生命存亡绝续的关头，我们更感责无旁贷，现正着手于农民抗战教育团之组织，集合一般甘愿献身农村工作的同志同道，深入民间，去提高农民的民族意识，增进农民的抗战力量，使整个农村，在精神物质两方面，都能为前方将士强有力的后盾。

我们深信目前因战争而失学失业的青年当中，有许多热血充溢的志士，正感觉报国有心献身无路的烦闷。我们更知道有许多一向努力农村工作的同志，正因为失掉了原有的工作根据地，而彷徨无聊。我们愿意把这两支生力军联合起来，以共休戚共患难的精神，与他们携手走入广大的农民社会，一方面为我们的爱友——农民——更尽服务的天职，一方面把这批民族复兴的基本队伍，组织起来，强化起来，以期争取抗战的最后胜利而奠定新中国的永久基础。

办好乡建学院的意义与要求①
(1941 年 10 月 15 日)

各位同志：

　　本院每当学期开始的时候，照例请院会同仁有一次聚会，今天借着这个机会向大家说几句话。

　　一、本会办育才院的意义。一桩事愈做愈清楚，愈能了解其中意义。本会在国内将近 20 年的历史，以往工作主要的是侧重农村改造、农村再造整套技术方法的研究实验，现在为什么转而注重训练工作？原因是：几年来协助湘赣各省政府从事地方建设、县政府改革的工作，深深感到纵然有良好的实施方案，而无实行计划的人才，致使我们多年辛苦研究实验的宝贵经验不能大规模推广实施，实为莫大憾事！我们目前惟有一方面继续充实学术上之研究，随着时代潮流、社会需要来努力改进，一方面更要把我们以往研究实验的宝贵经验、心得，传授给一班有为有志肯牺牲服务于农民的青年们，使能对改造农村、复兴国家的基本工作有所贡献。本会根据此种认识，遂毅然将此任务放在自己肩上。去年在轰炸摧残与阻碍中，建成了这个培育人才的场所——育才院。我们今日办学校决不是办普通的学校，而是要办一个有新的校风、教风、作风的学校，并要有一中心的目标，努力做去。这也是由于时代的需要，迫使我们不能不对国家社会尽一分努力，有一分贡献。这件繁重的任务已经放在我们的肩上。

　　二、希望参加育才院工作同仁注意三点：

　　（一）要做。我们不仅到图书馆去，更要钻到农民生活里面去，研

――――――――――

　　① 中国乡村建设学院档案（二三七）17。此件系作者 1941 年 10 月 15 日在开学时举行的教职员茶会上的讲话，题目是编者所加。

究、认识、解决农民本身的问题。从前在定县时就是一个真的研究室，这才称得起从做上去学，本会十几年来的作风就是如此。不从做里去学是空学问，是死的观念。目前我们先由歇马场作精细客观的研究，以为教学生的活教材，所以做实在占极重要的地位。

（二）要教。要把本会多年辛苦经营所得的办法、方案传授给学生，要"教时不忘勤学"、"做时不忘研究"。要使自己的经验能系统化、科学化、学术化，再传给一班有志的青年。一般学校的教员最大的毛病是教而不学，做而不研究。所以第二点希望大家平素要有研究的精神与修养。

（三）要导。我们做教师的不仅是教，还要导。要培育、锻炼、陶冶这一班学生，应该"做"、"教"、"导"并进，才能收效。国内一般办教育者不能成功，就是因为只知做而不教，只知教而不导。希望大家都要注意这三点，负起自己的责任来，影响学生，领导学生，更不要专靠训导方面几个人。如两千年前的耶稣，就是全赖感化影响他的门徒，进而影响到整个世界，他并没有遗留下著作，他最大的成功是做到做、教、导三点。大家公认四川为民族复兴根据地，学风窳败已到极点，说起来实在令人痛心。我们除负责去培养建设农村复兴中国的后起青年，更要树立优良的校风，以免此败坏之风气。曾有友人引中山先生语："我们不要希望做大官，要希望做大事。"这两句话实在可为我们做人的榜样。尤其在今天，我们更要都抱着努力做事的精神，负起我们的责任来，才对得起国家。所以大家应在做、教、导合一的口号下，一致向前迈进！

我近来有不少的感触，得到许多安慰与兴奋，以往我的理想有点过高，我近来和几位做实际工作的同仁谈话，得到益处很多，他们在工作当中遇到了苦与困难，他们都能够自己想办法解决。我听了，实在受了感动。至于学生方面更使人感到可爱，近来公布几项规则，居然能够严格遵守。上期学生有考取中大者，但本院开学时均已返校，足以表明本院对学生影响之深刻。本期招收学生不多，但均系素质优秀、志愿乡村工作的青年。我们招收学生少，是因为我们人力财力尚未准备充分，但决不滥收学生，滥收学生是误人，是残害青年；待我们各种条件准备完成，再大批招收训练，我们应当确定校风来陶炼他们。关于同仁方面，暑期中精神有些疏散，但自开学后精神都很振作，如早晨升旗、晨会都能守时参加，使我非常兴奋。

其次，近来有人担心本会经费问题。根据本会以往的历史来向大家分析一下，就知道我们的工作是能引起社会信仰的，是能继续下来的，因为：

工作重质。我们的工作向来是重质不重量，金刚石不在小，而在质精。平教会存在到今天是因为有质。现在国内办卫生工作、办地方政治的计划之事，大半都是平教会研究的结果。如识字教育，除影响国内外，国外如印度、菲律宾推行识字教育的课本，都是仿照《平民千字课》来编的，可以说国内国外都受到平教工作的影响。政府做事是重量不重质，希望能速效，但改造太难。平教会是站在时代前端来研究探讨与创造，能维持到今天，就靠着有质。因为如此，才可：（1）罗致国内外豪杰人士；（2）可以博得国内外经济的援助；（3）可吸引天下英才来工作，努力解除苦力的苦，发挥苦力的力，走上解决农民生活的路线。本会工作从1920年起至今日为止，基金虽不多，但从未欠同仁一天薪金，由此可知经费是不成问题，只要有成绩表现，一定可以得到国际国内同道的赞助。因为社会是公道的，所以完全在己而不在他。本人对今年院中的工作，抱着很大的期望与乐观。

抗战建国大业是多方面的，我们要负起建国的责任。明末清初时，河北容城孙霞峰先生曾因反清遭忌，但言"为人立世，只问有愧无愧，不论有祸无祸"，何等壮烈！我们在这抗战进入胜利的今天，每一个人都要以作战的精神，尽到我们的职责。要知抗战的精神是紧张的，振作的，此外还要有必死和必胜的信仰。我们不能在前方流血，留在后方做事，无作战的精神，实该愧死。最近沈宗翰夫人骊英女士在实验室内殉职，真可为我们的模范！本人20年从事乡村工作，虽然时时感到能力不够，时局不定，但随时具有作战的精神，从未敢稍懈一时，这是本会老同志全知道的。今天披肝沥胆地向各位说这一席话，望互相黾勉，共同负起这个艰巨的任务。

在乡建育才院开学典礼上的报告①
(1941 年)

诸位先生、诸位同学：

今天是本院三十年度下学期举行始业式。前三天本院举行了一次展览会，很详尽地介绍以往平教会的全部工作，感触很多。就趁今天的机会向大家再补充几点，并赘述几个平教会工作的特点。

第一，平教会的研究工作是科学的。先拿我们的《千字课》所研究的过程来说，就非普通书店一般的出版物可比。我们费了很大的心机，选用许多日常使用的字汇，才编写了《农民千字课》(《平民千字课》之一种。——编者)。然后我们再拿到平民学校去实验，实验之后，再力求改进。如是几度改良，才作为通用的课本。这一套科学的做法，虽然不能说是"绝后"，但也足以说是"空前"了。至于其他许多课本的改进，我们都随时随地去实验，并注意配合进步的教学法。

其次，另一方面，我们又为明了定县的政治、经济、文化、卫生等各方面的事实起见，为了求其正确和可靠，在定县进行了极详尽精细的调查。我们根据这些调查，便制订了平教会在定县实验区的十年计划和六年计划。中国曾有过不少计划，无奈都是没有事实的根据，而关起大门想象和盘算，结果便只有失败者居多了，这是什么缘故呢？我们都会明白，因为这许多计划，都是没有事实根据的，不是科学的，是不可靠的。

本会的工作，是处处都站在科学的立场上，推行实验的方法，把握着事实，针对着事实；一切研究的根据，都是照着科学的原则和原理去

---

① 原载《院讯》，第 2 卷，第 1~4 期合订本。本文是作者在乡村建设育才院民国三十年度 (1941 年) 下学期开学典礼会上的报告节录。

做的。

第二，平教会的研究工作，是基础性的。中国要人去做的工作可谓千头万绪数不胜数，但是人们的精力都有限度，所以我们便选择了最基础性的工作去做。针对中国人的毛病和所含有的危机，便创造了"四大教育"（"文艺教育"以救"愚"，"生计教育"以救"穷"，"卫生教育"以救"弱"，"公民教育"以救"私"）和"三大方式"（学校式教育、社会式教育、家庭式教育）。平教会的工作对象是农民，"民为邦本"，一个国家的人力、物力、财力都在那里。农民的数目，占着中国总人口的80％以上，其重要性，便可知了。

第三，平教会的研究工作是创造性的、革命性的。中国的文人学者，一直喊了许多年的"到民间去"，但真正有过多少人去深入民间呢？平教会的分子，包含了许多博士、学者、教授，他们都大批地跑到农村，作实际的工作者，像这样的精神，就可以说已具有十足的创造性和革命性了。

农民是文盲，以前没有人为他们想办法。我们中国几千年来的教育都不普及，就是由于学者都不肯切身去为农民下一点研究的功夫，来教育他们，启发他们。一般的娱乐场所，都是为社会上的有闲分子、贵族阶级等所占有和享受的。文字方面，几千年来都是士大夫一手把持着，我们能听到说有平民文学么？医药方面，有许多大医院，虽然遍布了各大都市，但他们是替谁服务呢？太太小姐、达官贵人之流，打一针可以花去几百块钱。穷人得了病呢？只好听天由命，让这疾病自生自灭而已。

平教会是冲破以往一切的因循，而创造了新的风格。定县的东不洛岗便出现了农民剧团，他们自己建筑露天的剧场；他们自己演戏给自己看，台上台下能打成一片。试问几千年哪里有过呢？我们的文学也是这样，为平民看，为平民谈，为平民写。起先我们先出版了《农民报》和同学会（定县平民学校）《周刊》，这些刊物竟有2/3的文章是农民自己写的。我们对卫生的工作，发明了很完善的保健制度，而注意到整个社会的医药卫生。我们认为只有少数人可以享受大多数的利益是不公平的，不平等的；而应以革命去打倒这不平等的享受；这种说法就是创造性的、革命性的。

第四，平教会的整个工作，是要促进农民的自觉、自动、自强、自力更生。一切的工作都不是强迫所能推动的。最近我们在一本文摘中看到一篇翻译的通讯，这篇通讯是一个外国记者据在定县居留一周期间的见闻而写成的一篇报告。据说定县一个县现在就有 4 万多人的游击队，不断地打击城里的敌人。有一次，在打进城后竟将敌人的司令部放火烧了。因此我们便得到一个印象，农民的力量是多么伟大而勇敢。他们有无限的力量，中国的青年农民千万以上，这些潜伏着的力量，我们若不去开发，中国必亡是没有问题的；我们要朝着抗战建国的途径走，则非走开发农民力量的路子不可。不然，这一次纵然没有被敌人灭亡，可是，只要第二个更大的潮流再冲过来，我们便没有法子抵挡。

诸位同学，我们将来的工作将更加艰难，我们的远大理想还未曾达到千万分之一，我们仅仅做了理想中的一点点。我们今后非更加努力于工作不可。今天我们所以能够博得社会上一班人士的好评，这并不是说我们的工作已经做得很有成绩，乃实由于中国的社会仍旧充满了黑暗，而在这幽深的黑暗中，人们看到了这小小的萤光的闪烁，便觉得可爱而伟大罢了。平教会的过去没有什么了不起的。平教会过去的研究，如村乡、县、省各单位的实验，尚还没有树立良好的基础。我们应当继续努力奋斗，使我们的"一套"将推广到全国。将来的工作是很艰难的了，希望你们都本着"自强不息"的精神，为未完成的理想努力，并且还勉励你们两点：一要继续地充实和健全自己的学力；二要拿出自己的力量为抗战建国的工作努力，而且你们要去研究，要去领导。

最后，在这次始业典礼中，我除了用上面的话来提醒你们，策动你们；同时，我还引用顾亭林先生的一句警语作为结论："前日之所得，不足以自矜，后日之所成，不足以为限。"愿诸君继续努力！

战后乡建工作努力的方向[①]
（1942 年 5 月 11 日）

　　中国人的毛病，祸不临头，不知有祸；火不燃到眉尖，不知预为之计。处在大时代的当今，这种劣根性是非去掉不可的。我国抗战已有了四年，现在国际间的局势如何？中国应站一个怎样的地位？是值得我们研究的。中国战前无准备，战后应当有计划，否则便无存在可言。

　　战后的世界，不仅中国已想到，英美各国人士亦在时时注意，想今后的世界应如何方可称为"人的世界"。第一次世界大战德国失败了，后来和议订立了《凡尔赛和约》，这个和约的订立，全是根据英法野心政治家的意见，他们以胜利者自居，想把德国压抑得永不翻身，来维持欧洲的和平。可是结果呢？不到 20 年，第二次世界大战又爆发了，并且来得更凶猛。我们只要一分析这次大战的原因，便知道它是凡尔赛不平等条约的产儿。受了上次和议的教训，现在大家都觉悟了，认为今后的新世界，不论谁胜谁败，和议的立场必须是友谊的、平等的，各得相安，才可以避免第三次的大战。此次大战刚爆发 6 个月，美国人民便举行了一次全体投票，测验今后和议的方式，结果是全体反对单打倒希特勒，要知道只是希特勒倒了，是无用的；希特勒倒了，第二个希特勒又可以起来，于事还是无补。再如又有人主张整顿军备，用以保障安全，维护和平。这也是不中用的。我们只要看美国便是一个明显的例子。美国自 1938 年起，屡次通过庞大的国防预算而终究不能逃脱战祸，便能给军备论者一个有力的答复。因此事实告诉我们，要求得和平，惟一的办法便是实现民治、民有、民享的民主政治。有美国人著书建议欧美民

---

　　① 　中国乡村建设学院档案（二三七）59。此件系作者在乡村建设育才院民国三十年度（1941 年）第二学期纪念周会上的讲话，题目是编者所拟。

主国家，如英、美、加拿大等 15 国应首先联合起来，作为核心，渐渐吸收其他国家，共同组成一个世界民主大同盟。先由英美等国发起组织的原因：（1）各民族语言简单；（2）交通便利；（3）各国在 15 年以内无战事，百年以来常维持友好的关系。

世界民主大同盟第一要做到的是统一政府、统一军备、统一通商、统一金融、统一交通，以消弭国与国间之冲突，其他如内政等则各任自由。大同盟政府的组织，设参、众两议院及执行委员会，参议院每国代表 2 名；众议院议员共 227 名，平均每百万人约有 1 名。执行委员会设委员 5 名；3 人由人民选举，其余 2 人由参众院互选，总管一切事务。末后，他分析到大同盟国的力量，目前共有 15 国，人口有 3 万万，财富黄金占全世界黄金总额 98%，几乎全部占有；军舰占全世界军舰总吨数 2/3；贸易额占全世界贸易总额之 3/4。财富充足，武力雄厚，均足以执世界的牛耳。财富多便不用侵人，武力强则人不敢欺侮，由此即可以维持世界长久的和平，实现理想的"人的世界"。

上面这个伟大的计划，我们不能不佩服英美人士有思想有远见。可是 15 国之内有没有中国呢？没有！中国虽说是参加了同盟国的阵容，如还不振作，即使同盟国得到胜利，其他国家会不会把中国放在眼里呢？要知道尽管宣传说得好，人家有他的冷算盘。第一次世界大战，中国也是参战国之一，而巴黎和会的情形，便可以作我们的殷鉴，"取得胜利易，取得和议难"，这句话是有它的真义的。

世界民主大同盟，目前的 15 国之中没有中国，不是他们不欢迎我们参加，大同盟是民主的集团，只要符合它的条件，谁都能参加的。它的条件是要参加的国家确是一个民主的国家，至少要有言论、出版、信仰的自由。中国现在到了生死存亡的时期，不参加这个大的集团，是不能生存的，然而中国社会的情形还是一团糟，是没有资格加入的。我们要求能够加入，便只有大家都负起责任来共同努力了。中华平民教育促进会是一个具有 20 多年历史的团体，当然是要当仁不让尽其所能，为国家为人民谋幸福的，今后我们努力的方向便有三点：

第一，实现民主政治的广义的教育。民主政治主要的关键不在民享、民有，基本的还是民治。无民治，谈民享，你不配；谈民有，不给你。若是真能民治，他敢不让你享，敢不让你有吗？因此我们要研究，子子孙孙地研究，寻求实施民治的方案，教育民众，达到民治的目的。

第二，培养领导民治的领袖人才。

第三，要在国内、国际造起民主政治的运动。

早几天王芸生先生在《大公报》发表一篇文章，题目《为国家惧，为青年忧》，有内容，大家都值得看看。上面引有费希特一句话："现在什么都完了，惟有教育才能救我们。"现在的中国与当时的德国差不了多远，也惟教育才能救我们。平民教育即是平民的政治教育，也惟平民教育，教育全国的人民自己管理自己的事情，才能救中国。故我们应该抱有"但问耕耘，不问收获"的态度，努力推广普及平民教育。

平教会的工作也就是平社会的不平，平天下之不平，这是简单的真理——真理都是简单的，而且上帝的真理也需要人为的实现。希望大家从小做起，稳扎稳打，40多个同学一个都不打折扣！更要不忘记"富贵不能淫，贫贱不能移，威武不能屈"这三句话！

乡村建设育才院的宗旨与今后的使命① (1942 年 10 月 5 日)

为什么要办育才院呢？育才院就是造就适应时代的合于社会要求的建设乡村的有用的人才。大家知道中国闹人才荒的今天，有些机关找不到人，有些人却找不到事，并且有时还要争起来抢夺人才，彼抢此夺，抢得一塌糊涂。所以中国弄不好，并不是说没有钱，有的是外债、公债及发行的纸币；也不是没有计划，国民政府里的计划多得很。那么中国成问题的是什么呢？中国就是没有得其所用的人才，所以我们今天来办育才院，就是要解决人才荒的问题。

至于说到人才，我可把它分成几种人才：

第一种是庸才。只要跑到旁的大学里或中学里去看，还有好多学生要嫖要赌的，说不定甚至还有抽大烟的。在他们的眼中，并没有什么民众和抗战及国家观念，他们只知糊糊涂涂能够享受目前的快乐。

第二种是奴才。这种才比庸才要厉害些，一个受过教育的人，没有气节，要当汉奸，你看成什么才呢？但是你们受了教育后，切不要去当奴才。当然，现在你们没有地位，没有权势，要去卖国也不够格，但到将来够格的时候，或者在三四十年后，也要明白奴才是出卖国家的，这不是人做的事。

第三种是天才。在中国的天才实在是凤毛麟角。何谓天才呢？这里有一个这样的定义：科学家爱迪生真是个天才，有一天人称赞他是天才，他说："你如果承认我对天才的解释，我很诚意地接受你的批评。我以为天才只有 1％的才气，加上 99％的血汗。"要知道爱迪生的成功，并不是偶然的，每天他要做 15 个钟头的工作，只睡 3 个钟头的觉。我

① 中国乡村建设学院档案（二三七）59。此件系作者对乡村建设育才院学生的讲话记录。

在美国还亲眼看到一位钢琴家，他从 7 岁起已学会了弹钢琴，到现在已是白发蓬蓬的 80 岁的老翁了，他每天还要练习 8 小时，他担心落伍。所以只要他到哪个地方去弹琴的时候，听他弹琴的人，总是争先恐后地拥挤着。现在我们要做天才的话，就要像爱迪生一样，每天要做 15 个钟头的工作，到年老的时候，也要像那位钢琴家那样，每天要练习 8 个钟头，这样，才能称做天才，要不然不配称天才，只叫他做怪物。

第四种人才是中平之才，比上不足，比下有余。这类的人，只要有教育给他，可为国家所倚重的人，所以我们要培养的，也就是这种人。

现在再讲本院训练人才的六大目标。

一、劳动者的体力

中国过去读书的人，脸大都是白色的，因不讲求体育，故有"白面书生"的美名。现在呢？也差不多，一般学校的体育，则只有少数学生夺锦标为荣的体育，大多数学生，则不求实在的体育。前些时，根据某医生统计的结果，10 个大学之中的学生，70% 患有肺病的嫌疑，而他们自己却不知道。中国人平均的寿命只有 35 岁，和西洋人比较起来，真是相差得太远了，西洋人平均的寿命约有 60 岁，比我们差不多要多一倍的寿年。法国的克里梦梭，外号叫做"老虎"，78 岁的时候，他还主持巴黎和议，把威尔逊民族看作小孩子一样，世界的权威都操在他一人手里。西洋人有句话说我们中国是一个"孩子的国家"，这话我们受得了吗？一个人非讲求体力不可，体力不好，则容易悲观、消极。单求体力还不行，我们还要能够劳动，千万不要以为劳动有损于你们的人格，有损于你们的体面。普遍的运动一定要做，但是夺锦标的少数人的运动我不主张，我们主张对于同学的运动要平常化普遍化，因为你们平时对于体育太不注重了，所以特别提出几点要告诉你们。

（一）本院环境真是锻炼体格的一个好场所，在这战时要找到这样的大好自然的美丽的地方，实在是一件不容易的事。你看这样好的水，好的山，如果不知道去利用她，那真是糟蹋了。美国的大学里，如果不学会凫水，就不准毕业。我们的学校里，既然围绕着这样一条清流的溪水，希望同学都去学会凫水，但不要误被水溺了。

（二）最没有卫生习惯的就是中国人，明明知道别人有沙眼，有传染病，他偏要洗别人的手巾，把传染病惹到自己的身上来，自己的性命都不晓得去保全，这是何等的愚蠢啊！所以希望诸位同学要有最低限度的卫生常识，卫生的习惯。

（三）要特别注意思想的健康。思想不健康，就是因为胡思乱想。所以西洋人的进步，对于疾病不讲治疗，只讲预防，他们的机关里，如果有一种病，可以预防而不预防的人，就要开除他。他们并更进一步的由身体的预防而为精神的预防。所以对你们要谈思想的治疗，要预防你们思想的毛病，使你们的思想日益健康。

二、专门家的知能

我们有了强健的体力，还要有专家的知能，所谓一技之长，否则就成为无知无识粗野的大力士样。我们知道，现在是科学的世界，你们看科学的发达，每天有新的发明，新的进步。例如在耳科方面的医治，现在已分成几个很精细的部门了，每部门成为一个很重要的专科了。所以我们生存在现代的世界里，非有专家的知识不可。有了知识还不够，还要能运用知识，因"知"与"能"，是不可分的一件东西。

三、教育者的态度

中国有句古语："人皆可以为尧舜。"这是一句教育至理的名言。因为"人皆可以为尧舜"使得作人师的才有"教人不倦"的精神，使得乐意于学业的才有"学而不厌"的精神。20年来的平教工作，我深刻地认识中国的民众，尤其是大多数农民，不是不可教而是无教。一般的人，都以为带兵的人，不要用教育者的态度对待士兵，其实不然，没有教育的民众，怎么能去打仗呢？所以从前有"以不教民战，是谓弃之"的话。由此，我们知道带兵的人，要有教育者的精神，才能有作战的士兵。并从中国行政方面说，各部门的负责人，对部属，尤其对农民，均没有教育者的态度，所以很多建设工作，不是农民自动自觉参加的缘故，办不起来。虽然堂皇的有督导两个字，其实大部分负责行政的人，只是督而不是导的态度去对付部属和民众。农业科学从张之洞先生提倡起，到现在已有好几十年了，然而今日乡村的农夫还是用原始的方法在耕种，农业科学只是关在大学里，关在图书馆里，没有和农民发生一点关系。这就是因为提倡农业的人和指导农业、改善农业的人，没有教育者的态度缘故。所以你们无论学习哪一科，必须要有教育者的态度。

四、科学家的头脑

我们中国人，有一个不好的传统，就是遇事"马虎"，只注重皮毛，不求深刻的了解。我们要我们的民族，能生存到这样科学的世界里，我们就要有追求真理的精神。西洋人的特点，就是求真欲最强，因为求真欲强，才有许多科学上的发明，才能克服自然，才能利用自然。欧战后，德国对于科学的研究，真有惊人的进步，这次大战的时候，在战场上英国兵找不到德国兵，因德军尽是些精奥的机械部队。在中国见某小孩说谎，反而称赞他是聪明的，而西洋人骂人才用这句话！中国人骂人总是一些卑鄙的下流的无耻的牲话！西洋人骂这一句"你是一个说谎者"，就不得了啦！西洋求真的美德，普遍深入民间，科学因之有进步。所以我们要革除马虎的撒谎的坏习气，要向追求真理的道路迈进。

五、创造者的气魄

中国人最爱享现成的福，自己却缺乏创造的精神，墨守成规，不求进步。德国人和日本人就不然，德国因感到物质的缺乏，就用各种方法制造各种各样各式的代用品，日本因为国内多火山，所以无时无刻不在艰苦中挣扎，创造国家民族的新生命。我们的祖先是有伟大的创造气魄的，然而现代的中国人，只有接受这种传统的观念。我们有广大的版图，是我们的祖先用脚步、用骑马来开拓的，比之我们坐汽车、坐飞机要艰难得多，伟大得多了。中国的青年们，不要再做享福的梦了，不要等到南京、上海收复后去享福了，决没有那样美丽的事实到来。今后的中国，只有罪可受，没有福可享。我们要新的中国诞生，只有更加坚忍痛苦，正如一个母亲生产新的小孩一样，必须要受到阵痛的苦难，中国才有前途的光明。

六、宗教家的精神

我们做一件事，必须要有相当的忍耐力，钉子愈碰得多，愈不要灰心，在中途不变节，只要有坚忍力，总会成功的。像我们的国父孙中山先生，在伦敦蒙难，就是临大难而处之泰然。这就是他平日有坚定的信仰，有宗教家的精神。耶稣救世，被人钉死在十字架上；释迦牟尼普救众生，自身受难。惟有这种精神，才能使事业成功。所以看一人的事业成功，不要看他的表面，我们要看到背后的原动力。宗教家的精神，就是一个事业成功的原动力。

同学们：从前左文襄公说过这样的一句话，"乱中国者不在盗贼，而在无人才"，今天我要告诉你们："亡中国者不在日寇，而在无人才！"

改造中国要从基层建设抓起[①]
(1942 年 12 月 14 日)

今晨借着纪念周的机会，报告我六、七周在渝工作情形，将上次的演讲作一个结束，然后再请汪先生给你们讲话。

在五通桥参观黄海化学研究社以后，即去嘉定参观武汉大学，武大没有新的大的建筑，它的校舍大都是利用庙宇或民房，非常的零散，只有电机方面的设备，尚觉十分的完备，其他的方面就不行了。不给教授预备房子，学生的生活也非常的清苦，学生宿舍很和轮船的通舱情形相像，总之教师苦，学生更苦，但是他们的校风非常的好，学校严格执行纪律，学生严守纪律，师生都非常合作努力，表现着蓬勃的朝气。参观完毕，即返回重庆。

在重庆还有一件事值得向大家报告：一位新从华北回来的朋友，他是被监察院派在华北工作的，在华北共有四年之久，当中有两年在定县，所以他知道定县的情形很多，他不厌其烦三次去访我，终于在桂花街客寓里见着了。那时正是下午 8 点钟，一直谈到 11 点，大家还有余兴。这位客人过去曾为人误会，被监禁一年有半，真是冤枉。他说："我过去久仰晏先生，尤其在定县工作两年后，才知道平教会工作的伟大。我奉命为专员，在华北工作。现在华北，尤其在河北作游击干部的青年，大都是定县人，占的比例数字很大，大约有十分之八九。"所以一切的事业的成功与否，不要看当时情形，也定要把眼光放大向远处看，当时的轰轰烈烈也许不久后即就消沉，或者是人存政举，人亡政息。鹿主席在深泽县开欢迎大会时，有一个演讲最好的是一个女子，这

---

① 中国乡村建设学院档案（二三七）59。此件系晏阳初在乡村建设学院纪念周上的讲话。范培正记录。

一位就是定县来的，而且又是平校的学生。现在定县有游击队 3 万人和敌人拼命，有人说这是共产党活动的结果，是因为共产党在别处也有这样的成绩。但主要是过去平民教育生了根。所以曾先生一再地说很希望我能和中央方面把这平教大量的推行。一切的成就须在平时做起，然后在大难临头才有表现。教育本是很苦的工作，尤其平民教育更苦，国家没有大的报酬给我们，只要从农民身上能有进步的表现，那我们就心满意足了，所以我们要坚定信念，作此重要建国大业。

参政会闭幕后，留在重庆顺便访晤十中全会的朋友，他们是远道而来，大家的工作的情形都是互相要知道的。

十中全会的情形，11 月 28 日《大公报》所载，总目标实行国家实业计划，完成地方自治，这是今后努力的总目标。今后要建国复国不必我们去负责，完成地方自治非我们大部分负责不可。平教会深思熟虑，认为中国之广大，人口之繁多，民众生活水准之低，非把握重点不足确定中心，非着重基层不足求实效。实行国家实业计划为今后一切总目标，各级政治与经济，发动民力以建设乡村，使乡村民众在集中劳动之下增加地方生产。必须基层建设确有基础，而国家力量方面有寄托。简言之，即能有地方政治与经济之基础，以劳动创造资本，开发土地以造成国防民生，以达民生之宏愿，前事伟大，以便改变过去空虚无当积习，与迷恋都市的心理，而痛下刻苦切实从基层努力之决心，非为此不能成功也。此次十中全会宣言，是抓着痒处，也抓着基本点。虽然在抗战期间，百政待举，可以说他们的眼光已从上层移到下层，这样才不会落空。所以，以劳力开发土地，以劳力开发资本，合我们 4 万万人劳力来创造新中国，要痛下决心，从基层去苦干。抗战六年，改变了国策，着重了基层。我们学院叫乡村建设学院，我们在 20 年前就认识平民教育的重要，在 10 年前平民教育也就盛极一时，就是抗战开始也没有销声敛迹，现在更加重了它的重要性。除非是你的工作着眼点不是高处，你的工作认识不是深处，要是的话，不是暴风大浪能压下去的。平教会工作 20 年如一日没有间断，我们的生计、卫生、组织等教育，都是从基层着手的，办基础工作要有内容，要有办法。我们有 20 年的经验，我们不比人家智，亦不比人家愚，但是所多的是 20 年的经验。生计、卫生、公民等教育，我们都有一种看法，都亲自试验过，我们总有一得之愚，要贡献于国家，至于功名利禄，我们没有企图，但是对学术研究确有野心。

　　试问基层建设的基层在哪里呢？就是在乡村，本院也就是为培养基层干部而设，农业同水利是基础建设，可能的还有水产，是水利附属的部分。我们为什么不办大学而办专科，因为百般待举，一定要在短时期赶上，因时事迫切需要，大批有志的青年急需工作。我们初办水利不是碰巧的，而是花费了心血建设而成的。本院的先生早已丢去了功名富贵，而来此苦干。我们为了建国才办学，所以重质不重量。

　　我说话的机会很少，所以要说一回是一回。我们不能满足现况，天天在想怎样改进学校，培养你们成为有为的青年男女。本省张主席说，省方一段及中层一段都很好，唯独基层一段缺乏干部，希望你们要负起基层的责任。

　　中央近来对学生劳动纪律有新的指示，要利用课假开辟田园，建设道路、沟渠，进行种植等，于实际生活中使学生操作不假手于技工和校役，使之劳动化、纪律化。

　　这次十中全会的目标建设注重基层正和平教会方向相同，我是一则以喜，一则以惧，喜的是目标相同，惧的是今后我们的责任重大。

　　人家说定县民教运动极盛时期是民国二十三年，我说是现在民众和日本作生死斗的时候。由此可见我们的教育是生根的，我们的教育是由下而上不是由上而下。教育是播种，播种才能有圆满的收获！

识时务者为俊杰[①]
（1942 年）

孟子说："孔子圣之时者也"，可知 "时" 字甚为重要。委员长说："战争是争取时间。"因为科学的发达，伦敦与纽约，只需一分钟便可通话。我在美国时，与人谈话，只有三分钟；作一次讲演，亦只需廿分钟。时间是多么宝贵的东西啊！

我们今天要识时事，便要知道：讲民主政治及宪法，只有英国最好；讲实业，只有美国最发达；动员民众的技巧，要算苏联；模仿力最强的，要算日本；利用科学武器，可以征服世界，而站在世界最前面的是德国。

德国民族，有几个特点。现在我丢开科学、武器、间谍网等，人们都知道这些在德国是办得最好的不谈。我只谈他的人所不谈的四干精神。

（1）能苦干：德国当巴黎在跳舞非常起劲的时候，在此次未挑战的前 7 年，已经把全国变成战时状态。各店户包东西的纸，都有一定的限度，不能有多余的浪费；妇女不准用橡皮袜带；凡一切可利用的破纸破布，废铜烂铁，都有人来专门收管；利用科学方法，在木头内抽出黄油，来代替植物油和动物油；穿的布，也是在木头里抽出来的，且规定有一定的尺码，一定的样式，以经济为原则，不讲美丽；理发店里的头发，用来制造毯子；不准用鸡蛋、牛乳变戏法。在 1920 年，德国仅吃马肉 23 万匹。甚至死人穿的衣服，都要受政府的限制。故知德国人现在的了不得，实在是由于能苦干。

（2）能巧干：只是苦干，是不够的，还要能巧干。德国因第一次欧

---

① 中国乡村建设学院档案（二三七）59。程辉全记录。

战的失败，受《凡尔赛和约》的束缚，不能建立海军，只好造珍珠舰，用体育来代替军训；军人受了伤，要用输血来医治，但必须要血统相同的人，输血的效用才大，德国便将同一血统的人，编成一个队伍，以便受了伤时，大家都可以输血来医治。还有用很厉害的恐怖方法：如在巴黎的德国人，常常戴着孝，哭他的儿子战死，或丈夫战死，以造成法国人恐怖凄厉的情绪。当他要攻入巴黎时，他的无线电台仅广播法军获胜的消息，在法国人还不知道的时候，德军已占据巴黎了。从此，法国人对于战事的消息，不敢有一点相信了。且利用电影，把波兰战事的残酷，尽量放映给各国大使及人民看。在进攻挪威时，因为挪威人爱好音乐，可以使他忘记一切，甚至忘掉吃饭。德国军队便大唱音乐，以催眠此 25 万挪威人民，不用战争。德国的军队，在挪威人得意忘形之际，已用兵布满了挪威的京城。

（3）能阴干：对国防有关系的发明，尤其是基本的和重要的方面，不但自己要保守秘密，而且想尽方法，使他人不能发明。美国有一家照相公司，能够制造在飞机上用以照相的胶片，德国的照相公司便与之订立合同让德国公司专利。还有仅次于金刚钻的伯尔林，用以制造飞机，则枪弹便打不进去；加入钢铁以制造机器，则能经久耐用。美国有一家公司，能够制造，也和德国公司订立合同，而让德国制造。还有铝镁的制造，德公司也与美国的一家制造铝镁的公司订立合同，在德国国内，可以不受限制地制造。直到 1940 年，美政府以飞机的制造，需要大批的铝镁，才加紧制造，每年产量仅 6 万吨，而德国已能生产 5 万吨了。战争是物力的总决赛，德国决不会停在那儿，等美国赶上。在第二次欧战以前，英国曾派人到德国去观察德国的工厂，回去报告说："德国没有什么。"我们知道，英国人并不是傻子，我们与其说英国人笨，毋宁说德国人阴。

（4）能预干：德国为了要造成自给自足的德化欧洲，其计划：a. 驱逐非德国人出境。b. 整个解除全欧洲武装——把欧洲的钢铁工业，集中于波西米亚莱茵河。对欧洲的武器制造，有一定的据点，把其他非据点的，加以毁弃。c. 金融方面，设立保险公司，将民众金钱的利害，与德国的利害一致。d. 粮食方面，摧毁法波工业，使法波完全农业化。巴尔干 1 万万的人口，便有 80% 以上是农民，只有些微轻工业存在。

德国因为有四干的精神，故能冲破和约的束缚，而成为世界最强的国家。日本是最会模仿的国家，最初模仿英国，过后模仿美国，现在转而模仿德国。我希望日本模仿德国，不要模仿得太像，而使我们的前途不堪设想！现在还有人在想，最近就回南京去享乐，我看他真是在做梦。我们晓不晓得，日本到现在还没有打过一次败仗，同盟的国家要对付德国，还嫌力量不够，哪儿有力量帮助中国打败日本。中国到现在还是恣意享乐，根本就不能苦干；一件事还没有做出，便大肆宣传，更不能阴干。母鸡生蛋，是生了蛋才宣传。威尔士亲王号，一到太平洋，英国便大肆宣传，而日本却不声不响，一下将威尔士亲王号，用牺牲飞机27架，击沉于太平洋海岸。

我们不能以小范围束缚自己，不张开眼睛来观察世界，没有真的认识与大的决心，就不配做育才院的学生。育才院经费支绌，处处受打击，处处受阻碍，但是我们还是要办，还是要干，这是救国的惟一的出路。你们是先锋队，而还有成千成万的青年跟在你们的后面。

关于在美工作简单情况的报告①
(1946 年 5 月 12 日)

各位同学，各位同事，我今天想把我在美的工作简单地和各位谈谈。

我在美国的工作，就等于是在前方的工作，会院的工作就等于是在后方的工作。前方与后方是相等的重要，二者是互相依赖的，相依为命的。院中在 3 年来，各方面都有进步，这里我要感谢瞿先生及各位同事的努力。

这个学院的开办，各方面都很顺利地进行，近改为完全学院，这证明了国家是在进步，国家正式地承认了乡村建设为正宗的教育。我国各大学都是抄袭欧美各国的教育，而忽略了本国自己所需要的教育。中国是以 80％为农民的人民所组成的国家，所以大多数的人民还是平民，故平民教育应该是国本位的教育。但是这在过去为主持教育的人所忽略。今天乡村建设学院就是走这条路，国家今天承认了乡村建设学院，即表示正式地承认它为国家正宗教育之一，这是使我感到非常兴奋的一桩事情。

其次使我感到兴奋的事情，就是前几天你们所演的戏《万世师表》，剧本选择很好，各个参加工作的同志都很努力，由始至终没有使精神松懈过 1 分钟。中国今天不是无钱的问题，而是看有没有百折不挠的精神，是否有为国家而奋斗的精神。

中国今天的老百姓是被少数人所利用，用掉头颅来奠定自己的地位。老百姓是太无能，无组织了。今天最重要的是如何将他们的力量组织起来，不为这班坏蛋所利用，最要紧的是一班青年及领导的人是否有

---

① 全国慰劳总会档案（二八四②）21。此件系由中国乡村建设学院农二甲学生陈克记录。

这种精神，如演戏的那种精神。

其次我要谈到我在美国的工作，在头一年的工作是做国民外交的工作，是把我的主张讲给他们听。当时美国朝野人士对中国的舆论可说是最坏的时候，尤其是贪污的事情，我的工作是要使他们不只是看到中国坏的地方，应该明了中国的老百姓的伟大，那种8年来刻苦耐劳为国家牺牲流血的精神。我一方面到处演讲和写文章，一方面与各方面领袖接见与会谈。

最后一年多是为了平教工作而在各方面活动。初8个月是使他们明了平教工作的重要与将来的计划，我把平教会廿多年来的工作告诉他们，使他们非常之感动，这不只是平教会廿年如一日的精神使他们感动，同时使他们感到这种运动不单是与中国有关，而且与世界也有关。

此次在美国，除在物质上得到许多帮助之外，在精神上也得到不少的帮助，使我们得到许多忠实于平教运动的同志。今后平教运动工作的武器有三：

（一）文学方面：除办平民学校，使平民认识字外，还要创办平民所看的报纸，让他们能明了国内及整个世界的情形。印刷报纸的机器，年底即可以运到。

（二）电影方面：电影所起的教育作用是非常之大，今后我们要办大的电影院及摄影场，多拍关于平民教育的片子给老百姓看，用电影来教育他们。

（三）广播方面：这方面的工作一时还没法进行，因为中国的老百姓知识落后，对科学无法了解，同时老百姓很穷，无此购买收音机之能力，要增加老百姓之科学知识后才能普遍地应用，这是卅年以后之事。今后最重要的除去过去"表证区"和"实验区"还要继续的工作而外，培养人才也是首要的工作，本院的扩充很值得注意，不单是应增加系列，还得在教授、图书、仪器方面加以补充。

以下要向各位介绍几位在美国的忠实于平教工作的同志。

（一）Marshall Field（马歇尔·费尔德）：是一位富家子弟，祖父是很穷苦的，其财产全靠他祖父刻苦耐劳地经营而得。到他父亲一代，认为财产不应为自己所私有，不应只是为自己打算，应为社会所有。他贡献出自己的力量来，从事于提高农工知识水准的工作，他办了一个报纸叫《芝加哥太阳报》和三个电台，专门用来抱不平，为农工之利益而讲话，真所谓是不平之鸣。所以他能把美国有志之士结合起来，在这方面努力地工作。他成为农工方面强有力的代表者，现在他的年龄才 40 岁。我是在一年半前经朋友的介绍而认识他的。和他谈话后，他亦认为平教会所做的工作与他是一致的，因此也参加到平教运动中来，成为一位忠实的同志。

（二）Dewitt Wallace（德威特·华莱士）及夫人 Lila（莉拉）：Dewitt Wallace 是牧师的儿子。家境贫寒，他是一位苦学生，当时在每周礼拜日的祷告都是由牧师来讲解，一年有 50 多礼拜，都要讲不同的题目，很感材料之不易得，因此他就创办一种杂志，专门为每礼拜日的讲稿拟一内容，将这杂志给牧师们看，使他们感到方便不少。

在 1921 年，他把各方面的好杂志中的好文章摘出，而出一种杂志叫 *Reading's Digest*，即《读者文摘》，销行很畅，现在销行到 1 000 万份以上，有 8 国文字的版本，下月即发行日文本，此为世界上最大的杂志。他们夫妻两位都在作编辑，一年半前对中国的印象很坏，不时有反对的文章，经我与他们及该杂志中主要人物谈话之后，他们对中国人民是一天天地认识，对平教工作亦很赞同，在《读者文摘》上，曾有一篇很长的介绍平教工作的文章。

（三）Walder Rellther（沃尔德·雷斯）：现年 32 岁，是美国工党的领袖。罗斯福之能得到第三任之大总统和杜鲁门之当选，得他的力量很大。他是一位苦学生，他两兄弟曾徒步到各地民间去，与农工们生活，想从农工们的生活中而得到对他们的了解，曾到欧洲及中国与农工们生活三年。此长途的旅行都是徒步的，他们可说是徒步走遍了世界。回国去之后，即加入了工党，他成为美国工人的领袖。他经朋友的介绍与我认识，在一起谈话之后，了解到美国农工的前途是与中国农工前途同命运的，农工不识字，为少部分人所利用。中国的农工组织起来与美国农工的进步是有关的，要认识到农工之地位要高，应该世界亦同进步才行。今后我们要合作，共同地努力，为农工而工作。他亦是忠实于平教工作的同志。

（四）Eleanor Roosevelt（埃莉诺·罗斯福）（罗斯福总统夫人）：我不愿意称她为罗斯福总统夫人，因为她的成功并不是依靠她丈夫而得，她有她的主张和见解，她的家庭很好，有 4 个儿子和 1 个女儿，罗斯福之成功得她帮助不少。罗斯福在得瘫病后，还不因此打击而隐退，更努力地竞选，乃为其夫人在旁不断地鼓励而使他更向前进。

有一次我到她住的旅馆去会她，照她约定的时间早到了 5 分钟，我请门房打电话通知她，她立刻请我上楼去。她是住在 29 层楼，当我走出电梯时，她已经在电梯门前等候我了，使我非常的感动。当她同我谈话，谈到中国的留学生时，很为中国的青年担忧。她说曾经问到过一位中国的留学生，是一位要人的儿子，她问他在美国学的什么，他说是在学英国 17 世纪的文学史，而没研究与中国有关的东西。中国青年假若都如此的话，还有什么办法可讲。罗斯福总统夫人有 4 个儿子，全都在前方作战。

中国之列为四强之一，全为罗斯福之坚决主张，他认为中国不列为四强之一，则东亚无法安定，但是要中国自身努力，才能维持四强的地位。

罗斯福总统夫人对平教会的工作很赞同，于是她加入了平教会在美国的委员会。

（五）William O. Douglas（威廉·O·道格拉斯）：他是在美国西部一个很小的独立学院毕业的，后做到耶鲁大学的法学院长，在罗斯福时代曾派他整顿美国的财阀，这些财阀全是凭自己的金钱势力来剥削平民，他把美国大财阀关了 30 年，最后当选美国最高法院的法官。当时有 9 位法官，以他为最小，有人叫他"baby judger"。

原子弹发明之后，将世界缩得很小。平民教育为复兴中国的道路，亦即是复兴世界的道路。

在 4 月 12 日，美国广播是有关平民教育的，在最后 5 分钟是让我来广播，当时我因为忙着上船，就托我的助手代我广播，前天接到来信据说很受欢迎。

美国最近开了一个会，是有关平教运动的会，当时 Douglas 也参加，还有发明原子弹的两位科学家，曾发表了一个宣言，现已带来给大家看。

在中国乡村建设学院纪念周上的报告^①
（1946 年 5 月 13 日）

今天我所讲的内容大半是对你们学生讲的，因为有许多话在教职员茶会上已谈过了，所以今天你们各位学生，当特别注意。

第一点：要叫你们注意的，是我到美国后 3 年当中，瞿先生在后方领导平教工作和主持本院院务，使本院在短期内有很多的进步。我知道本院在后方不断的进步，才能使我在前方安心工作，在美国宣传发展平教的工作概况与工作计划，前后方彼此配合，方能收到很大的效果，这是瞿先生领导之功。

我办本院是得蒋（介石）先生的帮助的，当时蒋（介石）先生看见一班青年多往都市跑，一些政党方面人员目光都集中于都市，而忽略乡村，就对我说："阳初先生，平教会 20 年来的工作，是我们所知道的，希望你能培养训练出大批的乡村工作者，以为建设农村的基础。"我当时毅然地答应了他，在陈立夫先生做教育部长时，为学校定名为"乡村建设育才院"，是超乎法令之上，实费了不少周折；朱部长上台后，学校改制。诸位不要忽视这点，这是中国教育史上划时代的一桩事。中国过去是不把乡村建设纳于正规教育，当做正规教育看的；现在国家正式承认乡村建设是国家正规教育中高等教育之一部门。这是政府进步了。国家对于平教会工作也非常注意。中国第一个开办民众教育的是平教会到江苏办的学校，现在国内办民众教育的办法，多是依据平教会当时的材料。

第二点：我觉得你们这次演出的戏剧，表演得非常好。在那样多的剧本中，你们独选此《万世师表》，而各人之表演真的感动人，自始至

---

① 全国慰劳总会档案（二八四②）21。此件系当年由美返国后在第一次纪念周上的讲词，由农学系邓廷献记录。

终没有一处不把精神充分表现出来，此非了解其伟大精神之后，不能表现出那样真切，尤以最后林教授的讲演，更似真的事实，使人忘记在看戏。我国最缺乏的是此种以教育为终身事业，富贵不淫、贫贱不移、威武不屈，数十年如一日的精神。一个国家之强弱与政治之良否，全在乎人，一方面要有廉能的人来执政；一方面还需要有智识的人民，随时发表他们的意见，监督政府。中国政治上贪污之风很甚，这不怪它，只怪我们人民没力量，没有智识，任他们剥削，任他们乱为。美国官吏中，为什么贪污很少呢？因为人民有智识，有力量，能够选出好人，能够控制政府，只要官吏一有贪污，第二天报上马上用大字公布出来，一个人若有一点贪污，报纸一经公布以后，则名誉破坏，永远为人不齿，不能抬头。由于人民有智识，有力量，不能骗他，不能压他，所以大家都努力为人民服务，不敢作奸犯科，他们国家政治的力量，操于全民，此真正称得上民主。我们中国要民主，必须人民有智识，更必须有以教育人民为终身事业的人才。

第三点：我要告诉你们的是我在美国工作的情形。最初的一年半，我是为国家作国民外交的工作，美国的人知道我的人很多，都知道我是无党无派纯粹是站在人民的立场讲话。我初去的时候，美国多数人受其在华记者不正确的报道影响，对我国观感是相当不好，我要纠正他们这种错误观念，使他们认识中国广大的人民，80%的农民所潜伏的力量。

后一年半，多系为本院的工作。前8个月是在美国各地讲演，使美国青年们能了解平教运动的精神。我上次赴美是在1928年，那时他们还是小孩子，我在各处讲演都受到热烈的欢迎，这不是我会讲，而是他们会听，欧洲各国去作讲演宣传工作的学者，真如过江之鲫，他们为什么独欢迎我呢？你想，代表全世界1/4的人民中80%以上农民讲话，作为全世界中3万万5千万的平民工作经验者所讲的话，怎么不使人注意呢？怎么不使人敬佩景仰，热烈欢迎呢？他们的智识程度高，有良知，有主见，他们是很会听话的！

我要使他们知道，你们（指平教同志）在这20几年来，替平民做了些什么？现在在做什么？将来要做些什么？这桩工作不是为中国，而是为全世界，全人类，为全世界上的平民大众。我要使美国人知道，中美两国是休戚相关、安危与共的，世界上最懂得人民力量的，还推美国人。因为他们的力量已经表现出来，美国人过去同情我们，都是带着可怜的同情；我现在要使他们由可怜的同情，转为敬爱的同情，敬佩的同情。我这次到南北美洲，得到各方面的注意，各界领袖皆对我表示同情，表示敬佩，大多数都成了平教同志。

为了推动将来的平教工作，我已经在美订了一部很大的印刷机，每周可印 500 万份，还有许多图书仪器，于本年 9、10 月以后即可运到，这可算是我们推动平民教育的第一个武器。

至于第二个武器，要算电影。关于电化教育工作，我已在好莱坞请了一位黄宗霑先生，先来帮忙装置和制片。黄先生是广东人，12 岁到美国好莱坞电影公司充当工役，后来苦心研究出怎样配光，可以将人的目光照得逼真动人，在好莱坞为一有名之摄影师。他现在已是美国三大艺术家之一。当我在好莱坞讲演完后，他立刻找我谈话，在我的住房里，一谈就是 4 个钟头，他很愿回国来替人民做点工作，把都市的电影流动到各乡村里，因为他早已接了公司的订约，只想在最近请假回国，帮助我们装置，订期满后，再来全部参加平教工作。

关于平教工作推动方面，我想在国内划分为东南西北中五个表证区，分区推动，使它很快地普及于全国，深入于民间。

第四点：关于本院的发展方面，我已在美国聘了 20 位教授，他们有学教育的，有学哲学的，有学社会学的，有学卫生的，有学艺术的等等，本年底先后即可到中国。我要充实我们的学院，使它成为一个全国最好的独立学院，将来扩充为大学。学生方面，除中国外，尚有南美、印度等地的外国留学生。我们不是普通的学院，如果像普通学院，那我们何必在普通的教育上再来添加一个？那是不必要，而且也是无聊！我们要训练出真正能为人民服务的人才，诸生要认识本院的背后精神，本院的本质和它的使命。

平民教育运动简史[①]
（1946 年）

胚胎、试验与奠基时期

第一讲　平民教育的肇端

中国平民教育运动，已有 20 多年的历史了。这种开发中国 80％以上平民"脑矿"的大运动，是胚胎于第一次世界大战（1914—1918 年的欧战）时期。

1917 年（民国六年），中国和美国都加入协约国方面，成为参战国之一，那时中国一切落后，不能派兵前往作战。但在英法等国，青年多拥上前线，而其后方生产以及运输勤务处处急需人力的当儿，中国派遣了 20 万华工，远渡重洋，去为他们修路、挖战壕、搬运物资……担任种种极辛劳的"苦力"工作。

这些华工，多数是山东、直隶（今河北）一带的平民，他们虽具有刻苦耐劳的精神与义正豪爽的性格，但是他们都没有受过教育，不识字，无知识。一旦到了欧陆，又因语言不通，风俗殊异，举止行动常显得粗鄙。当时英法的军官们，对待华工，视如牛马，鞭打斥骂，无以复加，奴役虐待，倍极残酷。

欧战时，我正在美国耶鲁大学读书，那时美国有"军事青年会"的组织，为了安定华工情绪，提高工作效率，并解决华工管理的困难起见，乃招聘中国留美学生，到欧洲战场从事华工服务工作。当时应召的

---

① 本文是作者 1946 年在重庆北碚歇马场中国乡村建设学院新生训练周的讲稿。当初题名为《平民教育运动的回顾与前瞻》。1948 年在璧山民教主任训练班，曾以《平教运动简史》为题铅印单行本。入编本书时，采用《平民教育运动简史》为题。

仅有 3 人，我是其中之一。由美至欧，航途鱼雷满布，敌舰出没。我们乘轮前后的舰船，多有被击沉的，危险异常。

到欧洲后，先在英国受短期训练，后即派赴法国北部白朗华工营工作，那里有华工五千。每天的工作是替英法军官当翻译，并指导华工生活，提倡正当娱乐。那时华工异邦客居，念乡心切，不得不给他们代写家信；又因地临前线，营中谣言流传，还要每天和他们讲说新闻。日子一久，我想，与其天天替他们写几十封信——甚至 100 多封信，天天抽时间给他们讲说新闻，何如教会他们识字写字，叫他们自己写信，自己看报呢，这样，我就决心开办识字班。

兼之，那时华工行动太不检点，有一次一个华工偷罐头来吃，被英国军官发现，拿鞭子抽打，这边一面打，那边一面吃，我看了这种景象，心里实在难过。英国人法国人是看不起中国人的，他们把华工叫做"Coolie Corpse"（苦力，死尸）用来侮辱。我受刺激很大，我想，如果华工都受过良好的教育，他们根本不会有那种粗鄙的举动，同时，定会组织起来，发挥团结力量，用号召罢工等方法，去抵抗一切的侮辱与欺压的。于是，更坚定了我从事华工教育的信心。

我先开办了一个汉文班，因为华工尚没有深刻的认识，第一个汉文班只招了 40 个学生。为了这 40 个学生，我自己编印教材，自己亲自讲授。当时华工的要求是会写信能看报，教材就以这种切实需要为内容，一扫"为编而编"的毛病。在教学中，我更得到很多宝贵的教训和启示。有一天晚上，上课快完的时候，一个工人问我："汉文班完了，我能不能马上回去?"我问他有什么要紧的事，他说："因为今天下工较晚，恐怕脱了汉文班，所以没有吃晚饭，就赶来上课了，我要告退，回去吃晚饭。"这种渴望求知的心情，何等急迫！这种发愤忘食的精神，何等动人！哪个教育工作者，不愿意把自己的全副精力和时间花费在他们身上！

3 个多月后，举行毕业考试，试题一为写一封简单家信，一为读一段简单新闻。结果 40 个学生中有 36 个都考得及格。我兴奋极了，就继续为他们编写新闻壁报，读过汉文班的学生，都争先阅读。这种具体的成绩，大大地影响了其他华工。以后汉文班就一天天发展起来了。第二班招生时，就有二三百人报名，第三班时报名者竟达 1000 多人。

有一个主持 20 万华工战地服务工作的英国人，来白朗视察，住了两天。在晚上，他听到华工营中到处是琅琅书声，他看到很多华工都在手不释卷地专心攻读，大受感动，以为所有华工，都应受这种教育。他回到巴黎后，即电邀我到巴黎主持20万华工的教育工作。于是我就邀集了当时所有中国在法国的留学生，先开了一个讨论会，除报告我在白朗教育苦力的得失经验外，并策划推行华工教育的办法。大家都非常热烈，愿意去从事此种教育苦力的工作。讨论会后，即分头去各华工营办汉文班，20万华工，都有了识字受教育的机会。

后来为了编刊补充读物，扩大教育影响，我就在巴黎正式创办白话《驻法华工周报》，巴黎没有汉文印刷厂，我们采用照相影印的办法。这个报纸，除一般评论新闻外，尤多中国消息及华工乡情报导，是当时华工的精神食粮，极为华工所欢迎。营门口，战壕旁，成群的华工，常看到他们拿着这份新闻报在念，在听，在看，在讲，大家都津津有味。

有一天我接到一封信，是曾经受过我的教育的一位苦力写的，信上这样写着："晏大人，自从你办了周报后，天下大事我都知道了，但这个报价太便宜，我知道你们经费不多，恐怕不久要关门。现在我寄上365个法郎，这是我到法国后所有的积蓄，愿意都捐给你！"我读了这封信，心中有说不出的感激和兴奋，同时更使我认清了中国人不是不可教，而是无教。教育确实可以发掘受教育者的潜在力量。一个苦力，得到了一点好处，就愿意把血汗所得的积蓄，牛马样所换来的金钱，全部地捐出来帮助教育工作，假如中国3万万以上的苦力，都受了教育，那所贡献的力量，该是何等伟大！

我当时到法国去参加华工服务工作，原为去帮忙华工，去教育华工。谁知倒是华工教育了我，华工使我认识到苦力的"苦"，使我认识到苦力的"力"，从而也使我真正认识了拥有3万万以上苦力的中国。每一个有志的中国知识青年都应该献身于3万万以上无知无识的民众，去从事苦力教育平民教育的工作，解除苦力的"苦"，开发苦力的"力"，然后中国才能有办法，中国人才能不受外国人的欺侮与鄙视。

欧战结束，巴黎和会开会时，英、法、美等战胜国代表，都报告他们在战争的贡献，他们都具体地举出历次战功，军民死伤人数，物资损害情形，企图获得应有的权利、应得的代价。中国代表席次竟和极无名的小国在一起，轮到中国代表报告，苦无实际材料可资报告，当时王正廷代表找到了我，叫我搜集材料。我就把华工由于工作勤劳所得奖品、奖状、战地伤亡的记载与照片以及几次当英法军队危急的时候赖华工组织起来冲上前线，终于打退德军而得到的大批铁十字章，一大堆材料，交给王正廷先生。那天，王先生在和会席上才理直气壮，列举事实，振振有词，博得全场称佩，顿改各国代表对中国的观感。会议结果，中国才能多少得回了一些权利。由此可知，第一次世界大战后，中国在巴黎和会的地位，不是靠外交家的辞令换来的，而是仰仗 20 万华工——20万被中国人轻视被外国人践踏的苦力争来的。

20 多年前争取国际地位是靠苦力，这次对日抗战还是靠苦力，所以，我们应该献身于苦力教育。我自第一次欧战时从事华工教育工作起，即立志终身干平民教育工作，数十年如一日，平民教育肇端于我，我决心贡献毕生的精力，促其发展，促其成功！

第二讲　发动全国平民识字运动

我在美国是学政治经济的，到法国后华工教育了我，使我认识到了苦力的力量，全中国人 80％以上都是苦力，仅有少数人不是苦力，但这少数人仍是靠苦力来穿衣吃饭的！我觉悟到政治经济的基础是人民，如果这大多数苦力的苦不解除，苦力的力不开发，政治不会上轨道，经济不可能发展，国家是没有办法的。所谓"民为邦本，本固邦宁"就是这个意思。

认识问题并不等于就解决问题，要解决问题还得脚踏实地去干。当我认识了苦力的力以后，就决定不干政治工作，要许身于 3 万万 5 千万的劳苦民众，而从事平民教育事业。因为这 3 万万 5 千万人，正如 20万的华工一样，是无知无识的苦力。从民国七年起直到今天，20 几年来，成就虽不算多，但坚守岗位，未曾变节，数十年如一日，这一点是值得自慰的。

1920 年（民国九年）回国，甫抵国门，就又碰到一桩欺虐苦力的事件。当我在上海下船后，雇了一辆洋车拖运行囊，洋车前面走着一辆洋人的马车，那个洋人神气十足，非常威风。当洋车夫从旁边经过时，那个洋人竟无理用鞭子抽打洋车夫。中国的苦力，在中国的上海仍然在遭受践踏，我看后更坚定了自己从事平民教育的信念。

回国后，满腔热血，但茫茫海宇，真不知要从何处着手。当时中国已掀起"五四"运动，"科学"与"民主"被提到第一等地位，国民教育已开始被人注意，但只是零星的慈善性的，以儿童为范围，像贫儿学校一类的设施。有组织有系统用科学方法去研究实验而以一般苦力为对象的平民教育，尚一点也没有。所以要想找到一个能从事苦力教育的机构，去参加工作，实在不容易。

　　碰巧遇到余日章先生，余先生那时任中华基督教青年会全国协会总干事。我们会谈时，余先生问我回国后有什么抱负，我向余先生畅论平民教育的重要并说明自己要献身于 3 万万 5 千万苦力的决心。余先生极表赞同，特在青年会创办平民教育科，邀我主持。我觉得那时青年会是对中国社会事业最有贡献的一个团体，青年会在中国各大城市多设有分会，会里的干部人才，有 500 多位，又有余日章先生这样英明能干的领袖，所以我当即允诺。

　　我主持青年会平民教育科工作，是以"用科学方法研究问题解决问题，以实用目标编写教材进行教学"为方针。首先对当时各地零散的贫民学校、工读学校等，予以精密的调查，详细考察其实施情形。我发现办平民教育有三大困难：第一是"穷难"——因为他们穷，一天到晚忙于生计，无暇接受教育；第二是"忙难"——他们终日忙碌，没有多余时间上学；第三是"文难"——中国文字太难学习。要解决这三种困难，必须使平民教育成为经济的（以最少的金钱，收最大的效果）、简单的（以最短的时间，获得充分的知识）、基础的（授予最合实用的知能，像看报写字等）苦力教育，才能易于执行。同时，我觉得当时中国 80％的国民，连"最低限度"的本国文字都不识，遑论其他应兴应革的大事！因之平教运动第一阶段工作，即以识字运动的姿态而出现。

　　要使识字教育合于经济的、简单的、基础的三个条件，就得从事"选字"工作。选字时我们尽量搜集民众日用的文件以及中国白话文的书刊，如小说、戏剧、民歌、账簿、文契、告示甚至街名、商店、招牌等。前后动员 50 余人，一共搜集了 150 万字的材料。后即统计各个字发现的次数，以发现次数多的字，选为常用字。并将选字结果与当时有关文献（如陈鹤琴等编之《语体文常用字汇》）相互参证，最后选定最常用的 1 000 多字，用来编写教材，这就编成了《平民千字课》。编教材是最困难的，不但要留心用字，而且需要注重内容的精炼，犹如烹调一样，要使菜做得适口而富营养，殊非易事。我那时亲自来编，先编两本，亟欲试用一下，除在上海试教一般工人及车夫小贩外，并拟在全国选定地区试用。

　　第一个选定的地区，是湖南的长沙。1922 年（民国十一年）春抵长工作进行步骤是：第一件事是分别拜访各界领袖、社会贤达，说明来意，请求赞助。当时湘省长为赵恒惕，慨捐 1 000 元，各方群起响应，解囊相助。其次是扩大宣传，发动全城大中学校学生举行游行宣传，张贴宣传图画，散发说明传单，意在使识字的与不识字的一齐觉醒。另外每一游行队伍利用口头喊话方法，直接向民众宣传。如游行队伍齐向街旁群众喊话："你们识字不识字？""不识字就是瞎子！""我们办平民学校是医瞎子的！"简单明了，收效极大。游行后第二天就去招生，招生方法不是贴广告，因为不识字的民众不会去看招生广告。"招生"乃是"找生"，是我们去找学生，我们把长沙全城分为 52 段，分门沿户去劝说。当时的希望是做到"1 000 人认 1 000 字"，孰料三个下午就招了1 300 多人。学生有了，接着找校舍，就去商借行会、机关、寺庙、住户的空房子，问题亦告解决。最后是去请教师，计共需教师 150 人，乃召开了一个全城中小学教师会议，请求协助。同时雅礼大学学生也愿合作。一切问题解决，50 多处的平民教育班，就一齐办起来了。

凡是新的事业，一定为旧势力所反对；凡是民众所欢迎的东西，一定被顽固的人所痛恶。我们编的《千字课》为了经济学习时间，减少识字困难，课文是白话，难写的字并采用简笔字，这样曾惹起若干报纸的冷嘲热骂，攻击诋毁。但因民众欢迎我们，一班人士赞助我们，顽固的人并不能阻止我们的工作。

《平民千字课》当时只编出两本，尚须续编，后由友人帮忙，共成四本，复经多次修订才成为以后平教会所编行的《平民千字课》。这风行全国的四本《平民千字课》，编写的经过，是不平凡的，里面包含有中国不少知名教育家的心血，像朱经农、陶行知、瞿菊农、孙伏园……诸先生，均曾先后参与其事。

长沙的平民学校 4 个月毕业，第一期毕业的学生计 956 人，学生年龄从 14 岁到 58 岁，代表着 52 种不同的职业。举行毕业典礼时，由赵主席恒惕发授文凭，"打赤脚"的民众，能够走进学校的礼堂，接受这好比中了秀才的文凭，在当时中国恐怕还是开新纪元。

走一步留一脚印，到一处生一处根，长沙的平民教育工作，经过这次宣传运动后，随即产生了长沙平民教育促进会的组织，继续推行平教工作。几年后，长沙一地的平民受过识字教育的，有 20 万之多。

在初期的识字运动中，我愿意再谈一谈当时在烟台、嘉兴、武汉三地工作的情形，因为这三个地方的工作，对于平教运动，都有着值得纪念的事件。

1923 年春，山东烟台青年会电邀我去推动平教工作，由于地方人士已在半年前成立了平民教育促进会。推动机构已臻健全，加以我有长沙工作的经验，所以抵烟台后，工作进行较为顺利。先组织宣传游行，参加者50余团体15 000人。招收学生2 000多人，开100多班，聘请义务教师100人，是年7月底结业，毕业学生1 500人，8月1日举行毕业典礼时，请熊朱其慧女士莅临演讲。熊夫人很感慨地说："今天这个毕业典礼，我从未看见过，毕业学生中有64岁的老婆，有10岁的小孩，有成百的家庭妇女，破衣的赤足的，男的女的。……这才是真正的平民教育。"熊夫人于激昂的演说结语时，说出了她的心愿，她说："今后我要发一个大愿，一个从事平民教育的大愿。"熊夫人从那时起，献身平民教育工作，在中华平民教育促进会总会成立时，尽力尤多，直到逝世时，犹以平教工作为念。

嘉兴的平教工作同志，创造了新的教学工具——幻灯，新的教学法——群众教学法，对于以后平教方式的采用与士兵教育园地的开辟，极有关系。

武汉三镇识字教育的推动，是我和熊夫人一同前往，先去会见督军肖耀南，时肖某染有僻嗜，我们在会客室等了4个多钟头才被接见，熊夫人先则极端忍耐，见肖某后则旁责之，并请求其发动武汉三镇平教工作，肖为熊夫人义正词严所动，允即协助并捐款一万元。招生时学生多达二万余人，因之教师大成问题，由陈时先生（时任中华大学校长）等协助，柬约武汉中小学教师，假中华大学礼堂，举行会议，估计至多能到400人，结果开会时坐满礼堂，到会达1 200人，平民学校实需教师800人，当说明要聘请义务教师后，请自愿接受平民学校教员的约请的站起来，出人意料，竟全体立起，教师问题就这样解决了。武汉的工作倍极热烈，更轰动了全国。

由于上述各地工作的试验与倡导，给予其他各地平教工作以很大影响。加以全国青年会各地分会的推动与各界人士——尤其是教育界同志——的赞助和参与，曾不两年各地平教工作，风起云涌，在华中、华北、华南各大都市，均掀起轰轰烈烈扫除文盲的识字运动，并多组织了平民教育促进会一类的推动机构。

第三讲　新的英雄、新的创造、新的园地

我们知道，一种新的社会事业，它肇端的时候，常常有着极困难的遭遇，这种艰辛的任务，须要新的英雄来承担。

初期的平教工作，也出现了不少的新的英雄。

第一阶段肇端时期的英雄是苦力，是1917年欧战时侨法的华工。

没有他们被外人的虐待践踏，平民教育的问题或者还不能那样早就被提出；没有他们的热心学习，以及受过教育后那种动人的表现，伟大的苦力的"力"就无人去注意，更谈不到去发掘。他们教育了当时的留学生，尤其是教育了我，使我立下了终身从事平民教育的宏愿。我最初到法国去为华工服务，不过是由于士大夫阶级的慈善心情而去的。后来他们不特使我认识了苦力的苦，更使我认识了苦力的力，中国的基础是苦力，这种潜在的伟大的"力矿"一旦被掘发，将会把人类带入一个新的时代。

第二阶段回国倡导时期的英雄是余日章先生。余先生眼光远大，学识渊博，在美国哈佛大学读书时英文成绩为全校之冠。回国后充任黎元洪的英文秘书，黎氏就任总统时，曾请余先生做教育总长。余先生为了能真正做些服务人民的事业，没有去做官，而就任了青年会总干事职。当我回国苦于平教工作无从着手的时候，余先生即很有远见地在青年会内设平民教育科，邀我主持。余先生忠于社会事业，而且常以在野的身份，为中国为民族尽其国民天职。欧战后美总统在华盛顿召开九国会议，先生亦为中国代表之一和蒋梦麟氏等出席会议，各国代表对先生人格极为崇敬。因之会内所缔条约，亦对中国较为有利，回国时，倍受欢迎。但"九一八"后，先生复以国事日急，抱病再度赴美，期美国朝野能真正认识中国，俾得友好互助，共同制日。曾拜会罗斯福总统，请求美国援助中国，半年努力，竟旧疾转剧，卧不能起。病后返国时，各方人士对之颇为冷淡，除家人及一二知己外，无人前往欢迎，世态炎凉，一至于此。当先生垂危的时候，我前往探视，先生仍以平教工作为念，我当时即面告先生，自己愿终身继续先生的工作，借以安慰此平民教育工作的新的英雄。

第三阶段试验时期的英雄是熊夫人朱其慧女士。夫人字淑雅，江苏宝山人，熊希龄先生之元配，生平热心社会慈善事业，对教育工作尤多赞助。民国十二年春，夫人与陶行知先生同抵嘉兴参观平民教育之试验，深致赞许。嗣即筹组中华平民教育促进会，以尽倡导之责。是年8月烟台平民学校举行毕业典礼，夫人莅会发给证书，目睹成千上百男女老少的平民，都变为不瞎、不聋、能读、能写的学生，即发下宏愿，誓为平民教育事业终其晚年。翌年至武汉发动平民教育工作，督军肖耀南亦为所感动，夫人的卓绝人格于此可见。夫人虽为旧礼教下的妇女，然其思想周密，驭事审慎以及眼光远大，实中国之伟大女性。夫人对平民教育促进会总会之筹备与总会成立后工作的筹划与推运极尽心力。夫人为缠足妇女，当筹备会在上海举行时，夫人登台演讲历数小时不倦，与会者多知名之士，如胡适之、陶行知、袁观澜诸先生，对之莫不钦敬。不幸夫人竟于民国十九年与世长辞。逝世前几日，犹在病中为平教会筹募基金。平教运动失此领导人才，殊堪悼惜！吾人为纪念夫人，除于总会设景慧堂外，并在实验地区设景慧学校，永留纪念。熊夫人的气魄、人格和抛弃个人享受全力为平教工作奔走的精神，实在值得我们敬佩！本校女同学都应以熊夫人为模范。

青年们，中国今后需要的是牺牲自己为国家为人民为民族的人，而不是政治家、军事家。青年们要认识一个民族的复兴，须要有像余日章先生、熊夫人这样伟大的人物。

平教工作，是基于平民需要的创造工作，当在华中、华北、华南各大都市试验推行期间，由于成百成千的男女平民涌进学校，一方面迫使我们补编或改编课本，一方面亦迫使我们创造新的教学工具，新的教学方法。浙江嘉兴香山中学的同志，首先创造了新的教具——幻灯，并试行群众教学法。这种教学法是利用幻灯，先用画片，次为课文，最后教学单字。如一家人吃饭的教材，则先画全家吃饭图，教师先问学生画面所表示的人物与活动，后映"一家人口有男的有女的有老的有少的一同吃饭"的课文进行教学，最后再识单字，等于复习，为时约 15 分钟，即可完毕教学过程，由已知到未知，极合教育原理。每班学生可多至200 人。幻灯教学后，灯光复亮，教师再行领导学生复习，每课教学约40 分钟即全都完毕，实为一种经济有效的新教育方法。熊夫人及陶行知先生均偕往参观，极加赞扬。时中华教育改进社所主办之《新教育》杂志，亦著文介绍，各地采用的颇多。

凭着这种新的工具新的方法，我们又开辟了平民教育的新园地，那就是士兵教育。当平教运动由关内各城市影响到东三省时，张作霖、张学良父子特约前往东北推动士兵教育。我们同意去，因为士兵是有组织的民众，过着集体的生活，进行教学，更为方便。去前准备了 100 架幻灯，并费了三个月时间，预备教学灯片，共装了 75 大箱运往备用。到后，先在 26、27 两旅进行，时 26 旅旅长为张学良，27 旅旅长为郭松龄，均为东北之劲旅。工作办法是：选 350 个军官作导师，以连为教学单位，约 150 人。教学进行时，张学良、郭松龄都亲自参加。读书声充满整个北大营，两个月后 2 万人都读完 4 册《平民千字课》。因士兵平时生活枯燥，故对学习识字颇感兴趣。嗣后该两旅即组织编辑委员会，发行《士兵月刊》，士兵均能阅读该刊，营房风气为之一变，大大地改善了官兵的关系。营长连长不是军官而变为先生，士兵不是下属而变为学生，官兵成了师生关系，大家一团和气，从前官对兵打骂鄙视的风气，很少再有了。后来，包头冯玉祥先生、汉口李德邻先生都请我们去推行士兵教育，士兵教育成为平教运动的一个新园地。并且由于士兵识字后，意识觉醒，随后 27 旅及冯玉祥军的革命行动，与此不无关系。因之事实的教训，我们应当重视民众，他们实藏有无限的可能，如果鄙视他们，就不能教育他们。

第四讲　总的领导机构的建立

1923 年（民国十二年）5 月，正当烟台、嘉兴等城市继长沙后，热烈推行平教工作之际，熊夫人等亲临嘉兴等地参观，确认平民教育至为重要，乃在上海召开中华平民教育促进会筹备会，我被推为筹备会干事之一。大家当时认为最迫切的工作，是充实教材，改编《平民千字课》。全国性的领导机构，能在各都市地方性的推动团体多有设立后，组织更较合宜。

到了 8 月，筹备会方正式召开全国平民教育大会于北京帝王庙，赴会者 400 余人。大会由熊夫人朱其慧主持，于演讲报告后通过简章，此全国平民教育总的领导机构——中华平民教育促进会总会遂于 8 月 26 日正式成立。

总会董事会推熊夫人为董事长，并聘我为总干事。1924 年（民国十三年）我就辞去青年会职务，到平教会工作。会所系借熊夫人住宅之一部分，仅三间小房。全年经费 3 500 元，驻会人员除总干事外，另有半个书记（兼任）、半个工友（熊宅工役），一切工作，几全由我一人兼办。但是我仍然很高兴，因为我视平民教育工作为生命，只要能从事平教工作，什么艰苦都不怕的。因为天下事决不能一蹴而成，一步登天。一个运动需要数十年如一日的继续做下去，才能谈到成就。不过一个运动能够几十年无时不一日千里地蓬勃发展，尤其在兵荒马乱的中国，实在不容易。回想当年平教会初成立时经费困难，领取用费几等于高等工人，我是留学生，如果和中国一般士大夫一样，而没有坚定的信念，是很难长期忍受的，因为受苦易，受气难，任劳易，任怨难。

由于当时政治环境的关系，我的工作曾经被人误解过，有人以为我是借平教会来传教的，也有人怀疑我与苏联有着什么关系。记得有一天熊夫人和陶行知二人来到会所，要审阅全部工作文件。原来他们得到会内打字员的报告（该青年为陶行知外侄），说是我寄外国信件中有"俄罗斯"字样，其实是那个打字青年之误认，后经熊夫人侄儿将所有英文信件全都译为中文，误会始告冰释。我当时想"士可杀而不可辱"，打算马上辞职，后经熊夫人的鼓励与自己的慎重考虑，为了平教工作，决定仍忍气吞声地干下去。我与熊夫人，是两个时代的人物而相处共事，由于对平教工作的共同信念，一个"肝胆照日月"的青年，终于被熊夫人了解了。

虽然在极端困难的情形下，平教会的工作，仍然有突飞猛进的发展。赖总会的领导与推动，短期内中国已有半数以上的省份成立了省区平民教育促进会。几十个大的城市都先后建立起推动平教的组织，尤以湖南一省更在各县乡成立平民教育促进会各地分会。

这时并开始注意 3 万万 5 千万农民的教育工作。会内设乡村教育部，延请傅葆琛先生主持，划定京兆、保定区为实验区，积极推动，由城市到乡村，这是平民运动工作范围的扩大。

自侨法华工教育工作起，至平教会总会成立止，是平教运动的胚胎、试验与奠基时期，总结这一时期的工作，有下列两点值得申述：

第一，我们所提倡的平民教育与过去的平民教育有显著之不同。已往的平民教育，多是"贫儿"教育，如贫儿学校、半日学校、夜课学校等。都是带有慈善性质的设施，课本的选用也较随便。我们的工作与他们相比完全两样：（1）是科学的——如字汇、教材、编法、教法，都是经过科学研究，并根据教育原理的。（2）是实践的——不论教材、教具，一定要经过实验，看其是否适用。我们不仅在一地实验，而且要在华中、华南、华东、华北以及华西去实验，以求全国各地都能运用。（3）是正宗的——我们把平民教育当成正宗教育：从事平教工作，不是慈善性的附带性的时办时辍的，而是以平教事业为专业，为终身职志。

回顾中国自所谓新教育兴办以来，留学生从外国带来的教育制度——由幼稚园而小学、中学、大学的教育制度，真是依样画葫芦，毫不问其适用与否。对中国的特殊教育需要，3 万万 5 千万的全民教育问题，却视而弗睹，听而不闻。孙中山先生一再提出对内要"唤起民众"，国民党却没有去从事民众教育工作，尤其是使民众自觉的教育工作。中山先生逝世后，国民党所注意的，是关起门来训练干部，其实比训练干部更迫切更基本的事业，是 3 万万 5 千万的平民教育事业。平教会近 20 多年所努力的，就是此种最迫切最基本的工作，也就是中山先生的"唤起民众"工作。

第二，当时我们的工作，对国内发生了很大的影响。（1）知识分子——许多知识分子尤其是中小学教员，都义务充当平民学校的教师，约计有 30 万人之多，他们过去与民众毫无关联，因为参加平教工作，接近民众，也就是认识了民众。（2）出版界——如商务、中华等书馆，也各在编行《千字课》，计有 50 多种，但都以《平民千字课》为蓝本。更为适应全国识字运动的新需要，各书商对民众读物，也都争先恐后的大量编行。（3）大学教授——开始从事成人平民教育的研究。（4）宗教方面——教会也开始注重民众教育，不过教会的民众学校实是教友学校，目的在使教友能看经典，基督教是如此，佛教也是如此。（5）政府方面——国民党政府成立后，曾定识字运动为七大运动之一，并举办各种民众教育事业。若干重要设施，多有平教会参加协助，如在苏州创办的民众教育学校，就是平教会同志去筹办的，这个学校即现在江苏省立教育学院的前身。

第五讲　檀岛华侨的赞助与总会的扩大

1925 年（民国十四年），有 9 个国家的国民代表要在檀香山联开一个"太平洋国交讨论会"，目的在提倡国民外交，借以增强各国人民的联系、认识与谅解，并讨论有关各国间之问题，俾能促进太平洋沿岸国家的安全与和平。中国有 12 个代表，我也是代表之一。当时平教会总会经费困难，诸多牵连不便分身，兼之出国旅费也成问题，后幸得朱成章先生之助，借得 5 000 元，会内经费得以短期维持，始安心赴会。会期历时两周，举凡政治、经济、文化、教育等问题，均有讨论，不下60 余项。最后由各国代表演讲，中国计有 3 位代表演讲，我是其中之一。我演讲时，就把自 1920 年至 1925 年努力平教工作的情形作一报告，为时仅 20 分钟。我报告完后，全体对这种工作极表赞佩，起立鼓掌，挥巾，历久不止。主席韦尔伯博士也起立致辞，略谓中国的平教运动，与太平洋各国的关系至为重要。中国人民最多，大半未受过教育，因此平教工作，是启发太平洋沿岸国家绝大多数人民智能之急切工作，正与本会目标相合。中国人民受过教育之伟大力量，一定是世界和平的重要支柱。我们亟应重视中国之平民教育运动。威氏词毕，全体复一致起立，表示拥护。

事后，美国和其他各国报纸，多刊载了韦尔伯和我的演讲词以及与会代表对平教运动的热诚与重视的报道。这无异于把平教会的工作，做了一次国际宣传。当地报纸登载更较详细，华侨看了，至为兴奋。当即有侨胞代表来要求我留住较长的时间，对华侨作平民教育演讲。我答应留住两星期，共计讲演 40 多次，听讲的团体，小的仅 20 人，大的有几千人。

檀岛侨胞对平教工作有了进一步的认识，大家都很想帮平教工作，使平教运动能有发展。于是就发起募捐运动，为平教工作筹募基金。组织了妇女队、学生队、银行队、牙医队等若干劝募队，分街分段进行募捐。当时不少人是停工停业而来参加募捐工作的，用了 3 个下午的功夫，一共捐了 2 万美金。

在募捐进行时，有一件小事情值得一提。侨胞中有个叫叶浦的，在檀岛经营蔬菜业，原系小贩，时已巨富，但颇吝啬。募捐队长，要我亲自去拜会他，当面请他捐助，或有希望。我就去了，经过介绍后，我们谈起来。他说："昨天听了你的演讲，我非常感动，我现在还是一个不识字的瞎子，深知不识字的痛苦。所以我回来后，就决心尽力帮助你这个运动，我愿意捐款帮助国内同胞识字，使他们不再像我一样是个不识字的瞎子。"结果他慨然捐了 1 000 元美金。这说明了什么？这说明在近代化的社会中，不识字的人，是怎样地感到痛苦，怎样地在渴望获得教育。

当我离檀香山回国的那一天，去向檀香山总督辞行。他是我耶鲁大学时的同学，据他谈称："渠在檀香山 6 年以来，从未见过有如此热烈的募捐运动。你的募捐成绩，真是空前的。由此可知你的事业的伟大，同时也可证明中国人民的伟大。"是的，开发 3 万万 5 千万人的"脑矿"、"力矿"的工作，应该是伟大的。不过伟大的工作，仍须靠无数人的努力才能成功的。

檀香山华侨的平民教育运动，并未因我返国而终止。当地中国大学生会会长黄福民氏暨其他同志，仍继续倡导，并发起组织檀香山平民教育委员会，积极鼓动。侨胞各界，都极表赞同，实为华侨平民教育之一基础。

我从檀香山带回 2 万美金的捐款后，除偿还朱成章先生借款 5 000 元外，乃用之扩展工作。在 1926（民国十五）及 1927（民国十六）两年中，我罗致了大批人才，如瞿菊农、孙伏园、陈筑山、熊佛西等先生，都是那时参加平教会工作的。国际友人也有参加者，如甘博先生等。

由于事实需要，不得不把平教会总会组织予以扩张，内部包括推行、研究、育才三个方面。推行方面设四部，除乡村、城市、军队教育部门外，更增设华侨教育部，借以推动檀香山及其他各地的华侨教育工作。研究方面，设研究调查、平民文学、视导训练等科组，从事各种研究事项。育才方面，则拟创设平民教育研究院，下属平民教育育才院、平民教育师范院等，开始注重人才的培育。

第六讲　富贵不能淫，威武不能屈

1926 年及 1927 年，是中国政治上大变革的时期，平教会也在这个时期大量罗致人才，积极开展工作。蓬勃的平教运动成为一支不可忽视的社会力量。于是问题就发生了：当时北京政府，很想利用这个力量。有一天一个在北京政府军政方面颇有地位的朋友，约我谈话，希望我跳上政治舞台从事政党活动，组织一个大的政党。以教育事业非靠政治力量不能推动为辞，说平教运动应与政治配合，并表示愿拿出 800 万元作组党经费，要我就在他的房内，即时考虑，当面答复。我向他说明，这件事十分重大，须与会内同志商谈后方能决定，约于次日再作答复。

回到会所就召集同仁开会商讨，多方分析详加研究，直至午夜，始行散会。结果大家一致赞成平教会应保持独立、超党派与学术自由的立场，拒绝参加某方之组党活动。第二天，我去拜会那位要我组党的先生，除对他关心平教会事业表示感激外，对组党一事婉言拒绝。我向他说："你可以在上层政治军事方面去努力，我愿在下层文化教育方面去努力，大家干十年后有了基础再来合作。"他当时尚认为有道理，但他左右的人，却大不以为然。威胁利诱不成，继之而来的就是危害与破坏。

当时我准备再度赴美，到天津去办护照。谁知当我离开北京的那一天，平教会就被军队包围并捕去职员多人。我在天津尚不知道，回北京的那一天，有同事数人在车站接我，说会所及我的住宅都有侦探包围，叫我暂勿回去，另想对策。我就到欧美同学会去住，以同学会作活动根据地，与旧同志商量办法。

熊佛西等先生把当时经过的情形告诉我：几天前突有 200 多手枪队将平教会包围，率领者到会里声称奉命要找干事长。那时干事长职务是由陈筑山先生代理。陈先生十四岁中秀才，后到东京，中山先生劝入同盟会，未允。后加入梁启超之进步党，袁世凯实行帝制，被迫避居港沪，曾几次被捕，均得逃脱。嗣历任北京法学院院长、上海公学校长等职。我由檀岛返回，与陈先生畅谈平民教育运动后，陈先生才加入平教会工作。陈先生过去曾主持《民权报》笔政，即感做纸面工作，无大用处。与我谈话后，深觉平教会"除文盲，作新民"的工作是基本工作，乃毅然加入。今日我们所唱的平教会歌，就是陈先生所作。陈先生告诉他们说："晏阳初先生不在会，我是代理干事长。"于是陈先生及其在会内的同志，就全被捕去了。

我们商谈的结果，是找与当局有关的朋友协助解决。我用电话先邀请一位先生来欧美同学会，我和他同去会见警备司令陈兴亚。见到陈司令后，原来陈司令也是我前在东北推行士兵教育时参加人之一。我大发雷霆责骂他们说：我们手无寸铁，全力从事教育工作，你们不该凭着枪杆随便来捕我们。请即释放被捕人员。如果一定要关人，请释放别人，关我好了，我是平教会干事长。陈推系上峰有命令，自己不能作主，须电上峰请示后，方能决定。不得已，只得到他请示上峰收到回电再说。那时他的上峰正在河南作战，到第二天上午才复电允即释放。我马上亲到监牢里去接陈先生等出狱。到时看见陈先生衣着汗褂，正在向牢内两个人讲平民教育问题，向他们进行平民教育工作。我走进去先喊了他一声，他见我来了，就说："你来做什么？我在这里你何必再来呢？"我告以"问题已解决，特来接你们的"。当陈先生离开监牢时，那两个牢人，竟依恋不舍，为之泣下。

平教会同志是以平教工作为生命为宗教的，随时随地都在进行平教工作，这是平教会同志的精神。天地之大，无处不能工作，此处不能做，到别处去做，只要一天生命存在，就要为平民教育工作下去。会内同志像瞿菊农、熊佛西、陈筑山诸先生，都抛弃了高贵的都市生活，而来从事平民教育工作，就是因为他们都具有这种精神。

当时平教会经费有限，同仁待遇菲薄，有人要送我们800万元，我们不为所动，拒绝接受，把我们的同志捕去送入牢狱，也丝毫不能改变我们对平教工作的信心。要成功一件事业，一定要具有"贫贱不能移，富贵不能淫，威武不能屈"的精神。

第七讲　在美国——从事国际宣传

1928年（民国十七年），是平教运动史上新的一页。

1926年至1927年两年来，因工作扩大经费时感拮据，兼之环境恶劣，困难层出，虽靠会内同志"贫贱不能移，富贵不能淫，威武不能屈"的伟大精神及一颗"红心"得以支撑，但正到了山穷水尽的时候，须要我们去作新的奋斗。

就在这一年，母校耶鲁大学拍来电报，说董事会决定要在本年校庆日授我以名誉博士学位（本年是我从事平教工作 10 周年）。接阅电报后，喜惧交集，喜的是：母校已认识了我的工作，来鼓励我鞭策我；惧的是：10 年努力，成就不大，无甚成绩告人。兼之当时平教会正处于环境威胁经费困难之际，我实无法脱身出国。后来终于借到一笔款，才得成行。

到美后，参加耶鲁本届毕业典礼，那天和我一同接受名誉学位的，都是大学问家大发明家，心里着实有点战战兢兢。我的年纪又远较他们年轻，更感觉不安。

接受名誉学位后，应邀到各处演讲，听众异常热烈，因即引起募捐动机，想请他们能实际来帮助平教运动。适遇 Carter（卡特）先生，他是九国国交讨论会中之秘书长，欧战时曾任美国军事青年会总干事职，极愿来帮助我进行募捐工作，商定要建立一个组织，要柬请各界领袖参加演讲会。每次演讲会后即进行募捐。有一次集会上，我演讲完了时，一个青年名叫 Field（菲尔德）的，向 Carter 说："我愿意帮助晏先生工作，不知晏先生需要书记一类的职员否，不过我要到欧洲考察的船位已定了，我再考虑一下，明天我再来做决定。"第二天，这位青年朋友来了，他毅然地说："如果我不抛弃一切来追随晏先生，我就是一个大傻瓜。"他是哈佛大学毕业生，精明能干，每天随待我办理一些杂事，形同佣仆，因之我更把他视如兄弟，他敬重我，我爱护他。他在我募捐期间极辛劳。

在纽约筹备了一个大会，到会的有各界领袖 600 多人，晚餐后演讲。当晚讲话的有中国驻美大使施肇基及伍朝枢，还有美银行家莱氏等。最后由我演讲，时已近午夜，我作了简短的演讲，说明中国整个民族受了现代教育后对今后世界的贡献。讲后全体起立鼓掌，至为热烈。那天集会，大家认为非常圆满，觉得要他们捐款，必无问题，认捐信发出后，回信捐款者却不多。

过了半年未捐够 5 000 元，心里有点失望，我就决定改变作风，拟亲自与各界领袖交接，因个人访问，可以建立友谊，由人与人的感情，而伸出援助的手。后即和 Field 同到西部各重要城市。有一天到了芝加哥，召集了一个几千人的大会，演讲后我只选定一二十位各界领袖，分别亲去访问他们。适有美全国律师总会长，前曾在纽约听我演讲，现回芝加哥特约我便餐，并邀他的一二十位朋友相陪，介绍后我简短地讲了一刻钟的话。饭后散别时，有一位名叫 Avery 的向我说："晏先生，我可以向你说一分钟话吗？"我说："当然可以。"他说："我听了你的演讲，觉得你这个工作，不仅关系整个中国，而且关系整个世界，我愿意帮助你。"这位青年商人，据别人说他是相当吝啬的。第二天我去拜访他时，他问我工作的困难在哪里。我把政治方向、教育方面的种种困难说给他听，并未提到经济方面，还是他自己提出问我，在经济上有无困难，暗示愿意在经济方面帮助我，并慨然写了 1 万美金的捐款，签名为："我是你的崇拜者。"临别时，还从 25 层楼上送我下来，并且说："你的工作很伟大，我的帮助太微小，但愿以后能多多帮助你，祝你成功！"你看，这种通过事业而建立起的友谊是何等的伟大！

那次在美国 8 个月，一面从事平民教育国际宣传工作，一面进行筹募平教会基金，结果还算圆满，奠定了自那时起平教工作的 10 年经济基础。

平教工作 24 年来，始终保持学术独立思想自由的立场，在中国的政治情况下，实在是不容易。我们 20 多年的工作都是在内战、洪水、旱灾、饥馑的情况下进行的，直到今天，我们还没有安定的工作环境。只是靠了努力，靠了挣扎，靠了国际友人的帮助，才得有今日。但我们决不接受任何有条件的捐款，1926 年在美时，曾有一富翁愿捐 10 万元请我在中国作节育的工作，我一方面认为节育不能解决中国的问题，一方面因为他是有条件的捐款，就拒绝接受。我们募捐，并非仅让别人出几个钱完事，而一定要他们认识我们的工作，而自愿的用他们的力量——经济力量，参加我们的工作，如此，200 人捐款，就等于 200 人参加了平教工作。

我们今后要"茫茫海宇找同志"，今日交通便利，国际范围缩小，天下变成一家。我们的工作，不但要具有全民性，而且要具有国际性。可能在国内真能认定全民教育事业的重要而努力以赴的人太少，很多人不能维护事业，而要摧残事业。今后我们大家，要对全民教育有深刻的认识，以贫贱不移，威武不屈的精神去奋斗，成千成万的人都能这样做，中国才有办法。

由识字教育到乡村建设

第八讲　定县的实验

1929 年，我们集中人力物力来到定县从事定县的实验工作。

中国的社会是：假如你落在后面，一般人都瞧不起你；你走在前头，他不了解你，误会你；如果你能搔着痛处痒处，就要打击你，摧残你；最好是同他们站在一条线上同流合污。所以我们在定县的创造工作在进行中也受了不少的阻碍，今天我要把经过的情形告诉你们，叫你们能够彻底地了解。

1928 年（民国十七年）我从美国回来后，经济上已经有了基础，就研讨如何进行我们的工作，我们为的是全民都受到教育，但全民教育的对象在哪里？无疑的，不是平、津、沪、汉几个大都市，而是广大的乡村。我们以平民教育来号召，对中国 80％以上的农民大众尽力多少？大多数的平民既然都在乡村，所以我们决定到民间去，但深入民间要从何处着手呢？我们想先选一个能代表华北大多数县份的一个县，到那里去向农民认老师，因为我们已经所受的教育与农民太隔膜了，我们要重新教育自己，要先农民化，才配化农民。当时有 20 多个县份都要我们去，最后我们选在定县。

定县有个翟城村，村人有姓米的两位兄弟曾留学日本，回到家里后，想把村子改革好，可是他们的作风太激进了（如捣毁庙宇等），因之引起村人的反感。他俩一腔热血，经此打击，乃渐渐消沉堕落，后来竟抽起鸦片来。米氏弟兄听说我们要做这种工作，欢迎我们去。我们去了以后，对村中好的事提倡，坏的事改革，渐渐得到村人的信任，于是我们决定全体同仁都到定县去。

定县离北平 300 余里，可以与都市的学术文化工作取得联系。而又是一个淳朴的乡村，人口有 40 万，恰好代表 1‰的中国人口。所以大家都决心去，连家眷都带了去。这等于出家去向农民学习，佛经上有一句话："我不入地狱，谁入地狱！"我们都是抱了这种精神！

到定县后，第一桩事就是衣、食、住的问题，我们的衣服都是自动的穿蓝布长衫。我们住的地方，决不另修房子，利用民间的房屋，散居民间，以期与农民的生活打成一片。中国侨民在外国都自己成一个范围，与外国社会隔离，外国人称为"中国城"，这种作风是不好的。又如传教士的精神，我最佩服，但是我最不赞成他们自己筑大洋房，住在里面与老百姓隔离起来。我们当时是一律住在农家，我们特别一点的是把房子墙上开一个个的洞，使光线空气能够流通，当时只要看墙上有洞的房子都是平教会同仁住的。

过了一个时期，因为乡村生活的清苦，就有人渐渐感觉得受不了，有的同仁即请假他去。北方土厚，春秋季"刮土"时，弄得一身都是土，所以，我们的同仁不但要能吃苦，还得要吃土。有些先生虽然受得了，而太太受不了，于是也就辞职。到民间去实在是不容易的一件事，但是大部分的同仁，仍是坚定不移，继续留在定县。

初到定县在工作方面有一部分有"作之君"的味道，有的人则以为应该要循循善诱才是教育。我们平常喊改造农村，改造生活，什么是改造？改就是改革，造就是创造，改是消极的破坏的，造是积极的建设的，乡村中哪里应该改，改多少，哪一部分应该保留？造——造什么？如何去造？这些都是大问题。当时在定县像一个小的中国，问题之复杂，实在不是容易梳理容易认识的事！有一个美国留学姓韩的同学，他满腔热血愿意来定县工作。到定县后，他不愿住在考棚（考棚是我们在城里的办事处），愿意钻到村子里去。他干了两年，因为对问题认识不清楚，找不出一个头绪来，没有一点工作成绩。后来他跑到城里流着泪对我说："两年来我没有一点成绩，我现在请求辞职，待以后有了经验再来。"当时我也感动得掉着泪准他辞职，现在这位韩先生仍在大学中做教授。其余留下来的同仁，因为时间久了，慢慢对问题有了认识，对工作因而感到兴趣。

我们从工作当中，认识到要培养农民自己的自发的力量，惟一的途径就是办教育，否则是表面的粉饰的不能生根的。所以首先要唤醒民众，使其自觉，但这种基础的工作，是一桩最艰难的事，正如在一块满布着石头瓦砾，荆棘丛中建造房屋一样，需要先作彻底的清除工作，一点一滴地作工夫。

在民国十七、十八年以前的时候，还没有所谓实验区、实验县的工作。自从定县实验工作开始以后，政府及其他各学术团体也都在提倡，不过一般人对这个工作有误解，认为实验县就是模范县，许多地方受这个风气的影响办实验区或实验县，初办的时候都很热烈，渐渐因为做法的不对，而消沉下去。有些实验区和实验县的办法，并不是我们的做法，如造马路、修洋房，或热心士绅及富贵而归田里的人，乃办一两所学校，修一两条路，认为这就是实验县或实验区的工作，其实这都是错误的，因此提倡的人一不在，即告瓦解。

我们1928年集中人力财力到定县，我们的目标是在人，不是在物。我们的基本认识：国家社会的基础是人民，大部分的人民在广大的乡村，所以要到乡村去，我们的工作不是烘托、粉饰，供人欣赏、参观。

主要是把我们对象的"人"能使他们自觉，由自觉进而知道自己改革，自己创造，自己建设。但仅有教育上的刺激，只有理想而没有能力实现自己理想的希望是不行的，我们还得给他们以智能，否则将得到一个反面的结果，养成人们对社会的不满，而没有能力去改造。我们要能够作到人民本身要有自觉心，同时要使他们有智能去达到他们的理想与改造的目的。

中国伟大的力量是农民，这种伟大的基础和潜伏的力量，还没有开发，我们要开发出来，才有力量。我们不是办慈善事业，一般办慈善事业是消极的，"人存政举，人亡政息"。一班志士仁人见到社会的黑暗，提笔写文章以表达其不平之气。但文章自文章，光写不做不能解决社会的问题。真正好的做法，是要深入民间，想方法如何叫一般老百姓有"智"与"能"，使他们能自觉地解决自己的问题、社会上的问题。平教会所研究的内容方面，是要使千百万人民有自觉心，使他们自觉地知道问题，去改造社会，改造自己的生活。

欧美的教育是求"适应生活"，是可以的，因为他们一般的文化水准、生活程度都相当的高。但是我们中国百孔千疮，社会腐败黑暗，专靠适应生活是否可行？不，我们要改造社会，要把这黑暗肮脏贪污的社会改造，要改造人民的生活，这是中国有思想的教育家应有的哲学和应有的精神。但这种工作是艰巨的，不是少数人的力量所能担当的，要培养多数人的力量。我们看看印度，它是一个有几千年历史的古国，也出了像泰戈尔、甘地等大人杰，然而他们还是过着穷愚的奴隶生活。由此可知，专靠少数人是不行的，少数人的出类拔萃，而大多数人依然是愚昧、无知，社会是没有法子进步的。我们那时看清了这一点，我们真正地深入民间，去认识乡村问题，我们是要具体地、科学地研究成一套为全民而有用的新兴教育，但如何做法，是先向农民当学生。中国一般的学者，很少自己有自己的一套对问题的看法与做法，大都是东拼西凑，而没有把中西的学问融化在一起，应用到人民生活中去，为中国政治教育创一条新生的路。我曾说："创造兴邦，享乐亡国。"我们要有独立性，学英国美国都可以，但先要有选择，我们只能参考别人的长处，针对自己的社会来创造。光把鲜花插在花瓶里是不能生长的，所以在民国十七年，我们就有一种大的抱负，这是一桩艰苦的工作。但是我们要对它有希望，有信心，语云："哀莫大于心死"，我们假如没有这种抱负和希望，我们的民族国家不会有希望的。我们要坚决地不断地干下去。

所以我们这一班秀才、博士、学者到定县后，即潜心地向老百姓学习，从学习中去认识问题，研究问题，解决问题，我们要使定县成为一个"社会实验室"。

在欧美作儿童教育、成人教育，也曾办了少数的实验学校，但他们仅限学校范围的小规模的实验。我们觉得这种做法不够，因为它所影响的仅仅是家庭学校和某一特殊地区的小圈子。因为社会是综合性的，人们的生活是集体的，一个社会中的问题常常是与另一个问题有关联的。所以用机械的方式孤立地做是不行的，我们要拿一个县作为整个社会问题的研究。这种做法是中外教育史上所没有的。这种做法因而也影响了欧美的学者。一部分自然科学的实验方法可以用，但另一部分是不能用的。社会的问题不一定像自然科学那样 H_2O 一定是水，那样具体，那样单纯。

中国一般的知识分子常常不能摆脱脑子里一套与实际问题距离甚远的旧的观念，好比戴上有颜色的眼镜去看老百姓，是看不清楚的，使得知识分子和老百姓中间有了一条鸿沟。今天中国所需要的是搭一座知识分子与老百姓之间的桥梁，使这个鸿沟不会再存在。那么，就必须要能够做到：

（一）基础化——天下事应该学的太多，老百姓不能样样学到，你得把最需要的基础东西给他，使他们能树立根基而求发展自己。我们做工作的人，要作炼丹的功夫，把老百姓应该学的东西先精炼。好比维他命丸，使他们服一点就有很大的用处，学一点就能用上一点，我们这些学者、研究者就该负起这个责任来。

（二）简单化——要能深入浅出，像陈筑山、瞿菊农两位先生，要作文章是下笔千言，但初到定县时，编平民学校用的《千字课》就感到困难，不是像作文章那么容易了，深入易，浅出难，把教材的内容和教学的方法弄简单，学的人学起来自然就容易。

（三）经济化——时间上要经济，因为老百姓终年忙碌，没有充分的时间来受教育，《千字课》就是适应这个条件来编制的；而且在经费上也要很经济，否则不容易推广。

内容上基础化了，方法上简单化、经济化了，然后才能够普遍化！

要做到这几点是千难万难的事，但这是我们基本的作风，希望你们能领略。

中国的人民潜伏着无限的力量等待开发，在今天的世界是唯力是视的世界，非培养有力的民族不可！什么是力？英文说得好：

- Knowledge is power. （知识就是力量）
- Production is power. （生产就是力量）
- Health is power. （健康就是力量）
- Union is power. （团结就是力量）

以上四种基本力量它的反面就是"愚"、"穷"、"弱"、"私"。我们要从基本的四方面，使中国这个弱的民族变成为有力的民族，那么我们就需要有这样一套教育去培养人民的"力"。我们这种看法是以教育观点来看，不是从政治立场来看。否则登高一呼，万山默然，人民没有自觉，内在的力量不会发出来，什么主义都会变成无用。中国少数人的作威作福，就因为大多数人没有知识，你想一个国家，多数人都是聋子、哑巴、瞎子，少数人如何不猖狂、为非作恶，少数的坏蛋当然要趁此机会浑水摸鱼。如果全中国 4 万万 5 千万的人都吼起来，试问什么力量能够征服他们！平教会同仁认识到这一问题的严重性，而后发出责任心而潜心学习，努力工作。

中国这个弱的民族需要的是力的教育，而后才能在这唯力是视的世界里谋生存。

- 因为中国人愚昧，所以要培养知识力来攻愚，这就需要——文艺教育。
- 因为中国人贫穷，所以要培养生产力来攻穷，这就需要——生计教育。
- 因为中国人多病，所以要培养健康力来攻弱，这就需要——卫生教育。
- 因为中国人散漫自私，所以要培养团结力来攻私，这就需要——公民教育。

在这里，我要特别请你们注意，并非我们有了计划以后才到定县去工作，而不管那个计划能不能扣得上。我们原来是抱学习态度，学习认识问题，解决问题，所以我们不是去"扣"而是去学习，使潜伏的伟大民力得以开发出来，来求改造人民的生活。所以我们决不是适应。

1929—1937 年，我们实际钻到乡间，钻到农民的生活里去研究。从研究实验中，我们体验出来，发现出来中国人民的四大问题——愚、穷、弱、私与改造的方式——四大教育。四大教育是连锁的，不是孤立的，要培养人民的知识力，就不能不培植其生产力、健康力和团结力，这四种东西是相依为命，不是单刀直入所能达到目的。不能专门单独解决一个问题，例如教育方面：他们如果没有饭吃，如何能有心情来读书。反之，他们为什么弄得没有饭吃？因为他们生产方式生产技术的落后。而要改良生产，就得有农业科学的知识与健康的身体。但生产力增加后，政治黑暗，贪污横行，人民还是不能得到幸福，因之要能有觉悟有团结来改革政治，所以我说这四种力的培养是连锁的。自从我到南美洲和印度看了之后，更觉得应该如此。英国人在印度提倡卫生已经200多年，到现在仍是遍地肮脏，提倡教育也有200多年，而大多数印度人到现在仍是字都认不得。这是因为英国的做法只是片面的孤立的，办卫生专办卫生，办教育专办教育，证明是不会有大的效果。即使稍有成就，也只能进展到一定阶段就不能再往前进。所以我说四种教育在研究时应该分别去研究，但在实施的时候，要连锁实施，才能收到效果。我这种认识，是在实际工作中向人民学来的，不是凭空捏造和闭门造车。

一、文艺教育

现在给你们讲四大教育的内容，第一先讲培养知识的——文艺教育。

我们工作的对象是人，所以要拿人当人，不要拿人当牛马，要有方法开发他们的力量。第一步工作就是办教育，因为中国的国情不同，假如在南美洲，第一步可以不从教育入手，而是先办卫生，再办生计，然后才办教育就可以了。原因是南美的人大多数是农奴，他们多患肠虫病，应该先针对这个问题先办卫生，而后才能进行其他的工作。可是在我们中国，对农民应该先从教育方面开始，因为中国人有读书的优良传统，一般的平民自己虽没有读书的机会，然而大家总都觉得读书好。我们在乡下可以看到，家家户户神龛上面供奉着"天地君亲师"的牌位，师与天地并列，这是中国人的优点。可知人人都有读书好和读书重要的看法，但因政治的不良和生活的压迫，都自己认为不能读书。我们在东亭村开办一个平民学校，第一次招生报名的不过20几个人，就是受了这个观念的影响。这20几个人读了七八天以后，渐渐能识字了，一两个月以后就能写了，于是一般农民知道自己是可以读书的。慢慢地得到他们的信任，读书的人就天天在加多了。乡村人的保守性很重，要他们相信你，必须实际做给他们看。俗话说"百闻不如一见"就是这个道理。我们在定县先设6个表证学校，但地方人士受了影响，自动的就办了472个。

关于平民学校教材方面，我们是煞费心思，因为不能用小学用的课本，更不能教他们念四书五经，所以我们研究编《千字课》，使他们对教材的内容有渴望，有要求，有口味，因之所用的方法，要基本的，简单的，经济的，普遍的，用最少的时间精力作普及的工作。时间是每日1小时，因此，解决了乡村农民的"忙难"。1300个生字解决了"文难"，3分钱一本《千字课》解决了"钱难"。所以农民能自觉地自动地创办了472个平校，你们今后到民间去，要认识上面的几个基本原则。

我们学术团体的经费很有限，平教会用钱是作"炼丹"用的，要用最少的时间与最少的经费办最不可少的教育，使其能够推广，能够普及。

学术团体应该站在时代的前端，来研究，来提倡。政府多半是保守的，这基本研究的工作不能靠政府，但我们因人力经费的限制，只能做到研究实验这一段工夫，大规模的推广，应该由政府去干。我们研究的这一套办法，已经影响了政府，政府当局已有了一点觉悟，但觉悟到什么程度，实在不敢说，政府拿了老百姓的钱，是应该用在老百姓的身上，为老百姓做一点事！

中国不识字的人多得很。谚云"打蛇打七寸"。做事你得有目标有策略，抓着问题的所在，不能盲目去干。最理想的当然是叫3万万5千万的人能够识字读书，我们一时虽办不到，但我们要抓着最迫切需要受教育的一段先干。这3万5千万人其中有老的太老已经来不及，小的太小还够不上。只好先就14岁以上35岁以下的这一段继往开来的男女青年。潜伏着无限力量的无疑的是青年。我常说中国人不是不可教的，而是"无教"，中国少数受过教育的是"误教"，无教比误教好，不过得给无教的以有教。中国14岁以上35岁以下的青年有8000万，比德国和日本的人口还多，这些人才是救国救民的生力军，要把握着他们，有计划有步骤有内容地去训练他们！

定县当时有8万农民青年，6.5万是男的，1.5万是妇女，这蓬蓬勃勃的青年，就是改造定县、建设定县的生力军。改造定县并不是我们，我们不过发现他们本身的力量，给这8万青年以知识技能，培养他们的改造能力。那么书同文，车同轨，就为作全国的示范和参考，总比从欧美拿来的那一套，要适合国情些。所以定县的社会实验室和示范场，不是空谈的，而是要有事实可以看的。

定县在抗战期中虽然曾被敌人占领毁坏，然而敌人只能毁坏我们的房屋、农场……但是不能毁坏我们的方法和制度。

定县40万人民的社会实验室，我们是要寻求一个教育的内容和制度。

上面所教的这8万青年毕业后，就组织"平民学校毕业同学会"，在地方上曾发生了很大的力量，这是在我们没有到乡村里来以前所梦想不到的。以往农民平时只有以家族为单位的组织，集合各族各姓来组织的团体是没有的，自从有了平民学校同学会，青年们自己组织起来了，这个组织不是以家族为基础，而是建筑在共同教育的背景上，打破了每族每家的隔膜，这是一个破天荒的创举。

平民学校同学会的目标是：（一）继续不断地求知识；（二）团结起来改造乡村。所以平民学校的每个学生，在村单位社会中是惟一的有知识有团结的分子。在一个村子里，男女青年有了组织，在村子里不能不发生力量，大家团结起来改造乡村，意义甚为重大。你们想定县全县有400多个村庄，每一个村都有一个同学会，这种力量是如何的伟大啊！

各村同学会成立后，我们为了满足他们的求知及组织与活动的欲望，于是乎又忙起来。我们又得从事"炼丹"的工作，乃设立了平民文学部，编印初高级平民学校课本和平民读物。孙伏园先生那时正在北大教课，他是留法的学生，文章写得很好，但那时一般文人写文艺作品，不过是文人借此互相标榜，互相炫耀，专供少数人的欣赏，对一般知识落后的农民没有什么关系。我找到孙先生跟他说："你应该到乡村去学习去创作，为老百姓写文章，让老百姓作你的读者。"孙先生于是就加入了我们的工作，主持平民文学部。他们花了很大的工夫搜集民间文学，曾从事定县秧歌的研究，后来编成一本50余万字的《秧歌选》。既然要为一般农民写读物，就非到民间去搜集材料，学习民间话的文学不可！渐渐编了600多种平民读物，到1937年编成的将近1000本。又成立了"巡回文库"，供给各村同学会会员阅读，使每村的同学会都有"平民角"的设置，巡回文库每两周换书一次，他们那种读书的兴趣和渴望新书的心情，有如大旱之望云霓。

再谈艺术方面。艺术是直观教育惟一的利器，主持的是郑锦先生。郑先生在袁世凯时代即任北京艺术专门学校校长，我因为久慕其名，特别去拜访他。见到他家里的画很多，墙壁上架子上摆的琳琅满目，但所画的皆是些富贵图、美人图一类专供王公大人们欣赏的画。他是广东人，我到他家里吃了好几次广东菜。我有一次饭后和他谈，我说："锦兄，你的画画得真好，可惜欣赏你的画的人太少了，何如到定县去把艺术平民化。我们在定县办平民教育，单是文字还不够力量，希望你能到定县去为他们作画。"后来他辞掉校长到定县来工作。到定县后，他住在两间破房子里，可是布置得真艺术，他是用洋油木箱子来作家具，上面铺着定县织的土布，布置得素雅美观。从此他不再画杨贵妃一类的美人图了，而画新爱人——老农老圃。他跑到乡下观察老百姓的生活，他看到农家贴的门神、灶神，又钻到定县有名的塔上——唐开元塔，去研究塔里的壁画，专门从事这些民间艺术的研究。后来很多位画家也到定县参加我们的工作了，于是大文学家、大艺术家都到乡村从事平民文学、平民艺术的研究了。

无线电广播——我们进而又研究无线电广播教育，但广播内容要哪些东西，又需要研究。广播内容应该包括农业常识和农民四季疾病预防等现实需要的东西。

广播的稿子，先由文学部用人写好，再请本地方人修改，然后由本地方人用方言来广播。初作的时候也是先从 6 个表证平民学校村子作起，由 6 个村子中同学会会员来负责这个工作。如管理收音机，把收音机装在村子里的戏台上，广播时鸣锣通知村子里的民众来听，又如广播《平教同志歌》或其他歌曲，旁边就由同学会会员领导大家学习，大家唱……后来我们自己研究制造无线电广播机和收音机，于是慢慢全县各村都有了收音机，外边到我们这里订购的也很多。

平民戏剧——这个工作是由熊佛西先生主持。有一次我在北平协和医学院大礼堂看到他上演自己编的剧本，后来我对他说："你的剧本写得很好，可是离不了爱情、古代的历史剧等，而看的人，也不过是一般达官贵人，你岂不是和梅兰芳一样，变成了一般有闲阶级的享乐品，他们这一般人早就享受得够了，而我们 3 万万多的农民终日胼手胝足，一年到头有什么娱乐？正应当给他们点娱乐，为什么不到乡间去把中国的魂抓着，找活的材料作剧本？"熊先生是一位满腔热血的人，听了我的话很受感动，当时他答应考虑考虑，后来经我五顾茅庐，六个月后，他摆脱一切到定县来了。他初到定县不能即编剧本，对乡村要先有认识，他遂跑到乡间，和老百姓为伍。他越看才越了解自己对农民的问题知道得太少，因之越不敢写东西，经过了一年半的实地观察体验，他渐渐地了解了，于是才情不自禁不能自已地写起来了，一写就果然好得很。中国在外国学戏剧的人第一个为农民写剧本的只有熊佛西先生。观察了老王老李的事情写出来的剧本，也由老王老李自己来演出，这更是一个别开生面的作风。如《过渡》一剧，就是由平民学校的学生扮演的，台上台下打成一片，演出时，观众有一万多人。美国一位朋友正好在乡间看到这幕剧，他是耶鲁大学戏剧系主任，他看完这个剧本就写了一封信给美国洛氏基金团人文部，叫他们帮助我们这个工作。当时这事我并不知道，后来洛氏基金团的一位朋友把那封信打了一份寄给我，我才知道。信上写着：

> ……我最近在中国看了平民教育促进会在乡间演出的《过渡》话剧，是由农民演出的，那种演出的艺术与剧情的生动，远超过我在苏联所见到过的。

你们想想，这一般平校同学会的会员能自己从事文艺戏剧各方面的活动，他们自然就有了力量，这就是力的教育，8万有知识有团结的农民青年，当然会作了改造社会的核心。

科学是要有事实有证据，外国人常说的两句话，"拿事实来！拿证据来！"（Give me facts！Give me proof！）这就是科学研究问题应有的基本条件。但我们在定县开始时，没有这种事实和根据，后来遇到李景汉先生，他原先在燕京大学从事城市调查工作多年。我和他谈了几次话，劝他到乡村去从事大多数老百姓的调查工作，他乃答应到定县来了，遂设立了调查部，由李先生主持这个工作。初办调查的时候，是由上而下用大学生去调查，但因与老百姓生活隔阂，不能得到真的材料。后来抓到同学会会员，给同学会会员一种浅近的调查训练，利用他们，引导他们一同去作调查。他们与老百姓是没有隔膜的，所得的材料是真实的。那时李先生受河北省政府的委托，把各县的调查报告材料作一个统计，发现其中笑话很多。如有一县所有的鸡的数目比鸡蛋还多，诸如此类不一而足，这种笑话的造成是由于调查人员不能钻到乡村，与乡村人民打成一片。乡民对调查发生误会，真实的材料自然不会得到。而我们的做法是由平校同学会的会员先作初步的调查，使乡人不生怀疑后，再由我们去调查。如此，决不会有隔膜，材料自然真实可靠了。

调查是最基础的工作，基础工作如果没能做好，一切建设不过徒托空言而已。

二、生计教育

中国是一个农业国家，生产的基础是农业，我们要培养人民的生产力，所以不能不注意生计教育。民国十八年，我们在定县设立了生计部，主持这个部门工作的是冯梯霞先生，我今天把这一部分工作的几桩事告诉你们。

我们在定县是经过详细调查以后，发现定县农业方面主要的生产是棉花，但品质不算好，对选种工作不讲究。我们一方面播种美国的脱籽棉，因为它的品质优，产量高；另一方面是由平校同学会会员自己研究选种。后来同学会会员刘雨田选出了一种比脱籽棉还好的本地种，命名为"雨田种"，并且办了生计巡回训练，到各村去训练同学会会员。训练好了以后，由同学会会员设了许多表证农家，表证农家除去对棉花改良外，还有鸡的改良，猪的改良。鸡是用杭鸡与本地鸡交配，第一代可产卵 80～100 个；猪是用波支猪杂交第一代，较本地猪增肉 40～60 磅。这样由农人自己作科学的农业表证，更使他们有了自信心，相信这些事是可以由他们自己做的，因之收效很大，这是定县很重要的一种推广制度。

我这次在美国农业部一个两千多人的大会席上（华莱士也在座），讲演定县农业研究推广办法，后来在美国报纸发表，一致认为这种办法在南美洲应该仿效应用。

生产的增加，不能完全改进农民的生活，更重要的是——农民的经济组织。

当时定县主要生产棉花，因为农民自己没有经济组织，棉花一届收获季节，就有天津的棉商来收买。棉农因急需钱用，乃忍痛贱价出售，无形中遭受了很大的损失。我们针对着这点，遂倡设合作仓库，农民可以先用棉花抵押借款，把棉花寄在仓库里，可先按市价借贷 70% 的款，利息仅 8 厘，等到市价高涨的时候再出售。并组织了棉农运销合作社，直接由定县运到天津出售给纱厂，中间不会受到商人剥削。仓库之外又成立合作金库。当时定县有银号二百家，但这些组织设立之后，不到两年，全部银号统统倒闭了，因此曾引起绅商土豪等旧势力反对。有一天我们全体同仁在我家里开会的时候，外面就有几百人高吼"打倒平教会"，这是那般土豪劣绅纠集了他们的长工来闹。但是平教会并没有被打倒，因为老百姓有了组织，有了自觉，他们成了我们伟大力量的支持者，平教会可打倒，农民大众的力量是无法打倒的！

所以我说，一方面要抓住生产，一方面要抓住农民的经济组织，是非常重要的。办合作运销第一年，不过 12 万元的生意，两三年以后，就增到 160 万元。因为有同学会的组织赚来的钱，一部分增加合作社的资本，一部分拿出来办教育，后来农民自己又办了合作银行。

定县农业方面要做而没有完成的还有两个问题：（一）土地问题；（二）农业与工业配合问题。

工业与农业的配合很重要，在欧洲工业革命的时候，产生了许多大工厂，工厂把人不当人，当作了工具，如是闹成了童工、女工失业等问题。少数人发大财，多数人变成奴隶牛马。上海的工人更不算人。工人来自农村，没有教育，没有组织，当然要被少数人蹂躏，我们要趁中国还不曾大规模工业化的时候，防患于未然。一方面要尽最大的努力，求教育之普及，使农民有经济的合作组织，使农民收入增加，减少生产上人力的耗费，如是，方能有剩余的人力到工厂去做工，所以农业和工业的配合发展是非常重要的。

计划经济是全套的整个发展，一个配合好的农业与工业的发展，而且要使平民有知识力和团结力，不然仍旧是要受剥削的。

再是土地问题，姚石庵先生主持生计教育部以后，与一般同仁积极从事农业生产的改良，及农村经济的组织。从工作当中渐渐地感到农村土地分配的不合理，他曾选了一个村，联合了 60 家，组织了合作农场，北方的农村虽然多自耕农，但因土地的分散，耗费了人力，影响了生产的增加，依然很穷。土地问题是一很重要的问题，在定县只作了一年多，还不曾得到科学的结论，希望大家能够负起这个使命，继续探究一个合理解决的方法。

三、卫生教育

卫生教育是要培养人民的健强力。谈卫生教育，有两方面要大家注意：一就是消极的治疗，二是积极的预防。我所要讲的特别注重在预防。在一般的情形，多注意在消极的治疗，很少有人知道这预防工作。不知要免除疾病，不知预防疾病，保持身体健康的水准，预防实胜于治疗。定县的卫生教育工作，就抓住了这一点。不过卫生教育工作，在中国有两个困难问题：一个是中国人民生活贫苦，一遇到医药卫生问题，就牵连到经济问题；另一方面，就是我国的文化水准太低，医药卫生的技术人才缺乏，在美国每 750 人，就有 1 个现代化的医生，中国则每 7.5 万人才有 1 位医生。我们若和外国相比相差太远，外国的人才多，他们可以到处训练专门医师。我们全国大多数人连普通医生都找不到，怎么能照外国的制度办呢？所以在我们现在的情形下，必须有一套简单、经济、普遍的办法，我们要注意大多数人的问题，必须求出平民化的办法。要学者专家，将从外国学得的，再加以炼丹的工夫，才能适用。此种工作在已往没有人注意过，一般的不是模仿古人，就是抄袭外国的。有卫生教育工作，有乡村的卫生教育工作，就是从定县开始的。中国在定县以前没有卫生教育，就如同在没有平教会以前，中国也没有平民教育一样。

我们要做一桩平民化的卫生教育工作，就要有对这件事有抱负的人才。很凑巧，在1929年，陈志潜大夫刚从美国哈佛大学留学回来，他正担任中央大学卫生教育系系主任。我劝他何必专办城市的医药工作，为什么不到民间来，为大多数人想办法呢？在南京和他谈过几次，他答应我先到定县看看再决定。当他到定县住了一个星期的时间以后，他决定了要到定县来，于是毅然辞去中央大学的职务，带着太太和小孩一齐搬到定县来工作。他说他看到两点：第一，定县有8万青年农民是工作的新干部；第二，定县的工作不是孤立的，而是各方面连锁配合的，有了建立新医疗制度的条件。因此，他决定了他的办法：

调查：先从事科学的调查。调查的结果，定县472村，只有270个村子中有中医，其余200余个村子，连中医都没有。生死统计，35%的死亡是没有见到过医生的，其他如沙眼、小儿四六风等病患，极为普遍。而全县每年所用的医药费是12万元（这是1930年到1931年的调查统计）。当时就在这种人财两空的情状下，根据定县现实的行政组织，建立了县、区、村三级的卫生机构：

（一）村——保健员。在每村中平民学校同学会卫生组的会员中选拔保健员一人或二人，给以两周至三周的教育，使他学得基本的医药技能与卫生常识，使担任下列的工作。

①种牛痘、治沙眼、急救等简易治疗工作，备有保健箱一只，内有16种简要的、必需的、经济而普遍的药品，供其应用；有一次种痘运动，在一星期内，种了10万人。

②土药研究——如大黄精等草药的应用。

③防疫宣传——如传染病预防的宣传，及环境卫生、水井消毒等。

④卫生调查——出生、死亡及各种有关卫生方面的调查工作，而生命统计工作，做的极为确实。

（二）区或乡镇——保健所。设受过普通训练的医生1人，护士1人，他们的任务是：

①负起该所区域内，人民病患的治疗工作责任，治疗保健员不能医

治的病患。

②巡回辅导保健员工作——随时与保健员以指导协助，定时地召集保健员集中讨论工作问题，解决他们工作上共同的困难，所以保健所医生是上午在所门诊，下午则到各村做辅导工作。

（三）县——保健院。保健院全县有一所。它的设备规模较为完备，它是负起全县的保健责任；是全县的保健所和保健员的辅导机关；它有各种专门的医生，负责治疗保健所医生不能诊视的病患；此外还做护士训练和乡村中的产婆训练。如产婆训练，即传授与平校女同学会会员以新法接生的技术，练做最低限度的清洁消毒工作。

如此县有保健院，区有保健所，村有保健员，互相衔接，那么它的结果使定县动员了民众自动参加了保健活动。三年的时间，扑灭了四六风与天花的死亡，这全是不须要多用钱，而可以收大效的办法。此种制度的建立，全县有 4 万元的经费，已经足用。以每人为单位，所费不过 1 角钱。这种设施，就在适合人力与财力的原则下研究出的，这就是我所说的又简单、又经济、又普遍的办法。

你们要知道，在中国现时的需要，照各医科学校造就的医生数分配，要使我国每 2 000 人也有一位医生的话，要达到这个目的，还要 465 年的时间。今天的中国医药制度，决不能这样的等下去。但是我们有了这样分层工作的新保健制度，就不会有人力的浪费和时间的耽误了，因为它是运用了"小兵能做的事，就不必再麻烦长官"的办法，已经补救了我们人才缺乏、经济不足的困难。

定县的这种制度，引起了一般外国朋友的注意。当时有国联的两位朋友——斯坦巴和拉希曼两位先生到定县参观。他们看了之后，认为这种办法，不但适合于中国，而且适合欧洲和南美。他们请陈志潜大夫赴美讲学，把这种制度就介绍到国外了。拉希曼先生任国际联盟的卫生署署长，他曾协助中国创办中央卫生署。中央卫生署成立之后，首先采用了我们的保健制度，在江宁实验县办理卫生实验工作；根据了这种制度，建立了全国的卫生机构，每县设卫生院，县以下乡镇设卫生所，保设卫生员，完全和定县的保健制度一样！

现在这种制度已经成了全国通行的"公医制度"，既合于我国国情，而且简单经济，能普遍推行，这种办法，是我国从来所没有的。我们要了解平教工作，不但卫生教育是这样，文艺教育，生计教育，各方面的工作，无一项不是从基础上想办法的。有了基础，而后才能普遍；能普遍适应的，才是真正有效的好办法。

我们培养医药卫生的人才，也不是只培养少数的医生，而是要培养"社会医师"（social medicine）。我们曾和江西省政府合作，在南昌办医学院，就是训练的这种人才，这种实验是要改变今后的学校制度的！

四、公民教育

"公民教育"是培养民众的团结力，以解决一盘散沙的散，也就是自私的私。我们在定县的工作，无论是教育、农业、卫生都是革命的、创造的工作。但是都没出过问题，就是举办公民教育，要人民能团结，有组织，因为这是要和一班恶势力发生冲突，动辄就涉及政治，所以就出了问题！

在定县 472 村，每村都有了学校，有了 8 万受过教育的青年农民，教育是普及了，有了表证农家，有了合作社，有了合作银行，还有了合作仓库。曾打倒了 200 多家银号，经济是改善了，卫生教育，使民众疾病减少了，并且有了稳固的机构，有了显著的成效。若是民众再能组织起来，发挥了他们的力量，那还了得？所以问题就从这里发生，不但地方上的豪绅，就连县政府的县长科长都不放心，都起来反对。因此怀疑、恐惧、造谣，对我们加上许多"帽子"，用种种方法想破坏我们的工作。当时，就连那不进步的留学生，他们虽然已经在大学当教授，仍然是不能了解，不假思索地乱加诽谤、蛮骂。这些人都是旧社会制度下培养出来的，自然不能懂得这些。当时的政府，更是贪污腐化，我们要做的工作，他们只用一纸空文，命令地方去办，民众为了对付他们，光是敷衍，不求实际的效果。我们本不想干政治，可是为了实现我们改造社会的最后目的，为了事事能得到法的根据，使民众的力量表现得合法化，事实的情势使我们也不能不钻入政治。要政治能彻底改革，成为"平民政治"，成为民主的政治，这种精神，是我们 20 年来努力的目标，始终没有丝毫的改变！

我们在定县决定要把地方政治改革，抓住政治力量，训练人民自治的能力，使民众的力量能纳入政治的轨道，一切的行动能"法"化。有了这个理想，有了这个抱负和雄心，我们是抱定了"不入虎穴，焉得虎子"的精神。所以在民国二十年正当天下大乱的时候，蒋介石派张文白先生（即张治中）到定县来考察我们的工作，他看了之后，印象极佳，很受感动，回京后报告的很好，后来卫生署继续派人来参观，各方面报告都非常好，蒋先生乃电邀我去南京。到南京后，与蒋先生谈了 3 个下午3个晚上，有一天谈到夜深12时，蒋先生虽然疲倦上楼休息，还留蒋夫人和我续谈到很晚的时候才得辞出。第二天清晨，蒋夫人在电话中告我，昨夜蒋先生和她通宵未睡，在想民众组织与训练的问题，这个工作太重要了，无论如何要把这个基础工作做起来！

内政部次长甘乃光先生到华北各省考察县政，主要的是来看定县，他在定县住了4天，以为定县工作极为可取，认为这才是真正的县政内容。所以返京后，就在1932年12月召开第二次全国内政会议，提出了县政改革案。当时内政部长是黄绍雄氏，出席这个会的人，都是各省主席和民政厅长等300多人，主要的提案就是县政改革案，这个提案的提出，就是甘乃光先生在定县要我们拟定的。这个提案内容有两个决定：（一）各省设县政建设研究院，指定一县作实验县，实验县县长由院长推荐；（二）人才经费有困难的省份，可先设县政建设实验区。开完了会，我们带回了这件议案，回到定县。我们虽是有了法律的根据，但是那时北方政局，不大受中央节制。河北省主席于学忠，我和他不甚相熟，很少往来，不过，他还知道我，因为他在东北任团长时，听过我讲演。同时，他背后是靠了张汉卿作主的，我也找过张汉卿，和他谈河北要从事基层工作，应该使全省每人都受到教育，每一个官都成一个好官吏。和他曾谈过4个小时，请他用电话通知于学忠，我和他也作了两次长谈，于本人也说设立县政研究院很好，但是他以省府为委员制，应得到省府委员会同意通过才行。当时省府委员共9人，其中有3个人从中破坏阻挠，我们为了事业，不得不低声下气婉转和他们来往。所以就分头地拜访了他们一次，他们知道我平时瞧他们不起，但是，面子上又不得不和我敷衍。这样的婉转经过了4个月的工夫，于才邀我去天津，我去了之后，他仍以兹事体大，不便遽然通过为辞。但是他要我和省政府全体讲演一次，我毅然应允，就和他们作了一次4小时的讲演。向他们解释，要有好的省政，必须有好的县政，有了好的省政，才能有好的国家，河北省应该首先做这样一桩事情，为全国倡。讲完之后，他们全体赞成，为了这件事，我前后费了共计一年零两个月的时间，算是一直从中央到省府全通过了。为了院址的问题，还费了许多周折，才决定设在定县。我自己担任研究院院长，并且由中央加聘，又推荐本会社会式教育委员会主任霍六丁先生作实验县县长。河北省县政建设研究院，就在民国二十二年5月成立了。我这段话就是要你们知道，一桩大事业的完成，不要把它看得太容易了。

其次，我要谈定县的县政改革。平时一般县政府只做两件事，催科和听讼而已。因此，贪污黑暗，弊病百出，平常说亲民之政是县政，但最坏的也是县政。一般人都志在大官，谁也不愿作小吏，所以多看不起县长，不知县政是最基层的政治，县政办不好，国家如何会好？可惜今日一般人的视线根本没有注意到人民身上！今天的青年，假如对这个问题没有认识，那么国家是永远不会有办法的。所以，当时定县实验县第一件事，就是改组整个县政机构，全县成立公民服务团，建立稳固的基层组织，推进充实基层的建设活动。这公民服务团，就是县政建设的重心，使一切的建设活动都落在人民身上，使人民的一切活动法律化；这个组织机构是基层大，上面小，免掉了一般的头重脚轻的毛病，人民的成分加多，当然人民的力量也自然加大。后来由这个组织机构，就产生了新县制。

我们要使弱的民族，变成力的民族，那就要靠力的教育。平民教育的意义，就是在培养这一切的力，我们要炼丹，就是要完成这一套培养人民知识、生产、健强、团结的四大力量，并且要使它打成一片，连锁配合。它是一套现代化的，中国的，而且在中国能生根的办法。因此到定县来参观的人成千成万，络绎不绝，而且都受了影响，引起了几个有名的大学如南开、协和、燕京、金陵各校和我们办的乡村建设育才院合作，组织华北农村协进会，各校派学生到定县实习，就以这种方式改革了大学的内容与教法。虽然这类工作中间曾因抗战而停止，可是我们以后仍然是要做的！

现在虽然新县制颁布实行了，可是人才不行，所以只有躯壳，内容太空，我们今后要注意培养人才，就为了这点！同时对于大学教育的改革，我们也在有计划的准备中。

五、县政改革工作的展开

讲过四大教育之后，现在我继续谈谈河北县政建设研究院的工作对各方的影响与推广。

谈到地方工作，就感到政治力量的需要，我们的工作一向是站在学术的立场做的，不过有些事学术立场可以做，有些事就非以政治立场不能做。所以我说，要对整个建设有办法，必须进一步打入政治本身去，然后才能彻底地得到完满的结果。在当时，我们费了一年多的工夫，要求得政教的合流，真是一件不容易才做到的事。当一个人没有当政以前，都是很前进的，一旦得到政权，立刻就变成保守，只想保持自己的地位，再忙于对上峰功令的应付，简直对民间问题，无从研究，当然也就无从了解，结果许多政令，不合民情，不合需要。政治若不能学术化，它是永远没有基础的，要想让它对人民有好处，那就要政治学术化不可。要把学术深入到民间去，最理想的是政治要学术化，学术要实践化，最好是学术与政治合流。定县县政建设研究院，就是一般学者全都钻入政治中去，研究以往政治，为什么效率那样低，为什么贪污那样多，就是要做到学术与政治、政治与学术打成一片，真正合流。

在民国二十一年到二十二年中间，中央先后派黄季宽、张岳军、张文白等到定县参观。得到他们的报告以后，于是江宁实验县、兰溪实验县相继成立。一时各省对县政研究的风气，极为普遍。

在二十五年1月，得到广西省李宗仁、白崇禧两先生电报，邀我到广西。四川省主席刘湘也电请我来四川。同时我们在湖南已接受省主席何健之请，成立了衡山实验县。我现在只将四川的工作情形谈一谈。

我自己是四川人，但我离开四川很久，没有回来过。同时平教工作有一原则，就是如果当局不请我们来，我们是绝不来的。我在南京时，蒋先生刚从四川返京，和我谈到，极力称赞四川是锦绣山河，天府之国，说我应该回四川做平教工作。接着我就一连收到刘湘电话三遍，请我到四川来，这才决定来川。当我到成都的时候，有一件事使我大受感动，就是我到的时候，刘正在病中，病得不能行动，我去看他时，本来向省府秘书长谈，不必惊动他，可是他听说我来了，一定要人搀扶他起来见我。见面后，非常谦虚恭敬，意极诚恳。他说："早就希望你来，现在既然来了，四川的事，你要怎样办就怎样办。"我住了两周的时间。对四川建设的工作，他完全接受我的指导。先组织了四川省设计委员会，为了工作的方便，请刘自任主任委员，我作副主任委员，并请各厅厅长及大学校长任委员。其中最重要的一段工作是县政调查，这就是我们在定县工作的原则，先要从事调查，以彻底明白了解实际情况与问题，然而再决定解决问题的办法。为了实际工作的展开，就又选定新都作实验县。在新都有了成绩，再推广全省。请陈开泗先生作新都县长。从民国二十六年开始，一共经过了18个月的时间，因为他是参酌了定县和湖南衡山县的工作经验，所以在这18个月中间的工作成绩，可以和定县七八年的工作相比，这就是我所说"定县的科学"。新都工作最切实的，成绩最好的，如户口调查最清楚，建立了很好的户籍行政；其次地籍，土地测量与陈报也都很清楚；再如警察，新都警察除了维持治安而外，还担任卫生员工作，成绩很好，与人民情感极为融洽。还有一件工作，就是改组公安局，使警卫合一。地方治安，以警察为中心，同时把人民组织起来自卫。当新都工作开始时，每周都有土匪，时常发生绑票事件。从建立起警卫合一办法以后，半年中仅出了两次抢案，而且犯案后两小时之内就破获了，在半年之后，匪患净绝。不过天下事总是有问题的，就因为你一切事弄得太清楚了，别人不能再去浑水摸鱼，他们当然不甘心。比如地籍清楚了，老百姓不再受人敲诈了，可是平常就不报不上粮的黑地，这一来就不得隐瞒了，私人利益发生了冲突，所以引起土豪劣绅恶势力的反对，同时他们借了袍哥关系，勾结土匪，要和我们拼命。今天包围县城 300 人，明天 100 人，煽动人民暴动，有与平教会人员"予及汝偕亡"的口号。是时，刘湘病死汉口，省政由王瓒绪主持。王主席胆小怕事，因此实验县停办了。这就说明做一件事不能抓到痛处、痒处，如果真碰到了真正的痛痒，就会发生问题的。你们要知道，一件事发生了问题，生了阻碍，那却不一定是失败，那正是成功！你们要记住，对老百姓做有利益的事，当老百姓还没有力量来支持你的时候，你是得不到他们的帮助的。20 年来我们的工作，步步荆棘，不是没有困难。不过，我们是不怕困难，接受困难，总是坚定地要做，它就总是会成功的！

新都实验县虽然停办了，可是他的警卫合一办法，当张岳军先生参观新都之后，最为欣赏。因为他自己曾任过上海警察厅长，对改善警政问题，最有兴趣，所以他当时说："回到南京，必建议中央采用此种办法。"一个办法行之有效，自然是有人采纳的。

战时与战后时期

第九讲 平教工作与抗战动员

从七七事变以后，平教工作在抗战期间，本来很多，在抗战开始，我们就很紧张地发动民众协助抗战，现在只提出其中的一段来谈谈。

1937 年抗战开始以后，展开了空前未有的全民抗战。中央邀集全国的有志之士，组织最高国民参政会，这个会成立于二十六年（实为民国二十七年。——编者）8 月，由 16 人组成之，其中都是中央聘请的在野的学者名流，我也是其中之一。在 9 月间开会时，我曾有一个建议，就是要高中以上程度的学生参加抗战工作，可惜当时蒋百里先生不同意，因他为前辈，不便争辩。但此次前所未有的抗战，大中学生未能参加，实属一大憾事，也实为抗战期中对大中学生教育与锻炼上的一大损失。如在外国，许多知识分子都是要参战的。我国的知识分子不参战，虽然是说要保护国家的可爱青年，为战后建设之用，然而外国人看了，常以为异，这总是一个不合理的现象。

国防最高参议会（最高国民参政会）16 人是将全国划分若干区域，分别负责，发动抗战动员工作。我担任的就是川湘区，那个时候川、桂等省与中央隔膜，不能合作。我为了使他们抛弃成见，竭诚相与，完成神圣的全面抗战，就和陈筑山先生分头飞南京、南宁、庐山、成都各地，往来奔走，促成团结。四川虽然向来故步自封，结果竟使刘湘赴汉口抗战，那时就是湖南省主席何健，也是同样情形，对抗战工作踌躇不前，然而都被我说服了。

在 1936 年时我们已经在湖南衡山办起实验县，平教会办事处设在长沙，1937 年战事爆发，我们立即组织"农民抗战教育团"，招收 60 个大学毕业生，共分 10 团，到乡村去做宣传工作。后来张文白来主湘政，认为抗战动员，民众组训，至为重要，决定发动全省民众参与抗战工作，来征询我的意见，我告以要动员民众，必先深入民间，与人民接近，以取得民心，才能生效。具体办法，就是要把全省 75 县县政先加以改革，非有清明的政治，绝不能得民心的。不过，整顿县政，须分两方面，一为治人，一为治法。有治法无治人，法没有用，有治人无治法，无所遵循，也难成功。所以一面要积极进行抗战教育，一面还要改进农业生产，办理合作，提倡医药卫生，培植团结抗战意志，想整个将定县办法彻底、大规模地做起来。先将县政机构改革，确定整个的建设计划，同时调整人事，各县县长及佐治人员，贪污的撤换，清明的保留。张文白有眼光，有魄力，他完全照我们意见办了。毅然成立湖南省地方行政干部学校，请我作主住委员，当时平教会同仁参加这个工作的有 29 位之多，都是为训练全省大批的县政人才，以解决改革县政的"治人"问题。这一工作，在县政改革本身工作上，重要的建树有以下事项：

（一）制度的改革——废区设督导员，建立督导制度。督是"作之君"，导是"作之师"，督导员是真正亲民的人员，他能切实的与人民接近，每月在乡办公 20 日，在政府办公只有 10 日。他的责任，对政府他要作人民的代表，替人民说话，使民情上达；对人民，他要替政府传达命令，说明政令的重要，使上情下达；他要起上下沟通、发掘民隐的作用，绝非以往区长的对人民作威作福，鱼肉人民，摆官架子的可比。

（二）设技术辅导制度——县除有督导员外，关于各方面建设工作，更有各项专门技术人才，任辅导员以巡回辅导，解决民众各种建设的技术问题。与定县的生计巡回训练组织办法是一样的，这种制度，最为密切，这个办法的设计，本会老同志姚石庵先生贡献最大。

上面两种制度是同时并进、相辅相成的。在当时将要开始的时候，有一次与张文白主席、陶秘书长及全省府的人员还有地方上重要人物，谈及废区的办法时，大家还都极力地反对，曾作过极热烈的辩论，互相交换意见，才得通过了。这种制度，至今还在实行。

（三）行政干部的训练——有治法，就须要有治人，在湖南全省的行政干部训练，就是培养"治人"。当时召集全省的县长、科长、秘书等上级人员，共计分 5 000 多人，乡镇干部人员，计 3 万多人。先考试，然后训练，而考试除笔试外，还要举行口试，并且特别重视口试，口试的分数占 50%，内容分仪表、态度、言谈、思想等，并且口试由张文白主席和我及民政厅长亲临主持，尤以对县长更为注意。张公正严明，不稍循情，有事实可以证明。当时有一考生，我只给他 30 分，张就没有取他，可是那个考生听说就是张夫人的弟弟。还有一次，考试科长，适值敌机临空，投掷炸弹，而张文白若无事然，仍旧聚精会神，在楼下继续口试，可见其对事认真与举措镇定的精神！

训练的重要意义——无论县长、科长、督导员、乡镇人员，都有共同的训练，这是人人都应有的认识，一个地方工作人员，如果对于地方建设工作的基本精神没有认识，则对于工作必难连锁合作。但是，对于个人职务，亦应有专长，才能胜任愉快。所以除共同的认识外，另有个别的训练；又为了实现"计划的政治"、连锁的政治、通力合作的政治起见，开始就确定了各人服务的县份，而将每个县份的县长与佐治人员、乡镇人员等编为一组。规定每星期六日晚，分组开会一次，共同讨论他们本县的县政建设的计划与方案，以准备回县后，展开他们的建设工作。如有问题，正好在训练期间，共同求得解决的方法。全省 75 县，就好像 75 个竞赛小组，大家都在那里竞争设计，预备他们建设的计划。同时这种做法，使得全体人员意见上彼此了解亲切，情感上水乳交融，做起事来自然能打成一片。决不像已往一个县长就任时东拼西凑的找不到佐治人员，就任后，对地方工作茫然摸不着头脑，而致造成没有公事、只有人事的现象。如果一个县长终日在应付人事，哪还有余力去做实事呢？

这一件全省的训练工作，真是一大改革，当时有 2/3 的县长，昏庸不合格，都被撤换了，完全补进新的血液。每个新的人员受训毕业时，都赠以"廉正勇勤"四字的官箴，作为誓言。湖南至少在廉字上是做到了，原因是在当时的群眼的监视下，大家造成了一种良好风气。大多数的人是好人，少数人即或素性不好，也就不好意思做坏事，同时也不敢做坏事。再因做坏事，绝对有人监视检举。检举了，自己要吃大亏，自然的更不肯做坏事了。在这种情形下，贪污当然绝迹。

抗战期中，敌人进攻湖南，三战三北，能使湖南保持 5 年之久，不受敌人蹂躏。就是因为有过去民众组训的基础，军事上得到人民的合作，作它的主要力量，方收到那样结果。这可见中国人并不坏，只是无人领导，没有造成良好风气，所以不见进步。今后如有机会，我们是绝对有把握，可能将基层政治建设起来，发生效果的。

我们有了湖南这一段工作的经验，知道工作规模越做越大，也就越感人才的缺乏。要做大规模的建设工作，就必须有大批的建设人才。到 1940 年以后，此种需要，大感迫切，所以我们就继已往训练委员会的工作，也可说是本会准备许久的计划，创办了乡村建设育才院。

现在中央又在向我接头，一则要我负责全国民众教育工作，一则由行政院设全国乡村建设委员会，推动全国的乡村建设工作，要我任主任委员。因为各方面的条件尚不具备，我还未能接受允许，这件事究竟怎样，还要看将来的演变如何而定。

本院训练人才，不是盲目的，是有计划，有目的，要培植为国家真正能做事的人，只要你们有抱负，肯努力，做事的机会正多，就是要我们能担当得起！

第十讲　平教运动的回顾与前瞻

两周来我讲平教运动，到今天我简要地作一个结论，可以得到几个重要的特点，因为时间的关系，只能示意：

第一，平教运动是独立的——我们和别的从事乡村工作者不同，我们不依赖任何政府的力量，我们的这种工作精神，20 年如一日，从来没有改变，虽然经过了种种变乱，我们自己也有不少困难，但是不曾停顿过一天，并且我们的工作还是一天比一天蓬勃发展。虽然我们不依赖政府，但是我们可以和政府合作，我们一向是帮助政府的，只要它是开明的民主的。

第二，平教运动是科学的——不是悲天悯人的漫无计划的慈善救济工作，它是要研究实验，由近及远，由小及大，一点一滴的虚心客观的研究工作；是要研究出科学的合理的真理来的。

第三，平教运动是革命的——平教工作是前无古人的，前人所没做过的。它是革命的，它要革多年来"士为专业"的命，要人人都受教育，要人人都变成读书人，人人都是有知识的人。要把人民变成为士工、士农、士商、士兵，这就是要革四千年来教育的命。我们办的是全民的教育，我们还要实实在在钻进人民生活里边去，设法解决这个问题。我们要改善人民教育，改善人民生活，我们有办法，有确实的办法，只要政府有决心，扫除文盲，推进教育，我们是绝对有把握的。我们不是专在图书馆去研究，去找材料，专为写书而写书，把大书改成小书，洋书译成新书，装点门面，敷衍了事；我们是要请那有抱负有见解的学者，深入乡村，深入社会，把真的社会作我们的研究室图书馆，真的社会的人，当作我们的活书，抓住真正的问题，去寻求真的有效的解决问题的办法，在研究室方面，开了一个新纪元；这是古今中外所未曾有过的工作。

第四，平教运动是实际的——我们不是为研究而研究，为写书而研究。我们是为做实际的事，研究实际的办法，为了解决问题，而研究问题。是要把研究的所得，打入人民的生活里边去，改造整个的社会，改造人生。也就是说，我们不光要研究，而且要实践。不过，这也是我们的困难之所在，也就是惹人反对、招人排斥的根源！但是，我们要改善大多数人的生活，提倡合作，改革土地，虽然不免得罪于巨富，但是，我们既要接近于实际，要解决实际的问题，我们就不怕困难。你们要知道天下事最不容易做的事，就是又要研究又要干，然而这才是彻底的办法，我们不能不干！

第五，平教运动是基础的——凡事须从基础做起，基础稳固了，然后什么事都可成功。天下事多得很，千头万绪，无从着手，我们必须抓住基础的先做好。我们的《千字课》，就是一个很好的实例。我们先给农民以起码的知识，有了这起码的基础，然后自然能接受进一步的教育。在北平时，为了讲演《千字课》的好处，曾有一个笑话。就是遇到张伯苓先生，他问我："光教民众这 1 000 个字，怎么能够用呢？"我答复他说："夫子之道，忠恕而已矣。"孔子也不过是两个字，何况我有

1 300 多字呢！此话虽近笑谈，其中却有深意，中国人本来没有起码的教育，假如就连这一点基础的知识，也不给他，岂不是永无改进了吗？谈识字如此，卫生教育也是如此，一般大医生大教授看了保健制度、保健药箱，受了两星期教育的保健员，以为他们怎么能办卫生？可是有了他们就扑灭了沙眼、四六风的病，就减少了传染病的死亡，这一点的基础教育，就发生了大的效果。这就证明，越是平凡的基础的，才越是与生活有密切的关系的问题。我说我们中国是先要有了稀饭教育，使他不致饿死，然后渐渐的才能吃干饭。否则，久病之身，羸弱不堪，给他生硬的丰富营养，反倒不能接受消化！和今日的老百姓谈选举，他连本地乡镇长都不知道怎么选，你却要他去选总统，那如何能成功呢？所以要让他能选举，必先教他选举的基本知识，有了基本训练，会选保长、乡长，然后自然就能选县长、省长、选国长。平民教育是实事求是，不唱高调，凡事要从根本做起，注意奠定基础。我国向来只注意庆祝"上梁"，不知注意"奠基"。假如长此下去，我以为国家是永远不会安宁的。如果再不作基础的工夫，我恐怕我们有我们这一代，就不知有没有下一代。我们不努力，将来只有做外国人的附庸，不是做美国的附庸，就是做苏联的附庸，希望大家要认识这一点。你们不是为读书而读书，是要为解决问题而读书，我办学校的目标，也是如此。我们是为改造中华民国，为国家奠基而来的！

第六，平教运动是平民本位的———一切为人民，一切要适应人民的需要。无论你有多大学问，人民不能接受，人民不懂，那就是没用。教育如此，卫生、农业、经济，也是一样，无论你原理讲得如何进步，人民得不到，还是没用。生产、经济，不能让人民享受，不能让人民生活得以改善，也是没用。凡是不以人民为本位的，都是要不得的，没有用的。平教运动是平民本位的，因为无人不是平民，所以平民无阶级之分，他是包括了人民的各类型。我们可以说都是平民，就是那自命为达官贵人，也不能不承认他是平民种！所以平民教育运动，就是全民的教育运动！

平教工作在中国 20 年来，对全国影响不敢说大，但不是没有。一件事努力不一定就能有结果。在我国今日情况下，努力而能有结果，那简直是侥幸！我现在把平民教育对国家的影响简要的再谈几点：

（一）识字教育的影响——以一个私人学术团体提倡的识字教育，居然影响政府在全国推进民众教育。中央把识字教育，列为七大运动之一，直到现在中央还在邀我们负起全国民众教育的责任；他们始终要尊重我们，信赖我们平民教育工作的贡献与地位。

（二）民教人员的训练——政府注意到民众教育的重要，所以他们就办了江苏民众教育学院，以及现在国立的社会教育学院，全是为了民教储备人才。开始的江苏教育学院，就是中央请本会计划筹备的。

（三）卫生教育制度——定县的保健制度，先由本会以学术团体的立场，实验得有了成果，立刻被政府采纳，而建立起全国的卫生工作机构；并且引起了协和医学院的合作，派学生到定县实习，影响了他们的教育办法。

（四）县政建设的工作——县政改革的研究虽然不只定县，还有邹平等地也在实验，但是定县却不是为一县一地，而是为全国做的。它注意的是普遍性的条件，所以它不但在河北实验，而且可以在川、湘等各省推广。政府施行的新县制，它的县政机构，就是仿行定县的办法。从前政府只知道注意上层，不顾到下层。殊不知县政是亲民之政，必须注意。有了好的县政，才能有好的省政和好的国政，我们的县政研究，就是在引起政府注意到下层，政府果真重视县政，将来才能得到有志之士去从事县政。我们的工作就在改变他们的观念，有了计划，有了办法，供政府参考。不过，现在只是有了一个架子，今后还要再努力充实内容，并且要培养民众的知识能力，使有安全的生活，然后他们才能自己管自己的事，以实现理想的地方自治！

（五）国际上的影响——定县工作为洛氏基金团副主任参观之后，大受感动，他把定县的实验办法介绍到美国，于是哈佛、威斯康辛、密西根等几个有名大学都改变了他们的课程计划，也在注意实际研究，并且他们的进展很快。我希望已往是我们影响他们，今后，我们也可以有教授和学生去参观他们的工作，作我们的参考。

一个才仅仅有了20年历史的运动，对国家社会能小有影响，这是侥幸！我们不敢自满，今后工作范围将更广大，现在我们有了一点成就，只能作我们的鼓励，使我们更要前进，更要努力，前途才更远大，更光明。学院是培植人才的中枢，现在就有了500万人的区域，作我们的实验场所，我们要好好准备，只要机会一来，就决不放松，紧紧抓住。今后要我们的工作能进一步对广大的民众有贡献，必须有四个条件：

（一）要有学力——我们重视学术，我们就要有学问，要有真学问，要继续不断的加强学力，求学术的进步，才能继续不断的深入探讨。单有热情而无学问是不能研究进步、解决社会的问题的。

（二）要有人力——有人才，有学识丰富的人才，才能对学术有贡献。我们要把已成熟的国内外志同道合的朋友作核心；一面还要培养后起之秀，以为后继。两方面合起来，才能质量并进，事业推动的力量，才能扩大加强！

（三）财力——要有钱，经济是一重要条件，有了相当足用的经济条件，一切设施才能顺利。

（四）政力——政治的力量要分国内国外两方面说，今天的世界一天天在缩小，只有小池，没有海洋，我们不能关起门来，闭门造车，自己讲这讲那。做一件与整个民族有关的大事，决不能关起门来做，必定要配合了国内国外的各方面的力量，要运用得好，配合得适当，那才能有把握，它的成功也是指日可待的。

为和平而教育世界①
（1947 年 5 月）

　　在这里我们先提一段历史，1925 年，太平洋国交讨论会，因为受了欧战的教训，知道整个世界的和平不那么容易就能实现，不如先从维持太平洋沿岸各国的和平做起。于是美国国民发起，召集沿太平洋 9 国代表开会于檀香山，这是一个很好的理想，开会两星期，讨论了许多重要问题。出席代表都是各国在野名流，不是掌握政权的军人，或野心家，所以说话很痛快，很恳切。每晚有演讲，一共 12 次，最后一次请中国代表演讲，我就把中国的平民教育运动这一种精神、历史，以及在中国努力的经过给大家报告，并且说明这个运动如果成功，不但与太平洋，而且与整个世界和平有绝对关系。演讲完毕，在座一百多位代表如狂一样欢呼，对这个运动表示同情与赞佩。主席美国韦尔伯博士起立结论，他是胡佛总统时代的内政部长，斯坦佛大学校长，他有几句话值得记住："我们开了两星期的会，讨论了 60 个不同的问题，听了 12 位演讲，但以今天这一次为最有价值。照我看，以中国物力的富足，历史的伟大，假使 4 亿民众都受了教育，我敢说，那中国是维持世界和平惟一的主力。中国要世界乱，世界不敢不乱；中国要世界平，世界不敢不平。"

　　回溯欧战中的华工教育，光阴荏苒，已 20 多年了。到今天我们这一种以全民大众为对象的教育运动还没有达到目的。我深信如果这一个

---

　　① 原载《新教育》，第 1 卷，第 1 期（创刊号），1947 年 5 月。原文附有如下"编者按语"："平民教育创始人晏阳初先生，三十二年春赴美推动国民外交使命，彼时国际情势对我由好转坏，由积极变消极，由希望变失望，美国特甚。晏先生以 20 年来从事平民教育运动，代表 4 亿 5 千万人民，转移国际错觉，使整个国际确认中华民族是有历史有文化有力量的民族。此次战争，中国受苦最多，贡献最大，4 亿 5 千万人民无不动员为反抗侵略而出力流血，这是在人类创造史上飘扬着最光荣的一页。"

全民教育运动一天不实现，那中国必然地一天无办法。大家要知道平民教育的"平"字意味着什么？它是平等之平，平社会之不平的平，要世界各国都承认中国人的平等的平，世界一天不承认这一点，世界就不平一天，社会上如果一天没有承认平民教育的重要，不把平民教育作为立国的生命，立世的生命，社会就不平一天。非社会平等，人人受教育，世界决不能和平。中国 3 亿以上的平民，潜伏着的雄厚力量，必得下决心来教育、开发、培养、组织、训练、运用，20 年后的今天，国家又是一个新阶段。

全世界有 3/4 的人，是属于苦力阶级，苦力阶级是全世界的最丰富的未开发的资源。除非用教育的力量把苦力们加以教化，任何一个国家都无法获得进步。世界上的领袖们，拼命地叫"和平"，"和平!"可是，除非你教育人民大众来参与本身的改造工作，否则就不会有真正的和平。

原子弹发明后，把世界一打就打成一片，一打便打成一家，国际潮流趋向民主，中国不得不民主。民主叫民"主"什么？怎样"主"？这是一大问题。中国人民如果还是在"愚、贫、弱、私"里生活，同时习惯了成自然，贫惯了不知贫，愚惯了不知愚，弱惯了不知弱，私惯了不知私的醉生梦死下去，中华民族没有前途。我们要 3 亿以上的广大民力，普遍的开发出来。运用教育三大武器：一、文字：如报纸、杂志、丛书，使平民有阅读的机会，发表的机会，培养民意，造成民力。我国最大的报纸，推销最多的不过几十万份。中国有 4 亿人民，为数实在可怜。我们要广大人民都能阅读，都能发表。平民的报纸，平民的杂志，平民的丛书，是不可缺少的。二、电影：使广大人民都有机会欣赏电影，电影可以启发国际精神，提高人类意识，灌输生产技能，培养科学知识，电影活动在平民教育的推广中是很有力量的。三、广播：中国语言的不统一，人民的知识水准低落，广播收效困难，不过二三十年后必然普遍运用的。新中国的新生命，是在 3 亿以上的平民身上，新人类的新前途是在 3/4 的人民大众的身上。他们的基础教育，便是世界改造、人类和平的动力源泉。人人都能取得这样良善的教育，世界一切的自由，都从这里创造出来，国际一切的平等，都从这里建设出来。所以，免于愚昧的自由，就是取得教育的平等，取得教育的平等，才是国际的真民主，人类的真解放。

人们生长在战争与和平的交替时代中，都奔赴和平的急流，热烈地掌握住永恒的和平，掌握和平的力量，全寄托在整个世界所有的良善人民。就是我国古人的遗训："民为邦本，本固邦宁"。20 年来平民教育运动，在中国普遍的发动了，定县的实验，根据实际问题而施的适当教育与建设，目的在以文艺教育救愚，以生计教育救贫，以卫生教育救弱，以公民教育救私。这四大教育为实际上大多数民众所必需的教育，希望用教育的力量使一般民众能够有组织的自身得到解决这种根本问题的智识能力。

全世界 3/4 的人民是缺乏智识的，缺乏温饱的，缺乏健康的，缺乏组织的，他们的生活远低于不论种族颜色、宗教等等的任何人类最低限度的生活水准之下，他们还没有离开人下人的时代，这一个世界将是如何的局面？

人民是国家的基础，也是世界的基础，若这一个基础强大稳固，人类便幸运的享受安宁，若失去这 3/4 的广大基础，世界一切都抱之落空。今日，我们不仅是为和平而组织世界，更要为和平而教育世界。和平要永恒，就得奠基于民众之上。人类历史，经过了第二次世界大战的血洗人心，人们站在新的旅程上，迎接新的世纪，这是一个最新的契机。也是一个最后的契机。中国的大改造，世界的大改造，就从这最新的契机中开端。人民的大解放，人类的大解放，就从这最后的契机中起始。

平民教育运动已经是一种世界运动；世界需要它，它不得不存在，不得不发展，它的生命深入整个平民群。今后，各国朝野都要为此共同努力，由平民教育运动出发，打通一条新时代的文化路线，整个人类走向共存共荣共进步的康庄大道。

中国农村教育问题[①]
(1947 年 10 月)

所谓教育，一般的、普通的教育，并不是难事，要使教育切合实际的需要，才是难事。在今日的中国，最切合实际需要的就是农民教育。一般人以为教育的目的在产生伟大庄严、光辉灿烂的中国，我们的希望也是如此，只是这种希望在今天实在太渺远！

现在，中国已经到了生死关头，目前需要的是救亡图存，因此现在应当实施的也就是最低限度的，最基本的救亡图存的教育！

现在的中国是处在一个非常时代，但是各地实施的教育仍是一种普通的教育。例如各处乡间一般小学所采用的教科书，仍和十年前的大同小异。"一切照常"，长此以往，国家前途真不堪设想！目前国家需要的是救亡图存，教育的惟一目标也就是救亡图存。我们就是看不见国家的复兴，也要让我们的儿孙看到，最低限度也是要他们脱离了我们目前的危境。

非常时代的教育应当是计划教育，教育的内容与方式，都根据国家实际的需要，预为计划。根据我 20 余年从事平民教育的工作经验，我以为教育若能达到救亡图存的目的，对于受教育者必须具有下列三种效能：

第一，培养知识力。愚昧，是广大的农民层的一种最普遍的病象，非常时代的教育最低限度是启蒙教育，至少把广大农民的民族意识、国家观念培养起来，使他们明了国家民族和自身的关系，以及自己应尽的职责，自觉自强，负起救亡图存的神圣职责。我们要站在教育者的地位，引导他们，启发他们，不能仅以空洞的名词塞入他们的脑筋。

---

① 原载《新教育》，第 1 卷，第 3、4 期，1947 年 10 月。

第二，培养生产力。我们的农业生产现在还墨守着几千年来的成法，因为生产落后，形成今日农村破产、国民经济凋敝的现象。培养农民的生产力是要在可能的范围内，尽量介绍科学的生产方法，更换那些老农老圃的旧方法、旧技术。更要使农民明了近代科学能控制自然，人力可以胜天，一切都可以自己创造，最低限度要养成自给自养的能力。

第三，培养组织力。个人时代早已过去了，目前是集团时代。两国交战，不是赌赛两国元首个人的智力，而是比较两国整个国民的力量。我国今日必须把全国人的力量，凝结成一个力量，才可自存。这就不能不赖组织，不能不赖广大农民群的组织力，不能不赖教育以培养农民的组织力。培养农民的组织力，要使农民的生活团体化、纪律化。有纪律的生活，就能自卫自保，卫家保国。

具备了上述的三种能力，才可以谈救亡图存。实施这种非常教育，要同时注意到目标、计划与方法三方面。农民有成人、青年与儿童的分别，对于他们实施教育的方法便各有不同。成人在乡间极有力量，我们推行农村工作时，必须得到他们的合作，才能进行顺利。要对他们实施教育，必须多用开导的方法。儿童是国家的基础，将来建国必须依靠他们。儿童的身心都未成熟，所以儿童教育要多用培育方式。

实施农民教育应当特别注意的还是青年，18～19 岁至 25～26 岁的青年农民。他们是继往开来的，同时年富力强，正是目前救国的中坚。以定县而论，全县人口 40 万，青年农民有 8 万。以全国 4 亿人口计算，我国的青年农民至少有 8 000 万。除去 1 000 万已受教育以外，还有 7 000 万完全是文盲，他们需要教育，需要精神的食粮。要救亡图存，挽救垂危的国家民族，必须抓住这 7 000 万青年，使他能为国出力，并且有为国出力的机会。把他们组织起来，施以必要的训练，给予他们文字知识训练，保健知识训练，科学的生产知识训练，以及公民政治训练。把这 8 000 万的青年组织起来，强化起来之后，国家才算真正有了"人"，国家总动员，才真正有员可动！有了有训练有组织的几千万国民中坚，什么计划也能实施，什么目标也能实现，民族国家的什么危机也能胜过！

中国自鸦片战争以后，经过甲午之战，八国联军，以至日本向我们提出二十一条件，经一次刺激，一班有志之士便想出一个个救亡的方法。忽而变法，忽而改制，忽而学东洋，忽而学西洋，今天忙这样，明天忙这样，但是都没有把根本问题认清，所以终于不见效果，大家束手无策。直到最近才算把根本问题认清了，知道了我国的基础在农村，我国的主力是农民。今后我们必须拿定主意，下大决心，窜进农村，深入民间，造就这 8 000 万的农民青年，使他们起来担负国家复兴、民族再造的使命！

我们在定县研究实验，并不是为定县，是要找出一套农民教育与农村建设的方法、内容，贡献给国家。我们研究出来的结果，必须切合四个条件，才算满意：一、经济；二、简易；三、切合实际；四、有基础性。因为必须具有这四个条件，在今日的中国才能普遍地推行，才能真正切合广大农民的需要。

定县的工作因为是研究实验性质，所以重质不重量。集中各方面的人才，根据客观的情境与农民的需要，应用科学方法，由下而上，一点一滴地从基础做起，以期能解决中国农村基本的、具体的问题，为农村农民，为国家民族，打出一条道路。二十几年来我们工作的一点结果，都是在这个目标下，应用这种方法而成就的。

以个人或社会团体立场从事农村建设，主要的工作是农民教育；若以政治的立场推动农村建设，则必须从事于县政改革或县政建设，因为县政是直接与农民发生关系的政治，健全的县政是农村建设成功的必不可少的条件。所谓县政改革或县政建设，包含两个问题：一是政治组织的问题，一个是行政人才的问题。就是：一方面是如何使以前专司收税、审问官司的县衙门，变为实施救亡教育、建设各种基本事业的工作机关；一方面是使所谓亲民之官的县政负责人员，切实地有效地去服务人民，建设地方。县政改革与建设是由上而下的，准备基本条件的工作，若和上述的由下而上的工作方法，相辅而行，农村建设以至民族复兴，一定有一个光明灿烂、伟大宏远的前程！

现在国家民族似乎到了山穷水尽的地步，但是看看农村，实在有光明的希望与无穷的前途！深愿一班青年，发挥宏愿，深入农村，施展宏才。好静的做研究工作，好动的做推广工作，以伟大的精神，成伟大的事业。我们的前途虽然布满了荆棘，但是只要能任劳任怨，大下决心，为农民，为中国，甘愿吃苦受罪，没有不成功的道理！这样，不但青年自己有了出路，整个国家也就有了出路！

开发民力　建设乡村^①
（1948 年 8 月 14 日）

　　中国的安危足以左右东亚和平，东亚和平是世界和平的支柱。

　　目前的世界还是个"唯力是视"的世界：有力者存，无力者亡；有力者主，无力者奴；有力者支配人，无力者被人支配。而今日所谓有力者往往就是那些握有雄厚资本，握有军火武器的强权者，他们正以他们的强权压迫着世界的弱小民族。这显然是一种反常悖理的逆流。我们中国虽然经过 8 年英勇的抗战，到今天还是一个无力的弱国，仍然为有力者所支配。其实，我们并不是根本无力，而是我们的"力"被湮没了，被压抑了，被摧毁而扼绝了！结果，使中国整个社会窒无生机，中国的广大土地和人民全不发生作用，这是中国之所以危乱终年，东亚之所以不能安定。这对于世界和平当然是一个很大的威胁。

　　究竟中国的"力"在什么地方呢？它潜藏在广大的占有全世界人口 1/5 的老百姓当中。这广大的人民生长在他们的土地上，终年辛劳地操作着，无知地被驱使着，流血流汗。他们曾发挥过无上的威力！他们建筑了万里长城，他们开凿了南北漕运的河流，他们穿草鞋，吃粗藜，抗了 8 年的血战，他们在 90 天内修成了足以起落超级空中堡垒的飞机场。几千年来他们就这样辛苦地、天真地、浑朴地流出他们的血汗。他们应该有权利要求合理的生活，也应该有能力安排他们的生活。但不幸，他们受了封建传统的压迫，以及外来强权的欺凌，以致他们一天甚于一天地过着牛马生活。到今日，他们实在已经是奄奄一息了！我们在今天，已只有"民"而无"力"。这是中华民族极大的悲剧，极大的危机！

　　为了挽救这种危机，我们今天急需的不是空洞的口号和标语，而是

---

　　①　原载上海《大公报》，1948 年 8 月 14 日。

真正站在老百姓的立场上，为老百姓做点起码的基本的实际有益的工作。这工作，就是把蕴藏在中国广大乡村中伟大磅礴的力——民力——开发出来。

中国的农民向来负担最重，生活却最苦：流汗生产的是农民，流血抗战的是农民，缴租纳粮的还是农民，有什么"征"有什么"派"也都加诸农民，一切的一切都由农民负担！但是他们的汗有流完的一天，他们的血有流尽的一日，到了有一天他们负担不了而倒下来的时候，试问，还有什么国家？还有什么民族？

所以，今天更迫切的需要是培养民力充实民力的乡村建设工作。

乡村建设工作是多方面的，凡与人民生活有关的无不包括在内。而千头万绪之中，必须抓住问题关键之所在，那就是：建乡须先建民，一切从人民出发，以人民为主，先使农民觉悟起来，使他们有自动自发的精神，然后一切工作，才不致架空。我们要达到开发民力的目的，须从整个生活的各方面下手：必须灌输知识——"知识"就是力量；必须增加生产——"生产"就是力量；必须保卫健康——"健康"就是力量；必须促进组织——"组织"就是力量。我们所谓开发民力，就是开发人民的知识力、生产力、健康力、组织力。人民自己有了这种力，才能称作"自力"，有了"自力"才能做到"更生"！

时贤对于乡建工作的见解似乎并不一致：有的重视政治，有的偏向民众自卫，有的高唱惟有教育可以救国，有的特别强调农业。这些都甚重要，但乡村建设不是任何一面可以单独解决的，而是连锁进行的全面的建设。因为社会与生活都是整个的、集体的、联系的、有机的，决不能头痛医头，脚痛医脚，支离破碎地解决问题。例如：欲增加生产首先就要改良技术，而技术的改良，又非要知识的增进不可。同样，知识的进步也有赖于生产的增加，体魄的强健，乃至组织力量的运用。这一切，都是互相关联的，互相为用的。乡村建设虽始于乡村，但并不止于乡村，它不过是从拥有最大多数人民的乡村下手而已，它的最终目标当然是全中国的富强康乐，因而奠定世界和平。这条路，今日也许有些人以为缓不济急，他们认为目前最迫切的是解决饥饿、物价、战争种种现实问题。当然，这些问题都是今日最严重的，但我们不应该忘记，30年前，当乡村建设工作发动时，何尝没有人认为现实问题是战乱、灾荒、穷困等？何尝不以为此种乡建工作是太缓不济急？这种被批评为缓不济急的工作一天不动手推行就更多迟缓一天，而一切现实问题仍将存在。说"迁缓"并不能否定问题，不做尤不是"迁缓"的解答。所以30 年前应该走这条路，今日还是只有这条路可走。舍此别无二途，更无捷径。

我们不否认乡村建设是艰巨的工作，30 年来许多同志同道深入农村研究实验从事工作且都有其相当的成就，尤其是在方法与技术方面，如识字教育、乡村卫生、农业推广、经济合作、农民自卫以及整个的县政建设，都有极可宝贵的心得提供出来。抗战之前，这类工作曾普遍于南北各省，形成一个全国性的社会建设运动；抗战期间，在有过乡建工作的许多地方，更充分表现了农民力量的伟大！这些事实加强了我们的自信心，博取了国际的同情，给知识分子为民众服务开辟了一条崭新的大路。

乡村建设虽有如此的意义和价值，但工作总在阻遏曲折之中，始终未能达到吾人理想的境地。事实上，我们只是学术社会团体，我们所能为力的乃是乡村建设的研究实验。至于较大规模的推广实施，非赖政治力量不可。而不幸这 30 年来，国家连年遭遇内忧外患，政治始终未能踏入正轨。一直到今日，仍是漫天烽火，兵连祸结，使这种为人民的基本工作困难重重，遭受无穷的阻碍。愈在艰难的局面之下，愈需要我们加倍努力，因为今日的局面，人民几已陷于绝地，不容我们袖手旁观，见死不救。其实所救的就是你我自己。中国老百姓的失教、贫困、散漫、弱病，一日不解决，中国的社会就一日还要动荡混乱！人民就一日不能不继续做奴隶！所以乡村建设是基本又基本，迫切又迫切的工作。今日中国要求安定，要求繁荣，要真正实行民主，都必须从这为人民谋福利的基础上下手。因为求安定，首先是人民的安定，使人民能安能定，才是社会安定之本；求繁荣，首先亦在农村的繁荣、农民生活水准提高，才能得到普遍的繁荣；尤其实行民主，人民在文化政治经济各方面的基本力量——知识力、生产力、健康力、组织力——未曾开发出来，如何谈得到真正的民主呢？

30 年来，本着我们坚定的信念，努力这种工作，环境却使我们的工作不能满意，且今天的处境更使我们痛苦。我们要做还是不能如理想去做，不做又复深感良心不安。只有在艰苦之中，冒着漫天烽火，站在人民当中，含着眼泪，咬定牙关，做一点算一点，做一滴算一滴。除了加倍努力之外，更渴望各方面共体时艰，捐弃成见，转阴霾为光明，化暴戾为祥和，都站在为人民谋福利的立场上，以工作成绩相竞赛。那时，民力才能发扬，民主才能实现。我们站在中国人一个起码的立场，以乡村工作者的身份诚恳地要求各方面，尤其对知识青年人士，今日大家极度苦闷自不待言，但一味垂头丧气，何补时艰？唯有走到田野当中，走到农民当中，认识农村，服务农民，帮助他们挺立起来，才是我们彷徨中惟一的出路，也就是我们中华民族的惟一出路。当然，今日的乡村环境万分恶劣，工作难免不受阻害，然而只要我们有正确的认识，有坚决的行动，有前仆后继、百折不挠的精神，任何阴霾终必冲破，任何困难必可克服，因此，我在此特郑重提出"开发民力，建设乡村"这八个字，作为大家今后努力的方向！幸希教之。

乡村建设工作展望①
(1948 年 12 月)

今天我想简单地扼要地报告中国农村复兴联合委员会近来的工作，特别是与本院和实验区有关系的方面。

前次农复会的朋友到院来，虽然不过停留两小时，但是因为看见了这美丽的自然环境和我们这种简朴的乡村生活，都认为本院可以锻炼出能够深入乡村的实干苦干的青年，所以他们很同情我们，很愿意帮助我们。

他们离开本院之后，即飞往成都考察四川水利建设工程。四川水利工程大小共有 11 处（属于华西实验区者有两处），若完全修筑成功，可以灌溉农田 20 万亩，其功利不可谓不大。但是如果所灌溉的都是地主的田地，每年因灌溉而增收的产物，如果都落在地主手里，则无疑"助纣为虐"了。那完全失掉了农复会的本意。因此，农复会为防患于未然，特别要四川省政府订立合同，凡灌溉之处都须创办农业生产合作社，只有直接从事农业生产的农民才得为社员。合作社对于它的社员有几点任务：（一）巩固土地租用权：使尽力生产的农民，有长期使用其土地的权利，限制地主撤佃换佃。（二）保纳地租：合作社一方面是保佃，一方面也要保租，使地主应得权利，不致遭受损失。（三）扶植自耕农：合作社可以向农复会贷款来转给佃农购置土地，如果有地主要出卖土地而佃户又不愿承买时，则由合作社购买，不使土地再向地主集中。总之农业生产合作社之作用在于改善今天乡村极不合理的租佃关系。兴修水利以增加生产必须要与改善租佃关系相配合，对农民才有实际利益，才称得上乡村建设。

---

① 原载《乡建院刊》，第 2 卷，第 4 期，1949 年 2 月 5 日。

其次，农复会在湖南方面的工作，是帮助湖南省政府修筑洞庭湖堤。我们知道，洞庭湖畔有1 100万亩的肥沃土地，外人称之为"中国的米库"。可是由于洞庭湖堤太不坚固，常常泛滥成灾（如果没有水灾，那里每年可以增产食米600万石），并且当地土地所有权亦多操在少数人手里，遂使富饶之区的农民仍在穷困线上挣扎，所以农复会一样的要他们成立农业生产合作社以为交换条件。

在广州方面，农复会的朋友考察结果，准备开拓一块极大而未被利用的荒地。此外在广西亦将展开工作，不过现在还未去考察过。

以上是说农复会准备以四川、湖南、广州、广西作为主要的工作区域，尤其四川是一个中心；而四川又以平教会华西实验区为起点。因此我要跟你们谈谈华西实验区究竟要做些什么？

（一）农业方面：（1）改良与推广品种。如推广中农所的改良水稻、小麦、玉米及南瑞苕、美芋等。（2）大量栽种桐树。（3）防治植物的虫害。（4）推销肥料。（5）提倡畜牧、繁殖约克杂交猪。（6）注意兽医，设法防治猪牛病瘟。这些都是建设乡村而必不可少的初步工作，也是最实际最有利于农民和增产的工作。譬如说，防治牛瘟，说起来好像是一件小的事情，但对于靠牛吃饭的中国农民却是最关紧要的。

（二）组织方面：举办机织合作社与农业生产合作社。合作社是乡村经济建设的良好组织，假若光是生产而无组织，仍是不能改善人民的经济生活的。璧山机织合作社，已得农复会朋友们的欣赏。孙廉泉先生近正准备检讨过去之得失，重新草拟计划，送请农复会批准实施。

（三）水利方面：除梁滩河水利工程须迅速完成外，还有铜梁和其他两个地方的水利亦待兴建。

（四）教育方面：华西实验区现在已有3 000多所国民学校，尚拟兴办1 000所。这几千所学校，即是几千个"社学区"内的经济、教育、卫生的中心，也是乡村人民自行推动建设的机关，接受教育的场所。

这四方面的工作，立刻便有一批专家来领导，而且恰好和本院四系相配合。农业方面需要农学系的学生去参加；合作社需要社会系的学生去举办；水利工程需要水利系的学生去兴修；国民教育需要教育系的学生去主持。你们还愁没事做吗？你们还不感到责任重大吗？我实在非常着急，本院这一两百个学生，单是华西实验区都不够分配；何况湖南、广东、广西都在向乡建院要人呢！

他们为什么向乡建院要人？因为乡建院是今天惟一造就乡村建设人才的地方，只有你们这批青年人才在向乡村建设的路上走，乡村建设工作也只有我们努力过二三十年。但是我们不会感到孤单，任何政府或团体，除非它不要老百姓，要老百姓就得做这个工作。所以我们这工作虽没有军队或雄厚的财力来作后盾，事实上今天已为国内国外的人士所重视所趋向了！所以乡村建设一定会成功的。

然而要使乡村建设成功，不仅需要一批学识优良的青年，尤其需要一批会做事、不尚空谈的苦干青年，你们应该加紧充实做事的能力，希望先锻炼你自己！

截至 1949 年 4 月的工作进展报告[①]
（1949 年 4 月）

一、名称

中华平民教育促进会总会

二、地理位置

在四川省政府的合作下，第三专员区（重庆附近）被划为乡村建设运动的实验地区。这一专员区包括 10 个县和 1 个特殊地区北碚。我们指定璧山、巴县和北碚的主要地区为示范区，并以璧山为总部。一项乡村建设的协调性计划正在这一地区实施，这项计划包括基础教育、识字、合作社组织、农业改良和灌溉、农村卫生保健，以及地方自治等内容。这项计划在示范区已开始实施，今年年初，又扩展到其他 4 个县，即铜梁、綦江、合川和江北四县。

乡村建设学院位于四川巴县歇马场。

三、目标和目的

平民教育运动，从它数年所取得的经验中，已让人们认识到农村民众的潜力。正是通过一项包括了生活活动各个方面的综合建设计划以及科学民主的民众组织，使民众的力量得到发挥。这只有通过发展民众的自我意识、群体活动及合作社组织中个体的积极参与，工作才能得以完成。也就是"教育的方法"和社会福利事业的发展的逐步发展过程。这项计划根据人民实际需要有四个方面，即教育和文化，生计，它包括农业改良、合作经济组织、地方工业、灌溉和符合民众需要的其他经济计划，着重于预防医学的乡村卫生保健和民主社会自治政府等方面。平教

---

① 此文副标题为"中华平民教育促进会与对华联合委员会合作"。原文标题：Chinese National Association of the Mas Education Movement in Cooperation with the United Service to China，Inc.

运动的实验和示范工作目的是通过社会实验方法和具体的示范，说明这项综合计划的功能。乡村建设活动中，各专业领导人员的培训是作为训练机构的乡建学院的办学目标。

四、组织

中华平民教育促进会总会的监督机构，是以著名教育家张伯苓先生为主席的理事会，平教运动的最高行政负责人是总干事及其同事。目前行政机构有三个部，即训练部、研究部和实验部。训练部的负责人同时兼乡村建设学院院长，该学院依据教育部颁定的规章进行管理，它还设有一个特殊的田间实践部。学院设一个理事会，张群将军为理事会主席。

五、全体人员

总干事　晏阳初

乡村建设学院院长　晏阳初

　　　　　　　　　霍六丁（代理）

实验部　孙廉泉

研究部　瞿世英

训练部　霍六丁（代理）

六、资金

今年年初，在平教运动实验区，中国农村复兴联合委员会拨款资助乡村建设综合计划的发展。这笔款项通过贷款的形式提供给合作社组织，以实现其生产计划。对其他建设计划的拨款将在下文中汇报。

七、目前的计划和一些结果

（一）实验和示范

据上所述，实验区即设于四川省第三专员区，这一区域包括 10 个县和特殊行政区北碚。这个地区有 533 万人口。示范区是在专员区的主要地区，由整个璧山、北碚和巴县西部地区组成，大约有 70 万人口。推广性的工作已在巴县的其他地区以及另外 4 个县：铜梁、江北、綦江、合川开展。这项乡村建设综合计划，包括这样四个方面，即（1）民众的生计：合作社、农业生产的改良以及其他经济活动是其主要计划；（2）基础教育和识字；（3）乡村卫生保健；（4）民主自治政府。为了保证计划的有效作用，管理和训练显得很重要，这将在另外的部分加以论述。

1. 民众的生计

据计划，合作社应是乡村社会的基本经济组织。农业生产的增长、当地工业的发展、灌溉、土地改良以及其他同类性质的计划应以合作社的方式为基础。这里，首先汇报纺织合作社。在 1947 年早期，由于农民银行的资助进行贷款，平教会第一次组织了纺织合作社，进行了技术的改进。到 1949 年 3 月末，组织了 64 个纺织合作社，这些合作社的成员共有 5 805 人，织布机总数为 6 823 台。更多的合作社还会组织起来。下列表格表明了目前的情况。

社（个）	成员（人）	织布机（台）
64	5 805	6 823

对于农业生产合作社，璧山现有 18 个，巴县有 74 个，北碚地区有 79 个，伴随着这些社的出现，小型水利设施、合作社农场、优良种子、水牛、猪的贷款的推广计划将会开展起来。

对于农业推广，特别注意到推广站的建立，璧山现有 6 个站，巴县有 5 个站。稻子、小麦、桐油树、土豆和柠檬水果，甚而在一些地方的美国烟草等等，这些种子的推广和繁殖即将开展。除了农艺学方面的工作外，为水牛、猪和美国约克夏种白猪的推广以及兽医学方面的计划而进行的贷款正在实施。

铜梁的造纸工业对这部分农村地区来说是一项相当重要的计划。但是，由于缺少资本和技术的改进，它没能得到像它可能的那样的发展。因此，平教会就开始组织纸浆生产合作社，并将本地造纸工厂纳入到更现代化的轨道之中。目前，每月生产的书本纸大约有 1 000 卷。鉴于竹子——造纸的原材料供应丰富，因此，这一附近地区的造纸工业可能在发展起来后，会给附近的农民带来巨大的利益。

在农民组织合作社的经验逐渐丰富之后，就可以开始"耕者有其田"的土改试行方案。正是通过以合作社形式出现的有组织的活动，个别的事业与社会的安全之间得到了平衡。通过预期的过程，社会将使佃农获得供他们自己使用的土地，同时又保证付给地主合法的租金。生产合作社将经营这类契约性的交易，实验工作将在今年展开。

2. 基础教育和识字

基础教育一方面包括学龄儿童和成人两者生活要素的教育；另一方面，将教育与个人和社会生活具体需要结合起来。这类教育之所以是基础，是因为它是生活的基础。识字工作被视为一种渠道，通过这一渠道，农村人口（老人和青年人，男人和妇女）被引入到各种各样的乡村建设活动中去。这项教育计划的主要特征如下：

a. 管理和经营。为了增进乡村教育的管理效能，必须具备一定的预备措施。在当地县政组织的基础上，设计出了学校管理区域单元，为了在教育和生计之间获得较好的综合，生产合作社的教育中心也就是示范中心。下表显示了它们之间的关系：

县	乡（镇）	学校管理单位区			
		总计	教育中心单位	生产合作社中心单位	社学区
总计	512	4 000	512	512	2 976
綦江	42	337	42	42	253
大足	32	250	32	32	186
江北	56	409	56	56	297
江津	68	480	68	68	344
永川	43	345	43	43	259
荣昌	40	254	40	40	174
北碚	8	124	8	8	108
巴县	71	609	71	71	467
璧山	35	267	35	35	197
铜梁	44	337	44	44	249
合川	73	588	73	73	442

在专员区，现在有 3 425 所保学校和 160 所中心小学。据计划，专员区需 4 000 所学校。我们还需另外增加 415 所。学校越多意味着教学人员也越多。对每一所学校来说，3 名教师（包括 1 名校长）对于前四个年级是必不可少的。对于成人识字班和其他社会教育活动，拟任命 1 位成人教育工作者来负责。这些教师的选拔和长远的训练是这项计划成功的必需条件。当地农民为教育预算贡献了谷物，这与农村复兴联合委员会的拨款相称。此外，还需建立一套管理体系，许多乡建学院教育系的毕业生和四年级学生都参与了这个工作。

b. 采用导生制为识字和继续训练服务。随着平民教育运动的发展，导生计划已被证实是一种有效的方法，这不仅对识字工作（特别是在由于缺少足够的教学人员和农民时间不足的情况下），而且对于引入群体的活动都是一种有效的方法。需要征募实施导生制的志愿工作人员。1947 年早春，教育工作就开始了。每年可划分为两个工作时期，第一个时期是从 1947 年 3 月到 7 月；第二个时期是从 1947 年 10 月到 1948 年 4 月。第三个时期是从 1948 年 10 月到 1949 年 4 月。第一个时期，"地区性运动"包括璧山、北碚和巴县西部的 7 个乡。

县	乡数	学校单位区数	传习处数	志愿导生数	扫盲人数
璧山	35	280	1 140	2 292	31 947
北碚	8	100	427	867	12 579
巴县西部	7	90	391	1 073	8 704
总计	50	470	1 958	4 232	53 230

写作这份报告时，识字教育的第四个时期正处在准备之中。在璧山，"地区性运动"扩展到了另外的 5 个乡 76 个学校单位区。46 个乡的进一步推广工作正在开展。总观这些地区，成人教育工作者以及导生志愿者的选择和训练是准备工作中的一些重要特征。成人教育工作者的训练包括这些课程：（1）乡村建设和平民教育运动的介绍；（2）实验区计划的目标和目的；（3）农村社会共同性的基本概观；（4）导生计划的理论实践；（5）作为一名乡村成人教育工作者的要求；（6）合作社的组织和管理；（7）合作社的实际工作；（8）乡村卫生保健。大多数课程与实际的实践结合在一起。

c. 视听计划。作为中国基础教育试验性计划的一部分，与联合国教科文组织相配合。在试验区，这项计划已开始实施。哈伯德先生（Mr. Hugh Hubbard）作为中国基础教育方面的联合国教科文组织顾问，则负责这项计划的主管。这项计划的目的是关于在教学材料的样本方面的准备与实验，中心主题是"健康的农村"。电影、宣传画和其他形式的直观教具已准备就绪。第一个项目是关于天花流行病的防治。两个村庄，一个在北碚，另一个在璧山，已被选作实验场地。在这两个地区，一项更为彻底的教育计划正在实施之中。除了视听教育方面的技术人员外，平教运动的教育和卫生保健人员也为这项计划提供服务。人们期待着，这样经过准备的设备不仅对于中国，而且对于那些基础教育非常需要和重要的世界其他地区，也会是有用的。

d. 课本和设备。为了开展一项识字和基础教育计划，课本和教学材料是必需的。作为数年研究和实验的结果，一些基本的课本和材料已准备就绪了，有的已印刷出来。对于导生制，农民读物，如何成为一名有效的导生，导生计划是什么，教师手册以及其他方面的书籍都已经准备好了。为了取得有系统的教学效果，《平民千字课》以及与之配套的教师手册都已准备好了。其他书籍，例如大众算术、应用文、大众歌曲，以及其他与合作社、卫生保健和农业有关的教育类印刷品和宣传画也都准备好了，而且一些已经印刷。一系列的大众阅读材料也都已被修订并准备出版。除了这些外，还备好了一册袖珍字典。

3. 乡村卫生保健

在河北定县时，乡村卫生保健计划是重点。这方面的社会实验成就之一，是已被政府采用后来又扩大到其他省的乡村卫生保健体系的建立。健康问题，被视为乡村建设不可缺少的一环。对当前实验区系统提出的乡村卫生保健计划，特殊的重点应放在预防医学上，它包括两个主要方面，即：①与健康教育、产妇、儿童健康和学校保健有关的专门计划。②健康服务，包括特别流行的地方性疾病的控制、水的供应和卫生设备的改进、医疗服务及人口统计。过去几年中，在歇马场和璧山的小范围内，平民教育促进会实施了卫生保健工作，一项系统的乡村卫生保健计划和工作今年才在实验区开始了。为了对计划的实施进行准备，重要的是获得设备、材料、医药供应以及吸收合格的人员，制订实际的工作细则，进行调查，和与当地居民进行联系等。目前，已特别注意控制天花。国家卫生协会的合作这里必须提及。

4. 当地自治政府

从乡村建设的观点来看，政府将成为社会福利和社会改良的协调机构，当地政府不应与社会福利活动脱离。在实验区，县立法机关和乡、保会议在整个专员区已组织起来（事实上璧山县议会已通过了一项乡村建设计划，同样以投票的方式通过了一项预算案），为民主参与当地自治政府，设备和条件已通过专员区政府提供。在当地财政的整顿、地方自卫队的组织以及自治政府人员的训练方面，初步的工作都已经开展。

（二）训练

乡村建设学院现在四个系，即农村教育系、农学系、社会学和社会行政系、水利工程系。今年入学的人数有 295 名。大部分毕业生现已在实验区工作，同时，所有的四年级学生正在实验区进行至少一学期的工作岗位上的训练。

学院毕业生和乡村建设工作者已被吸收来从事 1949 年的计划，这一群体的短期课程已经确定。自 1948 年 12 月初，平教会已安排了这些短期课程训练中的四项，总受训练人数为 292 名。巴县、璧山、江北、合川、綦江、铜梁的县长以及这些县议会的代表参加了这些课程的培训。培训课程完成后，许多受训者被任命为督学，一些人成为管理单位区的负责人。这些管理单位区的负责人，许多是有着丰富的乡村工作经验，并对此项工作深信不疑的原来的县长。训练课程的组织包括演讲、讨论及参加实际工作。主要的研究如下：

（1）中国西部乡村建设实验的目标和计划；

（2）乡村经济建设的理论和实践；

（3）乡村教育的理论和实践；

（4）农业的改良和推广；

（5）乡村卫生保健计划；

（6）教育材料的准备；

（7）社会调查基础；

（8）作为一名乡村工作者的社会认识；

（9）乡村工作的经验和实验。

对于合作社、农业推广、教育和乡村卫生保健及当地工作人员的其他特殊训练课程，也都已经安排。

八、平民教育运动中美委员会的贡献

抗战期间，平民教育运动中美委员会（1944 年 5 月 31 日成立。——编者注）对平教会教育和社会工作的捐献，平教会是感激的。更重要的是在平教会困难的时期给予的精神上的支持。平民教育运动中美委员会对平教会在培训高级复兴建设工作人员的工作中的作用的承认，使得社会上认识到平教会工作的重要性。

九、平教运动的需求和对中国农村复兴联合委员会的期望

根据平教会现在的计划和目前中国的形势，在下述各方面希望中国农村复兴联合委员会（1948 年 8 月成立。——编者注）给予合作。

（一）乡村建设学院

乡建学院有着为平教运动准备高级人才的单一目标。已要求学院在大众文学、乡村卫生保健和农业经济学方面增设新的系，因为在这三个领域，平教会在过去 10 年中已取得一些经验。学院的设备、实验室装备和图书馆都还需进一步改进。由于缺少必需的房屋，学生的数量受到限制。此外，学院经常被要求从事短期课程训练和为相当于师范学校等级的实际工作人员的训练，但是，由于缺少房子和教学人员，不可能按照那些已认识到乡村建设人员的训练的重要性的人们期望去做。

（二）深入的研究和社会实验

有一些与乡村建设的各方面有关的问题存在，这些问题需要更多的深入细致的研究和社会实验。因此，这类工作将被系统地组织起来，为

了人民的福利找到推动乡村建设计划的方式和手段。平教会的这个观点已被国际教育组织，如联合国教科文组织很好地接纳了。中华平民教育促进会对基础教育和社会改良作了一些贡献，但在深入研究和实验方面还需发展。因为，这些深入细致的研究，对教育、社会福利以及乡村卫生的保健都是特别重要的。

目前，农村复兴联合委员会已同意对平教运动的推广计划进行资助，这些计划或以给予合作社贷款的形式，或以对计划给予援助的方式进行，所有这些推广活动，也存在时间限制。对于某些其他需要深入研究的计划，平教会需要其他来源的援助。

（吴霓译　晏振东校）

附录1：中华平民教育促进会宣言[①]

建立普及教育的基础。花 60 块钱，可以使 100 人受基本的平民教育。花 600 块钱，可以使 1 000 人受基本的平民教育。解决生计，消弭乱机，奠定国本。爱国者所应注意，即爱己者所应注意！

古人说："民为邦本。"一个共和国的基础巩固不巩固，全看国民有知识没有。国民如果受过相当的教育，能够和衷共济，努力为国家负责，国基一定巩固。如果国民全未受过教育，空空挂了一块民国的招牌，是不中用的。请大家仔细想想，现在中华民国的国民到底有多少人是受相当的教育的？倘使大多数的人还一字不识，民国的基础能够巩固吗？现在国内乱机四伏，工商业不能发达，推其原因，皆缘多数国民未受相当的教育，无职业知识以维持生活。不幸者，即流为盗匪。同属人类，苟非全无知识，谁肯轻易牺牲，倘使人人识字读书，有了做国民的常识，自然不致做那危及生命的事业。大家勤勤恳恳谋生做事，各种乱源也就消弭于无形了。所以我们如想挽救全国不安的景象，除了设法把平民教育推行全国之外，决无第二个好方法。

照"中华教育改进社"估计，中国人有 80％不能识字，就是全国 4 万万人中间有 3 万万 2 千万个不识字的人，这些不识字的人里面，至少有 1 万万是 12 岁至 25 岁的人。我们现在想设法使这 1 万万人，在极短的时期内，受一点相当的教育。这些青年，大半都靠作工吃饭的，每天很忙，没有许多时间可以读书，我们只能希望他们在百忙中每天能抽一点钟工夫来受 4 个月的平民教育。现在民穷财困，我们兴办这种平民教育，一切经费必须省之又省，用最少的钱，使他们受最多的教育。照我

---

① 本文原载《新教育》，第 7 卷，第 2、3 期，1923 年 10 月。

们现在因陋就简的计划，每个学生身上只需花费 6 角钱，可以使他们受 4 个月的教育了。所以有 6 块钱，可以使 10 人受教育，花 60 块钱，可以使 100 人受教育。只要有人愿担负教育 200 人的经费（即 120 元），本会即可负责为之开办学堂一所，实施 4 个月基本教育。这 4 个月的教育，我们把它当作平民教育的第一期。所教的功课，是 1 000 个基础字，依着国语的文法，教育心理的原则，共和国民所需用的知识，编成 96 课。使学生每天学一课，于 4 个月中间，得着共和国民所必不可少的基本教育。"中国青年会协会"曾在长沙、烟台、嘉兴三处，做过小规模的实地试验。我们实地考察所得结果，很觉满意。所以现组织"中华平民教育促进会"，预备把这种教育切实推行全国。

这种教育所用工具有两种：（一）课本；（二）影片。影片是依据课本制造，共分三套：第一套是彩色画片，是用图画表现课文中所述的事体，叫学生把画中情节口述出来。然后再用第二套影片，就是把课文的本身写在玻璃片上，照出来，引导学生认识方才自己口述的文字。他们看了彩色画片，口里所说的话，现在用眼睛去认识它们。第三套课片，是一个个的文字，每个字从幻灯里照出来，射在墙上，比原底子放大了好几百倍，教学生同时看，同时听，同时念，同时写，精神专注，学习是很容易的。我们现在请了许多专门研究哲学、美术、国语、教育的人，合组编辑部，积极进行，等课本编成，影片制好之后，还要编辑教师指南，并用所教 1 000 字作基础，来编各种平民丛书、杂志、报章，使平民能利用既得之工具，继续增进学识与技能。我们现在力量有限，想先在南京、北京试办，然后再逐渐推行各省。很希望国内同志大家出来帮助，使我们的试验能够收效，并且希望大家能够在各地方分头作同样的实验。

附录 2：基本字表（一画至廿五画，共 1 320 字）①

本字表（廿畫）共一千三百二十字

① 一

② 七乃九了二人入八刀力十又

③ 丈三上下久乞也于亡凡千口土士大女子寸小山工己巾干

才

④ 不中之云互五井什仁今介仍允元内公六分切勿化升午及

友反天太夫孔少尤尺廿弔引心戶手支文斗斤方日曰月木

欠止比毛氏水火父片牙牛犬王

⑤ 且世主他仗付仙代令以兄册冬出功加包北半去古句另只

叫可台右司四外央失奴奶左巧市布平幼必打未末本札正

---

① 中华平民教育促进会档案（二三六）94。

⑥

毋民永犯玉瓜瓦甘生用田由甲疋白皮目石示立

灸亦件任份休先光全共再冰列匠印危吃各合吉同名吐向

回因在地多好如妄字存宅守安州年式忙扣收早曲有次此

宛汗江池灰百竹米羊老耳肉臣自至舌色血行农西伍

⑦

些伯你似但佈位低住佔何佛作兇免兵冷初別判助君吞否

含吸吹吾告困均坐壯妒妙妥妨孝完尾局希廷弄弟忍志忘

快成我戒扶找把投折改更李材村步每求決汽沈沒沙災男

私究肚良見角言走足身車那里防玖

⑧

並事亞享京使來例供依兒兔兩其具函到制刺刻卷叔取受

周味呼命和固夜奇奉妹妻姊始姐姑姓委季孤宗官定宜尚

屈岸帖幸庶店府往忠念忽怕性怪或房所承抬抱抵押拉拒

招故政於昌明易朋服抔東扳林果技武毒河油治況法泥注

炕爭爸妳物狀狗玩的直社空肥肯育卧花芽虎迎近金長門

阿附雨青非

⑨

亮便像俄俗保信剃則前勇勉南卸即厚咱咳品契奔姪姻孩

容宣室封屋度建形待很律後怎怒思急恨恰拜拾持指按故

施星春昨是架某染查柴段洋洗洞活派流炭炮甚界疫皆皇

相省眉看袛秋科穿紀約紅美者耐胃背胞致若苦英茂要計

負赴軍述重限面革音風飛食首香荼

⑩

乘修俱個們倒候借值准剛原員哥哭城夏套娘孫害家容島

⑪

差師席座庭弱徒 恐怒耻恭息扇拿捉捐效料旁旅時書拔根
格桃縈桌氣浪海消涉參特珠班畜畝疾病症疸真破祖祝
神組釋站笑粉紗紙級素索能脈般茶草荒蚊衷討託記宣財
赶起逢逆退送逃郛配酒釘針院陣除隻馬骨高鬼捌耙
乾假做停健偷剩副剪勤務區參唱商問啓國執基堂堆夠娶
婆婚婦宿寄蜜將專帳帶常康張強彩得從患您情惜惟戚掃
掉掛揉探接推敎救敗族既晚晝晨望條欲殺毫涼淚淡淨深
清淺添猛猜現球理甜產畢略眼衆研祥票移竟章第粒粗細
終組習脫船莊處蛋街袋被規設許貨貪責這通速造連部
郵野閉陰陳陸雪頂凰魚鳥麥麻參

⑫ ⑬

伞備勝劳善喜喝喪單圑報場壹壺墰富寒尊尋就帽幾厠復

悲惑惡惱掌提換致散普景晴智曾替最朝期棉揢椅植欺款

減渴游湖湯無然為牌甥宿番畫昊雷痘痛登發盛盜短拢

程稍窗童筆等筒答結絕給統絲菜華虛街載訴貴買賣貼賀

越跑週進都量開陽隊雄集雲項順須黃黑軸貳筐

亂傳債傷勢勤匯圑圓塊媳媽嫁嫂幹微想愁愈意愚愛感慌

損搖搬搶敬新暑晴會楚極歇歲溫羹煙煤照煩爺瓶當痰

睡智禁筷經罪置羣義聖腦腰腳罘與萬落葉著號蜂裏補裝

解試詩話該詳資賊跟路跳較載農過遊運過道達鄉隔零雷

電預飲飯鼓鼠肆

⑰ ⑯ ⑮ ⑭

麵齒

⑭

像圖圜壽夢夥奪察實對幕態慢慣旗榮歌滿漏演漢漢漸

盡監禍福種稱端算管精綠維緊聞腐蒙蓋製認語誠誤說輕

遠銀銅閣頌飽嗚廢鼻齊

⑮

價儉嘴增墨墳審寫寬層廚廟廠廢廣彈影德慶憂憐敵數暫

慨樂樓樣歐潑潔潮熱熱獎盤瞎碼窮箱節範篇糊線練罵

罷誰謀調談請論賜賞賣賤質趣輩輪適遲鄰鋪靠鞋養髮鬧

⑯

器壁學憑懂戰擇操據整曉樹橋機橫歷激燈燒獨磨積糕

糖縣興衛觀諸謀謂豫豬貓賭賴辦選醒錢錯險靜頭餓餘

⑰

壓幫應戲擠據濟營燭牆瞧總聯聰聲臉舉艱薄虧講還雖

霜館鮮點

18 儲擺斷歸禮簡糧織職舊藍藏蟲覆謹轉醫將饉又雜難題顏

19 壞懶懷歟穩繩藝樂蠅證識贊辭邊鏡關離顧顏驕

20 勸寶爐礦繼覺警壁議釋鐘露黨

21 屬懼灌續蘭護鐵顧鍊

22 償權歉聽讀響

23 繩變驗鱉體

24 簽讓靈鹽

25 廳觀

基本字來源說明

基本字之來源有三：

1. 由本會所編之通用字表（由一百二十八種平民書報及應用文件選得發見次數較多之三千四百二十字為通用字表）中選出排列最先之一千三百字；

2. 由國語統一會編國音字典中選出一千一百四十四字；

3. 由陳鶴琴等編語体文應用字彙中選出排列最先之一千三百字。

比較以上三者之異同，得(一)1,2,3,三方完全相同之字七百八十二；(二)1,2,兩方相同之字八十三；(三)1,3,兩方相同之字二百二十四；(四)2,3,兩方相同之字一百零一五；再由三方各不相同之字中由二十八人之同意選得一百三十字。總数為一千三百二十字。即基本字。

附录3：通用字表（一画至三十画，共3 420字）①

通用字表 一画至三十画 共三千四百二十字

（1）
一乙

（2）
丁七乃九了二人入八几刀刁力十卜又

（3）
大三上下丸久乞也亡凡刃勺千叉口土士夕大女子寸小尸

山川工己已巾干弓才

（4）
不丐　中丹之予云互五井什仁仄仆仇今介仍允元内　公六
勾勿化匹卅升午厄及友反壬夭太夫夭孔少尤
尹尺　吊卐心戈户手扎支文斗斤方日曰月木末欠止
仒山分切
屯

（5）
且世丘丙主乍乎乏仕匆他仗付仙代令以兄册冬　出刋功加
夕母比毛氏水火爪父片牙牛犬王

---

① 中华平民教育促进会档案（二三六）94。

（6）

（7）

包北半占卡卯去古旬另叩叫了　叻可台叱史右司囚四

外央失奴奶孕尼左巧巨市布平幼帝必戊扒打斥旦未末木

扎正、民永汁把玄玉瓜瓦甘生用田由甲申白皮皿日矛矢

示永穴

丞去亥亦卯仲伴佤份仿企伊伏伐休伙兆兑先兆充全共

再冰刎刘划列匠卉印吁吃各合吉吋同名后吏吐向司同伓

在圭地风多岁奸好如字仔宅宇守安杂灯州帆年式庄忏忙

戊戌托扣收旬曲旬朱朵扔次此死汗污汝江池灰妣百

竹朱羊羽老考而耳肉肋肌句至囱舌舟邑艾虫血行衣西

串些亨伯你伴伶伸伺似佃但佈位低住佐佑何佘佛作㑇克

（8）

兕兜兵冶冷初刪判別利助努劫匣卯君呑吞吟吠吞吩含呈

吳吵吸吹吻吼吾告呀呂呆困吧圾址均坊坐坑壯夾姊妓妖

妙姒妥妨孚孝宋完宏屁尿局屁炭岐崟巡巫希庇序延廷弄

弟役忌忍志忘忤快忧忱戒扭扮扯扶批抵找技抄把抑

投坑折抓改攻旱更杆枚杉李杏村村杖杜束步每求汪汰決

汽沃沈浸沖沙沉灼災壯牢狂狄甫男疗矣禿劣私究系肖肘

肚
　丁芒見角言谷豆貝赤走足身車辛辰迂迄迅邑邪

邦邪　阪防

並乖乳事亞享京佩佳使來侈例侍供依兜兩其具函到制

刷券刹剎劾劼卑卒梅卦卷卸卯叔取受呢周味呵呻呼命

(9)

和 咎 咐 固 坡 坤 垂 夜 奇 奈 奉 妯 妹 妻 妾 始 姐 姑 姓 妥 孟 季 孤 孥

宗 官 定 宜 尚 居 岷 屈 冈 岳 岸 帕 帖 帚 拜 幸 底 店 庚 府 弦 弩 彼

往 征 忠 念 忽 怏 怕 怖 怙 怡 性 怪 怯 戕 房 所 承 挑 抬 抱 抹 押 抽

拂 拆 拈 拉 拌 拘 拐 拒 拔 拖 拘 拙 招 放 政 斧 於 旺 昆 昇 昌 明

昏 易 昂 朋 航 柿 抹 束 拆 把 松 扳 枉 折 枕 抹 果 枝 欣 武 毒 泯 河 油

治 沽 沾 沿 况 泊 法 泛 泡 泣 泥 注 炊 炙 炒 炊 爬 争 爸 爷 版 牧 物 状

狎 狐 狗 玩 玖 的 盂 盲 直 知 社 祀 枭 空 纠 股 肢 肥 肩 肯 肴 肺 卧

舍 芙 芝 芥 茅 茶 芬 花 芳 芽 虎 迎 近 返 邱 邱 金 长 门 阻 阿 附 雨 青

亭 亮 侮 侠 侵 侣 偾 傺 促 俄 俊 俗 停 保 侯 侠 信 俞 冒 冠 剃 则 削 前

非

勇勉南卻卻厚嵐峇咪咬咱咳咸咽衮品哂哄哈哉咧垣奏契

奔姜嬈姪妍姻姿孩客宣室宥宦封屋屍屄巷帝帥幽虔建形

待很徊律後怎怒思急怨恃恒恢恤怡扁等拜括挼拱拾

拷持指按挑挖故施呈映春昧昨昭是枯拐絮拗拘某拙柔

抽查柩拄抑柵歪殃段泉洋洒洗洞津溲洪洲洶洽派流炭

炮炳炸灸牲狠狡玳玻珍甚界疤疫癸皆皇盅盏盈相盼盾

省虜癲砂砌砍祈禹秋秭秒穿突竿紀約紅紉紅美者要耐耶

胞胡胚致苔黃苟荀若苦英茂范茄茅虐虹衰衫要

訂訕　　員赴軌軍迫迢迷述郁郊重

鼠飛食首香　　降限西革韋音頁

(10)

乘 修 俯 俱 倬 俺 俾 倉 個 倍 倒 倬 候 倚 借 以

准 潤 凍 剖 刊 剝 匪 原 員 哥 哦 哩 哭 哲 哺 哼 哽 唁

城 夏 夂夊　娑 娟 娠 娥 娩 孫 宮 宰 害 宴 宵 家 容 射 屑 展 屐 戴 峯　以理

峻 峽 羞 師 席 座 庫 庭 翁 徐 徑 徒 恐 怒 恚 恥 恩 息 悅 悌 悍 悔 悚

悟 扇 拿 拳 挪 挫 振 挽 狀 捆 挺 捐 捕 效 料 旁 旅 時 晉 晌 晏 壽 朔

朕 栗 挨 珠 挾 挑 栽 挂 挑 捉 案 捅 桑 殉 殊 殷 氣 泰 浙 浦 浩 浪 浮

海 浸 消 涉 涌 涎 涕 烈 烏 烘 烤 參 特 狸 狹 狼 珠 班 畔 畜 畝 疲 疼 疾

病 症 益 盎 盍 真 眠 矩 砧 破 祖 祇 祝 神 祠 秘 祖 拜 秦 秩 窄 站 笑

粉 紋 納 紐 純 紗 紙 級 紛 素 紡 索 紜 缺 翁 翅 耕 耗 耘 胸 能 脂 脈 脊

臭 舫 舨 若 茹 茲 茶 草 荒 虔 蚊 蚓 蚣 蚤 蚪 衰 衷 衾 袁 袂 訊 討 訓 訖

(11)

託記盞豹射財貨赴起助斬尋迴迷遞逅送逃逆郞郇酌配酒

釘釜針閃䧟陝院陣除雙馬骨高鬼

乾假候偉偏偕做停健側偵偶偷風剩副剪勤務匙區區區參

偘唯唱唾啄商問啓啞啕啦啊啈啡圖型域埠執堵基堂堅

堆夠娶娟姘婆婉婢婦娛執宿寂寄寅密寇將尊尉屛厥崇

崔崖崟崩巢帳惋帶帷常庵庶康庸張強彗彩彪彫彬得從御

悉悠患悴悵悼悽情悅愡惜惟砒戚捧捨捱捵掖掀掃挽掉排

掘掛心思恥按推掩揩掏挺敍敏救欵敗斜斯炙矣既晚晝

晤晦晨曹趟笙桶梅揪梗條梟捎梧梯械梳梵捍梨砍殺毫渡

液涵涼淑淘涙淡淨淫淮淥淵混清海淺添烹烽焉爽犀猖猛

(12)

猜率現球理琉瓷甜產畢略痊痔痕皎盆眶眷眼眾硃研祥票

祭移竟章堃笛笠符笨第粒粕粗粘紫累細紳紹終絃組羞

望屜習　聊脛脣脆脫春　蛇荷莎莉莊莖莧莫處蚯蚱蛀

蛋術袋

破規覓觖訟訣訪設許貨貪貧貫責

趾舵軟道透逐途這通逛逝速造逢連部郭郵野釣釵閉陪

陰陳陵陶陌雀雪頂頃魚鳥鹿麥麻

傍傑傘備傢割創勝勞博啼喂善喉喊喔喘喚喜喝唧喧喻

喪單圍啷堡堯報場堵壺婿奠奢婷媒媚富寒寓尊尋就屠嵐

欹帽幅幾廂廁彭編復循悲悶惑惠惡惰惱惶惻愉　掌揀

揉揩提插揖揚換揮揣揭揮援搜搓搔敝敢散欽軟　舒昌朋

晶智曾替最朝期緋棋橇捧棗棚棧森樓棺椅植椒欽疑殖

殘殼減渠渡漁渤測港渦游渾湊湖湘湧煙湯焙焚無焦熘然

為牌猩猴猶琴琵琶斑甥窵番畫異畱疏疎疫痛瘩痢痣痧登

發皓皖威盜短硫硬硯稀銳稈䅟䅟窗竣童筆等筋筍筐筒答

策粟粧結絕絞絡給絨絮統絲脈脾腋腑腔腕舒舜菜菊菌菜

菩革菲萌萍虛蚓蛙蛛衝街袱裁裂視訴診註詐評詞裒貂貯

一 買的覺勺

趁超越跋跎跑跛距軸辜速週進逸都鄙

酢紺酥　氣鈔鉤開閒閑，

間閔陽隄隔隆隊隋陪雁雄雅集

雁雲項順　黃黍黑

(13)
亂催傲傳債傷傻傾僕劇募勢勸

犬齒嗚喙嗜嗣圓圍塊

塋塌塑塗塘塚塞塡媳媼媽媾嫁嫂嫌孵嵩虞廉廊殼彙

微想愁意愚愛感慈愜慎慄慌損搓搖搪搬搭搶敬斟

新暇暈暑暖暗會撥揚揄揖業捶揩歇歲殿毀溫源準溝

溢溯溶涸瀏滄減滋滑渾滔滾煉煎煮煙熬煥照煩爺牒猾猿

獅瑁瑕瑙瑚瑟瓶當痰瘃瘁盞盟睛睜睡督睞睬矮雉碌

碎碑碰祺祿禁禽捻槑窟筵筷筋粳絹綁綏綑罩罴置摹

羨義聖聘群腦腫腳腸腺舅與鮪萬落葉著葡萱葬

蒸葵葷童帝虞虜號蛹蛾蜀蜂蜈蜒衛裏裕裙補裝解試詩

訛話該詳誅碕路賃賄資賈賊跟跡跨跪路跳躲較戟辟農

通逼遞過遇遊運過逞道達違鄉酬鈴鈿鉅鉗鉛鉤開隔隙嶀雍

(14)

零雷電電靖歂頌預頑頗頓鈍飪飭飲飯馳馴鳩鼓鼠

儌僑僕偽僧僮競凳劃厭嗽嘈嘉嘗噓圖團塵墊境墊墓壽夢

黟奪嫖嫣嫩寞察寡寢寥實對屢屍嘔幕廖影懸慈態慘

慢慣慨慷裁摘摟摧摺敲旗暢搽搒縈獨搞挺搶挽歡歌滌

滬滯滿漁漂漏演漕漠漢潋派漸煽熄態熔爾搞獄瑣瑤

疑瘋瘦盡監睹碧碩禍福種搗窩竭箋搗箏箕算拈管辭精

綠綢維綱綑緻綠　綻綾緊綿罰署翟翠翡翠聞肇屑腿膀膊

膏賦臺舞蒙蒜蒲蓋蒿蕩蓆蓉蓋蔬蜘蜜靖裳裸裹製褂誌

認誘語誠誠誣誤詰誦誨豪貌賑賒實趙輯　遙遨遜

遠遠郵醇酷酸銀銃銅銘銜閣閭陸

魂鳳鳴驚麾鼻齊

〔15〕

價儀儂儉劇劈劉劊劍屬嘴嘸嘩嘿墜增墨墩墮墳嬌嬈

審寫寬層履幟幣廚廟廠廢廣弊影徹德徵慕慙慧慮慰慶慾

憂憐憤憫摩摯摹撈撐撕撤撥撫播撰敵敷暫暮

暴概槳樁樑樂樓摞摳模歎歐殤殼毆毅澄潔潘潛澗潤

潮潰溜潼澄澆澈熟熱獎璃瘟瘡瘢皺盤瞎瞇瞭確碾磁

磅磊磋磕稷稻稼稽窮窯窘箭箱箴箸範篇簀糊緒緻

線緝緞緣編緩緯緻罵膚瞳膝膠蓬蓮蔓蔔蔗蔡蔣疏

陰蕉蝗蝙蝴蝶蝸衛衝褓褐褚褪褲誰課誼調誚誤請諒

論豌豎賜賞賠賢賣賤賦賬趣踏踢躺輛輝輟輩輪輻輟適遵

(16)

遮邅邓鄭鄴醃醉醋舖鈗鉒鋒鉏鋪閱霆震霽靠鞋鞍鞏餃

餇養餌駐鴑駒駕駙駛駝骷髮髫鬧魄魯鴣鴉鴗黎齒

儒儕儘凝劑勛器罳噫噴嗳蠻璧壅壇奮學導慇慂憲憶憾懂

懈懊戰撅撝擅擇擋操撿擔據整曁曆曉樵樹橄撖橋橋撥撽

操橫歷篦澤澂激濁熾燈燈燐燒燕燙燃獨璞瓢甄瘴盨盧瞞

瞠磨磬禦擦積頵寶親築筥篤篦耑糕糖縊緗絆縣翰膩賸臻

吳儋歊蕉蕊蕙蕩無蟒蛐螞螢螂衛褥親諜諧諭諮諱諳諸

謀謁謂豫豬貓賭賴蹄輯輪辦道遷選遺醒鋸鋼錄錐錘錠錢

錦錫錯閻隧隨險雕霍霎霖靛靜頭頰頸頴頻餐餑餓餘駮駱

骸髻鮑鴛鴦鴨黙龍龜

（17）

償 優 勵 嚀 嚇 嚎 壓 嬪 嬰 孺 嶺 幫 徽 懇 懑 應 懦 戲 擊 擘 擱 擦 擬

擱 擅 撿 殮 甄 濟 濠 濫 營 燥 燦 燭 牆 獲 環 療 癆 臀 瞪

瞳 矯 磺 禧 穗 窶 篷 簀 罄 奧 禧 縫 縮 縱 縲 總 績 繁 縈 翼 聯

聰 聲 膽 臂 臉 臨 覬 覷 濤 薑 薛 薦 薪 薺 蟄 螳 螺 蟀 蟆 蟋 襖 襄

謎 謙 講 謝 謠 謊 谿 豁 賺 購 賽 趨 蹈 輿 轄 轅 避 邀 醜 錨 鍊 鍋 鍍 鍛

鍾 闊 隱 隸 雖 霜 鞠 韓 顆 餛 餞 餅 餡 館 駿 鮮 鴻 鴿 黜 鼢 鼾 齋

儲 叢 壘 嬸 戴 擲 擴 擾 斃 斷 曜 朦 檀 檔 檸 檻 櫃 歐 歸 殯 瀉 瀏 瀘 瀑

（18）

爐 燻 獷 獵 璧 癬 瞻 瞽 礎 禮 禱 竅 簡 簣 簧 簪 糧 織 繕 繞 翹 翻 職 臍

儲 叢 壘 嬸 戴 擲 擴 擾 斃 斷 曜 朦 檀 檔 檸 檻 櫃 歐 歸 殯 瀉 瀏 瀘 瀑

舊 蕭 薯 薺 薔 藍 藏 蟬 蟠 覆 謫 謹 豐 贅 蹤 蹟 軀 轉 適 醬 醫 釐 鎊 鎔

鎖 鏈 鎮 關 闖 闔 雙 雜 雛 雞 鞭 韙 題 額 顏 餿 騎 鬆 魏 鯉 鵑 鵝 鵠 點

(19)

嘴窬壞竄廬懸顏懷攀攏曠攢摘瀝爆牘瀆戰獵墨瓊疆巍磽

禱穩麝眾簾導繩繪鼇齲纆緻羅羹韛藝藤藥藩蟻蟾蜒蠍禩

襟譯證讖識譜贈贊蹲跛跷轍轎辭邊醮驊鏢鏡關龐離難霽

靡韻頤顏頰驎鵬鶴麓麗麚

(20)

勤巖懷壞媚寶懸攏瀾爐蟻獸癢礦寶競簫籃壽籍繡辭繼

耀艦藻蘆蘑蘋孽薀覺觸警譬譯議覓釋鍾露飄饅馨騰騷

(21)

卿愆蝓鰍鹹黨齡

翼屬巍懼懾攜襄櫻攔瀟灌爛癰窺籐續驚纒蘭蠟蠢襪護

久戍翟羣辮鐮鐲鐵閵霸霹顧饋饞饒騾驅髏魔鮒鶯鶴麝

鸞攤歡灘癬癮竊籤獻聽贓覥覽覽讀贖巒鏽

(30)
鸞

(29)
鬱

(28)
豔鸚

(27)
钁鑽鑿鱷鱸

(26)
讚饢驢

(25)
廳攬灣釃籮蠻觀 矍躋鑲顱

(24)
齷

囑壩灘癲羈 羈蠶衢讓讖贛釀 鑫靈韉驟鬢鼺鷹鹼鹽齏

(23)
巖戀曬疊癰籤 纓變顯驗驚驛髒 髓體鬈鱘鱗麟

鑄鐳鑒響顫饕饔驕鬚纏 纓黯黜龕

通用字來源說明

一·平民書報一〇三種（內「開會的方法」等平民叢書六六種，「三字經」等舊讀物四種，「南天門」等舊劇及大鼓書十七種，「群強報」等白話報紙十六種），計共三三七四六〇字。

二·應用文件二五種（內發票，收據，定貨，告示，傳單，請帖，借據，公司告白，車站郵局公告等單據十四種，從民間搜得各類白話信等信件四種，菜市帳簿，家庭日用帳簿等帳簿七種），計共一六七一四九字。

三·上兩項材料，計共五十萬零四千六百零九字，內含各別之單字八千六百九十一字。

四·此八千六百九十一字，依發現次數之多少，順次排列，取其發現次數較多之前列三千四百二十字，即通用字。

附录 4：平民学校课程标准研究^①

一、编制平民学校课程的一个大前提——学制问题

平民学校的一切问题到现在政府还没有一个整个的设计，一任各地从事平教事业者自由探求。民国十八年教育部公布的民校办法大纲，似乎是专就初级说的，前年教育部鉴于各省市年来社会教育的推行，已有进步，除普通初级民校外，办有高级民校者，已有十余省市。为划一课程标准，以便有所依据，而资衔接起见，编制课程标准，刻不容缓（见二十年 11 月 7 日《时事新报》）。乃有组织民校课程标准编制委员会的拟议。这是教育部一方面注意到高级民校，一方面又想彻底改进民校课程，这是我们从事平教工作的人，觉得非常快慰的一件事，但是到现在还没有做到。后来教育部两次召集民教专家会议，也没有把民校课程标准编拟出来。去年中国社会教育社在济南开第二届年会，组织民校课程标准编拟委员会，着手编拟课程标准，贡献教育部采纳，所以民校课程标准问题，到现在还是问题呢！这的确是一个伟大而又困难的工作，我们应该将研究的结果，提供教育当局及社会人士参考的。

我们现在要拟定平校课程标准，应该先探求平校的学制问题，否则便为无根之谈。在没有讨论学制以前，愿将我们对平校的认识先来说一说。平校是成人的短期的基本教育，这是大家公认的一句话，也是平校教育的基础原理。这句话包括着三个元素：（1）成人的教育，（2）短期的教育，（3）基本的教育。我们用不着说明这三个元素的意义，这儿只把他们对于平校的关系说明一下。

---

① 中华平民教育促进会档案（二三六）87。原件未注明写作与发表时间，经考订，应在 20 世纪 30 年代。

从上述说明平校教育应有下列四个特点：

（一）平校教育的成效要速。成人对于学校的态度，有一种矛盾的现象。第一，他们觉得读书识字可以方便他们的生活，同时他们又觉得又没有许多的功夫，来求这种方便。所以他们入了平校，恨不得马上就能学会了教师教学的一切，并且马上可以应用，否则学了不会，会了不能应用，他们便觉着乏味，他们觉得自己的休闲时间短少，没有许多的工夫慢磨。这种特点跟平校的设施方面关系很大，平校的课程、教材、教学以及其他各方面都不能忽略了成人的这种心理的表现。因为他们的心理是这样。所以平校的课程要简单，教材要充实，教学要经济，这些都是相对于现在平校的说法，都是对的。关于这里用不着详细的解说，下面的课程标准，便是这种主张的表现。

（二）平校教育的内容要实用。实用也可以说是基本的，就是要使民众学习的结果，可以改进他们的生活，不过实用二字的意义更为鲜明一些。但是我们不要把实用二字的意义，看得太狭义了。单单顾到个人的价值方面。我们应该从国家民族的生活着眼，来鉴别今日的教育的"用"在哪里，然后再替他们安排作业，庶不致狭隘空疏。这是实用的第一种意义。第二，每一段学习要使民众得到实用的价值。具体的说，每一级教育要有其目标，这种目标的本身，应该有他的价值，自成段落，不是另一级的预备，所以每级民校课程的完结，都应该有一种或几种具体的学习，达到了"用"的程度。现在教育部规定的民校科目太繁，民众们只是点点滴滴的什么都学会了一点，但是都不能应用。因此，学生们觉着入了民校没有用处，社会上一般人对于平校，也不发生信仰。都因为没有注意到"用"的这一层关系。这是实用的第二种意义。

（三）平校的修业期限要短。平校普通每级上课都是 4 个月，大概就是这个缘故吧？您如果问我 4 个月的期限是长是短？我要回答您说："也长也短，不长不短。"为什么呢？我觉得要判别 4 个月期限的为长为短，应该根据下列三项标准：（1）根据农民每年休闲时间，（2）根据民校最低课程标准的需要，（3）根据国民经济力。现在的（注意这三个字）平校，不能妨碍学生的职业，须利用他们的休闲时间，因有第一项的根据。关于第二项根据，似乎有下列的疑问：平校应根据农民的休闲时间与国民经济来规定平校应有的课程，不能先规定一个课程标准，然后再定修业期限。但是这也是相对的。规定平校修业期限应该相当的顾到课程标准，否则恐怕两者不能妥帖。第三，应顾及到国民经济力，使一般民众，都能够有机会到学校来，不要理想太高，希望太奢，使他们望洋兴叹，摒诸民校门以外。所以长短是极客观的，不能凭空论断4个月的期限是长是短。平校修业期限在上述三项标准以内就叫做短，在这三个条件以外，就叫做长。所谓民众休闲的时期，是以能够连续学习的一段时期，具体的说，就是从今年秋季到来年春季的一段时期，这是农民的一个整段的休闲时期。所谓短，便是在这一段时间内的意义。

（四）平校教育要富有弹性。以我国幅员的广大，平校课程不能单单立定一个标准。义务教育可弗论，平校为一种短期的成人的基本教育，凡是成人的短期的教育，都要特别注意受教育者的地域、职业等关系。因为教育不能离开受教育者的人生，受教育者的地域、职业等，跟他们对于教育的需要和教育的可能性的关系，都非常的大，成人教育受这种关系的影响更大，更要注意这层关系。因此，我们要大体地区别全国各种不同的地域、职业、性别的分子分别编拟各种不同的课程标准，以便分别采用。但是关于此种教育总目标的拟定，全国应有一致的规定。

上面已经把平校的特征性说过了，以下讨论平校学制问题。根据上列认识，平校应分为两级，每级4个月，每日上课时间一、两小时，男校得斟酌情形于3个月内完成作业。其理由如下：

（一）平校应该分为几级。现在一般的平校多数是初级，高级的校数很少。据教育部民国二十年发表的全国民校概况统计中，只有江苏、浙江等7省市设立普通民校，兼设高级民校或高级班，其余14省市仅设普通民校，云南省则正在计议设立高级民校。设立高级民校或高级班的省市，既然这样的少，学校的数目和学生的人数，一定是更加少了。此中原因，当然很多，如：高级教材的缺乏，平校教师的短少，初级平校成绩的低微，学生求学兴趣的淡薄，社会人士缺乏有力的鼓励等等都是。凡此种种，都足以影响民众入校的兴趣，减低高级平校的数量和高级平校的学生人数。虽然上述原因都不是没有方法改善，而且更应该积极的改善的。改善了以后，高级平校校数和学生人数的数量，一定可以加多，同时或者需要较高的学级。但是我们审度目下国家经济力量，农村破产情况，一般民众，能够受业初高级平校教育就已经够了，至于天才民众，又当别论。我们不必希望他们从初级而高级，从高级而补习班或者从初级而中级而高级，步步高升。就是初高两级的教育，虽相衔接，但是初高两级学校，个个均须有独立的价值，自成段落。因之，每级学校的环境设备，课程编制，教材内容，教学方法，训练办法等等，一致的向着他们的目标迈进。我觉得现在普通学校教育的预备性太大，低一级的教育为高一级教育的准备，所以小学是中学的准备，中学是大学的准备，这种预备性的教育既不合教育原理，尤不适于平校的特性。初高级平校虽相衔接，但各自独立，初级平校决不是高级平校的预备。编制平校课程，须认清这一点。

成人为国家的柱石，在我国现下国家情势万分危急的时候，成人担负的责任很大，成人教育的关系也就加重了。成人教育的目标应该向哪一方面走更值得注意，我们觉得处今日形势之下，平校须注意下列三个问题，以应付目前困难，并为国家永久建设的基础。（1）如何造成建设力量，（2）如何唤醒民族意识，（3）如何增高教育效率。前列两项问题，为平校教育目标的认识，后项问题为教育的方法的注意。在学校式教育工作小册中，对于上列三项问题曾有详细的论列，现在引述如下：

（1）如何造成建设力量。学校式教育之目标，不仅在给予农民以智识，以技能，必须同时注意到如何使之运用其智识其技能，以自谋农村之建设。换言之，学校式教育非仅为消极的适应，必须注意到积极的改进，即学校式教育的结果，必须为农民自发一种力量，以推进一切，而促新民社会之实现。

（2）如何唤醒民族意识。在国难严重的今日，学校式教育尤其注意于唤醒农民之民族意识，引起民族之强烈的民族观念，使知中华民族有伟大的历史，有光荣的过去，为不可侮辱之民族，为不应屈服之民族，然后能使有为民族而努力奋斗之决心，有为民族而抵抗侵略之勇气，有为民族而不惜牺牲一切的精神，至低限度亦知为保全民族之荣誉而不为敌人所利用。

（3）如何增高教育效率。以如此落后之我国农民，欲其智识与技能超出东西各民族之上，至低限度亦与并驾齐驱，则非使之以过人之速率兼程并进不可，故吾人应不为所谓学理所拘束，以寻求此最有效的方法。吾人只须顾到今日农村之穷苦，如何从穷苦中想办法，以增高教育效率而不必顾虑其他。

上列三项问题，均为从事平校教育所当注意，亦为今日编拟平校课程标准者所应行考虑的。

平校的学制已规定如上，现在再进一步讨论两级平校教育应有的目标。

初级平校为一般失学民众的初步的教育，应用有效的方法，很敏捷的完成除文盲的目标，使农民毕业以后可以阅读书报，并能运用语言文字符号达其情意，传达其思想，同时更须注意训练农民以农村建设之智识，技能乃至于建设之精神，为农村建设之基本人才。

高级平校在训练农民以新民之知能，使农民毕业以后，能为农村建设下层工作之领袖与技术人才，稳健而又能积极的从事其实现其新民社会之工作。

这是初高级平校个别的目标，其应该共同注意的地方，则为恢复农村之国族观念，唤起其国民经济意识，使农民能自动起来，共赴国难，抵制列强之经济侵略。

这是我们对于平校目标的认识，但是怎样实现上列目标，这是平校的整体的组织与使命。平校课程在平校教育实施上占重要的部门，所负的使命甚大，更得注意这个问题。

（二）每级平校修业期限及其在校时间。关于平校的修业期限，前面曾提出三项标准，那三项标准均与受教育者的地域及对象等大有关系，对象不同，工作的性质各异，休闲的情况不一，受教育的期限与时间，当然不能一律，所以农人、工人、商人、军人，当然不能执一而行。同时教育的目标，也自有别，本文所指的对象，显然农民大众。在前面说明中，已经很明白的显落出来。对象的为男为女，教育的需要亦异，修业的期限也不同。就华北农民说：男人在寒假以后，农事渐忙，室内教学，大感不便。妇女则异，华北妇女每年约从 11 月 1 日至 15 日入校至翌年 4 月停课，当中除去一个月的寒假期限，每年在校内的期限可以有 4 个月，每日在校时间，可以有两小时。男子约自 11 月前后入校，每年可有 3 个月的在校期间，但 3 个月中，有两个月每日可以有三小时留在学校以内的。以每日平均二小时计，亦适为 4 个月。至于地域之不同跟修业的期限也大有关系。一为农忙情况的不同，一为学习能力的各异。前者显而易见，不必多说。后者为学习注音符号，则华北农民学习之而不感困难，江、浙、闽、粤等各省人学习之则颇不易，此为地域之影响于学习之情形，有关于修业期限者。

本文所指为华北农民课程标准使用之范围，以华北农民为最适用。其他省区可以变通使用。

细察今日主张平校加级（由初级而高级而补习班）延期（由 4 个月

至 6 个月）者，概以为民众受 4 个月的教育，无益于民众生活，所谓写信，记账，看报，计算等等能力，都不能养成。是说也乍听之似有理，细考之，实不能解。盖此一则为一标准程度问题，所谓写信，记账，看报，计算等等能力的会与不会，以什么为标准。他们的区别是什么？有没有规定？是不是我们定的标准太高或不甚适当。凡此皆待讨论，而一般平教工作同志，据以不能达到目标为憾，未免非是。其二为一整体的平校实施问题。平校为我国新兴教育，其一切应实施方法都还在实验中，应该研究改进的地方还多得很。我们应于此等处多加注意，不可据作加级延期的说法。尤须于课程、教材、教法方面，多加研究，徐图改进。下文所拟平校课程标准，为本会多年实验的结果，经过多年的研究，多次的改进，觉得较为完善的一种，但不是最后的。

二、初级平校课程标准

（一）说明

甲、本课程以文字训练、智识陶冶及精神训练为目标。

乙、本课程分语文、唱歌、时事概要、秩序训练、学生活动五科。语文科包括注音符号，平民课本，平民读物，习字，作文五门。

丙、为适应个别需要及兴趣起见，算术得列为选修课，于规定之教学时间以外教学之。

丁、男校并得于课外指导学生农事工作，女校得于课外指导学生家事工作及缝纫机使用法。

戊、本课程为教育 15 岁以上，40 岁以下的失学成人之用。

（二）各科教学时间的分配

男女平校因为性别的关系对于各科之需要与兴趣不甚相同，各校修业期限亦不相同，所以各科每周教学的时间和百分比不尽一致。兹分别说明如下：

甲、男校各科每周教学时间表

科目	教学时间 各学月每周教学分数			全期教学分数及其百分比	
	一	二	三	分数	百分比
语文	540	720	735	7 980	69.4
注音符号	270			1 080	9.6
平民课本		360	360	2 880	25.0
平民读物		180	240	1 680	14.6
习字	270	90	45	1 620	14.1

续前表

科目	教学时间 各学月每周教学分数			全期教学分数及其百分比	
作文		90	90	720	6.1
唱歌	30	60	45	540	4.7
时事概要		90	90	720	6.1
秩序训练	90	120	120	1 320	11.5
学生活动	60	90	90	960	8.3
合计	720	1 080	1 080	11 520	100.0

附注：（1）毛笔练习在课外练习。铅笔习字于每次课本教学完结时令学生作写快
的练习 10 分钟。
（2）学生中，如有不会注音符号者应于课外速为补习之。

乙、女校各科每周教学时间表

科目	各学月每周教学分数				全期教学分数	百分比
	一	二	三	四		
语文	540	510	480	480	8 040	69.9
注音符号	270				1 080	9.6
平民课本		240	240	240	2 880	25.0
平民读物		120	120	180	1 680	14.6
习字	270	90	60		1 680	14.6
作文		60	60	60	720	6.1
唱歌	30	30	60	60	720	6.1
时事概要		60	60	60	720	6.1
秩序训练	90	60	60	60	1 080	9.6
学生活动	60	60	60	60	960	8.3
合计	720	720	720	720	11 520	100.0

附注：（1）毛笔练习在课外练习。铅笔习字于每次课本教学完结时令学生作写快
的练习 10 分钟。
（2）学生中，如有不会注音符号者应于课外速为补习之。

（三）各科教育的内容及其教学要点

甲 语文科

1. 目标

（1）能由注音符号读出汉字的字音，并能用注音符号注汉字。

（2）认识并了解日常生活必需的文字，并能自由运用。

（3）学习各种浅近的语体文以培养阅读普通书籍及文字的能力和
兴趣。

（4）培养日常生活中运用文字的能力。

（5）能写中小汉字，整洁正确并迅速。

（6）了解农村建设的基本智识与技能。

2．作业要项

（1）注音符号。

1）认识基本符号（基本符号包括原有符号及声介合母）。

2）学习注音拼法。

3）辨别四声读法。

4）书写注音符号。

（2）平民课本。

1）认识并运用普通语词。

2）阅读使用文字和浅易文字。

3）认识并运用简易标点符号。

4）练习使用字典。

（3）平民读物。

1）阅读韵文民间读物。

2）阅读普通平民文艺读物。

3）阅读平民常识读物。

（4）习字。

1）练习笔顺及基本文字。

2）练习毛笔中小字。

3）能写中小汉字，整洁正确并迅速。

（5）作文。

1）记述歌谣故事童话。

2）练习写作实用文。

3）记述本村本县本省以及国家偶发的重大事件。

4）写作日记。

3．教学要点

（1）注音符号。

1）拼音方法须用两拼法，要绝对避去三拼法。

2）采用声介合母法替代结合韵母法，用声介合母再与韵母相拼，但声介合母要看做一个字母。

3）采用混合教学法，使认识符号、拼音、辨声三项同时教学。

4）教学符号读音应从有意义的文句中证明之。

（2）平民课本。

1）语词为一整个的观念，不能分开解释。

2）要与话法教学充分联络，注意提高学生的语言程度。

3）就学生的生活尽量发挥各课的内容，使学生对于各课的智识有充分的了解。

（3）平民读物。

1）注重学生自动学习，使学生自己探寻读物的内容。

2）指导学生阅读的方法，增进学生阅读的速率和组织力。

3）每读完一书，应用适当的方法考核其阅读成绩。

4）鼓励学生多在课外阅读。

（4）习字。

1）选用最基本的汉字为初步练习的材料。

2）以后写字材料即为阅读的教材以便两相联络。

3）要多使学生作速写练习。

4）随时指导学生写字的笔顺，用笔的方法与字的结构等。

（5）作文。

1）作文的材料要适合学生的经验和想象。

2）作文的材料要适合生活的需要，要使学生感觉兴趣。

3）要鼓励学生多写，锻炼发表的能力。

4）订正作文不要多改，只须略为增删。

5）共同犯的错误要共同订正。

4. 毕业的最低标准

（1）能够拼写注音并能辨别四声。

（2）能认识民众基本语句二千以上。

（3）能阅读浅易文字及简单文件，明了其意义。

（4）能阅读注音平民文艺读物。

（5）能写中小汉字并整洁正确。

（6）每分钟能用铅笔写字至六个以上。

（7）能作普通文字，文法上无大错误，使人了解。

乙　唱歌

1. 目标

（1）启发欣赏和歌唱乐歌的能力和好尚。

（2）涵养亲爱协同奋斗进取之精神。

（3）调剂学校生活，增进学生活力。

2．作业要项

（1）发音的方法。

（2）辨别音调高低长短的方法。

（3）演唱富于动作的语体歌词。

（4）演唱富于慷慨激昂及民族性的语体歌词。

3．教学要点

（1）用听唱法教学，教学时先使学生通晓歌词的意义。

（2）对于歌曲的高低迟速、节拍，使学生十分了解。

（3）能表演的歌曲要使学生表演。

（4）利用活动集会等活动授以适当的歌曲。

4．毕业的最低标准

（1）能辨别声调。

（2）能唱曲谱不同的歌词六首以上。

丙　时事概要

1．目标

（1）了解现在的政治组织。

（2）了解现时本县本省国家之重要事实及国际上极重大事件。

（3）激发农民的民族观念和勇敢向上的精神。

（4）培养学生看报的能力和习惯。

2．作业要项

（1）乡土教材。

（2）阅报的基本智识。

（3）与农民有关的经济新闻。

（4）本县本省的重要兴革及普通事件。

（5）国内外重要新闻与农民生活有关系的。

（6）国家的政治组织。

3．教学要点

（1）按时由报上选取上项材料，教学时由学生笔记要点。

（2）教学时应就学生生活阐述上项材料的重要性。

（3）有连贯性的教材，须注意其前后关系。

4．毕业的最低标准

（1）明白现在国家的政治组织。

(2) 明白本县本省以及国家现在的重大事件。

丁　秩序训练

1. 目标

(1) 养成敏捷整齐守秩序的习惯。

(2) 锻炼学生的体魂。

2. 作业要项

(1) 术科教练初步训练。

(2) 步枪射击方法。

3. 教学要点

(1) 训练要严格不可敷衍。

(2) 要激发奖进学生的恒性。

(3) 每日教学 10 分钟至 20 分钟。

4. 毕业的最低标准

(1) 能作整队练习，整齐迅速。

(2) 能作正步常步走，整齐不乱。

戊　学生活动

1. 目标

(1) 培养协同合作与组织的能力。

(2) 养成学生的活动力量。

2. 作业要项

(1) 训练活动的基本能力。

(2) 利用学校生活的活动事项。

(3) 采用有关农村建设的活动事项。

3. 教学要点

(1) 每项活动要有充分的准备。

(2) 活动的意义和价值，要使学生明了并认真举行活动。

(3) 活动的事项应为具体的事实。

(4) 活动的结果要能影响所在的全村社会。

4. 毕业的最低标准

(1) 明了活动的方法。

(2) 举行活动三个以上。

己　算术

算术虽未列入课程标准，但应地方特殊的需要，于算术教学亦须加以说明。

1. 目标

(1) 能运用算术解决日常生活中的数量问题。

(2) 使学生有正确与敏捷的计算能力。

2. 作业要项

(1) 珠算。

1）运珠和计数法。

2）加减乘除口诀及运算法。

3）多位加减乘除计算法。

4）加减乘除应用问题计算法。

5）乘除定位法。

6）本国度量衡及国币计算法。

7）记账和算账的练习。

(2) 笔算。

1）记数和念数法。

2）加减乘除的算法。

3）加减乘除应用问题计算法。

4）简单小数的乘除法。

5）本国度量衡及国币计算法。

6）记账和算账的练习。

注：各校可斟酌教师学生及设备等各种情形，教学珠算或笔算一种。

3. 教学要点（本科教学，约用 2 160 分钟至 2 880 分钟）

(1) 珠算。

1）口诀为珠算的钥匙，务使学生记忆纯熟并了解其原理。

2）教学新口诀与新方法，应从实际需要出发，使学生了解其功能与重要。

3）算式练习可使演算纯熟及正确，要多加练习。

4）本国度量衡货币等算法应与加减等法教学时混合教学之。

5）应用练习题应从学生经济生活中找，并切合实际计算情形。

6）应用题可用口述不必用文字，口述问题时，应前后解说清楚，并指示理解方法，必要时，可将题中要点写在黑板上，并助运算。

(2) 笔算。

1）教学新方法应从实际的需要出发，使学生明白方法的功用。

2）本国度量衡及国币等教学应于加减教学时教学之。

3）从学生的经济生活中找应用题并切合实际的计算情形。

4）应用题可用口述不必用文字，口述问题时，应前后解说清楚，必要时可将题中要点写在黑板上，并助运算。

4. 毕业的最低标准

（1）能认识和书写万以下的数目。

（2）能计算整数四则题。

（3）能计算普通的收支买卖等账目。

三、高级平校课程标准

（一）说明

甲、本课程以智识陶冶及精神训练为主目标，文字训练为副目标。

乙、本课程分语文、唱歌、时事概要、秩序训练、学生活动五科，语文科又分平民课本、平民读物、作文三项。

丙、男校得于课外指导学生农事工作，女校得于课外指导学生家事工作及缝纫机的使用法。

丁、本课程为教育华北 15 岁以上 40 岁以下的失学成人之用。

（二）各科教学时间的分配

高级男女平校各科每周教学时间的分配，男女两校是不一致的。

甲、男校各科每周教学时间表

科目	各学月每周教学分数			全期教学分数	百分比
	一	二	三		
语文	390	600	600	6 360	55.2
平民课本	240	360	360	3 840	33.3
平民读物	90	150	150	1 560	13.6
作文	60	90	90	960	8.3
唱歌	60	60	60	720	6.1
时事概要	90	120	120	1 320	11.5
秩序训练	90	120	120	1 320	11.5
学生活动	90	180	180	1 800	15.7
合计	720	1 080	1 080	11 520	100.0

附注：（1）毛笔习字在课外练习。铅笔习字于每次课本教学完结时令学生作写快的练习 10 分钟。

（2）学生中，如有不会注音符号者应于课外速为补习之。

乙、女校各科每周教学时间表

科目	各学月每周教学分数				全期教学分数	百分比
	一	二	三	四		
语文	390	390	390	390	6 240	54.1
平民课本	240	240	240	240	3 840	33.3
平民读物	90	90	90	90	1 440	12.5
作文	60	60	60	60	960	8.3
唱歌	60	60	60	60	960	8.4
时事概要	90	90	90	90	1 440	12.5
秩序训练	60	60	60	60	960	8.3
学生活动	120	120	120	120	1 920	16.7
合　计	720	720	720	720	11 520	100.0

附注：（1）毛笔练习在课外练习。铅笔习字于每次课本教学完结时令学生作写快练习 10 分钟。

（2）学生中，如有不会注音符号者应于课外速为补习之。

（三）各科教育的内容及教学要点

甲　语文

1. 目标

（1）增进学生词汇。

（2）增进阅读的能力与兴趣。

（3）增进农村建设的智识技能。

（4）增进日常生活中运用文字的能力。

2. 作业要项

（1）平民课本。

1）中华民族过去的光辉历史。

2）中国地理概略。

3）国耻痛史。

4）各级政府组织。

5）风雨雷电雪霜冰雹的成因。

6）四季及日月蚀的成因。

7）人体生理的构造及卫生。

8）合作社的组织方法。

9）农业经营的方法。△

10）家庭经济计划。

11）育儿常识。○

12）普通法律知识。

13）普通疾病及传染病预防法。

14）简易公共卫生。

15）孙中山遗教大意。

（2）平民读物。

1）平民文艺读物。

2）平民常识读物。

（3）作文。

1）记述文实用文及说明文的练习研究。

2）学校和社会新闻拟稿。

3）写作日记。

注：△为男校专有作业；○为女校专有作业。

3．教学要点

（1）平民课本。

1）课文教学以智识的开发为主，文字训练为副。

2）关于自然科学及农业家事卫生等知识之教学，应切合于学生生活以引起学生改善和向上的情绪。

3）关于历史地理三民主义等智识之教学须注意开发民族自觉自信自强的观念。

（2）平民读物。

1）读物的介绍应依据课本的内容与课本相辅进行。

2）注重学生自动学习，使学生自己探寻读物的内容。

3）指导学生阅读方法，增进学生阅读的速率与组织力。

4）每读完一书，应用适当的方法，考核其阅读成绩。

（3）作文。

1）作文的材料要适合学生的经验和想象。

2）鼓励学生多观察多思考。

3）要鼓励学生多写，锻炼发表的能力。

4）订正作文不要多改，只须略为增删。

4．毕业的最低标准

（1）有运用字典的能力。

（2）能阅读普通平民读物，了解其大意。

（3）能使用简单标点符号。

（4）能作普通文，实用文，文法上无大错误。

乙　唱歌

1. 目标

（1）增进欣赏和歌唱乐歌的能力和好尚。

（2）增进亲爱协同奋斗进取的精神。

2. 作业要项

（1）发音的方法。

（2）辨别音调高低长短的方法。

（3）认识简单音符。

（4）演唱富于动作的歌词。

（5）演唱富于慷慨激昂及民族性的歌词。

3. 教学要点

（1）用视唱法教学，教学时先使学生通晓歌词的意义。

（2）对于歌曲之高低迟速、节拍，要使学生十分明了。

（3）能表演的歌曲可使学生表演。

（4）利用活动集会等活动授以适当的歌曲。

4. 毕业的最低标准

（1）认识各种简谱的各种符号。

（2）能唱曲谱不同的歌词十首以上。

丙　时事概要

1. 目标

（1）了解现时本县本省国家的重要事实及国际上极大事件。

（2）增进学生的民族观念和勇敢向上的精神。

（3）增进学生看报的能力和习惯。

2. 作业要项

（1）与农民有关的经济新闻。

（2）本县本省的重大变革及普通事件。

（3）国内外重要新闻与农民生活有关系的。

3. 教学要点

（1）鼓励学生自己从报上搜集新闻。

（2）用讨论法教学，讨论完毕由学生笔记要点。

（3）教学时应就学生生活阐述上项材料的重要性。

（4）有连贯性的材料应注意其前后关系。

4. 毕业的最低标准

（1）明白本县本省以及国家现时重大事件。

（2）能看一般平民报纸。

丁　秩序训练

1. 目标

（1）增长学生的体魄。

（2）授以自卫教育的基本智能。

2. 作业要项

（1）术科教练初步训练。

（2）步枪射击法。

（3）自卫演习。

（4）联庄自卫的方法与演习。

注：女校可减少作业分量。

3. 教学要点（与初级平校同）

4. 毕业的最低标准

（1）能作整队开队练习，整齐迅速。

（2）能作正步常步跑步走，整齐不乱。

（3）明了步枪的性能及使用方法。

（4）明了自卫的重要和方法。

戊　学生活动

1. 目标

（1）增进协同合作与组织能力。

（2）增进学生的活动力量。

2. 作业要项

（1）利用学校生活的活动事项。

（2）采用有关农村建设的活动事项。

3. 教学要点（与初级平校同）

4. 毕业的最低标准

举行活动四个以上。

附录 5：华工教育的追忆[①]

傅葆琛

庄泽宣先生在他著的《教育概论》一书里，有以下的一段话：

> 当欧战时，中国以联合国一分子之资格，尝遣华工 20 万人赴法工作，间接助战。纽约之万国青年会委员会，其中有晏君阳初、傅君若愚、傅君葆琛等，悯华工之不识字，无知无识，遂发行过周报一种，借供华工消遣，后复选用常用之字 600，为编常识教科书，择暇授之，成绩颇好。

震动全世界的欧战，到现在已成了陈迹。但是创巨痛深，何人能忘？中国虽曾宣布参战，没有派出一兵一卒，然而在战场前线，及后方工厂，为联军效死力，为祖国争荣誉的，何止 10 余万人！华工的一段故事，不但与我国的外交史有关；华工的教育，与我国今日的民众教育，也有一层渊源。庄先生虽然论及华工教育，惜未能详确。友朋多询问我此事的真相，我本打算把华工在法国的生活情状，写一本书，供史家做参考的资料；然连年为俗冗所累，苦无时间。今特就个人见闻所及，将与华工教育有关的事，撮要述之。他日有暇，容当整理积存材料，另行编印，俾我国对欧战之贡献与 10 余万 "无名英雄" 之功劳，有所表白于世，不致湮没无闻也。

17 年前，即中华民国三年、西历 1914 年的时候，欧洲战事爆发。英、法二国壮年的男子，几乎全数从戎，后方工作乏人，于是派员求华招募工人。1916 年（民国五年），与我国政府接洽妥协，在青岛、威海卫、浦口等处，设立招工局。我国农工两界同胞，应募前往者，先后共有 16 万余人。

---

① 原载《教育与民众》，第 2 卷，第 7 期，1931 年 3 月。

华工应募赴法的动机，约有数种：(1) 因失业谋生乏术，只求有啖饭之处，不论远近；(2) 因英、法工资较本国为优，且有安家费、服装费等特殊待遇；(3) 因天灾匪患，不能安居乐业，借此机会，出外避难；(4) 因家庭不和，负气远行；(5) 因负债和犯罪，惧人索捕，逃走海外；(6) 因羡慕泰西文化，欲往游而又限于经济，有此机缘，正可假作工之名，行出洋之实；(7) 因素具冒险精神，好奇的心理，此行恰偿夙愿。

华工赴法的手续，大略知下：应募者，先到招工局报名，经该局派医检验体格。取中者，薙发沐浴，领取衣物，发给合同，即由招工局所在地登轮。经上海、香港、新加坡、印度，进红海，过苏伊士运河，至法国南部大海口马塞（Marseilles）登岸。或取道太平洋，经加拿大，渡大西洋，至法国北部之哈佛（Le Havre）登岸。也有从印度洋，绕道南非洲，出好望角，过直布罗陀海峡，而至法国的。

英、法两国所招之华工，人数不同。英国先后共招募华工 12 万人左右，每 500 人分为一队。合同定为 3 年。欧战停止之日，在法国工作者，尚有 194 队。法国先后招募的华工约 4 万人上下。合同有 3 年的，有 4 年的，有 5 年的。美国加入联军后，法国又将所募的华工，拨了一万多名与美国军队，随营工作。

华工在英、法、美各军营中的工作甚为复杂。如掘壕筑垒，铺路填坑，或往来搬运军需用品及粗重物件，也有在后方工厂中，帮助制造枪弹炸药，修理机器等事。战事停止后，华工多派往战地，（从事）扫除障碍，填塞壕沟，埋葬死尸，及拾拣遗弃之枪械弹药等等（工作）。总之，他们所做的工作，不是极粗重的，便是极危险的，都是英、法、美各国士兵不愿做的。

华工初到法国时，异乡作客，人地生疏，加以言语隔阂，极感不便。英、法、美各军队中，都雇用翻译若干人，传达消息。但翻译人数既不多，且只为官事服务，不能照料私人，故华工有时直接与英、法人民谈判，不免发生误会，或闹笑话。如某英国军官，叫华工到别处去，他们竟误以为该军官骂他们是狗（go 与狗同音）。又如华工常到法国饭馆去吃饭，因不知鸡蛋、鸡、鱼、猪、羊、牛等肉名，或打手势，或学禽畜鸣声，用种种不可思议的方法，使侍者了解所欲的食品，看见的人，莫不捧腹。

华工在法因水土不服，时常发生病痛，或则饮食失宜，或则寝卧受寒，或则操作创伤，病者例须向管理人请病假，名曰"告马拉子"。"马拉子"者，法语 Malado 之转音也。在战线附近工作的华工，战事未停止时，常被枪炮波及，无辜丧命。战事停止之后，则因拾取遗弃弹药，填平壕坑，偶一不慎，药炸弹裂，血肉横飞，或则肢体不全，或则身首异处，凄惨无比！如此危险工作，英、法人不愿为，而使华工为之，用心之狠毒，令人切齿！

华工因病或受伤而死者，以万千计，多葬于法国北部各地。他们虽不是兵，未曾正式加入战斗，然而出入枪林弹雨之中，冒九死一生，为联军工作，使联军无后顾之忧，而获得最后的胜利。他们的功劳，又岂亚于一般效命疆场，马革裹尸的健儿？但是他们死者既埋骨异域，生者回国后仍落魄天涯。致令事过境迁，谁复念及他们以往的工作？而编著欧战史的人，也少有谈到华工的事迹的。我所以称他们为"无名英雄"也。

赴法之华工，北省人居大多数。其中山东人最多，其余则为皖、鄂、江、浙、粤各省人。此种华工，90%属于非知识阶级。换言之，就是他们中间，受过教育的，不及10%。他们的分子，也非常复杂。有曾在中国工厂里做过工的，有在城市或乡村里做零工的，有抛弃田园的农夫，有火车站及轮船码头的苦力，有拉人力车的，有客栈的茶房、商店的伙计、饭馆的厨子，甚至学校的学生、停职的官僚、退伍的军人、落第的秀才、逃亡的盗匪，也混杂其中。论到他们的手艺，有木匠，有铁匠，有泥水匠，有裱糊匠，有裁缝，有画家，有书家，有会音乐的，有会唱戏的，有会说书的，有会打拳的……形形色色，七十二行，几于（乎）无行不有！

我还记得有一次，我在法国的马赛华工队里担任青年会的工作。那时正逢国庆纪念，我们商量庆祝的办法。屯驻在那个地方的华工队，不过200多人。他们提议演戏，他们所谓的戏，不是文明戏①，乃是旧戏——二黄梆子……演戏的乐器，我们倒是有一全套，但是弄乐器和唱戏的人，怎样凑得全呢？衣服行头装饰等必须的物件，又怎样办得齐呢？我虽然独自发愁，那些同胞工友们，却是兴高采烈，不到10天，一切应用的东西和人才，都准备好了。我不过帮他们搭搭戏台、贴贴对子、安安座位和照料秩序。台上的事，一切却是他们自己筹办。到了国

---

① "文明戏"：今称话剧。

庆节的那天，台上悬灯结彩，布置得与中国戏园子里的戏台一样。开场打过，一出一出的戏唱起来，二黄梆子，各样音乐，都合拍调，而且各种脚色（应为"角色"——编者注），各样服装，都是应有尽有。观众恍如在北平或上海某戏园听戏一般。华工队里的人才和他们的本领，我们不能不予以相当的承诺和钦佩。

华工中人才虽是济济，但是良莠也很不齐。安分守己，勤劳奋勉的，固然不少；刁滑懒惰，好勇斗狠的，也随处皆有。我略举一二事，便可知其大概了。

华工每日工作后，晚间无事，多相聚赌博，掷骰斗牌，终夜不休。管事者虽稽查严禁，亦不能防止。赌博之外，加以酗酒，醉后则互相谩骂，甚至凶殴，皮破血流，视为常事；此刀彼枪，或伤或死，亦时有之。所以法政府特为华工设置监牢，罪轻者"坐黑屋子"，罪重者，则送入"水牢"，也有押解回国的。有许多华工，行为颇不检，常闯入法国人民的私宅；或在通衢大道，随地大小便；或则对妇女指手划脚；或则窃取商店货物；或则袒胸赤膊，怪叫乱呼。当华工初至法国时，法国人民相待甚优，以为他们是中国的大国民，必定都很文明。后来看见他们的举动，非常野蛮，于是把从前羡慕的态度，一变而为轻蔑。中国的名誉，因之也一落千丈。"人必自侮，而后人侮之"。有什么话说？推原其故，都是由于缺乏教育。

以上我把华工赴法的原因、应募的手续、工作的种类、生活的情况，说了一个大概。这不过是本文的"开场白"。此处不是讨论华工与欧战的问题，所以关于华工许多逸文趣事，不能在本文中叙述。

现在我们书归正传，谈谈华工的教育。

华工教育可以分两层来说：

（一）机关。主办华工教育最力，成绩最著者，为华工青年会。此会系万国青年会的一部分。创此事者，为加拿大人瓦勒斯·吉姆斯（James Wallace）。瓦君曾在中国及日本办理青年会事业。1916 年，瓦君任驻法加拿大军队青年会干事，见华工赴法之工作者日众，因提议创设华工青年会，得英、美青年协会赞同，并得英、法政府许可，遂得成立，设总办事处于巴黎。凡华工人数在 200 以上之处，均设分会。每处有干事 1 至 5 人不等。干事多由中国赴英、美、法各国留学生充任，各国传道师也有。1918 年冬，在法国成立之华工青年会会所有 80 余处之多，干事总数达 150 至 160 人，其中以留美学生最多，约 50 至 60 人。

华工青年会之外，提倡华工教育者，尚有几个团体，如华侨协社、华法教育会、华工会、留法学生会等。华侨协社为旅法华人之总机关。该社对于华工之教育、生计等事，均曾赞助。华法教育会为中法学界所创设，其宗旨在汇通欧西之学术，交换东西之知识。在华工初到法国之时，曾倡办华工学校，养成翻译员多人，为之照料一切。华工会为华工自身的组织，其目的在结合团体，谋工作待遇及生活的改进。留法学生会则为留法学生的组织，常于课余之暇，为华工担任义务教授，教以中法等文，或演讲关于德、智、体三育的问题，助益不少。

（二）事业。华工教育的事业，约有下列数种：

1. 夜校。华工程度，至为不齐，有能诗文者，有一字不识者，其中就以不识字者占大多数。各处华工青年会均设有夜校，分中文班、法文班、英文班、普通班等。普通班除中文、法文或英文外，兼授算术、历史、地理、自然等科目。各班期限，自一个月至半年不等。华工之报名入校肄业者，约占全体人数 10% 至 30%。教不识字华工所用的书，最初采用沪江大学董景安氏所编之《六百字编》。因该书系文言，不合初学中文者之用，而一般华工又多欢迎带韵的书，如国内流行之各种杂志和《三字经》、《百家姓》、《千字文》等。遂由华工青年会总部请我另编。我仿照《六百字编》，编了一个《通俗六百字韵言》，选比较普通常用的字 600 个，分门别类，联成五字一句的韵言，如"一二三四五，金木水火土，……天地日月星，雷电雨风云，……墙壁门户窗，桌椅板凳床，……"等。若是 1 天教 10 个字，两个月便可将 600 字教完。因为许多读完《六百字韵言》的人，还要继续求学，我又替他们编了一本《通俗新知识课本》。全书共分 100 课，前 50 课，每课不过 100 字，后 50 课，每课不过 200 字。生字是以《六百字韵言》为基础，每课至多 10 个生字。课题包括各种常识，如天象、地理、历史、实业、科学、公民、卫生、尺牍、故事等等。并于每课后附问题数则，以便温习。书中又插入图表若干幅，借以提起兴趣，且补课文之不逮。

2. 刊物。华工青年会驻巴黎总部，最初为华工编辑了一个周报，名为《青年会驻法华工周报》（简称《华工周报》。——编者），由晏阳初、傅若愚、陆士寅诸君担任编辑。晏君于 1919 年春返美求学，该报即由傅、陆两君继续主持。后傅、陆两君又相继离法，总部遂委托我负责。此时我尚在马赛华工青年会办理会务，乃转托李权时君照料该处事务，即赶赴巴黎维持该报出版。后因经费困难，改该报为每两周出版一次，更名为《醒报》，直至 1921 年 1 月，我辞职返美续学，该报无人主持，因而停刊。

此报不过数页，篇幅不大，但编辑时，煞费苦心。字字必须恭楷写在放大的纸片上，每字约有半英寸见方①大小。然后将纸片送往制版处制成锌板，再交印刷公司排印，故不但费工，而且费钱。每报一张，只售两个生丁（Centime，法币，约合中国铜元二枚）。实不足成本 1/2 也。

除巴黎华工青年会总部出版之周报外，各地华工青年会也编辑报纸的。或用油印，或用胶印（一种化学胶质，用药水写在纸上，复于胶质版上，待药水侵入，然后用白纸翻印，与石印法相同）。我在马赛时，也编了一种白话报，每 3 日出版一次，即用胶质版印刷，非常便利，不过每次只能印二三十张，不能多印耳。

此外，留法勤工俭学会又刊行一种月刊，名为《华工杂志》，专为扶助华工之道德、增长华工之知识而设。不过全用文言，非有相当文字程度者，不能阅读，不如华工青年会所编各报销行之广。

3. 各种活动。读书识字之外，华工青年会又为各地华工筹办各种活动。每一华工青年会都有一个会所。会所房屋，各处不同，或系工厂闲屋，或为军营帐棚，或用工人宿舍，或租民间住宅。也有捐资新建的，但为数甚少。总以靠近华工居处为原则。会所仿照英、法、美军队青年会办法，设售品所、啜茶处、阅报处、代笔处、询问处等，并备各种户内外游戏用具，如象棋、乒乓、毽子、足球、棒球、篮球等。时时举行竞赛，有时并开运动会，提倡体育与尚武精神。它如幻灯演讲、通俗演讲、活动电影、新旧戏剧、大鼓说书、高跷旱船等等，或为灌输知识，或为改良娱乐，要在使华工的德、智、体各方面，得以平衡发展，无偏重之弊。

我在法国共住了 2 年零 3 个月。我不敢说对华工教育有什么贡献，我也不敢说教一般华工受了什么教育。在华工青年会做事的经验，给了我很深刻的刺激与觉悟。从与华工相处，而认识我国国民教育的缺乏，从办华工教育，而确信民众教育的重要。我的同事如晏君阳初、傅君若愚等，都因为华工服务之后，下了决心，回国提倡平民教育。我本来在美国学习森林，自旅法后，因见华工多半来自乡间，遂舍森林而研究乡

---

① 半英寸见方：约 13mm×13mm＝169mm²。

村教育与社会教育。

回国后，幸得附骥尾，加入平民教育运动。至今平民教育已演进而成扩大式的民众教育，全国上下，莫不认为其乃唤起我国民众之主要工作。所以华工教育与民众教育，实有密切之关系。庄泽宣先生在他的书里，既已提及华工教育；许多朋友，又时常以华工教育情形见询，故特追忆往事，略述梗概。至于个人欧游之感想，旅法之见闻，与关于华工之其他问题，他日当汇编成书，以飨读者。

华工教育不只是华工的教育，也是为华工办教育的人的教育。我没有到法国办华工教育之前，只晓得我自己的教育要紧。既到法国之后，才晓得别人的教育比我的教育更要紧。我的教育，不应当是为我自己的，乃是为别人的。我受了教育，才可以帮助许多人也受教育。……华工是我国民众的一部分，是我国一般无识无知、梦梦蚩蚩民众的一部分，是我国缺乏教育、缺乏生计而为人作奴隶牛马、漂流海外的民众的一部分。所以因华工教育而联想到中国全部民众的教育问题，乃是极其自然、极合逻辑的事。……华工教育至今已成为历史上的佳话。虽然有许多缺点，但"往者不可谏，来者犹可追"，因华工教育而唤起之民众教育，则正蓬蓬勃勃，方兴未艾。现时办民众教育的人，岂可不努力吗？

上述是我回国后，常对友朋说的话，引来作本文的结论。

民国二十（1931）年3月春假，于无锡教育学院

附录 6：唤醒中国的民众[①]
埃德加·斯诺[②]

中国千百万人民曾多次试图自上而下地改造生活。今天由著名的吉米·晏所领导的一群工作者，正与过去不同地，即自下而上地改造生活。这里讲的就是这个巨大实验的故事，那可能会使中国的生活彻底改变。

定县坐落于北平以南大约 130 英里的地方，靠近河北省的中部。我最近去那里参加相当于美国的 7 月 4 日的"双十节"（国庆节——编者）活动。原来打算逗留一天，但我实际上一直呆到第 4 天，由于北平有紧急事务才离开。

在定县，我发现了除苏联之外，没有任何其他地方能有的最富有戏剧性的，也许可以证明是"改造生活"的重要工作。这样说有点夸张吗？请稍等。

先解释一下"定县"这个词的意思。"定"是"固定"、"安定"的意思。而"县"指地方的基本行政区，相当于我们的"county"。定县也许可以译成"安定的县"，它的 2 000 多年的历史为我们提供了可资传奇式的思索。

定县有 480 平方千米的面积（据李景汉于 1932 年所著《定县社会概况调查》记载，当时定县的面积为 3 730 平方里。——编者），39.7 万人口，居住在 472 个村里，而每村大约有 50 至 1 200 户人家，每户平

---

① 原载《纽约星期日先驱论坛报》，1933 年 12 月 17 日。

② 埃德加·斯诺（Edgar Snow，1905 年 7 月—1972 年 2 月），新闻记者，作家。于 1928 年来华，曾任欧美几家报社驻华记者、通讯员。1933 年 4 月到 1935 年 6 月，同时兼任北平燕京大学新闻系讲师。1936 年 6 月斯诺访问陕甘宁边区，写了大量通讯报道，成为第一个采访红区的西方记者。斯诺死后，依其遗愿，一部分骨灰安葬在北京大学未名湖畔。

均 6 人。85％以上的中国人，实际和定县人居住条件相同。做个保守估计，那就是大约占世界上 1/5 人口的中国人居住的条件和定县很相似。任何试图改造这千百万人民内容的尝试，都将对整个世界发生深刻影响。

首先，让我们看看一般在中国村庄，即县的组成部分。我在中国旅行了几千里，曾访问过三四百个村庄、县镇的城市。在几乎所有的中国内地，其基本的生活方式，周围的环境，差不多都是一样的，几世纪以来几乎没有什么变化。

在内地的大部分地区，惟一的道路是几世纪前已开始使用的、破损不堪的，具有深深车辙的车道。仅仅可以通行商队的小路，带轮的车辆无法通行。绝大多数农民很少看到，或从未乘过火车、飞机，从未使用过无线电，电灯和报纸。他们当中百分之八九十的人完全是文盲，而且是难以置信的贫困。

在村庄里，农民耕种村子周围的土地，他们大多住的是平房，用土胚垒成，屋顶用草苫盖，也有时用瓦。夜晚点油灯（菜籽油或者煤油）。北方以玉米和小麦为主食，南方以大米为主食，肉几乎买不起。大约每户生产资料仅有 2 亩地，每户每年平均收入不超过 240 元（中国货币），相当于 60 美金。每个农民的收入比雇工多一点，雇工每天最多收入 2 角合大约 4 美分。

中国农村极为普遍的是愚昧，贫穷和疾病。这三点是构成中国落后的首要原因，大体上说，中国人和现代人所需要的素质相比，其缺陷就在于此。而第四个因素与以上三因素有紧密联系，就是差不多全体人民缺乏社会的或集体的自尊精神，缺乏公共意识。中国人在家庭里总是按儒家孔子所教导的准则生活。除小家庭外，似乎任何事情都与他们无关。

那么定县有什么不同呢？它的意义在哪些方面？它怎么可能有那样的变化？即使定县发生了很大的变化，不过是中国的一个细胞，能否在最后改变整个机体？这个"安定的县"像中国其他县一样，鸦片、海洛因泛滥成灾，这个只交重税，却很少被各式各样政府教导或理解的县，今天是什么样子？

从外表看，它和中国其他的村庄很相似。不同之点在于人民，在他们的心灵上，在他们对生活的看法——而不在从国外进口的工业烟囱里。

在那边田野里，一家人目不转睛地瞧着那块黄土地，有一块地已被整平，一个年轻人用他的锄头柄当笔，费力地写着："除文盲"，而另一个年轻姑娘用锄头骄傲地写着："作新公民！"。或许老头与老太太也都会写的。

在临近的另一个村庄，在晚秋的阳光下，有 200 多年青农民，年龄从 12 岁到 25 岁，沿着乡间的道路，人人手持钉齿耙、铁锹、铁铲，有节奏地肩并肩地劳动，正在翻土，耙地，平地，在他们面前有两条车轮压的辙，坑坑洼洼地，每组的面前有一个人举着旗子，上面写着他们村的名字，没有刺刀逼迫他们干活，没有人付给他们工钱，更没有人监工，这种志愿协作的精神对于那些了解中国农村情况的人来说，简直是难以置信的事。

在田野外，一部中国式的独轮车正在一条狭窄的路上慢慢地走着，车上有一个白色整洁的箱子，箱子两边用彩色画着白大衣的大夫正在为病人诊治。在独轮车旁走着一位年青的中国护士，箱子里有疫苗、纱布、绷带和简单的药品，这个"独轮车医院"第一次给千百人介绍了现代医学知识。

在一个稍大点的村子里，有一群人正在收听广播，收音机是定县制造的，由村购买的，另一处，从泥墙上看过去，你可以看到 40 多个年轻姑娘坐在一间临时的教室里，她们正在认真地听一位年青的，差不多还是孩子的女教师讲"千字课本"里的故事。

从三个村来的男人们正在田里观察一位姓王的农民培育出来的一种棉花新品种。5 年前定县人把山羊看成是比女孩更没用的低级动物，现在他们却以张家山羊产的奶羊作为样板。他们还培育出杂交猪，那是有计划地把小型长鬃毛本地猪与进口的波兰公猪杂交而成的"波支猪"。他们还把本地鸡和美国罗得岛红公鸡杂交成"来亨鸡"，提高了产蛋率。令人惊讶的是，他们谈话时同样用"研究"、"实验"和"科学"这些词句，他们相互祝贺。中国农民都是文盲，但对待农事，他们之中没有一个人是愚蠢的。当他们聚在一起，花费宝贵的时间商议时，那必定是有关农事生产、识字等。

这些改革发生的中心在哪里呢？那是在定县的 472 个村子里的 415 所学校——平民学校。这些学校没有政府的资助，全靠老百姓自己管理的。无数个青年男女在这里学会了读和写。现在正在学习如何工作与计划。他们艰难地组织起农民协会，并联合其他村子的协会，努力争取社会的、政治的、经济的改善。

每所学校成为一个会议场所，讲授各种教育课程。每所学校逐渐地对村政产生了控制性的影响，树立起本地的规范，行使相当的权力。

在许多学校可以看到一个小的"角落"，那里有药品和急救器材，是村民购置的，以备在固定时间供医生问诊时使用。这些新知识分子共同筹措资金，管理他们的合作社，排除商人的剥削，买卖自己的生活用品。他们还以很低的利率借贷给农民，提供仓库和商业上的便利，因为以前农民在高利贷者、粮食奸商和银行家的控制下感到没有希望。他们组成委员会禁酒、禁赌、禁止鸦片、海洛因。因为村子贫穷，而这些盘剥会使他们更加贫穷。他们还使房屋、街道包括鸡舍都要保持清洁，因为他们懂得了疾病来源于细菌和不讲究卫生。

现在让我们看看定县县城——县政府的所在地。有一群人举着旗帜向县城出发，从他们走路的姿势上就看得出他们是受过军事训练的。他们中有些是村保卫队的队员，每一组人携带一面旗子。县里的每一个农业展览会正吸引着他们呢，他们去参观自己的农民伙伴作出的成绩。这个展览会是有组织的村民自己举办的，他们骄傲地展出自己的产品。

今晚这些年青人要去看现代戏，由农民扮演的——不是演唱中国古老的晦涩难懂、锣鼓喧天的京剧，而是涉及他们生活内容的话剧。他们在一个由旧考场改建的剧场里看戏。这个剧场是由著名剧作家熊佛西建议而改建的，熊毕业于哥伦比亚大学，他是新人民喜剧的创始人。人民会喜欢话剧吗？或许吧，他们可以不花钱看戏的。

但是所有这些事情并不是刚才发生的。是谁把这些改革推动起来的？在改革的后面有着一群精力旺盛的、精神振奋的青年科学工作者与古老颓废的生活方式作斗争的故事，这些年轻的科学工作者决定在农民中创造一个有生命力的生活典范，充满新思想、新信念、忠诚，他们有一种普遍的信仰，也有能力去主宰环境。定县的成就可以说明他们如何热情和忘我地去寻找真理，去建立一种行之有效的办法，以便在中国能付之实施。他们的领袖是一位有革命品格的吉米·晏，即晏阳初博士，许多美国人都知道他。

晏阳初是一位有才干的学者，一个有独创的教育家，一个勤奋的作家，一个能激励人心的中英文演说家。他也是一位朝气蓬勃的知识分子，这在保守的亚洲是很少见的。他有敏捷的思路，有创造力，有发明才能和有想象力。他还是个组织者，是个实干的思想家，活跃的执行者。在定县试验中，到处都能触及到他的天才。

晏博士出生在中国西部边远的四川省的一个学者家庭，从前家境还殷实，后来由于军阀的蹂躏和掠夺而破落，那些军阀逼迫民众提前预付60 年的税。他年轻时去美国耶鲁大学和普林斯顿大学留学。曾去法国，在那里，他完成了在第一次世界大战中一件少有的建设性的事业。

中国被同盟国卷入困境，派遣了 20 万华工去欧洲挖战壕，去生产军需品，在铁路上当苦力。但是，欧洲的将军们管理这些华工有很大的困难。华工们当然不会讲欧洲话，而且，他们更不会读和写。生活在战争中，他们不知道为什么要待在那里与正在发生的事情。他们思念家乡，可又不会给家里写信，也不会读信。

晏受委托要为他们做点事，便试用简单的教授方法教他们识字，利用"千字课"使千百万农民"脱盲"为起始。这个实验成功了，使他感到震惊。这些"下等人"被证明是可以学习的。对于晏来说这是一个新发现。他说："从那时起，我就决心回国贡献我的一生去教育那些没有机会学习的千百万文盲——男人和女人，男孩和女孩。"他的决心越来越坚定，终于达到目的。

晏发现中国文盲并不懒惰或愚笨。他们之所以无知无识是因为：第一，统治者的政策实际上是禁止学习；第二，对于穷人来说学习文化需要克服很大的困难。

像大家所知道的那样，从前所有中国的书籍都是使用文言文——中国的古文。几个世纪以来口头表达已经不再用文言了，就像在英文著作中希腊和拉丁文，但却要求学生在阅读之前必须掌握文言，1917 年"新文化"运动开始提倡白话文，这样书面语言中白话才代替了文言文，人们学习读、写和说话一致了。

晏博士在法国就是用白话来教华工读和写的。中华平民教育促进会也把白话作为在中国农村进行教育的工具。平民教育促进会成立于1923 年，先开展各种不同的识字活动，然后推广。促进会选举了晏博士为总干事，主持全部工作。从那时开始他一直在这个岗位上，今天在中国"平民学校"已发展到 20 个省、市、县，有 500 多万人学成毕业，经过 4 个月每天一小时的授课，人们便能识字了。

定县计划是比单纯传播知识更为广阔和艰巨的事业。必须教育人民用知识去开拓。他们发现很有必要重新组织和建设生活的结构，由于从上层几次引进国外的社会和政治制度，强加于中国人民，结果都遭到了失败。他们总结出人们只有通过基层而不是上层来改革，才能获得新生。而这种新生事物必须是来自国内的土生土长的东西，但要用现代科学知识去培育它，所以，定县人民要从基层进行改革。

"这个实验开始于 1928 年，"晏对我说，"我们开始在一个村子进行，以后扩展到大约 60 个村子，3 年以后，粗略的方法完善了，我们根据大家的要求把工作推广到全县。人们的反映证明了我们的方法是合理的。因此，我们就继续进行基础研究，我们还把工作成果扩展到更广阔的领域。现在我们在定县的组织包括了许多新的生活内容。"

"我们发现需要一个全面的社会调查，中国的统计资料很少，不可能依据它作出科学的论断。从来没人对定县做过社会调查研究。比如，能计算出人民支付了多少合法和非法的税；一个家庭在教育上、医药上花费了多少钱；什么谷物生长得好；女孩子在什么岁数结的婚；还有男孩……等等。"

这些制成表格的重要统计资料哪里也找不到。他们只能耐心地发掘，任何人想要从中国农民那里获得信息，就得花费极大的努力去亲自调查。毕业于哥伦比亚大学的聪明的李景汉正在领导这项工作。他告诉我刚开始工作时的困难。农民首先考虑调查者会不会是政府的代理人？是不是来榨税的？也有人以为他们是日本人的奸细。后来，农民逐渐地对他们打消了怀疑。他们终于赢得了农民的信任，他们与农民之间的合作也巩固了。

在定县，健全的新教育有三种形式：一、学校式，强调个人教育；二、家庭式，针对家庭中不同地位的成员进行教育；三、社会式，向一般没有组织的农民进行教育，使他们成为有社会意识的中国的公民。通过这些渠道，实验者们着手解决所谓的"四个基本问题"。这些问题是沿着这些方向解决的：以文化教育消除愚昧；以生计教育消除贫困；以卫生教育消除疾病和身体衰弱；以公民训练消除自私。倡导者们牺牲了舒适、良好的生活环境和优厚的工资待遇，来定县参加工作。中国需要大量的医生，科学家和教育家，在这里他们最高工资大约是一月 100 元（美金）；而平均工资要比这少得多。

由于他们的成功，广西、广东、南京和北方的许多军政领导向实验的倡导者提出许多建议。他们试图说服晏把他的全部工作人员迁移到他们的地区，并答应付给丰厚的资金，这种要求被婉言拒绝了。理由是他们的办法还不完善。他们对各地军政领导人员说："把你们的人送到我们这里来，我们会把我们所知道的教给他们"，许多人接受了。但热心执行"定县主义"的人认为，这是一项巨大的事业，不能被任何暂时执政的、有政治目的的派别所利用，他们认为这项事业有它自己的社会、经济和政治使命，不值得为一个军阀的前途而冒风险。

到目前为止，定县事业仍保持一种私人学术的性质。那就是在某种程度上是自力更生的。资金的一个来源是从出售给读者的"千字课本"的收入，其他是通过捐献，主要从美国，还有从中国基金会（庚子赔款）获得的。这个实验的总支出每月不少于 1 万美元。考虑到这个任务的广泛性，这点钱实在是难以置信地少。

在组织上与平民教育促进会实验相分开的，但又紧密地与它联系的县政建设研究院从去年春天控制了定县的政府，它的发起很有趣地也正是晏博士。他发现由于缺乏政治权势，各处实验工作存在缺点，他向河北省有权势的人呼吁，请求他们支持建立这个研究院，晏的有力论点说服了他们。南京政府也同意，提名晏阳初为院长。他同意了，但只在不接受薪俸的情况下才同意，他做到了保留不参加任何党派的自由。南京政府也保证定县地方财政有相对的独立性。当地政府也不得不在很大程度上做到"清除贪污腐化"。定县的警察和民兵的装备是现代化的，在国内可以说是名列前茅的。

晏还有不少关于如何理解他的广阔的计划，方法和意义的话要说。他给我的印象是足智多谋、多才多艺，随着事业的发展，他可能会成为一个伟大的领袖，在演讲时，他表现出激昂的真诚和信念，所以与其说他是一位进步的教育家，不如说他像一位革命的战斗员。毫不夸张地说，他所领导的运动是远比任何中国军队操练前进和后退更具有强大生命力的革命，过去军队的操练是很松松垮垮的。

（郁晓民译　宋恩荣校订）

附录 7：哥白尼逝世四百周年全美纪念委员会表彰委员会主席安吉尔博士给晏阳初的信[①]

尊敬的晏博士：

无疑您已获悉，1943 年 5 月 24 日，文明世界的公民将纪念哥白尼逝世及其伟大著作《天体运行论》出版四百周年。"做革命的先驱"，自哥白尼名著问世，不仅仅人类对宇宙有革命性的展望，近代科学亦从此产生。这次纪念活动由纽约市科斯克图森科基金会（Kosciuszko Foundation of New York City）和哥白尼逝世四百周年全美纪念委员会（The Copernicus Quadricentennial Natioal Committee）倡议，其主席分别为瓦萨大学校长亨利·诺布尔·麦克科拉肯博士（Dr. Henry Noble Mac-Cracken）和哈佛大学天文台台长哈洛·沙普利博士（Dr. Harlow Shapley）。在西半球各国——美国、加拿大、墨西哥和南美洲一些国家，有几百所高等学校、工学院和学术团体准备以适当方式纪念哥白尼；纽约、新泽西和宾夕法尼亚州的学者将宣告 1943 年 5 月 24 日（星期一）为"哥白尼日"。

另据悉，美国其他州亦将组织类似的纪念活动。为使其成为真正的全国性纪念活动，并使纽约市作为纪念活动的中心，全美纪念委员会决定在 5 月 24 日晚，于纽约市卡内基音乐堂举行纪念哥白尼的全国性集会，上述委员会由 180 名杰出的教育家和著名的科学家组成。科斯克图森科基金会主席将到会发表演说，英国皇家学会主席亨利·哈利特·达利（Henry Hallett Dale）爵士将代表英国学者通过广播电台向大会表

---

① Angell, James R.: Letter to Dr. James Yen (Official Letter, New York City, May 11, 1943. personal letter NYC, May 11, 1943).

示祝贺。

　　谈完上述情况，我再准备与您谈一个迫在眉睫的问题，此问题把哥白尼与当代联系在一起：在哥白尼那个时代，他是革命者，并取得具有革命性意义的成就；在我们的时代，在我们的同辈人中，也有少数出类拔萃的人，他们在处理问题的思想和方法上已做出或正在做出独具革命性意义的贡献。为发扬这种精神，并促成会议的成功，许多杰出的教育家和科学家将出席，从而使会议产生更深远的影响。这项纪念哥白尼逝世四百周年计划的最高荣誉是为一些当代革命性伟人赠授荣誉表彰。全美纪念委员会决定成立一个代表不同学科和学术团体的特别表彰委员会，让其成员推选我们时代里具有哥白尼的革命精神，并为时代做出革命性贡献的人。在最近召开的会议上，表彰委员会全体成员一致认为您就是具有这种实际贡献的人，推选您为这些杰出伟人中的一员，并委托我，代表委员会的全体成员将此决定告知您，恳请您亲自出席纪念大会并接受这一荣誉。由于显而易见的原因，受奖人和表彰委员会委员名单要待到 1943 年 5 月 24 日晚举行会议时方能正式公布。在此之前，请将其视为最高机密。希望您能接受同代人对您表示的发自内心的敬意！

表彰委员会主席安吉尔

Dr. James R. Angell, Chairman, Committee on Citations

1943 年 5 月 11 日

又及：

　　我非常肯定地感觉，在此时刻接受表彰，不论在美国或在海外，都会对您正在从事的事业，必将产生极大的助益。

附录 8：东西方协会主席和董事会代表的奖辞[①]

　　出生于书香世家的中国人民的儿子和世界的公民——晏阳初，照理说，你完全可以凭自己出众的才华而赢得声望和舒适的生活。然而，你却无私地把毕生精力奉献给自己祖国成千上万的地位低下的人民——他们从未进过校门，由于贫穷和目不识丁而任人摆布。出于真正的谦虚，你提出自己必须先向人民学习，然后才能教育人民。你以政治家的风度制订计划，用以检验所学到的一切，并在自己国土上选择有代表性的地区设点实验。你的工作不局限于进行识字教育，你还耐心地诱导人民。当他们的思想受到启蒙，认识到自己的现实生活和今后该过什么生活时，你指导他们为获得健康、较好的生活和更强的自治能力而奋斗。像其他许多伟人一样，你不得不比较孤立地进行工作，因为只有少数人敢于追随你。然而，你的工作却终于使祖国几百万人民受益。多少年来，你坚定地摒弃私心杂念，在国内、国外寻求自己的朋友。如今，你已准备了一整套不但能为中国，而且能为世界任何地方平民改善生活，并被证明为行之有效的办法。你在世界之黑暗处点燃了一盏明灯，现在，该由我们去增加其亮度了。衷心感谢你与平民教育促进会对人类所作的贡献。我们——东西方协会主席和董事会，将此奖授予你。该奖每年颁发一次，由东西方协会主席和董事会主持，获奖者不论国籍，只要他（她）的意见和工作能对世界人民之间新的和伟大的理解事业作出突出的贡献。

主席：赛珍珠

董事会代表：威廉·O·道格拉斯

（晏振东　译）

---

　　① 奖辞颁授时间为 1948 年。

附录9：毛泽东先生会见记

堵述初

　　述初按：《毛泽东先生会见记》是我于1938年奉平教会之命，从长沙赴延安参观的那份《报告》的第14章。原来，当时平教会的机关杂志《民间》曾将这第十四章改题《毛泽东先生会见记》，于是年9月前后在长沙出版的《民间》发表过。从那时到现在，半个世纪过去了，那份《报告》和《会见记》，都早已找不着了。最近，中央教育科学研究所的宋恩荣同志，却意外地在浩繁的史料库里找到我那份《报告》的手抄本，并将其最后三章，即第14至第16章，复印出来，真叫我喜出望外。

　　现在我把那第14章的复印本（开头数行，未曾复印）誊录出来，仍题为《毛泽东先生会见记》，字句未改，以存其真。

　　《会见记》写于延安的旅舍，时间是1938年6月16—17日，为我晋见毛主席的第二天；《报告》的其他章节，则完成于1938年7月13日，是在我从延安返回长沙之后了。

1937年11月24日于南京广州路寓所　　月夜的延安城，是美的，可爱的，尤其在10点钟以后，紧张地工作了一天的人们，都在享受各自应得的休息。它好像一个健康的婴儿，静静地躺在慈母的怀中，那街道两旁忽隐忽现的灯光，仿佛它的舒适的微笑。因为包围在这四面山岗里的这座古城，现在正以新生的活跃的姿态，献身于抗战的祖国。在月光照临下，它不仅表现了一种肃穆温柔的境界，同时，也象征着它的无限的伟大的前途。在这样美的可爱的延安日夜里，我会见了毛泽东先生。

　　毛先生的住宅，是一所普通的民房。我们会谈的那间房子里面，除了一张寻常的单人用铁床和几把木椅以外，还有一张桌面不平的长方桌子，桌上铺了满渍油污的白色土布，大概他吃饭的时候，也利用了这桌子。桌面的当中，并放着两盏洋烛灯。书籍和文稿，都不整齐地堆在洋烛的两边。

我和他的秘书周小舟先生走进这房内时，他是坐在这桌子的近旁，烛光很清楚地照着在照相和木刻中早已被我熟习了的他那温雅的面容。当时，毛先生站起来和我热烈地握手，并请我坐在他的对面，同样温雅而体格较为短小的周秘书也和我并坐了。室内再没有旁人，四周十分安静。"你觉得我们的工作有什么缺点呢？"寒暄几句之后，毛先生即很谦虚地向我提出这个问题。我便把关于民众的文化程度、公共卫生的意见坦率地告诉了他。他认为这是确实的情形，并且说："这里的缺点，还不只这些哩。"

接着我们便谈到了平民教育运动。这天的上午我和周秘书有过一次谈话，顺便介绍了本会的工作，大概毛先生从周秘书处已得了相当的了解。于是他直接以平教运动的前途来问我。对于这个问题的答复，我略述了本会实验工作的性质和私人的学术团体的立场与政治社会环境的困难，并说明平教运动的发展，不但系于本身工作的努力，而且希望某种动力的推进。在政治斗争上积有艰苦的、丰富的经验的毛先生，立刻同情而且坚决地说道："政治是最基本的，最主要的。平教工作的大规模发展，必须有为平民的政治，一切推行的方法，还在其次。梁漱溟先生是个很认真的人，他到这里来过，自认他的工作失败了。我看他失败的原因，就是站在政府与人民之间而希望得到一点政府力量，去为人民做事。"

谈到这里，毛先生的兴致，陡然增高，好像发现了一件可爱的东西，继续滔滔不绝发表他对于政治问题的卓见。"政治的问题主要是对人民的态度，看你是想和老百姓做朋友还是要站在老百姓的头上压迫他们。只要和他们接近和他们打成一片，他们自然相信你，随你要他们的钱，要他们的命，都可以办得到。这是有事实证明的。从前我们在江西兴国一带，那里多过 200 万人口，可是我们的军队，有的时候不到 16 万。我们平常都是吃他们的，穿他们的，他们毫无怨言。那时候还在打仗，兵员补充，自然也是靠着他们。后来壮丁都打仗去了，老弱便出来代替耕种。妇女是不会耕田的，她们都自动的学习，结果田地都没有荒废。南方的军队，照常穿着草鞋，于是发动她们去打草鞋，家家都给我们来打草鞋了。同时，我们又发起竞赛的办法，谁打得好的，便给谁奖品。你看，我们何必拿钱去买呢？要不然，就是亲生的儿女，如果不亲近他，他也不同你说话的。"

毛先生天真地笑了，随手取出一根火柴在洋烛灯上点燃，然后放在他不常离口的烟斗中，吸了几口烟，接着谈到了农民："农民的性格，有两个方面，一是黑暗的，如自私自利，愚蠢守旧等。鲁迅的《阿 Q 正传》就是专写那黑暗面的作品。一是光明的，如急公好义、勇敢、牺牲等。他们见了病倒的行路人，便设法医治，见到邻居失火，一定拼命抢救，都是那光明的表现。他们一身就具备了这两种矛盾的性格。政治的作用，便在发动他们这光明面的积极性，逐渐克服他们的黑暗面，实现民主的政治。现在边区所行的，既不是共产主义，也不是社会主义，就是这种民主政治。在抗战时期我们发展了广大民众的积极性，那何愁没有人上前线，何愁没有钱去抗战！"

于是，毛先生以非常生动的语句，详叙过去兴国的农民，怎样在他们的政治影响下，像疯狂一般在参加教育上、军事上的动员工作的情形。"事实上农民的愚蠢是有限度的。"毛先生开始运用他的幽默语调，"我看他们比袁世凯还聪明哩。在耕田方面，一个识字的兵，也比秀才翰林高明得多，因为秀才翰林光会识字，士兵又能打仗啊！我自己是个知识分子，虽然耕过两年田，但不如老农的熟练，而且我又不会缝衣，真是缺点多得很。许多人只看到农民的黑暗面，便说他们什么事都不成。这是错误的。"略停一停，他又说："农民的语言，也是最丰富的。我觉得天下顶难听的是知识分子的话。因为太简单，又都从书本上来，同实际生活隔绝着。"

"因为他们讲究的要出口成章呀！"这句话引得他和周秘书都不约而同地大笑起来。对于边区工作的优点，我特别指出了民众组织的健全，司法制度和工作人员生活的合理化等。他立刻称许这种观察的正确，认为这些办法，都值得普遍推行，并且微笑着说道："最高的薪水，我拿过 150 块钱的。那是在汉口的时候，但那时，我总是欠账。现在 5 元一月，都不再向人借钱了。不过一元到五元的津帖，还嫌少了些，可是也不要太多，如果 180 元，就会引起争夺饭碗的事来。"

大概因为坐得太累了，毛先生站了起来，在桌子旁边走了几步，然后坐下从容吸烟。这时，他手边的火柴头已积满了一个纸烟听子的盖。在毛先生休息的时候，我便提到我们定县县政机构中的村建设委员会与青年服务团的实验。他认为这办法很好。他对于我们的组织教育和传习教育的办法，也很感兴趣，因为边区现在实行的识字小组的办法，大体与我们的相同。他并且介绍一些他们曾经实行了的识字方法，其中最有趣味的就是在军队行军时，把生字贴在前一个人的背上，去让后面的人一面走路一面读书。有一次举行士兵识字测验，周秘书的一个勤务，便能在一个钟头内默写了 70 多个生字，而且得了奖。

毛先生对抗战的军事问题，表示了乐观的意见。他认定敌人愈深入愈困难，将来敌人所能占领的，只有几个大城市和大路，所以与其说亡国，不如说"亡路"。我们要发展各地的游击战，把敌人驱到大城市的附近，困死他们，因为他们国小兵少，没有法子来应付的。等到国际变化一来，我们再来大举的反攻。至于东北的义勇军，当时因缺乏领导，共产党也无力帮助他们，所以没有很大的成功。现在却不同了，国民党和共产党都在战区中做这种工作。这与"九一八"以后的东北情形，完全两样的。

因为他知道我们在衡山方面，有县改实验的工作，而这个地方，也许有变成战区的可能，所以很郑重地对我说："平教工作也要注意游击战争哩！"在争取抗战的胜利，我们和毛先生及他的同志们，都一样抱着坚强的信念，原因就在对于发动农民的伟力，具有同样深刻的认识。我便把本会晏干事长发动农民的主张及农民抗战教育团的工作概况，简要地说了一遍。他注意地听着，而且频频点头。

当我们谈到延安县那位"农民县长"，我就介绍了被称为"平民县长"的孙伏园先生。这可算得中国县改史上的佳话。毛先生虽不认识孙伏园先生，但相当熟悉他的文坛生活和思想态度，说道："我最近读过他追念鲁迅的文章。他是同情鲁迅的！"鲁迅是毛先生所崇敬的人物。边区以鲁迅命名的学校，就有鲁迅艺术学院、鲁迅师范、鲁迅小学等。他自己并称鲁迅为新中国的圣人。

大家都知他是有名的夜间工作者，加以他的说话又是那样妙绪泉涌，引人入胜，所以不知不觉我们就谈了两个钟头。最后，他却庄严地表示，对晏先生及本会同志，以宗教家的精神努力平教运动，深致敬佩，并且热望我们现在必须积极做推厂工作，应有几千几万的优秀干部去参加。

"共产党愿做你们的朋友！"这是当我们握别之前，毛先生对我和本会的同志们所给予的最可兴奋的鼓励！

附录 10：1938 年晏阳初先生为什么要派我访问延安？[①]

堵述初

距今 55 年前的 5 月，晏阳初先生在长沙为什么要派我访问延安？对这个问题，我过去很少想到，因为当时访问延安，是我的宿愿，我一接到晏先生要我访问延安的派令，对我自己算是夙愿已偿，稍事摒挡，便欣然首途了。然而到了今天，往事回首，想到晏先生当时派我访问延安的动机，倒是一件意味深长的事了。

我现在明确地认为晏先生派我访问延安的动机有二：

第一，"九一八"事变，全国涌现了共赴国难的高潮。晏先生对于平教会"定县实验区"的工作，便确定以国难教育为重心深入开展起来。如编印《国难丛书》一套 10 本，演出大型话剧《卧薪尝胆》等戏剧，绘制中华民族的精忠报国、杀身成仁以及"先国家之急而后私仇"的英勇故事的《历史图说》数 10 种，并对每一位英雄人物写一首赞歌，且配以曲谱，以便歌唱，每一份图说都有数目不等的精细插图。此外，在平民学校毕业同学会中对青壮年同学，实行自卫训练，实即不带枪的军事训练；对于女同学，则进行战地救护的训练；而负责自卫训练的教员，都是当时中央军校毕业生或四川讲武堂的学生，如晏声鸿、章士元等。因之，名为共赴国难，实即准备对日作战。与此同时，在江西苏区的中国共产党发出停止内战共同对敌的通电。由此可见，平教会在定县的国难教育与中国共产党停止内战一致对外的通电，是相互应和的了。

第二，震惊世界的西安事变促成了国共两党第二次合作。卢沟桥烽烟爆发，国民党军队开赴前方，共产党军队改编为八路军深入敌后，全

---

① 宋恩荣、陈菊元编：《晏阳初纪念文集》，13～17 页，重庆，重庆出版社，1996。

面抗战，形势大好！1937 年 8 月，晏先生应邀参加"国防最高参议会"。该会由 16 人组成，应邀者均在野的学者名流。① 据闻中国共产党高层人士也应邀参加了。我认为这是晏先生与中共高层人士第一次会见，如果上述传闻属实的话。七七事变前半年，平教会已在湖南长沙设立办事处，我和部分平教会同事也从定县来到长沙。七七事变发生，晏先生立即组织"农民抗战教育团"，分赴湘南、湘中各县，宣传农民抗战的重大意义。② 因为农民在全国人民中占最大多数，前线抗敌的士兵，最大多数是穿军装的农民，士兵的衣和食，全部是农民劳动的成果。前方抗敌的士兵是如此，敌后游击的战士也如此。因此，农民抗战，实即全民抗战。

根据上述两点，探讨当时晏先生派我访问延安的动机，我现在认为，就是考察中共在延安地区的政治设施与文化活动情况，以供平教会在抗战期间工作的参考。

我访问延安归来，不但对晏先生作一个多小时的口头汇报，而且用两星期时间，依据我在延安参观时的记录及搜集到的材料，写成两万余字的《陕甘宁边区考察报告》③ 送呈晏先生。晏先生以高昂的激情，倾听我的口头汇报，而且边听边记、全神贯注、手不停挥，他老人家听到毛主席对我说共产党愿做平教会的朋友时，突然停了笔，抬起头沉思片刻再行继续记录我的汇报，以至汇报终了。由此可见，晏先生听到毛主席把平教会作为共产党的朋友，是深受感动的。

事实证明，一个仅有 40 万人口的定县，由于抗战前几年，平教会在这个县的青壮年农民，进行了相当规模的自卫训练，在沦陷期间，竟能演出一幕幕威武雄壮的游击战剧来。晏先生在 1942 年 3 月 9 日的讲话中说："最近文摘社摘录了一个外国人驻定县一篇报告说，定县有游击队 4 万多，专门和鬼子捣乱，时常打进打出。有一次打进城里把鬼子驻扎的司令部的那个考棚也烧了，可见农民力量的伟大。"④ 毛主席于 1944 年 9 月 8 日写的《为人民服务》这篇文章中说：我们今天已经领导着有 9 100 万人的根据地。据我自己在延安考察所见，在中共领导下

① 参见宋恩荣编：《晏阳初文集》，241 页，北京，教育科学出版社，1989。
② 参见上书，242 页。
③ 堵述初：《陕甘宁边区考察报告》，写于 1938 年 7 月 13 日。现存南京中国第二历史档案馆，编号 284（二）。
④ 《晏阳初全集（第二卷）》，152 页，长沙，湖南教育出版社，1992。

的地区，无论男妇老少都有高度的政治觉悟。如我见到的被八路军俘虏的日军在街上自由行走，表面看来，一点不受管制，如他们胆敢逃走，连十几岁的小孩子都会向他们要"路条"，他没"路条"就马上被拘捕起来了。因此，这 9 100 万人口，就是 9 100 万抗敌战士啊! 1940 年，平教会创办私立中国乡村建设学院（开办时名为私立中国乡村建设育才院）于重庆歇马场。我曾在这个学院任国文讲师一个学期，我认为这个学院的办学态度，是与延安当时的陕北公学近似的。晏先生任院长。他曾说："学术研究自由，师生日常生活极其活跃。"① 1941 年 1 月至1945 年 8 月，晏先生与国民党军委会政治部部长张治中先生合办士兵月刊，主编《士兵月刊》（第一、二期定名为《士兵半月刊》，第三期后改为《士兵月刊》），对国民党全军发行。该社编辑及经费，由政治部负责；工作人员，全部由平教会调派，再由政治部的军用文职加委。于是平教会平民文学部主任孙伏园先生被任为同少将社长，我自己被任为同少校编辑，孙先生又任我为该社秘书。当我们正在编辑《士兵半月刊》创刊号时，为亲者痛、仇者快的"皖南事变"突然发生。孙先生秉承晏先生全民抗战的观点，在编辑会上指出编写"皖南事变"的新闻稿不能采用因民党军方对事变所用的违背全民抗战的词语，表示对于这次事变的挑动者的抗议和受迫害的新四军的同情和声援。张治中先生是国民党内的民主派，看了《士兵半月刊》的创刊号，并未提出异议。可是国民党内某些反共分子，竟利用种种社会关系，向《士兵月刊》的编者，进行游说，妄图在这个刊物内塞进国民党蓄意发动"皖南事变"的军方语言，但终未得逞。因为国民党反动分子悍然发动"皖南事变"是破坏全面抗战的行径，作为平教会工作人员的编者，怎能违背平教会所主张的、也为中国共产党所坚持的全面抗战的最高原则呢?

　　《士兵月刊》在 4 年又 8 个月之内，编成并印发了《士兵月刊》约60 个月，即使在国民党内部一些具有反共观点的人，也曾加以赞许。如第三战区政治部主任邓文仪对军委会政治部部长张治中于民国三十年（1941 年）12 月 18 日的签呈称："职部所辖各级政工人员，常感读物缺乏，部队士兵尤感无精神食粮之苦。"也是这个第三战区政治部主任对军委会政治部的签呈，说："钧部印行的《士兵月刊》材料丰富，文字通俗，甚合一般士兵阅读之用。兹请大量发给或赠寄样本翻印。"此外，

---

① 《晏阳初全集（第三卷）》，714 页，长沙，湖南教育出版社，1992。

我们还看到第五战区政治部主任徐会之、第八战区政治部主任曾扩情对军委会政治部的签呈，也谈到了关于印刷《士兵月刊》的经费及要求尽快寄发《士兵月刊》印刷样本等问题。① 根据以上所叙，晏先生与张治中先生合办军委会政治部的《士兵月刊》，在全面抗战这个最高原则上尽到了维护和推进的责任。单从平教会来说，也算是农民抗战教育的继续吧。

1989 年 10 月，我接到晏先生自纽约于 10 月 15 日写给我的一封一千多字的来信。② 这封信的内容要有两点。第一，晏先生说："自我上次回国访问，已过去 2 年了。我很想再回去一次，但长途跋涉，于我已渐其难。这个月的 26 号，我即满 96 岁。"（述初按：按晏氏族谱载，晏先生生于光绪十六年庚寅，光绪十六年庚寅当为 1890 年。晏先生信中说的"96 岁"，如据按晏氏族谱，应为 99 岁）关于晏先生回国观光问题，在"文化大革命"结束后，我曾上书晏先生，敦请他老人家回国看一看。但到 1985 年、1987 年晏先生两次回国，而我竟未能和晏先生会见，至今深以为憾。

第二，晏先生在信中说："回想那时，你是平教会的一位多么出色的作家啊！如果你能写出定县平民化文化教育经验的回忆录，如科目如何选编的、内容如何安排的，将使我对你感谢不尽！"我是 1963 年春季写了平教运动的回忆录，写成后交给江苏省政协文史资料编辑部，题目是：《晏阳初先生与平民教育运动》，约 3 万字。江苏省政协文史资料编辑部收了我的文稿，并给我相当厚的稿费，但未公开发表出来。到了 80 年代，所谓"禁区"不存在了。我写的平教会回忆录，陆续在《河北省文史资料选辑》、《贵州文史资料选辑》、《绍兴文史资料选辑》等刊物上发表出来。其中，也有被晏先生的亲戚把我已发表的关于平教会回忆录送给晏先生看过，并蒙晏先生加以称许。这次晏先生来信鼓励我再次写回忆录，并提出具体要求，我立即应命写成《定县实验中的平民文字》一稿，2 万余字，都寄给纽约的晏先生。这是 1989 年 10 月底或 11 月初的事。到 1990 年 1 月 17 日，晏先生在纽约逝去的噩耗传来。翘首西望，哀痛晏先生之余，也偶一回想，晏先生是看不到我的文稿了。1990 年 5 月，我和我的女儿德健应邀出席石家庄举行的晏阳初平民教

---

① 这几个签呈原件，都保存于南京中国第二历史档案馆中军委会政治部的档案中。

② 晏先生给我的信原为英文，中文译者是我的女儿德玲。

育思想国际讨论会。我提交这次会议的论文，仍用《定县实验中的平民文学》一稿，所不同的是经德健在南京中国第二历史档案馆中，穷一月之力，找出了有关平教会及国民党军委会政治部的大批档案。如我于1938 年送交平教会的《陕甘宁边区考察报告》，平教会编辑《千字课》的"基本字表"，我写的《抗战史话》原稿 22 册（原为 24 册，遗失了两册）和军委会政治部《士兵月刊》的有关档案，第三战区政治部主任邓文仪等对于《士兵月刊》的意见与要求。有了这些在档案馆中沉睡了40 多年的资料，我这篇论文，便获得了较为充实的内容，如平教会的《基本字表》，邓文仪等人的签呈等，都写入我提交大会的那篇论文。再有更重要的一点，从美国前来参加这次会议的颜彬生先生读到我于1989 年 10 月前后写呈晏先生的那篇回忆录，我问晏先生是否看到了。颜先生告诉我女儿说，文稿交到时，晏先生已在病中，不过头脑清晰，只是目力不能看文稿了，于是颜先生坐在晏先生病榻前面逐字逐句地念给晏先生听。晏先生听完，频频颔首，表情愉快。

关于晏先生于 1938 年派我考察的动机，根据我的理解，作了上述的说明；但这种说明，是否合乎客观实际，尚请读者诸君赐以批评指正！

1993 年 3 月 16 日于南京广州路寓所

年 88 岁

附录 11：中共中央宣传部关于向全国 教育界各小派别小团体推广 统一战线工作的批示①

（一）为了击破敌伪奴化教育，为了抵制国民党顽固派教育统制政策，争取教育与学术研究的民主自由，为了逐渐推广新民主主义教育的影响及其研究，我党必须积极向全国教育界各小派别、小团体以至个人，推广统一战线的工作。

（二）教育界各小派别中，以陶行知所领导的生活教育社，黄炎培、江问渔所领导的中华职业教育社，晏阳初、陈筑山所领导的平民教育促进会，梁漱溟所领导的乡村建设派等最有历史和地位，其中尤以生教社和职教社的活动范围较广，影响较大，这些派别今天都站在抗日民族统一战线之内，不过由于他们的阶级地位不同，从而他们之间对于抗战与民主的立场及态度也有显然的差别。生活教育社是小资产阶级的革命民主派，有许多前进的青年和革命知识分子参加在里面，他们今天的教育活动可以说是为民族民主革命、为大众服务的，是新民主主义教育的亲近朋友。职业教育（社）是很有历史且颇有地位的一派，该社的教育主张及实施，一般地是为民族资产阶级服务的，它团结了社会上比较开明的一部分上层分子，并在他的活动地区里也得到一部分职业青年的欢迎。平教会是在美国金融资本（其活动基金为美国石油大王洛克菲勒所捐助）及中国大资产阶级影响下的中间派，他拉拢了一些作家和学者，吸收了一批热情青年，其中不少在艺术上和教育工作上表现是开明的和进步的。乡村建设派是靠近于大地主阶级的中间派，是这些教育派别中

---

① 根据中央档案原抄件刊印。1940 年 10 月 30 日。

最右的一派，但也有一部分政治幼稚而又纯洁的青年参加在里面。如果
把他们的思想主张存而不论，则上述各派人士所以能够在教育战线上获
得一定的地位和影响，是有两方面的原因：一方面是由于他们的实际努
力，他们不断的在实际上努力实行自己的主张，扩大自己的影响。另一
方面是由于国民党在政治上和教育上的黑暗，特别是教育战线上它的统
制政策与排它主义，使得一部分教育工作者和许多青年不得不另找出
路。所以这些派别都或多或少的吸引了一批青年及知识分子，由此，我
们也就不能把平教会派和乡村建设派的成员都看做名副其实的平教主义
者或乡村建设主义者，更不能把他们同他们的领导人物一样看待。

（三）除了上述四个较大的教育派别外，国内教育界还存在着因学
业出身而结合的许多小派系，例如留美派，留法派，师大派，南高派等
等，还有各种研究性的学术团体，如自然科学的、社会科学的。还有许
多无派无系的学者，自然科学家和教育家。这些团体派系和个人之间，
无疑的存在着各种各式的复杂的特点，阶级的社会的地位不同，政治倾
向不同（或"不问政治"），学术思想不同，生活习惯不同，个人感情也
有不同等等，但在今天情况之下，多数人是有民族意识和民主要求的。

（四）应该以不同的策略和不同的方法，同上述各种派别集团以至
个人建立统一战线。对生活教育派，要亲密的同他们合作；对职业教育
派要争取同他们合作；对平教派赞助其某些进步办法，批评其错误主
张，并影响和争取其进步分子；对乡村建设派批评其上层，影响其下
层；而对其他的小团体派系以及某些无派无系的个人，则应该依据具体
对象，从具体的问题上，以不同的策略和方法去接近他们，同他们建立
统一战线。

（五）教育界的统一战线，自然是抗日民族统一战线的一个侧面，
并且最后应该服从于抗日民族统一战线的政治方针，但必须认识教育界
的统一战线有他自己的特殊目的，自己的特点，自己的活动领区。因此
共产党员去进行教育界统一战线工作的时候，应该直接从教育事业出
发，并且为着教育事业而活动，而不应该从政治出发或强人从事政治活
动，应该以教育活动者的面目出现，而不应该以政治活动者的面目出
现，这样才能在教育界展开广泛的统一战线。

（六）依据上述的方针政策和方法，各级党的组织应该尽可能的动
员适合的干部和党员，去从事教育界的统一战线工作。有可能时并须参
加到各种派别派系和集团中去，对于能够实际参加教育界活动的党员和

干部，必须注意使他们能够长期的保持自己的活动地位。

（七）我们应该研究教育界中各种派系特别是上述各派别的教育理论与实际，并批判接受他们在教育事业中某些积极的作法和经验，以丰富我们的教育建树，对于他们中愿意到各抗日根据地服务于教育的热心分子，应该欢迎他们并帮助他们前赴各根据地。在这方面尤其要注意吸收生活教育社及职业教育社中的人员。

中宣部 10 月 30 日

附录 12：华西实验区工作述要①

——孙主任廉泉在三十八年 2 月 11 日工作介绍座谈会上的讲话

笔记者：何国英　朱泽艿

诸位：

这次新来本区参加工作的同志，大家都是对今后乡村建设工作具有信念与热忱才来的，在新来的同志里面，有好几位都是我从前的朋友和同事。据我知道他们都是丢掉了地位待遇都较好的职务而来参加本区工作的。这种精神实使我感动，使我兴奋。这次座谈会预定有 7 天的时间，本区各部门工作，都要有详尽的报告，今天我要谈的是本区过去工作的情形及今后工作的做法。

一、先从实验区设立的经过谈起

实验区的工作，是 1946 年 7 月我到第三行政区就任专员时，即从事筹备工作。经三四月的筹备，到 11 月才正式开始的。实验区是中华平民教育促进会与四川省府合作设立的，暂以第三行政区为范围，由我作专员兼实验区主任。我想，实验区要做的工作，就是县乡行政要做的工作，兼任专员职务完全为的便于推动工作。

乡村建设工作以平教会开始得最早，其次要算河南的村治学院，说来已有 20 多年的历史了。当时晏先生主持河北定县的实验工作，我和一些朋友在山东创办了一个乡村建设研究院，从研究实验中，大家都觉得乡建工作是具有连系性的，具有综合性的。如从扫除文盲的教育工作而注意乡村卫生问题、经济问题、自治问题。因此不知不觉注意到整个乡村问题的解决。要解决整个的乡村问题，就不能不牵涉到县政的实

---

① 本文辑录自璧山县档案馆藏，华西试验区档案卷 9-5/P95-102。1949 年 2 月 11 日。

施，因而觉得有从县单位着手来解决这整个乡村问题的必要。1933 年，召开了一次乡建工作者的讨论会，决定展开县单位的乡建实验工作。以后定县、邹平、菏泽、江宁、兰溪、衡阳、新都等实验县的设立，就是在上述要求下促成的。我们今天的实验包括 10 县 1 局，可以说是扩大的县单位的乡建实验工作，目的也在以这一区作推动乡建工作的示范表证的据点。

第三区在四川的行政区划中，就人口与面积来谈，是比较大的。在这样大的区域内，虽然我们过去有些经验，知道些方法与步骤，仍不能不作摸索探究的功夫。当我们研究在何处开始工作的问题时，有朋友提议先从北碚开始，我觉得北碚经卢作孚先生和卢子英局长的经营，地方事业已办得相当有基础，我们不应该从容易作的地方开始，因为这种地方作起来阻力少，不容易发现问题。后来又想在巴县开始，但我又觉得巴县距重庆太近，也很富康，如从巴县开始，所接触的问题不见得能代表一般乡村问题。我们要作实验工作，不应该从这样的地方开始，所以结果选了璧山。因为璧山不算富庶，受都市的影响也少，如果在璧山研究出一套办法能作得通，在第三区的其他各县局也可以作得通。在璧山的工作开始后，各方面的朋友多认为璧山太偏僻，不宜为实验区的中心县区，实不知我们选择璧山为中心县区时的用意，特在这里说明。我们在璧山不怕困难，不怕没成绩，因为我们认为困难失败也算是实验结果。

来到璧山之后，对于怎样作法的问题很费考虑。过去我作山东菏泽实验县县长时，可以不顾政府法令，改组乡镇组织，裁撤骈枝机关，整个自来一套。当时菏泽城内机关林立，县经费 21 万中用于城内者，即在 15 万以上。我的办法是紧缩县府机构，裁了 3 科，取消重叠机关，使人力财力下乡，结果使经费用在城内者变为 4 万元，这是一种作法。但我们在璧山不可能也不必要这样做，就是用这种方法在璧山作好了，别的县也无法仿效。只有发动社会的力量，使其自发自动的从事建设工作，所以我们采取从旁辅导的方法，建立辅导制度。这种作法收效可能很慢，困难也多，但是要想在地方上生根，还是只好如此。因为用了政治力量，虽然收效很快，却不能算真正解决了问题。采用辅导办法，在工作进行的时候，可能遇到阻碍，这是难免的现象，至于用什么方法来克服，来解决，正是我们需要研究的。

当初觉得全县举办很困难，决定先在四个乡镇工作，就是这四个乡镇，也只是办了传习教育这项工作；合作社只组织了几个示范社，因为除了用政治力量之外，教育才是一种启发地方自动建设的力量。引发工夫就是教育工夫。我们在各学区专设民教主任，推动成人教育，用教育力量来引发建设力量。半年之后，大家认为这套办法可行。璧山的地方人士提出三年建设方案，在县参议会通过，希望与本区工作配合进行全县建设计划。同时，巴县议长县长，北碚管理局局长也要求在巴县北碚展开工作。于是本区工作除璧山全县推行外，复扩展至巴县西里及北碚全区。但在这个区域里，也只是开始整套理想中很小的一部分工作。因为平教会是一个学术团体，只能对问题作探讨，没有经费从事大的建设工作。直到去年美国国会从美国援华款项中指拨十分之一协助乡建工作后，我们才有了进一步推展工作的希望。去年 11 月农村复兴联合委员会（以下简称农复会）成立，晏先生作了委员。关于农村建设，目前全中国只有我们在作，所以农复会五委员首先来本区观察。我们觉得没有什么成绩，但他们还觉得满意。同时在农复会正式成立之前，曾召集县长议长开会，凭着我们在巴璧碚三县区工作的一点成绩，已引起各县自动从事地方建设的意趣，随后各县都制订了乡村建设自助计划，并自筹一部分经费，用自助以求人助的方法，在各县展开工作。这样，原是中华平民教育促进会华西实验区的工作，由于他力引发自力的结果，都变成地方人士自己的工作了。

现在我们大部分计划都已得到农复会的协助了。既然外有援助内无阻力，能否有成绩、有结果，便要看我们的工作了。今后应如何实现我们的计划，以符合地方人士的期望，实在是不容易的。看起来现在是最顺利的阶段，其实是最困难的阶段。今天各位新到一个地区参加工作，可能比我们刚开始时顺利些，但爱之切责之严，我们应该格外警惕，如果因为工作不努力，或者处理事件太粗心，以致影响整个工作的进行，那是不能原谅的。同时我们的工作是综合性的，是整个社会的改造工作，牵涉的方面很多，比起个别的工程建设不易见效，如果做好了，自可为乡建工作开一条宽坦的大道，失败了恐怕一般人就要认为乡村建设工作只是挖沟筑堰的工作，并不能解决整个乡村问题。那样，我们就成了 3 亿 5 千万农民的罪人。

今天我们工作的成败实关系于整个乡村建设的前途。希望新来的朋友都要发大愿，准备吃苦，克服困难，忍受委屈，但不屈服于恶势力，本着本区实验旨趣与工作计划，努力各人应作的工作。

二、关于本区的工作重心与工作方式

我们的工作是综合性的乡建工作，不过全面工作中不能没有重点。重点在什么地方，如何着手？这是需要说明的。照一般人的说法，地方自治要经乡镇保甲这个机构来推动，但是我们发现有很多弊病，就好的方面讲，乡镇保甲机构曾办了些国家委托的事务，作了些消极的工作，如征兵征粮防匪等，积极的建设工作却没有管、没有做。现在实验区的计划，在推动工作方面，并非推开了现有乡镇保甲组织，而是将工作动力放在另一重点上。在县政方面有经验的朋友知道，目前乡镇保甲最感觉沉重的是委托事务，能作到委托事务，就算尽了最大的努力，别的建设工作当然谈不到。而且县长及一般人认为乡镇保甲能办好委托事务就是算称职的。要怎样的一种人才能把这些事办好？大概都得有点豪霸气质才行。但是有这种气质的人确不宜组织农民，以引发农民的力量，来推动乡村建设。因为他们不能使用民主方式办事，很容易武断。就是不武断，也不易达到政府要求的任务。也是政府给他的任务太不合理了，以致造成一般的乡镇保甲长对工作不得不应付的局面。所以我们推动建设的中心力量，不能完全放在乡镇保甲这个机构中；同时我们也知道地方各种建设工作所以没有推动，是因为一般老百姓不了解，我们作的每一件工作，要想使老百姓亲切的了解，那就只有在教育上作功夫，我们所说的教育并非单指一般的学校教育；同时，我们对于学校是另有一番安排的。我们是用教育组织来推动建设工作。总括的说：委托事务由乡镇保甲长办，积极的建设工作用有组织的教育来完成。也就是说，推动建设工作的中心力量是教育，是学校，乡镇保甲长只站在辅助的地位。

既然我们推动建设工作的中心力量是教育，如何才能达成教育的任务？要答复这个问题，先要知道建设的重心，才知道用什么样的教育才能达成任务。

过去乡村工作者也有人专从事过教育工作，但失败的多。因为他们是为教育而教育，不是为建设而教育。不过以建设为教育内容的作法，也各有不同，有的地方以自卫作教育的重心；有的以经济作教育的重心。经过我们研究的结果，认为乡村建设应以经济建设为重心。经济问题的解决靠有组织的生产，就是生产组织化。今后如何完成组织生产的工作是一切工作的关键。而教育就是完成这种组织的方法和力量。农村经济建设的完成，乡村建设才真获得结果。推广优良品种、修筑堤堰，并不是我们经济建设的重点，完成有组织的乡村经济建设，才是我们的最后目标。

三、前面谈到我们的经济建设最主要的是要达到组织生产的目的。但是用什么方法来达成这个目的呢？我们用的是农业合作组织，在农业方面组织农业生产合作社，工业方面组织各种专营业务生产合作社，也就是用合作社的组织来建立经济建设的体系。

先谈农业生产合作社。我们农村的农田是细碎的、零散的，普通农家的耕地面积大概只有 15 石田土，在这种情形下一切进步的现代化的农业生产技术无法接受，我们就用合作社的方式把农民组织起来以补救这个缺陷。这种合作与一般经济合作意义不同就在此。这种合作，看似简单，作起来却很难，苏联为完成集体农场组织的艰苦过程就是例证。

农业生产合作社是本区经济建设的主体。所以完成农业生产合作社的组织是我们的主要任务。无论教育实验和生产贷款都为了这个目的。农业生产合作社也叫合作农场。组织的程序，首先是确定合作社的社区，也就是确定学区，要使教育实施与经济建设配合，两者的地区范围就须相同，这"社区""学区"，我们把它叫做"社学区"。这社学区要根据一乡的地形、交通、灌溉体系等各方面来研究划定。过去工作人员希图省事，就根据保甲组织来划定社学区，然后组织合作社。这一来，很容易使划定的社学区不成一经济单位，合作社业务经营往往发生困难。所以今后大家应特别注意，千万不能希图省事，以致妨碍工作。

社区的范围，大概有耕地面积 2 000 亩至 3 000 亩，生产农民 200 户，人口约 1 000 左右。

社区确定之后就可以开始组社。但是要什么人才有入社的资格呢？只有农业生产者才有资格，也就是说，只有自耕农和佃农才有资格。绅粮、地主不能加入。要这样，利害才能一致，业务才能推动，农民才能真正得到利益。关于组社的手续以后再谈。

农业生产合作社的任务是什么呢？最重要的有三项：第一是稳定土地使用权以安定农村。记得三十四（1945）年，我在成都托高等法院苏院长调查该院民事诉讼，结果，租佃纠纷占全部民事诉讼的四分之一。同年，在璧山调查三个月的诉讼案件，发现有 62% 是租佃纠纷。大家知道，租佃纠纷很易在乡镇解决，而打官司到法院来，竟有这么多，可见租佃纠纷的严重。因为农村的动盈不安，农村经济建设就无从着手。如挖渠筑坝等水利工程，因地主不自己耕作或根本不住在农村，多不愿兴建；佃农的心理是得过且过，无恒产者无恒心，也不愿作长远的打算，甚至有只顾眼前的收益而损害土地的。这些例子很多，不胜枚举。所以农业生产合作社的第一个任务就是稳定土地使用权。方法是：（一）禁止撤佃换佃，以合作社有组织的力量来保护佃农。使其免于被撤佃换佃的恐惧。政府虽有保障佃农的法令，因为佃农没有组织，还是不能实行，现在我们可以用合作社的组织来仲裁租佃纠纷，使佃农虽无恒产而可以有恒业。由有恒业而有恒心。（二）保租减租，对地主应得的法定地租给予保障，并且还要照命令减租。如佃户有意不缴租，合作社也应该负责，这样才能达到安定农村的目的。

第二，控制土地转移以防土地兼并。据调查各县的税收，以契税为大宗，可见土地转移的频繁。同时土地的转移又引起撤佃换佃和加押等问题，佃农受害不浅。现在决定在社学区内的土地买卖，合作社有优先购买权。这叫做创置社田，田归社有，仍让原有佃户耕种，所纳租金，作为社里公有的财产。此外还可采用扶植自耕农的办法，由合作社帮助社员购得田地。这两种作法，虽然都是防止土地兼并，但其意义差别很大，后面一种办法容易引起农民的兴趣，容易推行，因为农民对土地取得的欲望很高。但是它的优点也就是它的缺点，农民因爱惜土地，很可能变得自私、保守、因袭，许多建设工作如修路、开渠、筑坝以及农业技术等反而受阻，成为新农业经济的障碍。如采创置社田的办法，其缺点就是没有自耕农的优点，农民对社田总不如对自己私有的来得亲切。但其优点较多，假如教育功夫做得好，大家都认为自己是合作社的主人，社员与合作社痛痒相关，合作社就是社员的生命，如此不但合作社可以办好，社员的社会责任感也可养成。并可用社里的公共财富办理地方公共事业福利事业。如此创置社田后，因土地改良而能增加社员收入，用社田增加的公共财富，举办地方福利事业，自然减少了社员的支出。增加收入，减少支出，都是对社员有利的事业。同时社员也渐进于社会化的生活。依据近年来农村土地转移的情形，我们知道每一社学区的合作社，一年可购置四五十亩，四五年后，社田可到二三百亩，这时，地方建设皆可推动，所以我们采取了创置社田的办法。现在就大势看，土地改革，势在必行，一般人注意到这个问题，我们应该趁此提倡合作社，借以促成土地问题的解决。此处还可以采取收回佃户社田押租作为合作社基金的办法。合作社创置社田，控制土地转移，就可防止地主或资本家向土地投资，而使其转入工业建设之途。

第三，改进落后的农业技术，达成近代化的农业生产。关于这个问题有两派主张，一派认为要采用大农制才能运用机器，改良农业技术，采用小农制经营就无法现代化；一派认为小农制有很多优点，如耕作集约管理周到，土地能尽量利用，农民特别爱护其田园作物等。就中国农村的条件看，仍应保持以家庭为劳动单位的形态，所以还是适宜于小农经营，同时用农业生产合作社的办法，用合作社担负一个农家所不能进行的工作，如土地整理与修建水利等。在中国农村复杂的情形下，我想只有这种去小农之短，兼大农之长的农业生产合作社，才能解决这个问题。

至于我们在家畜饲养以及优良品种之繁殖与推广方面，初步工作能做些什么呢？我在这里顺便提一提。

据我们所作农家经济调查的资料看，在本区养猪实是农家普通副业，猪种的改良值得我们注意，如约克夏种猪与荣昌母猪的第一代杂交仔猪，其生长速度与体重比较，远较普通仔猪为优，应该大量推广。在农作物方面，中农 24 号稻、南瑞苕都是产量特丰的优良品种，也值得推广，要做推广工作，就要举办繁殖场所。我们计划在每一乡镇选一示范社学区，由这个社学区的合作社，买 50 亩社田作推广繁殖站，或预约几个示范农家，组织成一个繁殖站，从事优良品种繁殖工作，并负本乡农业指导与优良品种推广责任。当然还要注意到猪的防疫，病虫害防治等工作。在养猪合作方面，各乡也可以进一步组织合作社。

另外，耕牛问题也很严重。记得年前美国朋友亨特及胡本德两先生到璧山三个滩参观，见示范国民学校调查结果：当地农家有牛者，仅百分三十，很觉感动，就送了三个滩合作社耕牛一条。这条牛，三个滩农业生产合作社的社员已开会商量了一个很好的办法来处理。目前我们已拟了一个增养耕牛的计划。

关于水利，四川建设厅已决定修建的几处工程，本区梁滩河工程也在内，然而大工程的利益不普遍，我们要以合作社力量，来兴修小型的水利，我们到各地去要注意勘查工作。

这些具体的工作，农复会大多答应协助我们，我们就可以积极推动。

现在再谈乡村工业合作的问题。

目前，我们中国的经济制度，就是一种吃农村的经济制度，我们要建设农村，就应当由提倡农村的工业着手，来改变这种经济制度，从原料的生产到成品的制造，都利用合作组织作立体的发展。如在遂宁，可组织棉农生产合作社，生产的棉花，直接供给合作纱厂，使生产者与消费者连接起来，避免中间商人的剥削。璧山组织有机织生产合作社，以后还要成立整染厂，一方面用上现代的技术，一方面由于老百姓利用闲暇织布，成本较低，可以与都市的工业竞争。这就是由农村组织生产来控制工业，来建设工业，而不再是工业来控制乡村，吃掉乡村。同时，分散生产，集中管理，也免去了现代工厂制的一大毛病。又如西泉纸厂，他们收买土产草纸来作原料，而不向当地漕户直接收买纸浆，以致成本过高，不能不停业，这就是因为他们是资本主义式的生产，跟当地人民没有合作的关系，农民拒绝将原料卖给他。而采用合作的方式，组织造纸生产合作社，设置合作纸厂，可以减少 1/3 的成本，当然不至于失败了。我们的工业建设的路线目的是要走上社会化的路。在现在的中国，我们不反对私人资本，但是也不提倡。我们合作的组织生产的办法是没有失败的，如果失败，都是管理不当。这就是本区经济建设的方向。希望大家有这个信念，不怕困难，不怕慢，认定目标，向这条路走。

四、最后谈关于教育建设方面

我们所说的教育，不是一般所谓的教育，内容和作法都与传统的不同，我们把教育作为经济建设的手段。用教育的力量，来完成农村经济组织，所以要经济建设能成功，教育是应当特别注意的。已往一般人都不注意乡村里的国民教育，从第三专员区小学教师统计数字来看，一万一千多位小学教师中，在中心校的就有 6 000 多人，在保国民学校的才5 000 多人，国民教育的经费也集中于城镇。中心校的校舍设备，都还说得过去，保校则可怜得不成样子。而乡村人口占全人口的 80%，由此可见 80% 的人口，所得到的教育还不如 20% 的人口所享受的教育。

再以教师的素质来说，保校也不如中心校。为什么社会人士不注意乡村的教育？原因是士绅地主都住在城镇，政府的一切设施，都受着他们的影响，自然忽略了大多数的生产农民，这是封建政治与教育负责者的错误。再以巴县来说，保校 600 多所，班级数 700 多班，大都是一校一人，校长教师校工的工作，都是这一个人负担，政府置之不问，成了天不管地不管的局面。其他各县的情形也差不多如此。今后我们必须扭转这种教育偏枯的现象，所以实验区以后对地方教育方面的协助，也多在乡村里的国民学校。现在我们有许多大学毕业的朋友，都去担任保校校长，而不去作中心校校长，原因在此，这并不是忽视乡镇中心国民学校，而是把重心放在社学区国民学校。

　　现在我们要把国民学校给以重新的安排，以使能负起责任。今后的国民学校应是社会化的学校。其实政府的法令也如此规定。前面我们说的社区也就是国民学校的学区，国民学校分为两部：小学部与民教部，小学都要作到社学区内全部学龄儿童入学，国民学校的详细办法由教育组的负责人与大家报告，这里不多谈。实验区工作开始时，只注意成人教育，今后要注意到整个国民教育的建设，把社学区积极的建设工作放在社学区国民学校身上。

　　乡村建设应注意到乡村领袖的发现与培养，如此建设工作才不致落空。这些领袖应从生产农民中去发现、去培养，所以我们进行教育时用组织教育的导生传习办法，在社学区按人民的居住情形设置若干传习处。传习处的设置，看起来似乎简单，但作起来并不容易。一处传习处就是成人班的一个小组，从一个小组的农民中去选拔导生，这些导生也就是领袖，他们是将来合作社的干部。所以导生应从生产农民中去选拔训练，将来一切工作才能推动。在生产农民中去选拔和训练导生时，困难虽然很多，但必须经过这一段的努力，工作才能生根。

　　传习处的传习内容，一部分是基本教育，有《农民千字课》等教材，此外，就是建设活动的传习，其方法可用巴县的油桐推广活动来作一说明。我们有一套植桐传习和教材，首先是辅导员召集民教部主任商讨研究植桐的办法，然后民教主任回去召集社学区内的导生，传习植桐的办法，导生再回到传习处把植桐的知能传给学生，传习后立即植桐，这是一套教育活动，也即是一套建设活动。由组织的教育达到组织的经济建设。导生传习处如何运用，这是我们要注意研究的，在这种情形下面，整个社学区，就是国民学校的施教场所，农业生产合作社的业务活动，就是民教部的主要教材。

　　国民学校最少应设校长一人，民教主任一人，教师二人。这样，在200 户人口中有两位教师、二十来位导生，共同来推动教育与建设活动，以通过教育的方式，完成经济建设的任务。此外关于乡村卫生建设以及基层政治建设，另由区内有关组室作详尽报告。

　　五、总括起来，我们要用组织的教育，达成组织的生产，此种组织的生产，是以合作方式建立体系，在合作经济的推展中，不但要求生产技术的改进，最重要的是利用这种乡村建设的组织力量，去解决上述问题，去控制工业，去发展工业，并进而完成乡村的各项建设，达到改造社会的目的，这就是我们华西实验区乡建工作的内容与作法。

晏阳初学术年谱①

1890 年

据《晏氏族谱》所记：晏阳初"庚寅九月十七酉时"（1890 年 10 月 30 日 17：00—19：00）出生。生于四川省巴中县一个不算富裕的书香世家。名兴复，字阳初，乳名云霖。

1895 年

入父亲所办塾馆接受启蒙教育，习读《三字经》、《百家姓》、《论语》、《孟子》、《大学》、《中庸》等传统科目，儒家民本思想从此渐渐地深深植根于头脑。

1903 年

辞别父母，在大哥兴荣陪同下，长途跋涉 400 多里山路，历时 5 天，来到阆中，入学西学堂，接受英语、数学、地理以及《圣经》等课程教育，开始了为期 4 年的西学堂生活。西学堂原为英国内地会所办，后移交英国圣公会接管，是川北、川东地区影响较大的教会学堂。英籍传教士姚明哲（RSV. Willian Haldis）兼任校长和教师，采取"基督与孔子"联盟的策略，循循善诱，对晏阳初产生了深刻的影响。

1904 年

领受洗礼，加入基督教。

1907 年

步行至成都，入美国"美以美会"设立的华美高等学校肄习三年。

1910 年

因不满华美高等学校的校风退学。应聘担任成都一中英语教师。

---

① 本年谱资料来源：晏阳初先生生前提供的文稿、书信；国际乡村改造学院菲律宾校本部与纽约办公室提供的中英文档案文献；哥伦比亚大学图书馆馆藏"晏阳初专柜"档案文献；吴相湘《晏阳初传——为全球乡村改造奋斗六十年》。

1911 年

夏秋之际，经姚牧师介绍结识在成都的英国青年传教士史文轩
（James R. Stewart），合力筹办辅仁学社，旨在组织外地在蓉学子课余
进行公益活动。

1912 年

冬，随史文轩赴香港。

1913 年

1 月，以晏遇春名入圣史梯芬孙学堂（St. Stephens College）。

9 月，以最优成绩考取香港大学政治系。因拒入英国国籍而失去获
得英皇爱德华奖学金 1 600 元的机会。

1916 年

夏，乘海轮启行赴美，9 月入耶鲁大学，修政治经济学。

10 月，获选参加基督教唱诗班，自认"孔子的道路使我获得做人的基
本性格，耶稣的积极战斗不息的精神，指引了我为国民服务的正确道路"。

1918 年

夏，在耶鲁大学毕业后两日，即束装搭乘军舰赴第一次世界大战
法国战场，参加基督教青年会主持的为华工服务工作。

6 月中，抵达法国北部的布朗，开始教授华工识字，开展扫盲工
作，此为中国平教运动海外之起源。

11 月，第一次世界大战结束。

1919 年

1 月，创办《华工周报》，以滞留欧洲的几十万华工为对象。该刊
以"开通华工知识，辅助华工道德，联络华工感情"为宗旨。晏阳初先
后发表《恭贺新年　三喜三思》、《中国的王权》、《和平会议》、《革心》
等多篇文章，砥砺在异国的"苦力"同胞。通过华工教育，晏认识到
"苦力"的"苦"与"苦力"的"力"。联想到国内 4 万万同胞，下定决
心，回国后不做官不发财，抛弃一切荣华富贵，将毕生贡献给劳苦大众的
教育事业，从事这种教育的革命，为劳苦大众提供受教育的机会。

6 月 9 日与蒋廷黻一同离法返美继续求学。入普林斯顿大学，主修
历史学。

1920 年

夏初，当选为"北美基督教中国学生会"会长，完成硕士学业。

7 月，获兄长来信，得知母病，决定提前离美返国。

8月14日，回到上海。不久，接任中华基督教青年会智育部平民教育科工作，以"用科学方法研究问题解决问题，以实用目的制订教材进行教学"为工作方针。

秋，赴济南、天津、北京、武昌、汉口、南京各地考察平民教育。随后返回阔别多年的家乡巴中，看望病中的母亲。

1921 年

9月，与许雅丽结婚。

1922 年

2月，青年协会书局刊行晏阳初主编的《平民千字课》初版。全书共96课，分4册，每册24课，每课有生字10～11字，供平民学校使用。每课生字旁，附注注音字母，每课前配图画一幅。

同月，抵长沙开展平民识字教育大实验，其后组成"湖南平民教育促进会"，举行大游行，宣传平民教育。随即开办两届为期4个月的平民教育识字班。

1923 年

2月，在烟台推行平民教育实验。8月1日，烟台平民学校举行毕业典礼。毕业学生1 000多人，其中女生372名。朱其慧为毕业生颁发《识字国民证书》。

8月26日，中华平民教育促进总会在北京举行成立大会。推选朱其慧为董事长，陶行知为董事会书记，执行董事有张伯苓、蒋梦麟、周作民、蔡廷干、张训钦、陈宝泉等。晏阳初任总干事，主持工作。

1924 年

7月1日，在奉天举办奉军识字教育班开学典礼，晏阳初与薄克曼应邀前往，讲授平民教育与《千字课》。

11月，直隶保定道20县开始作乡村平民教育的普遍提倡，晏阳初与傅葆琛前往向教师训练班讲授"千字课教授法"。

1925 年

3月1日，平教总会创刊《农民旬刊》。

夏，与傅葆琛、董时进应冯玉祥之请同往包头指导平民教育。

7月，应邀出席檀香山太平洋国际会议，发表题为"中国的新生力量——平民教育"的演讲，并开展募捐。

1926 年

10月，平教总会在定县设立办事处，划东亭镇为中心的62村首先开展乡村建设实验。

11 月，美国斯坦福大学校长、太平洋国交会议长韦尔伯博士访华。晏阳初引荐与梁启超、熊希龄、张伯苓、胡适等人会见。

1927 年

张学良、杨宇霆邀晏面议，拟出资 800 万元，在华北组织一大政党，通过平教将华北政、经、文教统一起来。晏阳初以"保持平教运动独立性，不染指党派政治"为由而拒绝。

1928 年

6 月 5 日抵美。20 日，出席耶鲁大学毕业典礼，领受"文学硕士"荣誉学位。费力甫教授宣读赞扬辞，称"晏君自 1918 年在耶鲁膺学士学位，今已届 10 周年。极少的毕业生在 10 年间的成就，可与这位具进取心、富有才能，而且又不自私的人相提并论。他是中国平民教育计划的主要负责人。他对东方的贡献可能比战后任何一人都伟大。当他在法国以青年会干事与中国劳工相处时，设想出对中国文盲的教育观念。他在中国雅礼会所在的长沙，开始作平民教育大运动，迅速地扩展全国性事业。他自繁多的中国文字中简要选取一千字。在这平民教育制度下，200 万中国人民已经学会读和写本国文字。晏君实在是世界文化中一有效能的力量。"

校长安吉尔博士致词："我们承认你对自己的同胞们的忠实，且有划时代意义的服务，显示非常的才智和创造力，以及极不自私而又有广泛的热诚。你的母校特赠授你文学硕士学位。"

晏在耶鲁母校领受荣典后，即撰《为中国作新民》，次年刊于《耶鲁评论》上，详述平教运动的起源及推行经过，指出平教运动的真义："最终目的不在于教万千文盲能识字，实在训练他们成为现代国家的公民。文字教育固然是重要步骤，但只是平民教育的初步。……中国平民教育的最终目的，既不是只使文盲能读书，也不是在使质朴的农民成为科学化的农民，实在使他们成为有才智又进取的中华民国公民。一旦定县实验成功，即可作为基本，将有 4 000 年历史的老大帝国转变成为一现代民主国家。"

本年，"中国平民教育美国合作委员会"在美成立。

1929 年

7 月，晏阳初全家迁往定县。此后，平教总会机关全部由北京迁至定县，工作人员及家属也随之迁入，就近参加乡村建设实验。从此"总会"与"华北实验区"工作合并一体,开始"集中全会力量作彻底的、集中的、整个的县单位实验"。为顾及对外联系,总会重新调整组织,晏阳初仍任干事长,干事长与行政会议下设总务长一人负责一切行政事务,机构调整后设:平民文学部、艺术教育部、生计教育部、卫生教育部、公民教育部、学校式教育部、社会式教育部、家庭式教育部、教育心理研究会、戏剧研究委员会。

1930 年

4月,全国基督教识字运动研究会在定县召开。11省包括9个宗派的教会人士共91人参加。其中有美国教士11人,会期两周。晏与平教会同仁分别讲述平教会实验情况。会后各地代表返回分区组织识字运动研究会。

7月,平教总会议决"十年计划",第一期三年,注重文字教育与县单位的教育系统;第二期三年,注重农业改进与生计建设;第三期四年,注重公民教育与地方自治。卫生教育贯穿全程。

1932 年

1月,定县高头村平民学校学生自动举办村单位改造的研究实验,成立高头村消费合作社。

7月,鉴于日本帝国主义入侵东北、侵华行动日渐扩大,空前国难来临,平教总会决定加速推行平教运动,将十年计划改为六年。分三期,每期二年。第一期以村为基本工作,第二期以分区为基本工作,第三期为全县实施的实验工作。将文艺、生计、卫生、公民四项基本的教育与改造工作,自始即联环进行,以整个生活为对象,无所偏重。六年计划提出五项研究实验的原则:(1)切合农民生活。(2)四大教育联环进行,相辅相成。(3)教育与改造连贯一起。(4)农民自动的必要。(5)科学化与制度化的实践。

12月10日,第二次内政会议在南京举行,晏阳初、梁漱溟等应邀参加。会议通过八大项议案,其中三项来自定县实验。通过"县政改革方案",拟将定县原则推广于中国。

秋,由李景汉编著的《定县社会概况调查》出版。

1933 年

春,全国基督教农村建设研究会在定县举行。14省各教派180人参加。

春,河北省根据国民政府第二次内政会议决议成立县政建设研究院。晏阳初担任院长。以定县为实验区，应用政教合一力量试验县政建设。

7月14日至16日，全国乡村工作讨论会第一次大会在山东邹平举行。会议旨在交换知识，讨论问题，联络感情，研究切实互助方法。35个机关团体的60多名代表参加。晏阳初、梁漱溟、瞿菊农、陈志潜、黄炎培等参加大会。大会无宣言无决议案，但对乡村工作产生过重要影响。会议确认乡村改造工作要点有三：（1）不能急求速效。（2）不能专法欧西，须注重本国情况，因地制宜。（3）不能偏重一方面，须以整个社会为对象。

1934 年

10月10日至12日，全国乡村工作讨论会第二次会议在定县召开。到会150人，分属76个机关团体，来自11个省。会议认为当前尚达不到地方自治，首先须用教育引发，培养人民的新知识能力，使全部知识分子逐渐团结，用政教合一方式发生一力量，由力量达到组织，由组织农家达到自治。晏在大会演讲："乡村运动成功的基本条件"，并作《中华平民教育促进会定县实验工作报告》。

1935 年

9月11日，平教总会举行年度会。晏主持会议，讲述平教运动已经过四个阶段：（1）文字教育；（2）深入农村；（3）社会的改造；（4）学术与政治打成一片。

秋，蒋介石电促晏迅速将平教会乡村改造工作在四川推行，四川省政府主席刘湘急电晏协助四川省的建设工作。

10月10—12日，全国乡村工作讨论会第三次大会在江苏无锡教育学院举行。到会人员170人，代表团体机关99处，分属19省市，并有美国教士2人，旁听200人。晏阳初在会上作"农民运动与民族自救"的演讲，认为"乡村运动是民本的，建设是包括科学的技术和内容。把科学研究的结果带到乡间去，与农民发生关系"。会后，晏阳初、陈筑山前往浙江兰溪参观县政改革。

1936 年

2月，晏阳初、瞿菊农、彭一湖抵湖南，与何键、朱经农商讨，决定设立湖南省实验县政委员会。晏、瞿、彭参加委员会工作。选定衡山县为实验县。随后晏阳初、陈志潜等前往四川成都，与刘湘及四川各界领袖商讨以省为单位的实验问题。

4月2日，华北农村改造协进会在北平成立。晏阳初被推举为执行委员会主席。该会分工为：（1）平教总会负责联环的农村改造工作及"平民文学"；（2）清华大学负责"工程"；（3）南开大学负责"经济"的地方行政；（4）燕京大学负责教育及社会行政；（5）协和医学院负责社会卫生；（6）金陵大学负责农业。

6月，平教总会自定县南迁到湖南长沙，以便就近指导华中、华西实验的工作。从此定县不再是总会惟一的研究场所，而成为华北实验区中心。但其时大部分工作人员仍留居定县，负责华北农村建设协进中各大学学生的训练实习。

10月17日，晏阳初在湖南衡山乡村师范学校作题为"误教与无教"的演讲。随后发表在《民间》3卷14期上。指出，旧教育已经推翻而新教育尚未产生。20余年来所谓新教育实则是从东西洋抄袭来的东西，"试问中国人在中国办外国式教育，还有什么意义？"毫无目的地盲目模仿外国使整个教育因此破产。他主张要创造一种中国教育，要用中国药来医中国病。为此要深入农村，教育基本在小学。要做一个现代人，一方面要不忘本，不要忘记我们是中国人，一方面要应用欧美的科学，要学会驾驭自然的本领。否则，就不配在20世纪生存。

1937 年

8月，国民政府为适应抗战形势，聘请各党派代表、名流16人组成最高国防参议会。晏阳初为代表之一，应邀出席。

9月29日，定县沦陷。定县实验区工作被迫停止。一部分成员留在定县参加敌后抗日，一部分陆续辗转到长沙实验区，开始训练、组织民众的工作。

1938 年

4月1日，湖南省地方行政干部学校开学，晏阳初应湖南省主席张治中邀请担任教育（厅）长。

8月，晏阳初派平教会干部堵述初赴延安考察，会见毛泽东致。毛泽东对晏阳初及其同仁"以宗教家的精神努力平教运动，深致敬佩"，表示"共产党愿作你们的朋友"。

1939 年

3月5日，最高国民参政会第三次议决成立"川康建设期成会"，晏阳初、梁漱溟被推举为委员。

3月，中国乡村建设学院筹备处在重庆成立。

1940 年

10 月，私立中国乡村育才院在教育部正式备案，28 日开学，晏阳初任院长。用募捐款在巴县歇马场大磨滩征购土地 500 亩作为校址。初设乡村教育、农村经济二系，学制二年，同时设研究生班。

1941 年

1 月，华北农村改造协进会更名为全国乡村建设学会，晏阳初被推举为理事会主席。

1943 年

1 月 11 日，中、美、英、苏代表在华盛顿商谈战后建设及赈济等问题。外交部长宋子文邀请晏等 10 余位专家前往美国组织"战后问题中国研究小组"。

5 月 13 日，晏收到经由驻美大使馆转来"哥白尼逝世四百年全美纪念委员会表彰委员会"主席安吉尔博士的来信。信中告知：晏被遴选为"对世界文明有杰出贡献"的人士，并邀请晏亲自到纽约市受奖。

24 日，晏阳初与爱因斯坦、杜威等 10 人在纽约市卡内基音乐堂被授予表扬状。表扬状称，晏"是杰出的发明者，将中国几千文字简化使之容易读，使书本上的知识开放给以前千万不识字的人民；应用科学方法，肥沃他们的田土，增加他们的辛劳果实。"

7 月，开始与美著名作家迈可维（J. P. McEvy）合作撰写《免于愚昧无知的自由——平民教育实用手册》。提出"第五自由"的著名论断，11 月刊入《读者文摘》。

1944 年

1 月，在哈瓦那大学及其他教育团体演讲中国的平教工作。并与哈瓦那著名人士商讨在古巴推行平民教育问题。

5 月 12 日，与美国人士商谈决定建立"平民教育运动中美委员会"，晏被选为该委员会理事。

6 月，与赛珍珠（Pearl S. Buck 或 Pearl Buck）女士一道面见中国驻美大使魏道明，商讨制订"帮助美国人认识中国"的计划，以促进中美文化交流。

7 月，在美国《生活》杂志发表《中国战后是否民主?》一文，重在说明中国能够建设强大的民主制度。

8 月，应《读者文摘》创办兼发行人德惠特·华莱士（DeWitt Wallace）之邀前往其总公司，再度与社会名流会晤。华氏决定特别编印中国版《读者文摘》15 000 份赠送中国人。

1945 年

1 月 4 日，接到新任代理行政院长兼外长宋子文密电："平民教育与地方自治，是开创民主政府的第一优先。盼立即回国负责主持政府支持的计划。并候明教。"晏回电表示因故不能应命。

3 月，诺贝尔文学奖获得者赛珍珠所著《告语人民》(*Tell the People*)刊行，该书用晏与赛对话方式，叙述晏 25 年来献身于中国乡村建设工作的经过。

8 月，经教育部批准，中国乡村建设育才院扩充更名为中国乡村建设学院。四年制，设乡村教育、社会、农学、农田水利四系。

11 月 13 日，抵旧金山，19 日被授予该市"荣誉公民"称号。荣誉状称："晏阳初是经东西方各权威人士公认的真正的哲学家与人道主义者。历史将以最高地位记载他对中国的贡献。旧金山市民对于他的伟大成就，谨明示真挚的尊敬，特颁予'荣誉公民'称号。"

1946 年

2 月 26 日，拜访美国元老政治家布鲁区（Benard M. Bantch），讨论美国援助中国平教工作问题。

3 月 11 日，与大法官道格拉斯（William Orville Douglas）一同到白宫拜见杜鲁门总统，介绍中国平教运动的意义。

秋，乡建院学生民主选举产生"四自会"，主席由中共地下党员担任。下设自习、自治、自强、自给四组。配合国际国内形势，壁报、歌咏、舞蹈等活动空前活跃。

11 月，包括 10 县 1 局的华西实验区正式成立。覆盖人口 532 万、耕地 1 230 万亩、农民 70 万户，占全区人口的 76%。

1947 年

4 月，为打开美援僵局，再度赴美。

7 月 10 日，拜见美国国务卿马歇尔。应马歇尔要求，于 9 月 30 日向美国国务院提交一份要求美国援助中国教育与生计等社会建设的备忘录。

7 月 16 日，联合国文教组织秘书长赫胥黎致电晏阳初，询问可否担任该组织基本教育计划主任。晏考虑到中国平教运动责任重大，复信婉言谢绝。

8 月 25 日，出席联合国文教组织在巴黎召开的研讨会，并作了题为"平民教育与国际了解"的报告。

9月17日，赫胥黎函请晏担任该组织基本教育特别顾问，晏复信表示同意。

1948 年

1月至3月，为争取美国通过"援华法案"，分别与美国政界、经济界以及新闻界人士频繁接触。

3月8日，全美教育协会为晏举行盛大午餐会，晏即席演讲"中国乡建平教大要"，获热烈反响。9日再次拜见杜鲁门总统。19日，美国国会众议院外交委员会通过杜鲁门总统提出的《援华法案》。4月1日正式公布。该法案中"农村建设"部分亦名"晏阳初条款"。指定在对华经援总额4.2亿美元的5%～10%作为中国农村战后复兴专用。并由美中双方政府联合组织一委员会管理。

7月3日，中美签订《经济援助协定》。

8月5日中美正式换文公布，决定成立"中国农村复兴委员会"。11日，中国国民政府与美国政府分别委任晏阳初、蒋梦麟、沈宗瀚与穆懿尔、贝克为中国农村复兴联合委员会委员。14日，晏在上海《大公报》发表《开发民力　建设乡村》。15日，在南京与新闻记者谈农村复兴问题。

10月1日，"中国农村复兴联合委员会"在南京正式成立。

1949 年

11月20日，"中国农村复兴联合委员会"在台北举行会议，晏自重庆飞往参加。随后转赴美国，就美援及农复会前途问题与美政界及民间人士交换意见。

1950 年

1月16日至8月17日，正在美国的晏阳初与身在香港的卢作孚，互通标注"极密"、"阅后火之"等字样的密信8封。晏阳初信中希望了解中共"是否同意吾人在大陆继续工作"。认为"中国的大灾大难是我们救国救民的良机，由农村建设入手，中美在农建、工建良好合作基础上，双方政治的，甚至主义方面的调协不是绝对无望的"。认为"事关吾民族前途、世界和平"，希望卢作孚"拨冗打听个明白"。

11月，中共川东行署派工作组到乡建院，在师生中开展"批判亲美、恐美、崇美思想教育运动"。以"反革命罪"逮捕代理院长魏永清、副教务长石理亚、学生邓矿入狱。川东人民法院于1952年以［1952］

刑字 110 号判决书宣判魏永清死刑。

12 月 2 日，据本日重庆市新闻处讯："重庆市军管会应各界人民要求，解散了为美帝国主义服务的'中华平民教育促进会'，其所属乡村建设学院等机构亦同时予以接收。"随后，重庆、北京、天津、河南等地的多家报刊连续发表大量文章，揭露、批判晏阳初以及平民教育促进会"反动罪行与本质"。

12 月 18 日，平教运动美中委员会在美举行执委会，讨论晏阳初关于援助落后地区人民的建议。

本年，国际平民教育运动委员会成立。

1952 年

2 月 1 日，应邀参加美国国务院内"第四点计划演讲会"。晏在大会上就中国平教乡村经验作了演讲。

本年，先后赴菲律宾、印度尼西亚、泰国、巴基斯坦、印度、利比亚以及设在巴黎的联合国粮农组织、卫生组织考察或商讨合作事宜。

1954 年

1 月 16 日，自纽约经旧金山飞往马尼拉。

11 月，菲律宾总统拉蒙·麦格塞塞（Ramon Magsaysay）邀请晏协助推行三年计划，以使菲成为亚洲乡村改造示范国家。

12 月 12 日，麦格塞塞总统约晏早餐，商谈三年计划，并请晏前往美国代为请求援助。同月 15 日，麦格塞塞总统聘晏为菲律宾"总统乡村改造行动委员会"顾问。

1957 年

12 月 15 日，晏参加国际平教会，并就中国定县经验的普遍意义作了演讲。

1958 年

12 月 2 日，国际平教会召开大会。晏在大会上提出建立"国际乡村改造学院"计划，获得与会者支持。

1959 年

12 月 6 日，在国家平民教育会议上强调，乡村改造中政治及社会革新必须与经济发展同时并进，不可偏倚。

1961 年

7 月，先后前往委内瑞拉、危地马拉、哥斯达尼加、波多黎各参观访问。获得各国朝野的热烈欢迎。

1965 年

1 月 6 日，主持国际乡村改造学院在菲律宾境内的田野实地训练站的国际训练工作第一期始业式。

本年，危地马拉乡村改造促进会成立，成为中美洲乡村改造实验场。哥伦比亚乡村改造促进会也告成立。

1967 年

5 月 2 日，国际乡建学院举行第一期校舍在菲律宾开维特省西朗镇落成奉献典礼，中、美、印尼、印度、锡兰、泰国等各国代表 1 500 人参加。菲律宾总统费迪南德·马科斯（Ferdinand Marcos）授予晏阳初最高平民奖"金心勋章"。"勋章状"称："今公认晏阳初在菲律宾表现的辉煌的献身工作，……尊敬他的伟大精神"。晏以"国际乡村改造学院的使命"为题发表讲话。

本年，泰国乡村改造促进会成立。

1976 年

11 月 23 日，危地马拉总统基耶尔·欧亨尼奥·劳赫鲁德·加西亚（Kjell Eugenio Laugerud García）授予晏阳初"危地马拉国鸟勋章"。赞扬他"发扬危地马拉农民的潜在力，以及解救世界人民的饥饿、无知、疾病和种种灾害所做的工作"。

1980 年

7 月，晏伉俪自纽约飞往马尼拉，因夫人病发中途折返美国就医。

8 月 18 日，许雅俪夫人突发心脏病，急救无效而去世。

1981 年

9 月 27 日，主持国际乡村改造学院所属乡村改造运动各国分会在菲律宾举行会议。

1982 年

年初，主持国际乡村改造学院董事会年会。

10 月 7 日，手撰讲词电致国际乡村改造学院 13 届讲习会结业式。

本年，四川省高级人民法院以［1982］川法刑字第 16 号刑事判决书，对原中国乡村建设学院代理院长魏永清案改判，撤销原川东人民法院［1952］刑字 110 号关于魏永清死刑的判决，宣告魏永清无罪释放。

1983 年

10 月 26 日，戴维·洛克菲勒在纽约联合国总部宴会厅主持"晏阳初 90 寿辰纪念会"。

同日，美国总统罗纳德·威尔逊·里根从白宫发来贺电："漫漫数十年，为那些积弱贫困地区以及最偏远地区的人们，您创立了自我拯救的思想。为服务于发展中国家孤落山村和广大乡村的农业、公共卫生、教育事业，您开创新道……您的工作一直影响着发展中国家的开发事业。"

1985 年

8 月 10 日，全国人大副委员长周谷城致信晏阳初，欢迎他回国探亲考察。

9 月 3 日，在阔别了 36 周年之后，晏阳初在国际乡村改造学院副院长颜彬生陪同下回到中国。受到全国政协主席邓颖超、全国人大委员长万里、副委员长周谷城等的热烈欢迎。并先后到定县、成都考察，会见了地方官员、乡亲父老、平教会老同事、乡村建设老校友等。

1987 年

6 月 28 日，再次回中国访问，会见了周谷城先生和其他从事农村工作的政府官员及有关学者，并登门拜晤了老朋友梁漱溟。

7 月 10 日，北京欧美同学会举行欢迎会，公推晏阳初为该会海外名誉副会长。晏即席讲话，称中国现行的改革开放是 20 世纪的一个奇迹，是了不起的一桩大事。并表示，要在有生之年为祖国的建设贡献力量。会见了伍修权、严济慈、许德珩、朱学範等老朋友。

同日，到中央教育科学研究所访问，协商合作研究事宜。

10 月 15 日，美国总统罗纳德·威尔逊·里根在白宫亲自为晏阳初颁发"终止饥饿终生成就奖"。"荣誉状"称："60 余年来，为铲除第三世界饥饿和穷困的根源，您始终不渝地推广和开拓着一个持续而综合的计划。"

同月，美国《读者文摘》发表约翰·赫尔塞的《吉米·晏——为人类奋斗的战士》一文。

1988 年

4 月，"中国与国际乡村改造学院研讨会"在菲律宾开维特省西朗镇举行。中国全国人大教科文卫代表团 15 人出席会议。晏阳初专程从美国赶来参加，并在研讨会上作了四次学术报告。

8 月 6 日，麦坦·梅森夫妇在美国安克拉姆农场为晏阳初举行 98 岁寿辰庆祝会，200 多名各界人士到会祝贺。

1989 年

6 月，《晏阳初全集》由湖南教育出版社出版。

9月，预定在北京召开的"晏阳初平民教育思想国际研讨会"因故延期。

10月25日，美国总统乔治·赫伯特·沃克·布什致电晏阳初，祝贺他99岁寿辰。称赞他"您一生服务于发展中国家的乡村平民，给众多民众以极大鼓舞。您是人类的福音"！

1990年

1月17日凌晨1时17分，晏阳初在美国纽约逝世，享年100岁。中国全国人民代表大会委员长万里、国务院侨务办公室主任廖晖、中华人民共和国驻纽约总领事翁福培分别发去唁电。美国总统布什、我国台湾地区当局领导人李登辉与李焕、毛高文、连战等致唁电。中国新华社、中新社、人民日报、团结报，台湾世界日报、香港华声报、新晚报、澳门日报以及亚洲、拉丁美洲一些国家的新闻媒体发布了晏阳初去世的消息。

2月21日，在纽约上西城教会联合会为晏阳初举行追思会，一些国家的乡村改造组织的领导人赶来参加。

5月27日至6月1日，"晏阳初平民教育与乡村改造国际学术讨论会"在石家庄召开。中、美、英、加、日、印、菲、加纳等国家，以及台湾地区的40多名学者到会。会后编辑出版《教育与社会发展——晏阳初思想国际学术研讨会论文集》。

6月，晏阳初部分骨灰的安放仪式在菲律宾国际乡村改造学院举行，各国代表与有关人士800余人前来参加。另有四分之一骨灰，于1993年送回故乡四川省巴中市。1997年6月30日，安放于巴城东郊塔子山陵墓。

编后记

晏阳初先生一生从事平民教育与乡村建设。从 1918 年至 1949 年在中国（包括法国华工营），1950 年起至 1990 年在亚、非、拉美欠发达国家，前后为劳苦大众，特别是农民的生存与发展，贡献了毕生的精力。他为后世留下了大量十分珍贵的著作，内容包括在各处的演讲、报刊发表的文章、工作报告、书信等。篇幅一般都不长，没有长篇巨制的学术专著，但就是这些篇幅不长、零星分散的文字，却散发着丰富深邃的思想光芒。他被世人盛赞为"人类伟大的思想家"、"真正的哲学家"、"杰出的发明者"以及"现代世界具革命性贡献伟人"等。

经过多年的搜集积累，编者保存了有关晏阳初与平教会的上千万字的资料。通过辨伪、筛选、校勘等一系列过程，先后编辑出版了晏阳初的全集、文集、选辑等资料集。最近又根据设在菲律宾的国际乡村改造学院提供的英文资料和专程赴美国新搜集到的有关资料，对原编全集、文集进行了大量的补充和校订，即可面世。

去年年底，应中国人民大学出版社的邀约，依据出版方关于内容和体例等方面的要求，选编了这本《中国近代思想家文库·晏阳初卷》，所选文章只限于 1949 年之前发表的。按要求，各分卷需有一篇相应的评介性文字，作为"导言"。为此，本书特选择了台湾资深学者、国际著名思想家、哲学家韦政通先生过去写的《晏阳初农村改造的思想》一文。此文原载作者所著《儒家与现代中国》（中国哲学/沧海丛刊），东大图书公司印行，1984 年 7 月出版。经联系，获得韦先生的热情支持，他特意对原文进行了校阅修订。韦先生高屋建瓴、独具慧眼的深刻评析，一定会为读者提供极大的帮助。

本书由宋恩荣主编，负责全书内容的选编、注释和体例的设计安排、文字的校订等项工作。王浩、张睦楚、杨华军、吴嘉华、宋洁等协助参与了部分文稿的文字录入、电子稿的版面设计、调整、制表、校对等项工作。中国人民大学出版社的王琬莹、李剑坤在整个编辑过程中付出相当的辛劳。在此一并表示谢意。

编者
2013 年 2 月 25 日

中国近代思想家文库

图书在版编目（CIP）数据

中国近代思想家文库. 晏阳初卷/宋恩荣编. —北京：中国人民大学出版社，2013.4

ISBN 978-7-300-17305-4

Ⅰ.①中… Ⅱ.①宋… Ⅲ.①思想史-研究-中国-近代②晏阳初（1890~1990）-思想评论 Ⅳ.①B250.5

中国版本图书馆 CIP 数据核字（2013）第 066869 号

中国近代思想家文库

晏阳初卷

宋恩荣　编

Yanyangchujuan

出版发行	中国人民大学出版社			
社　址	北京中关村大街 31 号		邮政编码	100080
电　话	010 - 62511242（总编室）		010 - 62511770（质管部）	
	010 - 82501766（邮购部）		010 - 62514148（门市部）	
	010 - 62515195（发行公司）		010 - 62515275（盗版举报）	
网　址	http://www.crup.com.cn			
经　销	新华书店			
印　刷	涿州星河印刷有限公司			
开　本	720 mm×1000 mm　1/16		版　次	2013 年 4 月第 1 版
印　张	33.25 插页 2		印　次	2024 年 7 月第 3 次印刷
字　数	537 000		定　价	99.00 元